Gustave de Beaumont

Marie, ou L'esclavage aux États-Unis

essai

ISBN : 978-1512099072

10 9 8 7 6 5 4 3 2 1

Gustave de Beaumont

Marie, ou L'esclavage aux États-Unis

essai

Table de Matières

Avant-propos

Je dois au lecteur quelques explications sur la forme et sur le fond de ce livre.

Je le préviens d'abord que tout en est grave, excepté la forme. Mon but principal n'a point été de faire un roman. La fable qui sert de cadre à l'ouvrage est d'une extrême simplicité. Je ne doute pas que, sous une plume habile et exercée, elle n'eût prêté aux développements les plus intéressants et même les plus dramatiques ; mais je ne sais point l'art du romancier. On ne doit donc chercher dans ce livre ni intrigues calculées avec prévoyance, ni situations ménagées avec art, ni complications d'événements, en un mot, rien de ce qui communément est mis en usage pour exciter, soutenir et suspendre l'intérêt.

Pendant mon séjour aux États-Unis, j'ai vu une société qui présente avec la nôtre des harmonies et des contrastes ; et il m'a semblé que si je parvenais à rendre les impressions que j'ai reçues en Amérique, mon récit ne manquerait pas entièrement d'utilité. Ce sont ces impressions toutes réelles que j'ai rattachées à un sujet imaginaire.

Je sens bien qu'en offrant la vérité sous le voile d'une fiction, je cours le risque de ne plaire à personne. Le public sérieux ne repoussera-t-il pas mon livre à l'aspect de son titre seul ? et le lecteur frivole, attiré par une apparence légère, ne s'arrêtera-t-il pas devant le sérieux du fond ? Je ne sais. Tout ce que je puis dire, c'est que mon premier but a été de présenter une suite d'observations graves ; que, dans l'ouvrage le fond des choses est vrai, et qu'il n'y a de fictif que les personnages ; qu'enfin j'ai tenté de recouvrir mon oeuvre d'une surface moins sévère, afin d'attirer à moi cette portion du public qui cherche tout à la fois dans un livre des idées pour l'esprit et des émotions pour le cœur.

J'ai dit tout à l'heure que j'allais peindre la société américaine ; je dois maintenant indiquer les dimensions de mon tableau.

Deux choses sont principalement à observer chez un peuple : ses institutions et ses mœurs.

Je me tairai sur les premières. À l'instant même où mon livre sera publié, un autre paraîtra qui doit répandre la plus vive lumière sur les institutions démocratiques des États-Unis. Je veux parler de l'ouvrage de M. Alexis de Tocqueville, intitulé : *De la démocratie en Amérique.*

Je regrette de ne pouvoir exprimer ici tout à mon aise l'admiration profonde que m'inspire le travail de M. de Tocqueville ; car il me serait doux d'être le premier à proclamer une supériorité de mérite qui bientôt ne sera contestée de personne. Mais je me sens gêné par l'amitié. J'ai du reste la plus ferme conviction qu'après avoir lu cet ouvrage si beau, si complet, plein d'une si haute raison, et dans lequel la profondeur des pensées ne peut se comparer qu'à l'élévation des sentiments, chacun m'approuvera de n'avoir pas traité le même sujet.

Ce sont donc seulement les mœurs des États-Unis que je me propose de décrire. Ici je dois encore faire observer au lecteur qu'il ne trouvera point dans mon ouvrage une peinture complète des mœurs de ce pays. J'ai tâché d'indiquer les principaux traits, mais non toute la physionomie de la société américaine. Si ce livre était accueilli avec quelque indulgence, plus tard je compléterais la tâche que j'ai commencée. À vrai dire, une seule idée domine tout l'ouvrage, et forme comme le point central autour duquel viennent se ranger tous les développements.

Le lecteur n'ignore pas qu'il y a encore des esclaves aux États-Unis ; leur nombre s'élève à plus de deux millions. C'est assurément un fait étrange que tant de servitude au milieu de tant de liberté : mais ce qui est peut-être plus extraordinaire encore, c'est la violence du préjugé qui sépare la race des esclaves de celle des hommes libres, c'est-à-dire les nègres des blancs. La société des États-Unis fournit, pour l'étude de ce préjugé, un double élément qu'on trouverait difficilement ailleurs. La servitude règne au sud de ce pays, dont le nord n'a plus d'esclaves. On voit dans les États méridionaux les plaies que fait l'esclavage pendant qu'il est en vigueur, et, dans le Nord, les conséquences de la servitude après qu'elle a cessé d'exister. Esclaves ou libres, les nègres forment partout un autre peuple que les blancs. Pour donner au lecteur une idée de la barrière placée entre les deux races, je crois devoir citer un fait dont j'ai été témoin. [1]

1 Quelques personnes m'ont paru regretter que j'aie exposé, dans l'avant-propos, un fait dont la révélation affaiblit, disent-elles, l'intérêt du roman. Voici le motif qui m'a fait agir :

L'odieux préjugé que j'ai pris pour sujet principal de mon livre est si extraordinaire et tellement étranger à nos mœurs, qu'il m'a semblé qu'on croirait difficilement en France à sa réalité, si je me bornais à l'exposer dans le texte d'un ouvrage auquel l'imagination a eu quelque part. Ne serait-on pas enclin à regarder les développements que je présente comme les accessoires d'une fiction arrangée selon mon bon plaisir ? – Bien résolu d'offrir à mes lecteurs un tableau fidèle et sincère, j'ai dû les prévenir de la vérité de mes peintures, et leur montrer d'abord, dans toute sa nudité le préjugé que j'allais

La première fois que j'entrai dans un théâtre, aux États-Unis, je fus surpris du soin avec lequel les spectateurs de couleur blanche étaient distingués du public à figure noire. À la première galerie étaient les blancs ; à la seconde, les mulâtres ; à la troisième, les nègres. Un Américain près duquel j'étais placé me fit observer que la dignité du sang blanc exigeait ces classifications. Cependant mes yeux s'étant portés sur la galerie des mulâtres, j'y aperçus une jeune femme d'une éclatante beauté, et dont le teint, d'une parfaite blancheur, annonçait le plus pur sang d'Europe. Entrant dans tous les préjugés de mon voisin, je lui demandai comment une femme d'origine anglaise était assez dénuée de pudeur pour se mêler à des Africaines.

– Cette femme, me répondit-il, est *de couleur.*

– Comment ? *de couleur* ! elle est plus blanche qu'un lis.

– Elle est *de couleur,* reprit-il froidement ; la tradition du pays établit son origine, et tout le monde sait qu'elle compte un mulâtre parmi ses aïeux.

Il prononça ces paroles sans plus d'explications, comme on dit une vérité qui, pour être comprise, n'a besoin que d'être énoncée.

Au même instant je distinguai dans la galerie des blancs un visage à moitié noir. Je demandai l'explication de ce nouveau phénomène ; l'Américain me répondit :

– La personne qui attire en ce moment votre attention est de couleur blanche.

– Comment ? blanche ! son teint est celui des mulâtres.

– Elle est blanche, répliqua-t-il ; la tradition du pays constate que le sang qui coule dans ses veines est espagnol. [1]

Si l'opinion flétrissante qui s'attache à la race noire et aux générations

décrire, et dont je ferais ressortir les tristes conséquences sans les exagérer. Malgré cette précaution, plus d'une personne m'a demandé si l'antipathie des Américains contre les gens de couleur était vraiment portée au degré de violence que j'indique dans mon livre ; ceux qui m'ont adressé cette question m'ont prouvé combien est utile la notion que je donne dans l'avant-propos.
(Note de la seconde édition.)

1 Au mois de janvier 1832, un Français, créole de Saint-Domingue, dont le teint est un peu rembruni, se trouvant à New York, alla au théâtre où il se plaça parmi les blancs. Le public américain, l'ayant pris pour un homme de couleur, lui intima l'ordre de se retirer, et, sur son refus, l'expulsa de la salle avec violence. Je tiens ce fait de celui même auquel la mésaventure est arrivée.

même dont la couleur s'est effacée ne donnait naissance qu'à quelques distinctions frivoles, l'examen auquel je me suis livré ne présenterait qu'un intérêt de curiosité ; mais ce préjugé a une portée plus grave ; il rend chaque jour plus profond l'abîme qui sépare les deux races et les suit dans toutes les phases de la vie sociale et politique ; il gouverne les relations mutuelles des blancs et des hommes de couleur, corrompt les mœurs des premiers, qu'il accoutume à la domination et à la tyrannie, règle le sort des nègres, qu'il dévoue à la persécution des blancs, et fait naître entre les uns et les autres des haines si vives, des ressentiments si durables, des collisions si dangereuses, qu'on peut dire avec raison que son influence s'étend jusque sur l'avenir de la société américaine. [1]

C'est ce préjugé, né tout à la fois de la servitude et de la race des esclaves, qui forme le principal sujet de mon livre. J'aurais voulu montrer combien sont grands les malheurs de l'esclavage, et quelles traces profondes il laisse dans les mœurs, après qu'il a cessé d'exister dans les lois. Ce sont surtout ces conséquences éloignées d'un mal dont la cause première a disparu, que je me suis efforcé de développer.

Au sujet principal de mon livre j'ai rattaché un grand nombre d'observations diverses sur les mœurs américaines ; mais la condition de la race noire en Amérique, son influence sur l'avenir des États-Unis, sont le véritable objet de cet ouvrage. C'est ici le lieu d'avertir la partie *grave* du public auquel je m'adresse qu'à la fin de chaque volume il se trouve, sous le titre d'appendices ou de notes [2], une quantité considérable de matières traitées *gravement,* non-seulement au fond, mais même dans la forme. Tels sont l'appendice relatif à la condition sociale et politique des esclaves et des nègres affranchis, les notes qui concernent l'égalité sociale, le duel, les sectes religieuses, les Indiens, etc. ; ces notes remplissent la moitié de l'ouvrage.

Je ne terminerai pas cet avant-propos sans prier les lecteurs, et notamment les lecteurs américains (si toutefois ce livre parvient jusqu'en Amérique), de bien prendre garde que les opinions qui sont exprimées par les personnages mis en scène ne sont pas toujours celles de l'auteur. Quelquefois j'ai pris soin de les modifier, et même de les

1 Les luttes sanglantes survenues récemment aux États-Unis entre les amis et les adversaires de l'esclavage donnent à certains passages de ce livre un caractère presque prophétique. (*Note de la troisième édition.*)

2 Note du copiste : Pour faciliter la consultation de l'ouvrage, les notes qui, dans l'édition imprimée, étaient regroupées en fin de volume, sont placées *in situ* dans cette version numérisée.

combattre dans les notes auxquelles je renvoie par un astérisque. Du reste, à part un très petit nombre d'exceptions qui sont ordinairement indiquées, les faits énoncés dans le récit sont vrais, et les impressions rendues sont celles que j'ai éprouvées moi-même. On ne doit pas oublier qu'en peignant la société américaine, l'auteur ne présente que des traits généraux, et que l'exception, quoique non exprimée, se trouve souvent à côté du principe. Ainsi, dans une partie de ce livre, je dis qu'il n'existe aux États-Unis ni littérature, ni beaux-arts ; cependant j'ai rencontré en Amérique des hommes de lettres distingués, des artistes habiles, des orateurs brillants. J'ai vu dans le même pays des salons élégants, des cercles polis, des sociétés tout intellectuelles ; je dis pourtant ailleurs qu'il n'y a en Amérique ni sociétés intellectuelles, ni salons élégants, ni cercles polis. Dans ces cas comme dans beaucoup d'autres, mes observations ne s'appliquent qu'au plus grand nombre.

Je termine par une réflexion à laquelle j'attache quelque importance.

M. de Tocqueville et moi publions en même temps chacun un livre sur des sujets aussi distincts l'un de l'autre que le gouvernement d'un peuple peut être séparé de ses mœurs.

Celui qui lira ces deux ouvrages recevra peut-être sur l'Amérique des impressions différentes, et pourra penser que nous n'avons pas jugé de même le pays que nous avons parcouru ensemble. Telle n'est point cependant la cause de la dissidence apparente qui serait remarquée. La raison véritable est celle-ci : M. de Tocqueville a décrit les institutions ; j'ai tâché, moi, d'esquisser les mœurs. Or, aux États-Unis, la vie politique est plus belle et mieux partagée que la vie civile. Tandis que l'homme y trouve peu de jouissances dans la famille, peu de plaisirs dans la société, le citoyen y jouit dans le monde politique d'une multitude de droits. Envisageant la société américaine sous des points de vue si divers, nous n'avons pas dû, pour la peindre, nous servir des mêmes couleurs.

Chapitre I

Prologue

Les querelles religieuses qui, durant le seizième siècle, troublèrent l'Europe et firent naître les persécutions du siècle suivant, ont peuplé l'Amérique du Nord de ses premiers habitants civilisés.

La paix continue aujourd'hui l'œuvre de la guerre : quand de longues années de repos se succèdent chez les nations, les populations s'accumulent outre mesure ; les rangs se serrent ; la société s'encombre de capacités oisives, d'ambitions déçues, d'existences précaires. Alors l'indigence et l'orgueil, le besoin de pain et d'activité morale, le malaise du corps et le trouble de l'âme, chassent les plus misérables du lieu où ils souffrent, et les poussent à l'aventure par-delà les mers dans des régions moins pleines d'hommes où il se rencontre encore des terres inoccupées et des postes vacants [1].

Les premières migrations furent des exils de conscience les secondes sont des exils de raison. Et pourtant tous ceux qui, de nos jours, vont aux États-Unis chercher une condition meilleure ne la trouvent pas.

Vers l'année 1851, un Français résolut de passer en Amérique dans l'intention de s'y fixer. Ce projet lui fut inspiré par des causes diverses.

Plein de convictions généreuses, il avait salué la révolution nouvelle comme le symbole d'une grande réforme sociale. Alors il s'était mis à l'œuvre... Mais bientôt il avait été seul au travail. Les plus hardis novateurs étaient devenus subitement des hommes prudents et circonspects. Les apôtres de liberté prêchaient la servitude : il s'en trouvait d'assez cyniques pour se vanter de l'apostasie comme d'une vertu.

Dégoûté du monde politique, il essaya de se créer une existence industrielle ; mais la fortune ne lui fut point propice... À l'âge de vingt-cinq ans il se trouva sans carrière, n'ayant dans l'avenir d'autre chance

1 Note de l'auteur. Les migrations d'Europe en Amérique prennent chaque année un nouvel accroissement ; dans les trois mois de mai, juin et juillet 1834, Baltimore a reçu 4,209 émigrants presque tous Allemands ; New York en a vu débarquer 35,000 depuis le commencement de la belle saison jusqu'en août de la même année ; à Québec, 19 vaisseaux sont arrivés dans l'espace de deux jours, avec 2,194 Irlandais ; enfin l'on évalue à 100,000 le nombre des Européens qui, durant l'année 1854, auront traversé l'Atlantique pour aller s'établir dans le Nouveau Monde. (V. les journaux américains et anglais d'août et septembre 1834.)

que le partage d'un modique patrimoine. Un jour donc, repoussant du pied sa terre natale, il monta sur un vaisseau qui du Havre le conduisit à New York.

Il ne fit point un long séjour dans cette ville ; il n'y passa que le temps nécessaire pour s'enquérir de la route à suivre afin de pénétrer dans l'ouest.

Les uns lui conseillaient de se rendre dans l'Ohio, où, disaient-ils, l'on vit mieux à bon marché que dans aucun autre État ; ceux-là lui recommandaient Illinois et Indiana où il achèterait à vil prix les terres les plus fertiles de la vallée du Mississipi. Un autre lui dit : « Vous êtes Français et catholique ; pourquoi ne pas aller dans le Michigan dont les habitants, Canadiens d'origine, parlent votre langue et pratiquent votre religion ? »

Le voyageur préféra ce dernier conseil, dont l'exécution était d'autant plus facile que, pour se rendre dans le Michigan, il n'avait qu'à suivre le courant de l'émigration européenne, alors dirigée de ce côté.

Il remonta la rivière du Nord qui coule majestueuse entre deux chaînes de montagnes, passa par une infinité de petites villes qui portent de grands noms, telles que Rome, Utique, Syracuse, Waterloo. Après avoir traversé le lac Érié, long de cent lieues, et franchi le détroit [1], il vit s'étendre devant lui l'immense plaine du lac Huron, fameux par la pureté de ses ondes et par ses îles consacrées au grand Manitou ; et côtoyant la rive gauche de ce lac, il pénétra dans l'intérieur du Michigan par la grande baie de Saginaw, en remontant la rivière dont cette baie tire son nom.

Les bords de la Saginaw sont plats comme toutes les terres qui avoisinent les grands lacs de l'Amérique du Nord ; ses eaux, dans un cours lent et paisible, s'avancent parmi des prairies qu'elles fertiliseraient de leur fraîcheur si, par de trop longs séjours, elles ne les changeaient en marécages. L'aspect de ces lieux est froid et sévère ; à travers une atmosphère chargée de vapeurs, le soleil ne projette qu'une débile clarté ; ses rayons sont pâles comme des reflets. Des joncs tremblants à la surface de l'onde ; d'innombrables roseaux rangés en haie sur chaque rive, et au-delà, de longues herbes que la faux n'a jamais tranchées, telle est la scène monotone qui, de toutes parts, s'offre aux yeux. L'oscillation de ces joncs, le murmure de ces roseaux, le bruissement des herbes

1 Note de l'auteur. Le *Détroit*. Rivière qui porte les eaux du lac, Huron et du lac Saint-Clair dans le lac Érié.

et le cri rare de quelques oiseaux plongeurs, cachés parmi les plantes flottantes, forment tout le mouvement et toute la vie de ces sauvages solitudes. En regardant au plus haut des cieux, on peut y voir un aigle qui plane avec majesté ; il suit la barque du voyageur ; tantôt immobile au-dessus d'elle, tantôt entraîné dans un vol sublime, il semble, roi du désert, observer le téméraire étranger qui pénètre dans son empire. De temps en temps apparaît une hutte sauvage ; non loin d'elle, se tient debout un Indien, impassible et muet comme le tronc d'un vieux chêne ; on dirait une antique ruine de la forêt.

Quelquefois les bords du fleuve se resserrent ; alors, sur des rives plus élevées, se montre une végétation pauvre et rachitique ; une faible couche de terre recouvre d'immenses rochers de marbre et de granit, où vivent misérablement des érables jaunes, des pins grisâtres, des hêtres chargés de mousse ; leur verdure terne ne réjouit point la vue ; leur front chauve attriste les regards ; ils sont petits comme de jeunes arbres et sont à moitié morts de vieillesse.

Cependant à soixante milles au-dessus de son embouchure, le fleuve et ses entours prennent un autre aspect. L'atmosphère devient pure, le ciel bleu, le sol fertile ; l'influence des grands lacs a cessé ; le soleil a repris son empire. À la droite du fleuve se déroulent au loin de vastes prairies dont les inondations se retirent après les avoir fécondées ; sur la rive gauche s'élèvent des arbres gigantesques, au tronc antique et à la cime jeune et hardie ; magnifique futaie primitive, dont les nombreuses clairières attestent la présence de l'homme civilisé.

Là s'arrêta le voyageur, qui ne cherchait point une solitude profonde, mais seulement le voisinage du désert.

À peine avait-il fait quelques pas à travers les ombres d'une végétation séculaire, qu'il aperçut les traces d'un établissement ; ici se voyait un champ de maïs entouré de barrières formées à l'aide d'arbres renversés ; là des débris de pins incendiés ; plus loin des troncs de chênes coupés à hauteur d'homme.

En marchant, il découvrit le toit d'une chaumière ; on y arrivait par un étroit sentier sur lequel il distingua l'empreinte récente de pas humains. Bientôt un plus riant paysage s'offrit à sa vue : au pied de l'habitation s'étendait un lac charmant, bordé de tous côtés par la forêt ; c'était comme un vaste miroir encadré dans la verdure ; sa surface, parfaitement calme, étincelait aux feux d'un soleil ardent ; et sa riche ceinture, embellie par toutes les nuances du feuillage, trouvait un éclatant reflet dans le cristal des eaux.

Un petit canot fait d'écorce, à la manière des Indiens, était couché sur le rivage et paraissait abandonné.

La chaumière présentait un singulier mélange d'élégance dans sa forme et de grossièreté dans ses matériaux.

Quelques bûches couchées les unes sur les autres faisaient toute sa construction ; cependant il y avait dans leur arrangement quelque chose qui révélait le goût de l'architecte. Elles étaient rangées avec symétrie, et disposées de façon à figurer un certain nombre d'arceaux gothiques : à l'extérieur, ou remarquait le même mélange de nature sauvage et d'industrie humaine. Ici, un banc de verdure ; là, un siège formé de branches d'érable élégamment entrelacées ; plus loin, un parterre de fleurs adossé à la forêt vierge.

À mesure qu'il approchait de la demeure solitaire, le voyageur comprenait moins quel pouvait en être l'habitant ; il se perdait en vaines conjectures, lorsqu'il vit paraître un homme... Son costume était celui d'un Européen, sa mise, simple sans être commune ; ses traits contenaient beaucoup de noblesse, quoique leur altération fût sensible ; et son front, jeune encore, portait l'empreinte de ces mélancolies froides et résignées qui sont l'œuvre des longues infortunes et des vieilles douleurs.

Le voyageur s'approchait timidement. – Dieu me garde ! dit-il au solitaire, de troubler votre retraite ! – Soyez le bienvenu, répondit avec politesse l'habitant du désert.

Ce peu de mots avaient prouvé à l'un et à l'autre qu'ils étaient Français, et une douce émotion était descendue dans leurs âmes ; car c'est une grande joie pour l'exilé de retrouver la voix de la patrie sur la terre étrangère.

Le solitaire prend le voyageur par la main, le conduit dans une petite cabane voisine de la chaumière et construite plus simplement que celle-ci ; là, il le fait asseoir, l'engage à se reposer quelque temps, lui sert un frugal repas et lui donne tous les soins d'une hospitalité bienveillante.

L'habitant de la forêt ressentait une joie réelle de la présence du voyageur ; cependant il redevenait de temps en temps sombre et pensif... Tout annonçait qu'il avait dans l'âme de tristes souvenirs qui sommeillaient quelquefois, mais dont le réveil était toujours douloureux.

Les deux Français parlèrent d'abord de la France, et bientôt ils conversèrent ensemble comme deux amis.

– Qui peut vous amener dans ce désert ? dit le solitaire au voyageur.

LE VOYAGEUR.

Je cherche une contrée qui me plaise… Je viens de parcourir un pays qui me semble charmant… Oh ! j'ai vu de beaux lacs, de belles forêts, de belles prairies !…

LE SOLITAIRE.

Mais où allez-vous ?

LE VOYAGEUR.

Je ne sais pas encore. Cette solitude me remplit d'émotions… je n'en ai point encore vu qui me séduise autant ; la vie doit s'écouler douce et paisible dans ce lieu. Je serais tenté de m'y arrêter.

LE SOLITAIRE.

Dans quel but ?

LE VOYAGEUR.

Mais pour y demeurer…

LE SOLITAIRE.

Quoi vous renonceriez à la France ? pour toujours ! pour vivre en Amérique ! Y avez-vous bien songé ?

LE VOYAGEUR.

Oui… C'est un sujet auquel j'ai beaucoup réfléchi… j'aime les institutions de ce pays ; elles sont libérales et généreuses… chacun y trouve la protection de ses droits…

LE SOLITAIRE.

Savez-vous si, dans ce pays de liberté, il n'y a point de tyrannie… et si les droits les plus sacrés n'y sont pas méconnus ?…

LE VOYAGEUR.

Il y a d'ailleurs dans les mœurs des Américains une simplicité qui me plaît… Voici quel est mon projet : je me placerai sur la limite qui sépare le monde sauvage de la société civilisée ; j'aurai d'un côté le village, de l'autre la forêt ; je serai assez près du désert pour jouir en paix des charmes d'une solitude profonde, et assez voisin des cités pour prendre part aux intérêts de la vie politique...

LE SOLITAIRE.

Il est des illusions qui nous coûtent quelquefois bien des larmes !

LE VOYAGEUR.

Pourquoi ne serais-je pas heureux ?... Vous-même...

LE SOLITAIRE.

N'invoquez point mon exemple..., et prenez garde de m'imiter... J'ai déjà passé cinq années dans ce désert, et le sentiment que je viens d'éprouver en revoyant un Français est le seul plaisir qui, durant ce temps, soit entré dans le cœur de l'infortune Ludovic.

En prononçant ces mots, le solitaire se leva... sa physionomie attestait un trouble intérieur. Alors le voyageur, cherchant des paroles qui pussent sourire à son hôte :

– Je serais charmé, lui dit-il, de connaître tout votre établissement, les terres qui l'avoisinent et les forêts qui l'entourent.

Cette demande fut agréable à Ludovic, qui s'empressa d'y satisfaire et parut heureux de montrer au voyageur toute l'étendue de ses possessions. Celui-ci avait remarqué dès l'abord que le solitaire évitait avec soin de s'approcher de la jolie cabane dont, en arrivant, il avait admiré l'élégante construction ; sa curiosité s'en était accrue. – Cette cabane fait partie de votre domaine ? dit-il à Ludovic. – Oui, répondit celui-ci. – J'en admire le bon goût, reprit le voyageur, et je serais charmé de la voir... – Non ! non ! répliqua vivement le solitaire... jamais ! jamais ! – Est-ce que quelqu'un l'habite ? Ludovic resta d'abord silencieux... – Oui, répondit-il enfin d'une voix triste et mystérieuse... Et il entraîna le voyageur du côté opposé.

Chemin faisant, les deux Français étaient revenus au sujet principal de leur entretien, l'Amérique. Le voyageur avait repris le cours de ses admirations, que le solitaire combattait par des réflexions sages, quelquefois même par de piquantes railleries... Ils passèrent ainsi en revue tous les objets qui, dans la société américaine, attirent les regards de l'étranger.

– Oh ! arrêtons-nous ici quelques instants, s'écria le voyageur quand ils se trouvèrent sur le bord du lac. Quel air embaumé ! quelle douce fraîcheur ! quelles impressions pures ! comme le ciel est beau sur nos têtes ! et comme, en face de nous, la forêt forme à l'horizon un charmant rideau de verdure ! Combien ce paysage est encore embelli par le toit de votre chaumière, qui retrace aux yeux l'image du modeste asile d'une tranquille félicité ! Qui demeurerait insensible à ce tableau ? Eh bien ! dites ; parlez sans prévention… que manquerait-il au bonheur dans cette retraite solitaire, si l'amour d'une jeune Américaine y venait répandre ses charmes et ses enchantements ?

Tout en parlant ainsi, le voyageur s'était assis sur un banc de verdure ; Ludovic, plein d'émotions bien différentes, avait pris place auprès de lui…

S'abandonnant à cette impression poétique : – En Europe, dit le voyageur, tout est souillure et corruption !… Les femmes y sont assez viles pour se vendre, et les hommes assez stupides pour les acheter. Quand une jeune fille prend un mari, ce n'est pas une âme tendre qu'elle cherche pour unir à la sienne, ce n'est pas un appui qu'elle invoque pour soutenir sa faiblesse ; elle épouse des diamants, un rang, la liberté : non qu'elle soit sans cœur ; une fois elle aima, mais celui qu'elle préférait n'était pas assez riche. On l'a marchandée ; on ne tenait plus qu'à une voiture, et le marché a manqué. Alors on a dit à la jeune fille que l'amour était folie ; elle l'a cru, et s'est corrigée ; elle épouse un riche idiot… Quand elle a quelque peu d'âme, elle se consume et meurt. Communément elle vit heureuse. Telle n'est point la vie d'une femme en Amérique. Ici le mariage n'est point un trafic, ni l'amour une marchandise ; deux êtres ne sont point condamnés à s'aimer ou à se haïr parce qu'ils sont unis, ils s'unissent parce qu'ils s'aiment. Oh ! qu'elles sont belles et attirantes ces jeunes filles aux yeux d'azur, aux sourcils d'ébène, à l'âme candide et pure !… quel doux parfum sort de leur chevelure que l'art n'a point flétrie !… que d'harmonie dans leur faible voix qui ne fut jamais l'écho des passions cupides ! Ici du moins, quand vous allez vers une jeune fille, et lorsqu'elle vient à vous, ce sont de tendres sympathies qui se rencontrent, et non des calculs intéressés. Ne serait-ce point mépriser la chance d'une félicité tranquille, mais délicieuse, que de ne pas rechercher l'amour d'une jeune Américaine ?

Ludovic écoutait avec calme ; quand le voyageur eut fini de parler :

– Je plains vos erreurs, lui dit le solitaire. Je n'entreprendrai point de les combattre ; car je sais combien est vaine pour les hommes l'expérience d'autrui… ; je suis cependant affligé de voir votre ardeur à poursuivre des chimères… Je pourrais, par un seul exemple, vous prouver combien vous êtes égaré. Vous venez d'exalter devant moi le mérite des femmes américaines. Le tableau que vous avez esquissé n'est pas tout à fait dépourvu de vérité ; mais il manque des riantes couleurs que lui prête votre imagination…

Je crois qu'il me serait facile de tracer, sans passion, le portrait fidèle des femmes de ce pays ; car je n'ai reçu d'elles ni bienfaits ni injures…

Le voyageur fit un signe d'incrédulité ; cependant, par une sorte de courtoisie due à l'hospitalité, il témoigna le désir de connaître le sentiment du solitaire qui, après un instant de réflexion, s'exprima en ces termes.

Chapitre II

Les femmes

Les femmes américaines ont en général un esprit orné, mais peu d'imagination, et plus de raison que de sensibilité [1].

---

1 Note de l'auteur. Le trait le plus frappant dans les femmes d'Amérique, c'est leur supériorité sur les hommes du même pays.

L'Américain, dès l'âge le plus tendre, est livré aux affaires : à peine sait-il lire et écrire qu'il devient commerçant ; le premier son qui frappe son oreille est celui de l'argent ; la première voix qu'il entend, c'est celle de l'intérêt ; il respire en naissant une atmosphère industrielle, et toutes ses premières impressions lui persuadent que la vie des affaires est la seule qui convienne à l'homme.

Le sort de la jeune fille n'est point le même ; son éducation morale dure jusqu'au jour où elle se marie. Elle acquiert des connaissances en histoire, en littérature ; elle apprend, en général, une langue étrangère (ordinairement le français) ; elle sait un peu de musique. Sa vie est intellectuelle.

Ce jeune homme et cette jeune fille si dissemblables s'unissent un jour par le mariage. Le premier, suivant le cours de ses habitudes, passe son temps à la banque ou dans son magasin ; la seconde, qui tombe dans l'isolement le jour où elle prend un époux, compare la vie réelle qui lui est échue à l'existence qu'elle avait rêvée. Comme rien dans ce monde nouveau qui s'offre à elle ne parle à son cœur, elle se nourrit de chimères, et lit des romans. Ayant peu de bonheur, elle est très religieuse, et lit des sermons. Quand elle a des enfants, elle vit près d'eux, les soigne et les caresse. Ainsi se passent ses jours. Le soir, l'Américain rentre chez lui, soucieux, inquiet, accablé de fatigue ; il apporte à sa femme le fruit de son travail, et rêve déjà aux spéculations du lendemain. Il demande le dîner, et ne profère plus une seule parole ; sa femme ne sait rien des affaires qui le préoccupent ; en présence de son mari, elle ne cesse pas d'être isolée. L'aspect de sa femme et de ses enfants n'arrache point l'Américain au monde positif, et il est si rare qu'il leur donne une marque de tendresse et d'affection, qu'on donne un sobriquet aux ménages dans lesquels le mari, après une absence, embrasse sa femme et ses enfants ; on les appelle *the kissing families*. Aux yeux de l'Américain, la femme n'est pas une compagne, c'est une associée qui l'aide à dépenser, pour son bien-être et son confort, l'argent gagné par lui dans le commerce.

La vie sédentaire et retirée des femmes, aux États-Unis, explique, avec les rigueurs du climat, la faiblesse de leur complexion ; elles ne sortent point du logis, ne prennent aucun exercice, vivent d'une nourriture légère ; presque toutes ont un grand nombre d'enfants ; il ne faut pas s'étonner si elles vieillissent si vite et meurent si jeunes.

Telle est cette vie de contraste, agitée, aventureuse, presque fébrile pour l'homme, triste et monotone pour la femme ; elle s'écoule ainsi uniforme jusqu'au jour où le mari annonce à sa femme qu'ils ont fait banqueroute ; alors il faut partir, et l'on va recommencer ailleurs la même existence.

Toute famille américaine contient donc deux mondes distincts : l'un, tout matériel ; l'autre, tout moral. Quelle que soit l'intimité du lien qui unit les époux, on voit toujours entre eux la barrière qui sépare le corps de l'âme, la matière de l'intelligence.

Elles sont jolies ; celles de Baltimore sont renommées pour leur beauté parmi toutes les autres.

Leurs yeux bleus attestent une origine anglaise, et leur chevelure noire l'influence des étés brûlants. Leur constitution frêle et délicate soutient une lutte inégale contre les rigueurs d'un climat sévère, et les variations subites de la température. On ne peut se défendre d'une impression douloureuse en pensant que cette beauté, cette fraîcheur, et toutes ces grâces de la jeunesse se flétriront avant l'âge, et seront frappées d'une destruction cruelle et prématurée [1].

L'éducation des femmes aux États-Unis diffère entièrement de celle qui leur est donnée chez nous.

En France, une jeune fille demeure, jusqu'à ce qu'elle se marie, à l'ombre de ses parents : elle repose paisible et sans défiance, parce qu'elle a près d'elle une tendre sollicitude qui veille et ne s'endort jamais ; dispensée de réfléchir, tandis que quelqu'un pense pour elle ; faisant ce que fait sa mère ; joyeuse ou triste comme celle-ci, elle n'est jamais en avant de la vie, elle en suit le courant : telle la faible liane, attachée au rameau qui la protège, en reçoit les violentes secousses ou les doux balancements.

En Amérique, elle est libre avant d'être adolescente ; n'ayant d'autre guide qu'elle-même, elle marche comme à l'aventure dans des voies inconnues. Ses premiers pas sont les moins dangereux ; l'enfance traverse la vie comme une barque fragile se joue sans périls sur une mer sans écueils.

Mais quand arrive la vague orageuse des passions du jeune âge, que va devenir ce frêle esquif avec ses voiles qui se gonflent, et son pilote sans expérience ?

L'éducation américaine pare à ce danger : la jeune fille reçoit de bonne heure la révélation des embûches qu'elle trouvera sur ses pas. Ses instincts la défendraient mal : on la place sous la sauvegarde de sa raison ; ainsi éclairée sur les piéges qui l'environnent, elle n'a qu'elle seule pour les éviter. La prudence ne lui manque jamais.

Ces lumières données à l'adolescente sont une conséquence obligée de la liberté dont elle jouit ; mais elles lui font perdre deux qualités charmantes dans le jeune âge, la candeur et la naïveté. L'Américaine a

1 Note de l'auteur. Destruction cruelle et prématurée...
Aux États-Unis, on ne saurait calculer le nombre des jeunes femmes qui sont atteintes et périssent victimes de la phthisie pulmonaire.

besoin de science pour être sage : elle sait trop pour être innocente [1]

Cette liberté précoce donne à ses réflexions un tour sérieux, et imprime quelque chose de mâle à son caractère. Je me rappelle avoir entendu une jeune fille de douze ans traiter dans une conversation et résoudre cette grande question : « Quel est de tous les gouvernements celui qui de sa nature est le meilleur ? » – Elle plaçait la république au-dessus de tous les autres.

Celte froideur des sens, cet empire de la tête, ces habitudes mâles chez les femmes, peuvent trouver grâce devant la raison ; mais elles ne contentent point le cœur. Tel fut le premier jugement que je portai sur les femmes d'Amérique ; cependant je rencontrai dans le monde une jeune personne dont le caractère, tout à la fois impétueux et tendre, vint ébranler cette impression.

Arabella me parut douée d'une brillante vivacité d'esprit, d'une touchante sensibilité de cœur, et de ce noble enthousiasme de l'âme qui entraîne et subjugue ; à l'entendre, elle aimait avec excès les belles-lettres et les beaux-arts ; ses yeux se mouillaient de pleurs quand elle traitait, même théoriquement, une question de sentiment ; son goût pour la musique était un fanatisme ; sa passion pour la poésie un délire ; elle ne parlait de l'une et de l'autre que dans les termes de l'admiration la plus exaltée : c'étaient Corinne et Sapho réunies dans une seule âme. – Séduit par tant de charmes, j'accusais la témérité de mon premier jugement, lorsqu'une circonstance toute naturelle vint dissiper le prestige qui environnait ma nouvelle idole. Nous assistions ensemble à un concert ; un instant auparavant, elle m'avait dit sur la musique en général des choses qui m'avaient transporté ; mais, quand elle en vint à juger successivement les différentes parties du concert, je fus saisi d'un étonnement que je ne saurais vous dépeindre. C'était de sa part une abondance d'éloges qui ne tarissait point ; elle louait si souvent et avec tant de bruit qu'elle ne pouvait rien entendre : toutes ses admirations tombaient à faux. Du reste, elle ne paraissait pas tenir à faire preuve de discernement ; elle avait à son usage une somme déterminée d'enthousiasme, qu'elle dépensait à tout hasard, bien ou mal à propos, ne s'arrêtant qu'après en avoir achevé la distribution.

Ce caractère, que je retrouvai plus tard dans un grand nombre de

---

1 Note de l'auteur. *Pour être innocente...*
« Un enfant sans innocence est une fleur sans parfum. » (Chateaubriand, Mélanges litt.)

jeunes Américaines, n'a rien qui plaise. Les femmes à exaltation factice sont aussi froides que les autres, et, comme elles promettent davantage, elles donnent une déception de plus. Je revins à ma première opinion ; mais ce fut pour y être encore une fois troublé. À l'âge de dix-huit ans, Alice n'était pas jolie, mais elle attirait vers elle par son esprit ; elle négligeait l'art et les soins de la toilette ; sa mise était dépourvue de grâce et d'élégance, et on eût jugé qu'elle n'avait aucune prétention, car elle portait publiquement des besicles. Cependant elle plaisait et avait le désir de plaire : sa coquetterie était tout intellectuelle ; elle charmait à force de saillies, de naturel et de vivacité. Je la voyais environnée d'adorateurs, et je me prenais quelquefois à penser qu'elle était vraiment digne des hommages qu'on lui adressait, lorsque je découvris que depuis longtemps elle était secrètement *engagée*.

Aux États-Unis, quand deux personnes ont reconnu qu'elles se conviennent, elles promettent de s'unir l'une à l'autre, et sont ce qu'on appelle *engagées* ; c'est une espèce de fiançailles qui se font sans solennité, et n'ont d'autre sanction que le lien de la foi jurée.

La jeune fiancée, si peu soucieuse des moyens de plaire aux yeux, était plus coquette qu'aucune autre, puisqu'elle l'était sans intérêt : ce fut le terme de mes admirations.

Du reste, une excessive coquetterie est le trait commun à toutes les jeunes Américaines, et une conséquence de leur éducation.

Pour toute fille qui a plus de seize ans, un mariage est le grand intérêt de la vie. En France, elle le désire ; en Amérique, elle le cherche. Comme elle est de bonne heure maîtresse d'elle-même et de sa conduite, c'est elle qui fixe son choix [1].

On sent combien est délicate et périlleuse la tâche de la jeune fille, dépositaire de sa destinée ; il faut qu'elle ait pour elle-même la prévoyance que chez nous un père et une mère ont pour leur fille : en général, on doit le dire, elle remplit sa mission, avec beaucoup de sagesse. Au sein de cette société toute positive, où chacun exerce une industrie, les Américaines ont aussi la leur : c'est de trouver un mari. Aux États-

1 Note de l'auteur. C'est elle qui fixe son choix...

Il est rare que ses parents la contrarient sur ce point ; s'ils font une objection, la jeune fille en triomphe d'ordinaire par un peu de constance. La société blâmerait un père qui résisterait longtemps au vœu de ses enfants. Ce n'est pas que, dans ce pays de liberté, l'autorité paternelle soit désarmée ; la loi donne aux parents le droit d'exhérédation dans toute son étendue ; mais ils n'en font pas usage dans cette circonstance, parce que les mœurs, toujours plus puissantes que les lois, protègent la liberté dans le mariage.

Unis, les hommes sont froids et enchaînés à leurs affaires ; il faut qu'on aille à eux, ou qu'un charme puissant les attire. Ne soyons donc pas surpris si la jeune fille qui vit au milieu d'eux est prodigue de sourires étudiés et de tendres regards ; sa coquetterie est d'ailleurs éclairée et prudente ; elle a mesuré l'espace dans lequel elle peut se jouer ; elle sait la limite qu'elle ne doit point franchir. Si ses artifices méritent qu'on les censure, le but qu'elle poursuit est du moins irréprochable ; car elle ne veut que se marier.

Les occasions ne manquent point aux jeunes gens et aux jeunes filles qui ont à se révéler un sentiment tendre et un mutuel penchant. Celles-ci ont coutume de sortir seules, et les premiers, en les accompagnant, ne blessent aucune convenance : la seule forme qu'ils doivent observer, c'est de marcher séparément ; car, pour donner le bras à une jeune personne, il faut lui être fiancé. On voit régner dans les salons la même liberté. Il est rare que la mère se mêle à la conversation qu'entretient sa fille ; celle-ci reçoit chez elle qui lui plaît, donne seule ses audiences, et y admet quelquefois des jeunes gens qu'elle a rencontrés dans le monde, et que ne connaissent pas ses parents. En agissant ainsi, elle ne fait point mal ; car ce sont les mœurs du pays.

La coquetterie américaine est d'une nature toute spéciale ; en France, une fille coquette est moins désireuse de se marier que de plaire ; en Amérique, elle n'est impatiente de plaire que pour se marier. Chez nous, la coquetterie est une passion ; en Amérique, un calcul. Si la jeune personne *engagée* continue à se montrer coquette, c'est moins par goût que par prudence ; car il n'est pas sans exemple que le *fiancé* viole sa foi ; quelquefois elle prévoit cette chance funeste, et tâche de gagner des cœurs, non pour en posséder plusieurs à la fois, mais pour remplacer celui qu'elle court le risque de perdre.

Dans cette circonstance comme dans toutes les autres, elle provoque, encourage, ou repousse les soupirants avec une entière liberté.

En Amérique, cette liberté, sitôt donnée à la femme, lui est tout à coup ravie. Chez nous, la jeune fille passe des langes de l'enfance dans les liens du mariage ; mais ces nouvelles chaînes lui sont légères. En prenant un mari, elle gagne le droit de se donner au monde ; elle devient libre en s'engageant. Alors commencent pour elle les fêtes, les plaisirs, les succès. En Amérique, au contraire, la vie brillante est à la jeune fille ; en se mariant, elle meurt aux joies mondaines pour vivre dans les devoirs austères du foyer domestique. On lui adressait des hommages, non parce qu'elle était femme, mais parce qu'elle pouvait devenir épouse. Sa coquetterie, après avoir trouvé un mari, n'a plus rien à faire, et, depuis qu'elle a donné sa main, on n'a plus rien à lui demander.

Aux États-Unis, la femme cesse d'être libre le jour où, en France, elle le devient.

Ces privilèges de la jeune fille et ce néant précoce de la femme mariée accroissent beaucoup le nombre des personnes qui s'engagent avant de se marier. En général, le contrat purement moral, qui naît de ces sortes de fiançailles, se ratifie peu de temps après par le mariage ; mais il n'est pas rare de voir les jeunes filles s'efforcer d'en ajourner l'accomplissement. En agissant ainsi, elles atteignent un double but : *engagées*, elles sont sûres de se marier, et ne sont pas encore épouses ; elles gagnent la certitude d'un avenir de femme, en conservant leur liberté de fille.

Rien, dans les femmes américaines, ne parle à l'imagination... cependant il est un côté de leur caractère qui produit sur tout esprit grave une profonde impression.

On sait la moralité d'une population. quand on connaît celle des femmes, et l'on ne contemple point la société des États-Unis sans admirer quel respect y entoure le lien du mariage. Le même sentiment n'exista jamais à un aussi haut degré chez aucun peuple ancien, et les sociétés d'Europe, dans leur corruption, n'ont point l'idée d'une pareille pureté de mœurs.

En Amérique on n'est pas plus sévère qu'ailleurs envers les désordres et même les débauches du célibat : beaucoup de jeunes gens s'y rencontrent, dont on sait les mœurs dissolues, et dont la réputation n'en reçoit aucune atteinte ; mais leurs excès, pour être pardonnés, doivent se commettre en dehors des familles. Indulgente pour les plaisirs qu'on demande à des prostituées, la société condamne sans pitié ceux qui s'obtiendraient aux dépens de la foi conjugale ; elle est également inflexible pour l'homme qui provoque la faute, et pour la femme qui la commet. Tous deux sont bannis de son sein ; et, pour encourir ce châtiment, il n'est pas nécessaire d'avoir été coupable, il suffit d'avoir fait naître le soupçon. Le foyer domestique est un sanctuaire inviolable que nul souffle impur ne doit souiller.

La moralité des femmes américaines, fruit d'une éducation grave et religieuse, est encore protégée par d'autres causes.

Envahi par les intérêts positifs, l'Américain n'a ni temps ni âme à donner aux sentiments tendres et aux galanteries ; il est galant une seule fois dans sa vie, lorsqu'il veut se marier. C'est qu'alors il ne s'agit pas d'une intrigue, mais d'une affaire.

Il n'a point le loisir d'aimer, encore moins celui d'être aimable. Le goût des beaux-arts, qui s'allie si bien aux jouissances du cœur, lui est interdit. Si, sortant de sa sphère industrielle, un jeune homme se prend de passion pour Mozart ou pour Michel-Ange, il se perd dans l'opinion publique. On ne fait point fortune à écouter des sons ou à regarder des couleurs. Et comment fixer au comptoir celui qui connut une fois les charmes d'une vie poétique ?

Ainsi condamnés par les mœurs du pays à se renfermer dans l'utile, les jeunes Américains ne sont ni préoccupés de plaire aux femmes, ni habiles à les séduire.

Il est d'ailleurs un élément de corruption, puissant dans les sociétés d'Europe, et qui ne se rencontre point aux États-Unis : ce sont les oisifs nés avec une grande fortune, et les militaires en garnison. Ces riches sans profession et ces soldats sans gloire n'ont rien à faire : leur seul passe-temps est de corrompre les femmes ; jeunesse bouillante et généreuse, à laquelle il ne manque que de l'espace et de l'action ; pareille aux grandes eaux du Mississipi : bienfaisantes quand elles roulent impétueuses, mortelles dès qu'elles sont stagnantes.

En Amérique, tout le monde travaille, parce que nul n'apporte en naissant de grandes richesses [1], et l'on n'y connaît point la funeste oisiveté des garnisons, parce que ce pays n'a point d'armée.

Les femmes échappent ainsi aux périls de la séduction : si elles sont pures, on ne saurait dire qu'elles sont vertueuses ; car elles ne sont point attaquées.

L'extrême facilité de s'enrichir vient encore au secours des bonnes mœurs ; la fortune n'est jamais une considération essentielle dans les mariages ; le commerce, l'industrie, l'exercice d'une profession, assurant

1 Note de l'auteur. *En naissant, de grandes richesses...*

Il se rencontre bien par accident quelques jeunes gens que le hasard d'une fortune héréditaire et d'une éducation polie rend propres aux intrigues de société et aux galanteries ; mais ils sont en trop petit nombre pour nuire, et, s'ils font seulement signe de troubler la paix d'un ménage, ils trouvent le monde américain ligué tout entier contre eux pour les combattre et pour écraser l'ennemi commun. Ceci explique pourquoi les Américains célibataires, qui ont de la fortune et des loisirs, ne restent point aux États-Unis et viennent vivre en Europe, où ils trouvent des hommes intellectuels et des femmes corrompues.

aux jeunes gens une existence et un avenir. Ils s'unissent à la première femme qu'ils aiment, et rien n'est plus rare aux États-Unis qu'un vieux garçon de vingt-cinq ans. La société y gagne des existences morales d'hommes mariés à la place des vies licencieuses du célibat. Enfin l'égalité des conditions protège les mariages auxquels la différence des rangs est chez nous un obstacle. Aux États-Unis il n'y a qu'une classe, et aucune barrière de convenance sociale ne sépare le jeune homme et la jeune fille qui sont d'accord pour s'unir. Cette égalité, propice aux unions légitimes, gêne beaucoup celles qui ne le sont pas. Le séducteur d'une jeune fille devient nécessairement son époux, quelle que soit la différence des positions, parce que, s'il existe des supériorités de fortune, il n'y a point de différence de rang [1].

Cette régularité de mœurs, qui tient moins aux individus qu'à l'état social lui-même, répand une teinte grave sur toute la société américaine.

Il existe dans tout pays une opinion publique dominante, à l'empire de laquelle nulle femme ne peut se soustraire.

Impitoyable en Italie pour la coquetterie qui ment, elle y pardonne la faiblesse qui succombe ; elle exige en Angleterre des délicatesses de pudeur qu'elle bannit en Espagne, et n'est pas plus sévère à Madrid pour les écarts des sens, qu'elle ne l'est à Londres pour les mouvements du cœur. En Amérique, cette opinion condamne sans pitié toutes les passions, et n'autorise que les calculs ; indifférente sur les sentiments, elle n'est exigeante que pour les devoirs.

L'amour, dont le charme fait seul toute la vie de quelques peuples d'Europe, n'est point compris aux États-Unis.

Si quelque âme ardente y ressent le besoin d'aimer et s'y abandonne avec passion, c'est un accident aussi rare que l'apparition d'un roc élevé sur la plage américaine. Malheur à cet être isolé au milieu de tous ! Pas une sympathie qui vienne le trouver ! pas un écho qui lui réponde ! pas une force sur laquelle il puisse se reposer ! En ce pays, on n'estime

1 Note de l'auteur. *Point de différence de rang...*

Aussi, quiconque séduit une jeune fille contracte, par le fait même, l'obligation de l'épouser ; s'il ne le faisait pas, il encourrait la réprobation du monde et serait repoussé de toutes les sociétés.

Qu'en Angleterre un jeune homme appartenant à l'aristocratie séduise une jeune fille de la classe moyenne, son aventure fait peu de scandale : et le grand monde où il vit lui pardonne aisément le dommage qu'il a causé dans des rangs inférieurs. Il n'en peut être ainsi dans une société où les conditions sont égales et où les rangs ne sont point marqués.

les choses que suivant leur valeur arithmétique. Comment réduire en dollars les élans de l'âme et les battements du cœur ?

Peut-être aime-t-on en Amérique, mais on n'y fait point l'amour.

Les femmes, de nature si tendre, prennent l'empreinte de ce monde positif et raisonneur…

… Vous le voyez, les femmes américaines méritent l'estime, et non l'enthousiasme ; elles peuvent convenir à une société froide ; mais leur cœur n'est point fait pour les brûlantes passions du désert. »

Chapitre III

Ludovic, ou le départ d'Europe

Ce langage de Ludovic produisit quelque impression sur l'esprit du voyageur. Le séjour de cet homme des villes au sein d'une profonde solitude ; le contraste de ses manières polies avec sa vie sauvage ; son jeune front chargé d'ennuis ; ses discours mêlés de larmes et de sourire, de mystère et de franchise, de sentences graves et d'observations frivoles, de réticences et de longues réflexions ; toutes ces circonstances, après avoir déconcerté les conjectures du voyageur et piqué sa curiosité, commençaient à faire naître son intérêt. Cependant il ne songea, dans le premier moment, qu'à démontrer la sagesse de ses projets.

– Vous venez, dit-il à Ludovic, de me présenter un coin du tableau. J'admets avec vous qu'il s'y peut rencontrer des taches ;... mais l'Amérique n'en renferme pas moins les éléments essentiels du bonheur. Il y a, aux États-Unis, deux choses d'un prix inestimable, et qui ne se trouvent point ailleurs : c'est une société neuve, quoique civilisée, et une nature vierge. De ces deux sources fécondes découlent une foule d'avantages matériels et de jouissances morales. Je vous avouerai d'ailleurs que le portrait que vous venez d'offrir à mes yeux, quelque vrai qu'il puisse être en général, ne me paraît pas ressembler à toutes les femmes d'Amérique. J'en ai vu dont les passions ardentes se peignaient dans un regard brûlant. Ce pays contient des peuples de races diverses... S'il en est que refroidissent les glaces du pôle, il en est d'autres qu'échauffe le soleil des tropiques...

À ces mots, les traits de Ludovic se contractèrent ; il éprouvait une émotion que le voyageur ne pouvait comprendre. Celui-ci continuant :
– Je crois, dit-il, que nous apportons dans notre opinion sur les États-Unis une disposition d'esprit différente ; je juge ce pays gravement ; vous, avec légèreté... Vous êtes frappé des ridicules et du peu d'élégance de cette société, et vous en riez ; et moi...

– Arrêtez, s'écria Ludovic d'une voix sévère ; vous méconnaissez mon caractère, et votre erreur est plus cruelle que vous ne pouvez le croire. Non ! il n'y a rien de gai, rien de frivole dans ma pensée... ma bouche peut sourire encore... mais depuis longtemps mon cœur ne connaît plus de joie... Vous croyez que je me suis éloigné des hommes parce que ma raison ne les comprend pas, ou que mon cœur les déteste ; vous me prenez pour un méchant ou pour un insensé !... détrompez-vous... Mon intelligence n'est point égarée, et je ne hais point mes semblables, loin desquels je traîne ma vie malheureuse !... Pour en venir au point où je suis arrivé, j'ai traversé bien des abîmes... Ah ! il serait à souhaiter pour vous que vous comprissiez mieux ma destinée ; les écueils de ma vie sont les mêmes où je vous vois prêt à vous briser... Vos illusions furent les miennes ; ce sont elle, qui m'ont perdu et qui causeront votre ruine... C'est une étrange erreur de croire que le bonheur se trouve en dehors des voies communes... Ce trouble de l'âme qui s'ennuie partout où elle est, cette inquiétude de l'esprit qui vous exile de la patrie, ce besoin de sensations neuves et vives, tous ces maux sont en vous, et ne tiennent pas à un pays plutôt qu'à un autre... Les lieux ne changent point les passions des hommes... J'ai entendu vos admirations pour l'Amérique, pour ses institutions, ses mœurs, pour ses forêts et ses déserts... J'en sais beaucoup plus que vous ne pensez sur les sujets de votre enthousiasme. Si je vous disais l'histoire de mon passé, ce serait celle de votre avenir !...

En prononçant ces mots, Ludovic s'était animé d'un feu extraordinaire... et l'énergie de ses paroles ne rendait qu'imparfaitement la profondeur de ses convictions.

Une réaction se fit alors dans l'âme du voyageur, qui, comprenant tout ce qu'il y avait de grave, de mystérieux et de touchant dans la position du solitaire :

– Pardonnez, lui dit-il avec intérêt, si j'ai pris votre malheur pour une infortune ordinaire... Mais quel est donc le secret de cette misère qui se présente à mes yeux sous les apparences du bonheur que j'envie ? quelle est l'étrange fatalité qui vous éloigne des hommes que vous aimez, et vous retient dans une solitude que vous n'aimez pas ?... Hélas faut-il que je vienne de France pour voir un compatriote si malheureux ! De grâce, épanchez vos chagrins dans mon cœur, et puisse l'intérêt que vous inspirez au voyageur verser dans votre âme un peu de consolation !...

Le solitaire réfléchit quelques instants... – Eh bien, oui ! dit-il en relevant sa tête qu'il avait inclinée, je vous raconterai l'histoire de ma vie... Je sais combien les hommes sont indifférents aux souffrances d'autrui, et je suis accoutumé à me passer de leur pitié. Ce n'est donc point votre compassion que je veux gagner par le récit de mes maux ; c'est un devoir que je vais accomplir... Le devoir seul est assez puissant sur mon âme pour me contraindre à réveiller des souvenirs douloureux, que j'avais résolu d'ensevelir dans un oubli profond. Je suis comme le voyageur téméraire tombé du faîte de la montagne jusqu'au fond du précipice ; il a perdu tout espoir de salut… cependant, portant un dernier regard vers les sommets dont il est descendu, il crie le péril aux imprudents qu'il voit s'avancer sur le bord des abîmes.

Le reste du jour, Ludovic parut absorbé dans une profonde méditation ; il était facile de juger, par les nuages sombres qui, de temps en temps, venaient obscurcir son front, qu'en repassant par toutes les phases de sa vie, il avait de grandes infortunes à traverser.

Le lendemain, à l'instant où l'aurore reflétait ses teintes roses sur les plus hauts feuillages de la forêt, Ludovic et son hôte sortaient de la chaumière ; ils se dirigèrent vers une roche élevée qui dominait l'extrémité du lac. De cette hauteur s'élançait une source jaillissante qui semait dans sa chute mille grains d'une poussière humide et argentée. Ce lac tranquille, ces bois muets, cette onde légère tombant sans bruit comme pour ne point troubler le silence de la solitude, tout dans ce lieu préparait l'âme à de profondes impressions.

Le solitaire et le voyageur s'étant assis au pied d'un cèdre antique, Ludovic raconta en ces termes l'histoire de sa vie.

Les grandes révolutions qui tourmentent les peuples jettent souvent au fond de certaines âmes un trouble profond, qui subsiste longtemps encore après que la surface de la société est devenue tranquille et que le calme est rentré dans le sein des masses.

Comme je naissais, un ordre social, qui comptait quinze siècles d'existence, achevait de s'écrouler… Jamais si grande ruine ne s'était offerte aux regards des peuples ;… jamais reconstruction si grande n'avait provoqué le génie des hommes. Un monde nouveau s'élevait sur les débris de l'ancien ; les esprits étaient inquiets, les passions ardentes, les intelligences en travail ; l'Europe entière changeait de face ;… les opinions, les mœurs, les lois étaient entraînées dans un tourbillon si rapide, qu'on pouvait à peine distinguer les institutions nouvelles de celles qui n'étaient plus… L'origine de la souveraineté avait été déplacée ; les principes du gouvernement étaient changés ; on avait inventé un nouvel art de la guerre, créé de nouvelles sciences ; les hommes n'étaient pas moins extraordinaires que les événements ; les plus grandes nations du monde prenaient pour chefs des enfants, tandis que les vieillards étaient rejetés des affaires… des soldats sans expérience triomphaient des bandes les plus aguerries ; des généraux, qui sortaient de l'école, renversaient de puissants empires ;... le règne des peuples était solennellement annoncé ; et jamais on n'avait vu les individualités si fortes et si glorieuses... chacun se précipitait dans une arène que la fortune paraissait ouvrir à tous...

J'étais enfant lorsque ces événements se passaient. Un spectacle de misère et de grandeur, de ruine et de création, frappa d'abord mes jeunes regards ; des exclamations de surprise, des cris d'admiration, les retentissements de l'airain annonçant des victoires, furent les premiers bruits qui arrivèrent à mon oreille.

J'habitais une demeure écartée des villes ; j'y grandissais sous le toit paternel, au sein des affections les plus tendres. Le tumulte qui régnait en Europe ne pénétrait que de loin en loin dans cet asile paisible du vrai bonheur et de toutes les vertus ; la vie s'y écoulait douce, mais uniforme ; de temps en temps seulement, un journal, la lettre d'un ami, un soldat rentrant dans ses foyers, venaient tout à coup jeter comme une lumière subite sur notre horizon, et nous apprendre que des trônes étaient détruits ou élevés.

Quand ces bruits rares parvenaient jusqu'à moi, ils me plongeaient dans de longs étonnements ; ils m'apprenaient que la vie, si monotone autour de nous, avait ailleurs des scènes brillantes ; alors je rêvais de gloire, de puissance, de grandeur ! la tranquillité de nos existences me paraissait un accident au milieu du mouvement universel.

Il se créait peu à peu au fond de mon âme un monde idéal, enfant de mes rêveries, de mes illusions et de mes impatients désirs, monde gigantesque, que ne pouvait égaler le monde réel, quelque grand, quelque extraordinaire qu'il fût alors... Si j'eusse été placé près de la scène, peut-être eussé-je aperçu les ombres aussi bien que les clartés ; voyant agir sous mes yeux les hommes qui gouvernaient les nations, j'eusse été peut-être moins ébloui par une grandeur qui m'aurait paru mêlée de petitesse ; j'aurais vu bien des bassesses autour de la puissance, et de larges taches dans un soleil de gloire.

Mais mon isolement rendait plus séduisants tous les prestiges, et plus enivrant encore pour mon imagination le spectacle lointain des mouvements du monde. Ainsi je ne voyais, du vaste théâtre où s'agitait la destinée des peuples, que ce qui pouvait me dégoûter du coin de terre que j'habitais.

Lorsque, tout ému encore par les récits qui avaient fait bondir mon cœur, je retombais au milieu du calme profond de notre retraite ; quand, après avoir roulé dans mon esprit les plus vastes pensées, je me sentais ramené aux paisibles intérêts des champs… j'éprouvais un insurmontable ennui, et sentais une répugnance que, depuis, je n'ai jamais pu vaincre pour le tranquille bonheur dont j'étais le témoin : non que je fusse insensible à l'ordre et à la moralité dont l'intérieur de la famille m'offrait le touchant spectacle. J'étais souvent ému à l'aspect des bonnes oeuvres qui se faisaient sous mes yeux ; car jamais un malheureux n'était repoussé de notre demeure, et je voyais le pauvre s'éloigner en nous bénissant ; mais je sentais chaque jour qu'il me fallait quelque chose de plus encore. Je prenais à mon père ses vertus ; au monde que j'entrevoyais, sa grandeur ; je mêlais ces deux choses, j'en faisais un ensemble délicieux, enivrant. Bientôt elles s'unirent si intimement dans ma pensée, que je ne pouvais plus les séparer. Je n'eusse point voulu de gloire sans vertus ; mais la vertu sans gloire me paraissait terne.

Enfin les portes du monde s'ouvrirent pour moi…, je me précipitai dans l'arène.

Déjà tout y était changé ; la paix régnait en Europe ; ce n'était point le calme du bien-être, mais l'immobilité qui suit une violente convulsion. Les peuples n'étaient pas heureux ; ils étaient las et se reposaient… De vastes ambitions, d'impétueux désirs, quelques nobles enthousiasmes, s'agitaient encore à la surface de la société ; mais tous ces élans n'avaient plus de but… Tout d'ailleurs s'était rapetissé dans le monde, les choses comme les hommes. On voyait des instruments de pouvoir, faits pour des géants, et maniés par des pygmées, des traditions de force exploitées par des infirmes, et des essais de gloire tentés par des médiocrités. Au siècle des révolutions avait succédé le temps des troubles ; aux passions, les intérêts ; aux crimes, les vices ; au génie, l'habileté ; les paroles, aux actes. Je trouvai une société où tout semblait encore transitoire, et où rien cependant ne remuait plus ; une sorte de chaos régulier, époque sans caractère déterminé, placée entre la gloire qui venait de mourir, et la liberté qui allait naître… On ne s'élançait plus au pouvoir d'un seul bond, comme au temps de mon enfance ; on n'y marchait non plus progressivement, comme dans les siècles qui avaient précédé ; il existait dans le gouvernement de certaines règles qui, après avoir été opposées aux talents, cédaient sans effort sous l'intrigue.

J'abordai ce nouveau théâtre, plein de vastes pensées et d'immenses désirs : un coup d'œil me suffit pour découvrir combien peu j'y convenais.

Mes passions étaient profondes et pures : mais, depuis trente années, mille autres avaient feint d'en sentir de pareilles, ou abusé de celles qu'ils éprouvaient réellement ; on ne croyait plus à la sincérité des grandes ambitions, et tout le monde les redoutait. Après avoir si longtemps nourri des espérances sans bornes, et m'en être enivré dans la solitude, je fus presque obligé de les dérober aux regards des hommes.

J'avais conçu des projets de réforme politique... mais alors on avait horreur des innovations.

De même que les esprits inquiets étaient troublés par des souvenirs de gloire, la société, corps froid et prudent, était glacée par des souvenirs de sang ; elle aimait sa léthargie, voyant dans le réveil un péril, et dans tout mouvement une crise mortelle.

Comment d'ailleurs parvenir à exercer sur elle et sur sa marche quelque influence ?

J'essayai d'embrasser un état qui pût me mener au pouvoir... mais je découvris bientôt encore la vanité de ce projet. Pour suivre avec avantage ce qu'on appelle une carrière, il faut l'envisager comme l'intérêt unique de son existence, et non comme le moyen d'atteindre à un but plus élevé. L'exercice d'une profession impose mille devoirs minutieux auxquels ne saurait se soumettre celui qui poursuit une grande pensée. L'impatience de réussir suffirait pour empêcher le succès.

Je ne saurais vous dire quels étaient les tourments de mon esprit, lorsque, plein d'idées vastes, j'étais condamné à me renfermer dans le cercle étroit d'une spécialité ; après avoir longtemps considéré les objets dans leur ensemble, il me fallait descendre dans mille détails, et traiter des cas particuliers, à la place des grandes questions que j'avais méditées toute ma vie. Je faisais des efforts inouïs pour tirer une idée générale d'un fait ; mais alors j'oubliais le fait pour l'idée, l'application pour la théorie : je devenais impropre à mon état... Une autre fois, je parvenais à emprisonner mon esprit dans les limites d'une question spéciale... mais ici je sentais mon intelligence se rétrécir, en même temps que je perdais l'habitude de généraliser ma pensée ; et je m'arrêtais devant la crainte de devenir impropre à mon avenir.

Plein de dégoût et d'ennui, je me retirai des affaires : j'étais d'ailleurs enclin à penser que, de notre temps, la droiture du cœur et la fixité des principes sont des obstacles au succès.

Le vide dans lequel je tombai ne saurait se décrire. À l'instant où j'avais cru atteindre le but, je l'avais vu s'éloigner de moi davantage… Cependant mes passions me restaient ; elles ne me laissaient point de repos. Je jetais autour de moi des regards inquiets… j'observais la scène, espérant toujours qu'elle changerait ; mais elle ne m'offrait qu'un spectacle monotone de petits personnages, de petites intrigues, et de petits résultats…

Un événement inattendu vint tout à coup ranimer mon énergie languissante, et sourire à mon imagination. C'était en l'année 1825 ; la Grèce esclave avait murmuré des paroles de liberté… je vis là le parti de la civilisation contre la barbarie.

Plein d'un saint enthousiasme, je courus vers la patrie d'Homère. Mouvements poétiques d'une jeune âme, que vous êtes nobles et impétueux ! Hélas ! pourquoi ne rencontrez-vous, dans vos élans sublimes, que déceptions et mensonges ? J'ai scellé de mon sang la cause de la liberté… j'ai vu le triomphe des Grecs, et je ne sais pas à présent quels sont les plus vils des vainqueurs ou des vaincus. Il n'y a plus de Grecs esclaves des Musulmans ; mais toujours voués à la servitude, ceux-là n'ont gagné que le triste privilège de se fournir de maîtres et de tyrans.

Que me restait-il à faire sur cette terre de souvenirs et de tombeaux ? Que demander aux ruines d'Athènes et de Lacédémone ?

Des cris de désespoir ? – Byron, génie infernal, les exhala dans un céleste langage.

Des soupirs religieux ? – Un pieux pèlerin les a recueillis, et l'univers écoute encore dans une sainte émotion la voix du chantre divin d'Eudore et de Cymodocée.

Alors, sans pensée, sans intérêt, sans but, je pris ma course au hasard… La nature offrit à mes yeux deux grandes choses : l'Océan et les montagnes. L'art eut aussi sa merveille à me montrer : il me conduisit devant Saint-Pierre de Rome.

En présence de ces magnifiques créations, j'éprouvais de sublimes extases. Je ne sais pourquoi je n'ai jamais regardé la mer sans fondre en larmes : y a-t-il dans cette image de l'immensité quelque chose qui confonde la misère de l'homme ? Cette grande scène, où s'agitent les tempêtes, où se consomment les naufrages, figure-t-elle à nos yeux l'écueil où l'âme se brise, et l'abîme où se perd la pensée ?

Les montagnes causent une impression plus grave ; leur front superbe, en aspirant au ciel, imprime à l'âme une impulsion religieuse ; elles sont comme le marchepied donné à l'homme pour monter vers Dieu. Oh ! que la Divinité aurait un magnifique autel, si la basilique de Saint-Pierre couronnait la cime du Mont-Blanc !

Mon pèlerinage ne fut pas de longue durée… L'Europe ennuie le voyageur parce qu'on y voyage depuis deux mille ans.

En vain je visitais les sites les plus pittoresques, les retraites les plus sauvages, les palais les plus merveilleux… je ne faisais que passer là où mille autres avaient passé avant moi. Pas une terre qui n'ait été foulée aux pieds ; pas une beauté de la nature qui n'ait été analysée ; pas un chef-d'œuvre de l'art qui n'ait excité des admirations. Le voyageur de nos jours n'a plus rien à faire, ni rien à penser ; ses opinions, comme ses sentiments, lui sont annoncées d'avance ; il faut qu'il pleure ici ; que, plus loin, il soit saisi d'enthousiasme ; il passe ainsi par la voie qu'ont suivie ses devanciers, à travers une multitude de vieilles impressions et d'émotions de commande.

Je ne rencontrai d'ailleurs chez les autres peuples d'Europe rien qui m'enchaînât au milieu d'eux : ils sont aussi vieux et encore plus corrompus que nous.

De retour en France, j'y retrouvai mes premiers ennuis. Que faire ? où aller ? – Revenir à la maison paternelle ? j'étais moins que jamais propre à en goûter le bonheur ; car les obstacles accumulés sur mes pas, au lieu de me désenchanter, n'avaient fait qu'irriter mes passions.

Me faudrait-il vivre éternellement dans une société où j'étais sûr de ne point trouver l'existence que j'avais rêvée !

Alors s'offrit à mon esprit l'idée de passer en Amérique. Je savais peu de choses de ce pays ; mais chaque jour j'entendais vanter la sagesse de ses institutions, son amour pour la liberté, les prodiges de son industrie, la grandeur de son avenir. C'était de l'Occident, disait-on, que désormais viendrait la lumière, et puis je pensais comme vous : « On trouve en Amérique deux choses qui ne se rencontrent point ailleurs : une société neuve, quoique civilisée, et une nature vierge… »

Je regardai ce projet nouveau comme une inspiration divine envoyée au secours de mon infortune.

Combien fut douce alors la lumière qui pénétra dans mon âme, et vint me découvrir un monde égal à mes plus beaux rêves !

Avec quel enthousiasme je me précipitai vers cette chance d'avenir ! je passai tout à coup de l'abattement à l'énergie, et sentis renaître en moi toutes les forces morales que donne le retour inattendu d'une espérance abandonnée.

Un mois après j'étais à Baltimore.

Chapitre IV

Intérieur d'une famille américaine

Je choisis Baltimore de préférence aux autres villes d'Amérique, assuré que j'étais d'y trouver un ami, Daniel Nelson, auquel ma famille avait, dans une occasion importante rendu quelques services.

Le jour où j'entrai chez Nelson fut celui qui décida de mon sort. Je dois donc vous faire connaître cet Américain.

Son premier abord n'était point agréable : un maintien sévère, un langage froid, des formes rudes telle était l'apparence extérieure de son caractère ; mais cette grossière écorce cachait des vertus d'un grand prix ; il était juste envers ses semblables, charitable au malheureux, et doué d'une fermeté d'esprit, que je n'ai jamais rencontrée dans un autre homme ; il possédait encore une qualité que j'admirai d'autant plus en Amérique, que je l'avais moins vue en France : c'était de ne rien dire sans réflexion, et de ne jamais parier des choses qu'il ne savait pas [1].

Habituellement calme dans ses discours, Nelson avait quelques passions sous l'influence desquelles sa froideur s'animait. La première, c'était un orgueil national poussé jusqu'au délire ; il ne parlait qu'en termes magnifiques de la sagesse et de la grandeur du peuple américain, Sa seconde passion était une haine : il détestait les Anglais [2] ; enfin,

1 Note de l'auteur. Ne jamais parler des choses qu'il ne savait pas.
V. la note relative à la sociabilté des Américains.

2 Note de l'auteur. *Il détestait les Anglais.*
Dire que les Américains haïssent les Anglais, c'est rendre imparfaitement leurs sentiments. Les habitants des États-Unis furent soumis à la domination anglaise, et au souvenir de leur indépendance conquise se mêle celui des guerres dont elle a été le prix. Ces luttes rappellent des temps d'une inimitié profonde contre les Anglais.
La civilisation avancée de l'Angleterre inspire aussi des sentiments de jalousie très prononcés à tous les Américains. Cependant, lorsque la pensée d'une rivalité sort un instant de leur esprit, on les voit fiers de descendre d'une nation aussi grande que l'Angleterre ; et l'on retrouve dans leur âme ce sentiment de piété filiale qui rattache les colonies à la mère patrie, longtemps après qu'elles sont devenues libres.
Le souvenir des anciennes querelles s'efface chaque jour ; mais la jalousie s'accroît. La prospérité matérielle des États-Unis a pris un essor merveilleux, que l'Angleterre regarde d'un oeil inquiet : et l'Amérique ne peut se dissimuler, malgré la rapidité de ses progrès, qu'elle est encore inférieure à l'Angleterre. Ce sentiment des deux peuples n'a rien que de légitime dans son principe ; mais l'orgueil national, que la presse de Londres comme celle de New York excite à l'envi, vient envenimer cette disposition.
Les journaux anglais sont pleins de mépris pour les États-Unis qu'ils représentent comme un pays entièrement sauvage. « Comparez donc, dit un *magazine* anglais

spectateur ardent de la communion presbytérienne, Nelson nourrissait dans son âme un sentiment voisin de l'inimitié contre les catholiques et les unitaires, reprochant aux premiers de croire tout, et aux autres de ne rien croire.

J'aperçus dans le caractère de Nelson un dernier trait qui me frappa :

---

publié à Londres, la moralité de l'Angleterre et de l'Amérique, comme si aucun parallèle pouvait s'établir entre un pays surchargé de population, où six millions d'individus sont de race commerçante et manufacturière, et dans lequel les yeux sont assaillis d'objets qui invitent au larcin ; et l'Amérique où il n'y a rien à voler, si ce n'est de l'herbe et de l'eau ; où la terre est la seule chose sur laquelle on puisse vivre ; où il faut que chacun soit son propre tailleur, charpentier, etc. ; où tout le savoir-faire de la vie consiste à planter du maïs et des pommes-de-terre, et où l'excès du luxe est d'en faire un pudding ; où la vue d'un miroir est chose si rare qu'elle met en mouvement la population d'une province, etc. » Suivent beaucoup d'autres observations du même genre. (V. *Daily commercial gazette*, Boston, 28 septembre 1831.) Tous les jours on lit de semblables invectives dans les feuilles anglaises ; l'irritation qu'elles excitent dans l'esprit des Américains est assez naturelle, et leur ressentiment est en proportion exacte de l'injustice des Anglais à leur égard.

Une autre cause amène encore un effet semblable. Les Anglais qui voyagent en Amérique y sont parfaitement accueillis pour trois raisons : la première est que les Américains sont naturellement hospitaliers pour des étrangers qui parlent leur langue ; 2° quoique jaloux de l'Angleterre, ils éprouvent un véritable plaisir à recevoir individuellement chaque Anglais qui vient les visiter, et dans lequel ils ne voient plus qu'un membre de la nation dont ils sont descendus ; 3° enfin ils désirent être jugés favorablement, eux et leur pays, par les Anglais, précisément parce qu'ils sont leurs rivaux ; ils s'efforcent donc d'être polis, pour leur prouver que l'Amérique n'est pas sauvage ; et comme ils croient de très bonne foi avoir dans leur pays de fort belles choses à montrer, ils se mettent en devoir d'étaler aux yeux de l'insulaire britannique toutes les richesses morales et matérielles des États-Unis.

Cependant, plein de ses préjugés nationaux et pouvant d'ailleurs, sans partialité, trouver l'Amérique inférieure à son pays, l'Anglais, de retour dans sa patrie, écrit son voyage *transatlantique*, lequel n'est autre qu'une satire continue en un ou deux volumes ; quelquefois il ne respecte pas même les noms propres, et livre à la risée de ses concitoyens les dignes étrangers dont il a reçu l'hospitalité. Les plus réservés dans leur style sont encore injustes et blessants. L'ouvrage publié en Angleterre arrive bientôt aux États-Unis, où son apparition est un coup de foudre pour les vanités américaines.

La rivalité, qui existe entre les Américains et les Anglais n'est pas seulement industrielle et commerciale. Ces deux peuples ont une langue qui leur est commune, et chacun a la prétention de la mieux parler que l'autre. Je crois que tous les deux ont raison. En Angleterre, la classe supérieure possède une délicatesse de langage qui est inconnue en Amérique, si ce n'est dans un petit nombre de salons qui font tout-à-fait exception ; et aux États-Unis, où il n'existe ni classe supérieure ni basse classe, la population entière parle l'anglais moins bien, il est vrai, que l'aristocratie d'Angleterre, mais aussi bien que la classe moyenne, et infiniment mieux que la classe inférieure de ce pays.

quoiqu'il vécut dans une société où tout le monde a des esclaves [1], il ne voulut jamais en posséder aucun ; il avait acheté dans la Virginie deux nègres, qu'il s'était empressé d'affranchir dès leur arrivée dans le Maryland, et dont il avait fait ses domestiques. L'un d'eux, nommé Ovasco, avait pour son maître un attachement qui ressemblait à un culte, et dont plus tard j'admirai les effets.

Fixé depuis plusieurs années à Baltimore, Nelson occupait dans cette ville une haute position sociale ; il avait d'abord trouvé dans le commerce une source féconde de fortune et de crédit. Alors il menait un train brillant ; sur un riche équipage, ses armes étaient peintes, avec cette devise : « *Ubi libertas, ibi patria.* » La même inscription avait été gravée, sur le cachet dont il scellait toutes ses lettres, et sur lequel on lisait aussi : « John Nelson, 1631. » C'était le nom du chef de sa famille, et la date de son émigration en Amérique. Nelson se plaisait à parler de cette antique origine, et de ceux de ses aïeux dont le nom avait laissé d'honorables souvenirs parmi les Américains.

Cependant des idées d'ambition lui étant venues, il évita toutes les apparences du luxe et de la richesse, afin de se rendre populaire, et fut élu membre de la législature du Maryland ; il obtint d'ailleurs successivement tous les titres honorifiques auxquels peut aspirer un citoyen influent des États-Unis : membre de la société historique,

1 Note de l'auteur. *Où tout le monde a des esclaves.*
Les états où l'esclavage existe encore sont le Maryland, la Virginie, les deux Carolines, la Géorgie, Alabama, Mississipi, Tennessee, Kentucky, New Jersey, Delaware, Missouri, la Louisiane, les territoires d'Arkansas et de la Floride, et le district de Colombie. V. du reste les tableaux statistiques qui suivent l'appendice sur la condition sociale et politique des esclaves.

président de la société biblique [1], de la société de tempérance [2], de la société de colonisation [3], inspecteur du pénitencier et de la maison de refuge ; il était, de plus, anti-maçon [4].

1 * « De la société biblique. »
Il existe aux États-Unis une multitude d'associations religieuses dont l'objet principal est de répandre la Bible. On en compte à New York seul plus de dix ; l'une sous le titre d'*American Bible Society*, l'autre, sous celui d'*American Tract Society*, etc. En 1850, cette dernière société a distribué 242,183 Bibles (a).
C'est en répandant la Bible que les protestants, et notamment les presbytériens qui sont les plus zélés de tous, espèrent christianiser et civiliser le monde. Cependant ce livre n'est point à la portée de toutes les intelligences, il renferme plus d'un passage obscur et propre à recevoir des interprétations diverses. Comme j'exprimais cette pensée en demandant quel était l'inconvénient d'épurer le texte des Bibles remises entre les mains du peuple, un presbytérien me répondit avec un accent plein de conviction : « La Bible est un livre sacré qui vient de Dieu ; il est bon tout entier ; le peuple sait de quelle source divine il provient, et il a foi en lui. Tout extrait de la Bible serait l'œuvre de l'homme et ne mériterait aucune confiance ; on ne doit rien retrancher à la parole de Dieu. »
(a)V. Daily national Intelligencer, 19 mai 1831.
2 Note de l'auteur. « *Société de tempérance.* »
Une association se forma à Boston en 1813, sous le nom de Société du Massachusetts pour la suppression de l'intempérance, son objet était de diminuer l'usage, si commun aux États-Unis, des liqueurs fortes. D'abord ses efforts furent peu efficaces ; cependant l'association s'étendit chaque jour davantage ; en 1826 la société américaine de tempérance fut organisée ; de cette époque datent des réformes salutaires dans les mœurs des Américains. Le sixième rapport de la société de tempérance établit que, depuis 1826, plus de deux mille personnes ont cessé de fabriquer des liqueurs fortes, et que plus de six mille ont discontinué d'en vendre, qu'il y a sept cents vaisseaux américains sur lesquels on n'en fait plus usage, et que plus de cinq mille personnes adonnées à l'ivrognerie sont devenues sobres.
V. American almanach, 1834, p. 89.
3 Note de l'auteur. « *La société de colonisation.* »
Fondée à Washington en 1816, par les soins du révérend Robert Finley du New Jersey, dans le but de coloniser les gens de couleur devenus libres. V. à ce sujet l'appendice à la fin de ce volume.
4 Note de l'auteur. « *Antimaçon.* »
Ce mot indique qu'il existe aux États-Unis des *maçons*, c'est-à-dire des sociétés de franc-maçonnerie. Dans un pays de liberté universelle et illimitée, ces sociétés ne peuvent être ni utiles aux citoyens pour la conquête ou la conservation de leurs droits, ni dangereuses pour le gouvernement, contre lequel on a mille moyens d'attaques légaux et patents. Aussi jusqu'à présent la maçonnerie n'est-elle le symbole d'aucun parti politique. Le général Jackson, président des États-Unis et représentant du parti républicain, est franc-maçon, de même que M. Clay, son antagoniste aux dernières élections, dont les opinions sont considérées comme moins démocratiques.
La création d'une franc-maçonnerie aux États-Unis ne s'explique guère que par le penchant qu'ont les Américains à imiter l'Europe dans tout ce qui est compatible avec la nature de leur gouvernement ; les rapports de philanthropie et de fraternité qui

Il aspira longtemps à devenir membre du congrès, mais, ayant échoué dans les dernières élections, il abandonna subitement toutes ses prétentions politiques, et, se tournant vers un autre objet, il se fit recevoir ministre d'une église presbytérienne.

Lorsque j'arrivai chez Nelson, je le trouvai entouré de ses deux enfants, Georges et Marie.

Le premier, à l'âge de vingt ans, portait sur un front élevé l'empreinte d'un caractère noble et ferme ; son âme droite se peignait dans la franchise de son regard. Je me sentis d'abord attiré vers lui, et lui vers moi… bientôt une étroite amitié justifia nos sympathies.

Sa sœur, plus jeune que lui, me parut d'une éclatante beauté ; mais à l'époque de mon arrivée à Baltimore, je ne fis que l'apercevoir. Elle ne se montrait point dans le monde, où j'allais sans cesse ; et je la voyais à peine chez son père, dont j'évitais la société.

---

s'établissent entre tous les membres de la franc-maçonnerie, ont pu cependant inspirer aux Américains le désir de voir cette institution transportée chez eux.
Quoi qu'il en soit, ils y attachent eux-mêmes peu d'importance : « Il n'y a qu'une chose plus absurde que les *maçons* me disait un homme fort spirituel de Boston, ce sont les *anti-maçons.* »
Cependant, vers l'année 1827, un événement déplorable est venu provoquer l'attention publique sur la franc-maçonnerie, et a rendu moins indifférente dans l'opinion la participation à cette société. Un nommé Morgan, de l'État de New York, affilié aux francs-maçons, se sépara d'eux subitement et devint antimaçon ; il paraît même qu'il annonça l'intention de divulguer les statuts et les secrets de l'association ; quelques, jours après il disparut de son domicile, et, pendant un certain temps, on ignora ce qu'il était devenu ; mais bientôt après on trouva son cadavre flottant sur le lac Erié, où tout porte à penser que des meurtriers l'avaient précipité. Des poursuites judiciaires furent commencées, des indices recueillis ; mais les témoins, dont on aurait pu tirer quelques lumières, étaient frappés d'une telle terreur, qu'ils ne voulurent rien dire à la charge des inculpés.
Cette affaire a été, pour le parti antimaçonique, un signal de recrudescence. Beaucoup de personnes désintéressées ont de très bonne foi repoussé une association qui avait été la cause ou tout au moins l'occasion d'un odieux forfait. D'autres se sont empressées d'exploiter au profit de leur ambition particulière ce mouvement des esprits, et ont tâché d'organiser le parti anti-maçonnique, dans un intérêt apparent de morale, et en réalité dans le but unique de se placer à la tête d'une opinion. Dans un pays où il n'existe point de partis politiques, les ambitions ont une peine infinie à se produire ; à la place d'intérêts réels, elles sont obligées d'en créer de factices ; alors un fait, une idée, sont des accidents heureux dont elles s'emparent ; c'est un costume pour jouer leur rôle.
Toutes les questions politiques relatives à l'existence et à la nature des partis aux États-Unis sont traitées dans l'ouvrage que va publier M. de Tocqueville sur la démocratie en Amérique. (V. tome II, chap. 2.)

J'ai su plus tard apprécier Nelson et sa famille ; mais j'avoue que la rigidité de ses principes m'avait d'abord éloigné de lui : il gardait dans toute leur austérité les mœurs des puritains de la Nouvelle-Angleterre [1]. Soir et matin, ses enfants et ses domestiques étant rassemblés, il leur faisait la prière en commun ; chaque repas était également précédé d'une invocation dans laquelle il demandait au Ciel de bénir les mets et les fruits servis sur la table.

Quand venait le dimanche [2], c'était tout un jour de recueillement et

1 Note de l'auteur. Austérité des puritains de la Nouvelle-Angleterre.

Cette austérité ne se montre pas seulement dans les mœurs ; on la voit également paraître dans les lois : l'ivresse, les jeux de hasard, la fornication, le blasphème, l'inobservation du dimanche, sont, dans le Massachusetts, des délits passibles d'un emprisonnement ou d'une amende. Le puritanisme dominant dans la Nouvelle-Angleterre exerce encore son influence sur presque tous les États de l'Union ; c'est ainsi que le code pénal de l'Ohio punit de l'emprisonnement les rapports entre hommes et femmes non mariés. J'ai vu à Cincinnati des individus condamnés pour ce délit, et renfermés dans un cachot infect, où l'air extérieur ne pénètre jamais.

À New York, tous les jeux de hasard, tels que les cartes, les dés, le billard, sont défendus dans tous les lieux publics, auberges, tavernes, paquebots, etc., sous peine de 10 dollars d'amende (53 fr.) contre les aubergistes et les maîtres de paquebots. Toute personne qui gagne une somme d'argent à un jeu de hasard est passible d'une amende quintuple de la somme gagnée ; quiconque perd ou gagne, en jouant ou en pariant, une somme de 25 dollars (132 fr.), est déclaré coupable d'un délit (*misdemeanor*), et passible d'une amende qui ne peut être moindre du quintuple de la somme gagnée ou perdue (a). La loi du même État punit les jurements et les blasphèmes (b) ; elle défend la vente de liqueurs fortes dans le voisinage d'une assemblée religieuse, à moins que ce ne soit à une distance de deux milles au moins (c). Les lois de la Pennsylvanie contiennent des dispositions analogues (d) ; elles portent tantôt l'amende, tantôt l'emprisonnement contre l'ivresse, et privent de leur patente les aubergistes chez lesquels l'infraction a eu lieu. Lorsqu'un individu est connu pour un ivrogne d'habitude, on lui nomme un curateur ou conseil judiciaire, comme s'il était en démence, et quiconque, aubergiste, distillateur ou épicier, lui vend des liqueurs fortes ou du vin, est passible d'une amende de 10 dollars (53 fr.) (e).

(a)V. Statuts révisés de l'État de New York, t. 1er, 1re partie, titre 8, chap. 20, art. 2 et 3, p. 661 et 662.

(b)V. ibid., art. 6, p. 673.

(c)V. ibid., art. 7, p. 674.

(d)V. Purdon's digest, v° Gamings and lotteries, p. 344 et suiv.

(e)V. Purdon's digest, v° Drunkards, p. 223, 6e sect.

2 Note de l'auteur. « *Quand venait le dimanche...* »

La célébration du dimanche ne se borne pas en Amérique comme chez nous, à une cérémonie ; elle dure tout le jour. Chacun, après l'office, rentre chez soi, et bientôt on ne voit dans les rues ni voitures, ni hommes, ni femmes, ni enfants. Pour que les voitures ne puissent passer, les rues qui avoisinent les églises sont barrées à l'aide de chaînes suspendues en travers, à deux pieds au-dessus du sol. On dirait, au silence qui se fait

de piété.

Le moindre amusement était interdit, et le temps qu'on ne passait point à l'office religieux s'écoulait silencieusement dans la lecture et la méditation de la Bible. Cette rigide observance du saint jour était la même par toute la ville ; cependant Nelson ne cessait d'accuser Baltimore d'irréligion et d'impiété : « Le Maryland, disait-il est bien loin de valoir la Nouvelle-Angleterre, cette patrie des bonnes mœurs et de la religion. Du reste, ajoutait-il, les principes de la morale se relâchent tous les jours dans ce pays, et la Nouvelle-Angleterre elle-même ne se préserve point de la corruption générale. Croiriez-vous, me disait-il avec l'accent d'une douleur profonde, qu'on n'arrête plus les personnes qui voyagent le dimanche [1], et que la malle-poste elle-même, qui porte les dépêches du gouvernement central, circule pendant le jour

---

partout, une cité abandonnée par laquelle l'ennemi aurait passé la veille, et où il n'aurait laissé que des morts. La loi de l'État de New York porte que, le jour du dimanche, tous amusements, tels que la chasse à courre et à tir, le jeu, les courses de chevaux, etc., etc., sont interdits. Il est défendu à tout aubergiste ou distillateur de débiter aucune liqueur spiritueuse, et à tout négociant de vendre aucune marchandise. (V. Statuts révisés de New York, t. 1, p. 675 et 676.)

Il paraît bien certain qu'un grand nombre d'Américains, renfermés chez eux le dimanche, s'occupent fort peu de la Bible, et profitent de l'ombre qui les cache pour faire des oeuvres qui n'ont rien de pieux : les uns s'abandonnent sans frein à la passion du jeu, d'autant plus funeste en Amérique que, les jeux publics les plus innocents étant prohibés, le joueur se livre clandestinement aux plus dangereux ; d'autres s'enivrent de liqueurs spiritueuses ; un grand nombre, parmi ceux qui appartiennent à la classe ouvrière, se couche aussitôt après l'office. Le même fait s'observe en Angleterre, conséquence de la même cause. Le protestantisme, qui recommande pendant le dimanche le silence, le recueillement, et exclut toutes sortes de réjouissances, n'a considéré que la condition des hautes classes de la société. Cette observation tout intellectuelle du saint jour convient à des esprits cultivés, et est propre à élever singulièrement des âmes capables de méditation ; mais elle ne sied point aux classes inférieures. Vous n'obtiendrez jamais que l'homme, dont le corps seul travaille toute la semaine, passe toute la journée du dimanche à penser. Vous lui refusez des amusements publics ; retiré dans l'ombre, il s'abandonne sans frein aux plus grossiers plaisirs.

1 Note de l'auteur. *Qui voyagent le dimanche...*

Il y a une loi, dans le Massachusetts (Nouvelle-Angleterre), d'après laquelle on peut arrêter les gens qui voyagent le dimanche, et les condamner, pour ce fait, à une amende. Celui qui a une cause urgente de déplacement doit demander une autorisation de voyager pendant le saint jour. Le conducteur de voiture publique, qui se met en route sans avoir obtenu cette permission, perd sa patente pour trois ans. (V. general laws or Massachusetts, t. 1, p. 535 et t. II, p. 403, 1815, chap. 135. La loi de New York contient une disposition analogue, mais moins sévère. V. Revised statutes, t. 1, p. 676.)

du Seigneur [1] ? Si ce progrès funeste ne s'arrête pas, c'en est fait, non-seulement de nos mœurs privées, mais encore des mœurs publiques : point de moralité sans religion ! point de liberté sans le christianisme !

Comme il voyait dans l'expression de ma physionomie bien moins d'indignation que d'étonnement : Je sais, me dit-il, que la France est une terre d'immoralité ; tout le mal vient du papisme. Les catholiques ont tellement enveloppé le christianisme de formes matérielles, qu'ils ont perdu de vue le principe moral qui en est l'âme. Mais l'œuvre de la réforme s'achèvera, la France sera religieuse quand elle sera protestante [2]. »

---

1 Note de l'auteur. - ** *La malle-poste...*

Autrefois le service de la poste était entièrement suspendu pendant le dimanche ; la malle aux lettres était elle-même arrêtée ; mais, depuis plusieurs années, on s'est relâché de cette rigueur de principe. Le plus grand nombre approuve ce changement ; mais les presbytériens le censurent amèrement, et y trouvent le texte d'une accusation d'impiété contre le siècle.

2 Note de l'auteur. La France sera religieuse quand elle sera protestante.

C'est une opinion très répandue parmi les presbytériens des États-Unis, que l'irréligion en France est due au catholicisme, et que le protestantisme lui rendrait le zèle religieux qu'elle a perdu.

La société biblique américaine, qui travaille avec beaucoup de zèle à christianiser l'univers sous la *forme protestante,* songe souvent à la France ; et l'un de ses membres conçut, en 1851, un plan qui me paraît assez curieux pour que j'en donne ici une brève analyse :

« Nous devons, dit-il, porter sur la France nos premiers regards, pour plusieurs raisons :

1° Sa langue est parlée dans le monde entier ;

2° Sa situation géographique et politique fait que le principe adopté par elle pénètre vite chez tous les autres peuples de l'Europe, et, maître d'elle, le protestantisme détrônera bientôt le papisme qui règne en Espagne et en Italie ;

3° Depuis sa conquête d'Alger, la France tient dans ses mains la clef de l'Afrique ;

4° Les Français sont économes, polis dans leurs formes, entreprenants, enthousiastes, et habiles à communiquer les croyances qu'ils ont dans l'âme ;

5° La seule cause qui rend les Français irréligieux est leur haine contre leur clergé. »

L'auteur conclut donc en demandant que la société biblique américaine envoie en France des commissaires chargés de distribuer une Bible à chaque habitant des campagnes. (V. *Western recorder*, Utica, 12 juillet 1831.)

Ce plan, accompagné de développements assez ingénieux, avait fait une telle impression sur quelques jeunes adeptes de la communion presbytérienne, que l'un d'eux, résolu de partir pour la France, vint un jour me demander quelques renseignements nécessaires au voyage. je ne pus m'empêcher, en rendant justice à son zèle, de lui signaler le côté faible de son entreprise :

« Je crois, lui dis-je, que vous ne connaissez pas bien la France ; elle est moins irréligieuse qu'indifférente. Pour aller du catholicisme au protestantisme, il faut un travail de l'intelligence et un besoin de croyances que l'indifférence exclut. Le clergé

Ce zèle ardent pour les choses immatérielles s'alliait, chez Nelson, à des sentiments d'une tout autre nature : son amour pour l'argent était incontestable ; il était rare qu'après nous avoir entretenus des intérêts de son église et de ses méditations religieuses, il n'engageât pas quelque discussion sur le meilleur système de banque à fonder, sur les escomptes, sur le tarif, sur les canaux et les routes en fer. Son langage, ses souvenirs de commerce et de fortune, dénotaient une passion pour les richesses qui, poussée à un certain point, prend le nom de cupidité ; singulier mélange de nobles penchants et d'affections impures ! J'ai trouvé partout ce contraste aux États-Unis : deux principes opposés luttent incessamment ensemble dans la société américaine ; l'un, source de droiture ; l'autre, de mauvaise foi.

Au milieu d'idées et de sentiments tous nouveaux pour moi, ma première impression fut une répugnance, et, persuadé que la scène qui s'offrait à mes yeux, dans un étroit espace, ne me donnait point le type de la société américaine, je résolus, peu de jours après mon arrivée, de voir Nelson aussi rarement que je le pourrais sans manquer aux convenances, et de chercher dans le grand monde, où je tâcherais de me répandre, des relations qui me convinssent mieux. Le fils de Nelson, Georges, qui seul, dans cette maison, avait dès le premier jour gagné mon cœur, me présenta chez les personnes les plus considérables de la cité. Pendant le jour, nous visitions ensemble la ville, ses établissements publics et ses monuments ; nous assistions aux assemblées politiques ; nous pénétrions dans les clubs ; les environs de la ville nous fournissaient de charmantes promenades ; j'aimais surtout la baie de Baltimore, qui me rappelait celle de Naples ; là chaque impression me valait un souvenir. Souvent, abandonnant ma barque au caprice des vents, et mon âme à ses rêveries, je croyais, aidé de l'illusion de mes sens et des infidélités de ma mémoire, respirer encore sous le beau ciel de l'Italie ; parfois une colonne de vapeur noirâtre, sortie des flancs d'un navire, s'élevait dans les airs, et, se dessinant sur l'horizon par-dessus la cime des montagnes, dont elle semblait sortir, figurait à mes yeux le cratère

---

catholique a été attaqué comme corps politique utile au pouvoir, qui s'en faisait un appui ; mais comme corps religieux, il n'est pas haï. Il faut des convictions à la haine, et la France en a peu en morale et en religion. Du reste, généralement parlant, on est catholique en France, ou l'on n'est rien ; et beaucoup ne sont catholiques que de nom, qui ne se soucient point de devenir autre chose. »

Je ne sais si mes paroles ont produit sur son esprit quelque impression ; mais je n'ai point appris que le projet de la société biblique américaine ait reçu son exécution.

fumant du Vésuve. D'où me venait ce penchant à me ressouvenir d'un pays qui m'avait donné tant d'ennuis, si peu de joies ? Ne serait-ce pas qu'un charme secret se cache dans les souffrances du passé ? il nous reste d'elles le sentiment de les avoir vaincues ; et, quand on est encore infortuné, c'est un bien que de penser à des malheurs qui ne sont plus.

Au déclin du jour, Georges et moi, nous cherchions, dans les brillantes réunions du monde, des distractions et des plaisirs. C'était la saison des fêtes : les bals, les concerts, se succédaient non interrompus.

Je portais un regard avide et impatient sur cette société dont on parle tant en Europe, et que l'on connaît si peu ! Je crus voir au premier coup d'œil que je n'y trouverais rien de ce que j'y cherchais.

Les États-Unis sont peut-être, de toutes les nations, celle dont la direction donne le moins de gloire aux gouvernants. Nul n'est chargé de la conduire ; elle a besoin de marcher seule. Le maniement des affaires n'y dépend point de quelques hommes, il est l'œuvre de tous. Là les efforts sont universels, et toute impulsion particulière nuirait au mouvement général. Dans ce pays l'habileté politique ne consiste pas à agir, mais à s'abstenir et à laisser faire. C'est un grand spectacle que celui de tout un peuple qui se meut et se gouverne lui-même ; mais nulle part les individus ne sont aussi petits.

Je crois aussi qu'aucun pays n'est plus étranger que les États-Unis aux grandes entreprises et aux crises politiques qui mettent en relief le mérite d'un homme, son génie, sa supériorité sur ses concitoyens. Les Américains n'ont point de guerre à soutenir, parce qu'ils n'ont point de voisins ; et l'intérieur du pays n'est point sujet aux grandes perturbations, parce qu'il n'y a point de partis [1]. Quelles occasions de gloire reste-t-il, quand on n'a pas à sauver son pays de l'anarchie, ni à protéger son indépendance contre les attaques de l'étranger.

---

1 Note de l'auteur PAGE 38. - * *Parce qu'il n'y a point de partis.*

Il n'existe point de partis politiques aux États-Unis, en ce sens que tout le monde est d'accord sur le principe fondamental du gouvernement, qui est la souveraineté populaire, et sur sa forme, qui est la république. On ne voit donc en Amérique rien qui ressemble à ce que nous apercevons en Europe, où les uns veulent le despotisme, les autres la monarchie constitutionnelle, d'autres encore la république. Cependant il se forme aux États-Unis des partis sur les conséquences du principe reconnu par tous, et sur ses applications. Ce sont, au fond, des querelles de personnes, mais il faut bien que l'intérêt privé se cache sous le manteau de l'intérêt général. Cette question des partis politiques en Amérique est traitée dans l'ouvrage que va publier M. de Tocqueville sur la démocratie en Amérique. (V. t. II, ch. 2.)

Les États-Unis font cependant de grandes choses : leurs habitants défrichent les forêts de l'Amérique, et répandent ainsi la civilisation européenne jusqu'au fond des plus sauvages solitudes ; ils s'étendent sur la moitié d'un hémisphère ; leurs vaisseaux portent sur tous les rivages leur nom et leurs richesses ; mais ces grands résultats sont dus à mille efforts partiels, qu'aucune puissance supérieure ne dirige, à mille capacités médiocres qui n'appellent point le secours d'une plus haute intelligence.

Cette uniformité, qui règne dans le monde politique, se retrouve également dans la société civile. Les relations des hommes entre eux n'ont qu'un seul objet, la fortune ; un seul intérêt, celui de s'enrichir. La passion de l'argent naît chez les Américains avec l'intelligence, traînant à sa suite les froids calculs et la sécheresse des chiffres ; elle croît, se développe, s'établit dans leur âme, et la tourmente sans relâche, comme une fièvre ardente agite et dévore le corps débile dont elle s'est emparée. L'argent est le dieu des États-Unis, comme la gloire est le dieu de la France, et l'amour celui de l'Italie.

C'est l'intérêt et non la moralité qui rend les Américains amis de l'ordre ; ils poursuivent gravement la fortune.

Ils ne sont pas vertueux, ils ne sont que rangés ; la société des États-Unis refroidit l'enthousiasme sans inspirer le respect.

Peu séduit de ce premier aperçu, je m'éloignai du monde et de ses fêtes ; je résolus d'approfondir, dans la retraite, les mœurs et les institutions d'un peuple dont les salons ne me montraient que la superficie ; fatigué de mouvement et du bruit, j'aspirai à l'isolement et me sentis attiré vers Nelson par l'austérité même de mœurs qui m'avait éloigné de lui.

À l'instant où mes réflexions sur l'Amérique me jetaient dans l'abattement, en me prouvant une déception nouvelle, et comme je voyais fuir encore devant moi le but auquel j'avais rattaché mes dernières espérances, une passion, dont je ne soupçonnais point la puissance, vint s'emparer de mon âme.

Je n'avais jamais aimé en Europe, et, après avoir vu les femmes d'Amérique, je ne redoutais plus le joug d'un sentiment que j'avais toujours regardé comme une faiblesse et comme un obstacle aux grands desseins. Cependant un tendre penchant était destiné à renouer les liens de mon existence brisée, et allait devenir l'unique intérêt de ma vie.

Chapitre IV

Gustave de Beaumont

Chapitre V

Marie

Depuis mon arrivée à Baltimore, je voyais chaque jour la fille de Nelson ; mais je ne la connaissais pas. Témoin de sa beauté, je ne savais rien de son cœur ; à peine avais-je entendu sa voix. Elle me montrait une froideur qui me paraissait dépasser la retenue de son sexe ; cependant je ne pouvais m'en offenser, la voyant également indifférente au monde et à ses fêtes. Douée de cet enchantement des charmes extérieurs qui assure aux femmes tant d'empire, elle n'en essayait point la puissance. Il y avait dans sa réserve de l'humilité et presque de l'abaissement ; et si l'innocence n'eût été marquée sur son front, on eût pensé que le travail intérieur d'un remords attaché à sa conscience lui donnait un sentiment intime de dégradation.

Au sortir des salons américains, j'étais si rassasié de coquetterie qu'une femme simple et sans calcul fut habile à me charmer. À mes yeux son plus grand art de me plaire était de n'en point montrer le désir ; bientôt mon attention éveillée découvrit en elle des talents et des vertus si rares que je ne pus me rendre compte de mon premier sentiment d'indifférence, et, en trouvant sous le toit de mon hôte ce trésor que j'avais failli délaisser, je pris en pitié la prudence de l'homme qui souvent poursuit au loin le bonheur dont il a près de lui la source.

Nelson et son fils donnaient toutes les heures du jour aux affaires ; Marie les consacrait à des soins secrets dont je fus longtemps à pénétrer le mystère ; le soir, à l'heure du thé, nous étions toujours réunis ; alors Nelson nous lisait avec emphase les articles de journal dans lesquels l'Amérique était louée sans mesure ; je l'entendais répéter chaque jour que le général Jackson était le plus grand homme du siècle, New York la plus belle ville du monde, le Capitole [1] le plus magnifique palais de l'univers, les Américains le premier peuple de la terre.

À force de lire ces exagérations, il avait fini par y croire [2].

---

1 Palais où se tiennent les séances du Congrès à Washington.

2 Note de l'auteur. *Ces exagérations...*

Je blâme cet aveuglement de l'orgueil national des Américains, qui leur fait admirer tout ce qui se passe dans leur pays, mais j'aime encore moins la disposition des habitants de certaine contrée, qui, chez eux, trouvent toujours tout mal. Ces deux tendances contraires, également exagérées, s'expliquent, du reste, par la nature des institutions politiques : aux États-Unis, le peuple, faisant tout par lui-même, ne croit jamais pouvoir

Tout Américain a une infinité de flatteurs qu'il écoute ; il est flatté, parce qu'il est le souverain ; il prend toutes les flatteries, parce qu'il est peuple. Ses courtisans annuels sont ceux qui, à l'époque des élections, l'encensent pour obtenir ses suffrages et des places ; ses courtisans quotidiens sont les journaux qui, pour gagner des abonnés et de l'argent, lui débitent chaque matin les plus grossières adulations. J'eus plus d'une fois, dans le cours de nos entretiens, l'occasion de reconnaître qu'un Américain, si forte que soit la louange donnée à son pays, n'en est jamais pleinement satisfait ; à ses yeux, toute approbation mesurée est une critique, tout éloge restreint est une injure ; pour être juste envers lui, il faut manquer à la vérité.

Ces conversations, dans lesquelles je ne répondais jamais à toutes les exigences de l'orgueil américain, m'embarrassaient toujours. Il me tardait aussi d'en voir le terme, parce qu'elles étaient d'ordinaire suivies de plus doux entretiens ; mais leur fin se faisait quelquefois attendre longtemps. On ne cause point aux États-Unis comme en France : l'Américain discute toujours ; il ignore cette façon légère d'effleurer la surface des questions dans un cercle de plusieurs personnes, où chacune place son mot, brillant ou terne, pesant ou léger ; où celle-ci termine la phrase commencée par une autre, et dans lequel on aborde tout, excepté la profondeur des sujets. En Amérique, ou ne vise pas à l'esprit, on raisonne : aussi la conversation n'est-elle jamais générale ; elle se fait toujours à deux. Suivant cette coutume, Marie et Georges restaient étrangers à mes discussions avec Nelson, de même que celui-ci ne prenait aucune part aux entretiens que j'avais ensuite avec Georges et Marie. Habituellement, Nelson commençait la soirée en demandant à sa fille s'il avait paru quelque ouvrage nouveau ; car, aux États-Unis, les hommes ne lisent rien ; ils n'en ont pas le temps : ce sont les femmes qui se chargent de ce soin ; elles rendent compte de toutes les publications politiques et littéraires, soit à leur père, soit à leur époux, et mettent ceux-ci à même d'en parler comme s'ils les connaissaient. Nelson priait ensuite Marie de faire de la musique.

---

assez louer son ouvrage ; dans les pays d'Europe, où, au contraire, il ne fait rien, il n'a jamais assez de satire pour censurer les actes de la minorité qui gouverne.

Les écrivains qui, aux États-Unis, veulent trouver des lecteurs, sont obligés de vanter tout ce qui appartient aux Américains, même leur climat rigoureux, auquel assurément ils ne peuvent rien changer. C'est ainsi que Washington Irwing, malgré tout son esprit, se croit forcé d'admirer la chaleur tempérée des étés, et la douceur des hivers dans l'Amérique du Nord.

La jeune fille éprouvait quelque gêne de ma présence ; cependant, comme son père avait coutume de ne point l'écouter, elle pouvait croire que je ne serais pas plus attentif. En général, dans les salons américains, quand la musique commence, c'est le signal de la conversation. J'avoue que j'étais d'abord peu curieux d'entendre Marie : la plupart des Américaines sont au piano comme des automates ; elles ont pris trois mois de leçons ; elles retiennent par cœur une valse et une contredanse ; quand on les prie de jouer, elles courent à leur piano, et, sans prélude, répètent en toute hâte le peu qu'elles ont appris, semblables à ces enfants qui savent une fable, et la débitent à tous venants sans la comprendre.

Toutes les femmes de ce pays apprennent la musique ; mais presque aucune ne la sent ; elles en font par mode, et non par goût. « Nous aimons la musique comme les enfants aiment le bruit, » me disait un Américain. Si, au milieu de ce monde insensible, quelque harmonie veut éclore, elle est étouffée dans son germe par l'atmosphère froide et sourde dont elle est environnée, comme un son meurt en naissant sur une terre plate qui n'a point d'écho.

Quelle fut ma surprise lorsque j'entendis la voix de Marie se mêler, touchante et harmonieuse, tantôt aux accords brillants d'une harpe, tantôt aux douces modulations d'un piano, lorsque je vis ses doigts se jouer, pleins de grâce et de légèreté, sur les cordes de l'une et sur l'ivoire de l'autre !

Après avoir traversé des contrées arides, sauvages, monotones, de longs déserts de sable sous un soleil brûlant, si le voyageur rencontre par accident un frais vallon, où coule une eau murmurante, où la verdure sourit à ses regards, enivre ses sens de doux parfums, et lui donne d'épais ombrages, il s'arrête enchanté dans ce lieu charmant, s'y repose avec délices, et, sentant revenir la force à ses membres, la joie à son cœur, il croit trouver réunis dans cet étroit asile tous les trésors et toutes les beautés de la nature.

Telle fut l'impression que j'éprouvai lorsque, dans la société froide d'Amérique, j'entendis résonner une touchante mélodie.

Tout est renfermé dans une belle musique : imagination, poésie, enthousiasme, sensibilité, puissance de génie, tendresse de cœur, chant de gloire, soupirs d'amour !

L'harmonie fait rêver ; mais ce n'est pas une rêverie à vide... Ces sons qui retentissent à mon oreille n'ont point de corps ; c'est quelque chose de plus que la pensée, et qui est différent de la parole : c'est une voix mystérieuse qui ne s'adresse qu'à l'âme. Que signifie son langage ? Je ne puis le dire, mais je le comprends.

Ma passion pour la musique n'est pas seulement un goût frivole : je l'aime aussi par raison ; je lui dois la seule bonne mémoire qui me reste, et l'on a surtout besoin de mémoire quand on n'est heureux que dans le passé. Chaque jour efface de mon esprit quelques-uns de mes souvenirs ; cependant il est des événements que je n'oublierai jamais : ce sont ceux qu'une impression de musique me rappelle. Il existe chez moi un tel rapport entre la note et le fait contemporain, qu'avec l'accord je retrouve l'idée ; quelquefois le refrain d'une vieille chanson nationale me reporte subitement dans ma patrie… il me semble que je rentre au foyer paternel… que j'y revois ma bonne mère, que je sens ses embrassements, ses caresses, et mes yeux se mouillent de pleurs.

Souvent, à Baltimore, Marie chantait une romance dont le souvenir seul me trouble l'âme.

Quelquefois elle improvisait ; alors je ne sais quelle faculté extraordinaire se révélait en elle… Cette jeune fille si simple, si modeste, devenait tout à coup grande et impérieuse ; elle commandait l'émotion dont elle était animée ; elle et son luth ne faisaient plus qu'un ; les notes semblaient des soupirs de sa voix. Je craignais qu'elle n'exhalât son âme dans un élan d'enthousiasme. Elle réunissait à la fois le génie qui crée, le talent qui exécute, la grâce qui embellit.

En écoutant Marie, je sentis qu'il existait encore dans mon cœur une source de douces jouissances et de vives impressions qui jusqu'alors m'étaient inconnues.

Dès que je pouvais échapper à Nelson, je m'approchais de sa fille. Non loin d'elle se tenait Georges, silencieux, qui la contemplait dans une extase de tendresse et d'admiration ; son amitié pour sa sœur était touchante et l'emportait sur toutes ses autres affections.

Pendant longtemps Marie parut importunée des rapports qui s'établissaient entre elle et moi ; elle était ingénieuse à briser nos entretiens et à les rendre plus rares ; elle s'affligeait surtout des expressions de mon enthousiasme ; la peine qu'elle montrait n'était pas le manége de la fausse modestie qui repousse un éloge pour s'attirer de nouvelles louanges ; sa douleur était trop profonde pour être feinte. Pendant que je l'applaudissais, son regard semblait me dire : « Votre admiration cesserait bientôt si vous saviez ce que je suis. »

Comment retracerai-je à vos yeux les émotions de ces soirées écoulées sans bruit et sans éclat dans l'intérieur modeste d'une famille vertueuse, où je sentis naître en moi le germe de la plus violente comme de la plus douce passion qui jamais ait régné sur mon âme ?

Marie venait d'atteindre sa dix-huitième année ; l'ensemble de ses traits formait une harmonie charmante, mélange de tons énergiques et tendres, dans lequel les douces notes prévalaient ; son regard était mélancolique et touchant comme une rêverie d'amour ; et cependant on voyait briller dans ses grands yeux noirs une étincelle du soleil ardent qui brûle le climat des Antilles ; son front s'inclinait, courbé par je ne sais quelle douleur ; et sa taille pleine de grâce s'appuyait sur sa dignité naturelle, comme la frégate légère se balance mollement sur le flot qui la soutient.

Elle réunissait en sa personne tout ce qui séduit dans les femmes américaines, sans aucune des ombres qui ternissent l'éclat de leurs vertus. On l'eût prise pour une Européenne aux passions ardentes, à l'imagination vive, Italienne par les sens, Française par le cœur ; et cette femme, Américaine par sa raison, vivait au sein d'une société morale et religieuse !

J'avais vu quelquefois ses yeux se mouiller de pleurs au récit d'une action généreuse, à la voix lamentable d'un malheureux, au charme d'une touchante harmonie, mais un hasard fortuné vint me révéler toute la bonté de son cœur.

Chapitre VI

L'Alms-House de Baltimore

J'avais remarqué que souvent, à la même heure du jour, Marie sortait seule. Ce fait n'avait en lui-même rien qui pût me surprendre, l'usage américain permettant aux jeunes filles de parcourir la ville sans être accompagnées, soit pour se promener, soit pour visiter leurs amies ; mais ce n'étaient point les promenades publiques qui attiraient Marie, car je ne l'y voyais jamais ; et comme elle ne recevait aucune visite, il n'était pas vraisemblable qu'elle en eût à faire. En réfléchissant aux longues heures de son absence, je ne pus me préserver du soupçon qu'elles étaient consacrées à un tendre intérêt du cœur… Mon amour pour Marie me fut révélé par un sentiment jaloux.

Un jour, l'ayant vue s'éloigner à l'heure accoutumée, j'éprouvai je ne sais quelle agitation intérieure, que je pris pour la voix d'un sinistre pressentiment : où est l'homme fort qui, dans ses tourments d'amour, n'a jamais connu la faiblesse d'un mouvement superstitieux ? Je m'imaginai que la douleur secrète dont mon âme était saisie m'avertissait d'un malheur affreux et présent ; la tête pleine de fantômes et le cœur de passions, je m'élançai sur les traces de Marie ; mais déjà elle avait disparu… Je m'arrêtai pensif et troublé… j'eus honte alors du vil espionnage auquel je me livrais ; au lieu de poursuivre mes recherches dans la ville, j'entrai dans la première voie qui conduisait hors de ses murs, et marchai à grands pas, comme un méchant qui fuit le théâtre de son crime.

J'avais fait environ un mille sur une route bordée de chaque côté par une haute forêt, lorsque j'aperçus à ma droite un vaste édifice sur le fronton duquel étaient écrits ces mots : *Alms-House* [1].

Souvent, à Baltimore, j'avais entendu vanter cet établissement charitable ; je n'éprouvais en ce moment aucune curiosité de le connaître ; cependant je ne sais quel instinct secret m'attira dans cet asile de souffrances, comme si l'aspect des douleurs d'autrui était propre à soulager la mienne, J'entre… que vois-je ? ô ciel ! la fille de Nelson donnant des soins aux malheureux ! Eh quoi ! c'est ici que Marie… – Cette exclamation m'échappa comme un remords : car la cause de ces absences mystérieuses se révélait à mes yeux. Cependant

1 Maison de charité.

la honte de mes odieux soupçons s'effaça dans le bonheur que me fit éprouver la certitude de leur injustice. À mon aspect, la vierge se colora d'une charmante rougeur. – Oui, s'écrièrent plusieurs voix faibles et plaintives, Marie Nelson est notre bon génie ; elle sait des secrets pour guérir toutes les plaies de l'âme ; son nom est béni parmi nous !

Chacune de ces paroles allait à mon cœur ; je dis à Marie : – Je désire voir l'hospice : voudrez-vous me servir de guide à travers les misères de l'humanité ? – Elle me fit un signe d'assentiment.

Je compris en ce moment combien il est facile d'être bon, quand on est heureux. Affligé, j'envisageais le mal d'autrui pour me distraire du mien ; délivré de ma peine, j'allais voir des infortunes, mais c'était pour y compatir. Je connus alors l'emploi de ces longues heures qui avaient tant inquiété mon cœur. La fille de Nelson parcourait les salles, les corridors, les dortoirs de la maison, comme si cet asile charitable eût été sa demeure de chaque jour ; tous les détours lui en étaient familiers ; tous les gardiens s'inclinaient devant elle ; toutes les douleurs se taisaient à son aspect.

Il existe aux États-Unis deux systèmes de charité publique. L'un est celui de l'Angleterre, où tout individu qui n'a pas de travail, ou prétend n'en pas avoir, a droit à une aumône ; principe en vertu duquel tout fainéant se fait pauvre et trouve dans l'imprudente prévoyance de la loi un secours matériel qu'il demanderait vainement au travail le plus opiniâtre ; ce secours le fait vivre et le dégrade en ruinant la société. Tel est le système en vigueur à New York, à Boston et dans toute la Nouvelle-Angleterre [1].

1 Note de l'auteur. « *Dans la Nouvelle-Angleterre.* »
La taxe des pauvres n'a point encore produit, aux États-Unis, les mêmes maux qu'en Angleterre. L'Amérique ayant un très petit, nombre de pauvres, la charge du paupérisme y est jusqu'à présent supportée sans peine. Il y a cependant des vices si graves inhérents à cette institution, que, malgré le bien-être général de ses habitants, malgré l'élévation du prix de la main-d'œuvre, l'État, de New York a eu, pendant la seule année 1830, quinze mille cinq cents pauvres à nourrir, dont l'entretien lui a coûté 216,533 dollars (1,147,635 fr.). La taxe relative aux pauvres s'est en conséquence montée, pendant l'année 1850, à 69 centimes par habitant dans l'État de New York. (V. Rapport du surintendant des pauvres dans l'État de New York.)
Je ne connais que l'État du Maryland dans lequel on ait adopté un principe différent de bienfaisance publique. On n'y reconnaît au pauvre aucun droit à un secours, et c'est en cela que le système de charité suivi dans cet État est conforme au nôtre. Mais, sous plusieurs rapports, les deux régimes sont bien différents. Il existe dans le Maryland des établissements institués pour donner asile aux pauvres qui n'ont pas de travail ; à la vérité, les agents de l'autorité en peuvent refuser l'entrée selon leur bon plaisir, mais ils

L'autre est celui des établissements de bienfaisance, où les indigents n'ont pas le droit légal d'entrer, mais où ils sont admis, sous le bon plaisir des préposés de l'autorité publique. Suivant cet ordre d'idées, la société ne contracte point l'obligation de soutenir tous les faibles ; elle en soulage le plus grand nombre possible. Comme son assistance peut être refusée au pauvre, nul ne feint la misère, certain qu'il est de la honte, sans être sûr du secours. Ce système, adopté en France, est également suivi dans le Maryland.

L'Alms-House de Baltimore contient trois sortes de malheureux : des pauvres, des malades, des aliénés.

Marie ne rencontrait, au milieu d'eux, que des sentiments d'amour, de respect et de reconnaissance. – Voyez, me disait-elle, cette jeune femme au visage creux et pâle, aux regards éteints ; elle était belle jadis, et soutenait de son travail ses enfants pauvres comme elle ; maintenant elle se consume de langueur… hélas ! elle tombera bientôt, abattue par le mal funeste qui, dans ce pays, moissonne tant de jeunes existences.

Cependant elle s'approchait du lit de la phtisique, prenait sa main, y déposait une larme : – Ne pleurez point, ma bonne demoiselle, disait la pauvre femme… je vous ai vue ce matin… je serai bien le reste du jour.

Ensuite Marie s'arrêta près d'une jeune fille. – C'est, me dit-elle, une aveugle-sourde-muette de naissance ; quoique dépourvue des sens principaux par lesquels les idées nous arrivent, elle est douée d'une grande intelligence, éprouve des impressions très vives, et parvient à les exprimer. Sans doute, la privation des sens qui lui manquent rend plus fins et plus énergiques les seuls qu'elle possède, l'odorat et le toucher. Voyez comme elle me reconnaît à mes mains, à mes vêtements ! comme elle m'embrasse tendrement ! combien elle est heureuse de me presser sur son cœur !

Et la pauvre fille tressaillait dans les bras de Marie, lui prodiguait mille caresses. L'infortunée, qui ne savait point que la société a des joies, se réjouissait pourtant ; le sourire était toute sa physionomie, et l'on voyait sur ses lèvres une expression de contentement, qu'elle n'imitait point des visages d'autrui.

Que se passait-il dans cette âme tout environnée de ténèbres ! d'où

en admettent un grand nombre ; tandis que chez nous, non-seulement on n'admet pas le principe que la société est obligée de donner du secours aux indigents, mais encore il n'existe pas de maisons de charité où l'on reçoive ceux qui pourraient être jugés nécessiteux. Il n'y a, en France, d'assistance donnée qu'aux malades et aux insensés.

lui venaient ses tendres émotions ? elle ne connaît point le monde où nous vivons… mais n'a-t-elle pas aussi un monde à elle, animé d'idées, de sentiments, de passions qui lui sont propres ? et ce monde, le connaissons-nous mieux qu'elle ne connaît le nôtre ? Tout dans son être intelligent est obscurité pour nous, comme pour elle tout ce qui l'entoure est une nuit profonde.

La fille de Nelson recevait mille bénédictions sur son passage. – Oh ! disait celui-ci, nous crions à Dieu du fond de notre cœur pour qu'il vous donne d'heureux jours ! – Le Ciel vous comblera de ses grâces, disait un autre, parce que vous visitez les affligés.

J'admirai, dans cette occasion, combien les femmes nous sont supérieures dans l'exercice de la charité.

Leur bienfait n'est jamais à charge, parce que, avec elles, comme c'est le cœur qui donne, c'est aussi le cœur qui reçoit. Au contraire, l'humanité des hommes leur vient presque toujours de la tête. Ce principe de la bienfaisance la rend pesante aux malheureux ; en effet, si la raison veut que le riche soit secourable au pauvre, elle enseigne aussi que l'obligé est au-dessous du bienfaiteur, comme le pauvre est au-dessous du riche. Il n'en est point ainsi selon les lois du cœur et de la religion, d'après lesquelles, le plus pauvre étant l'égal du plus opulent, la reconnaissance est la même entre celui qui dispense le bienfait, et l'indigent qui procure au riche le bonheur de le distribuer. L'homme protége par sa force ; la femme, avec sa faiblesse, console.

Cependant des cris lamentables frappent mon oreille. – C'est, me dit Marie, la voix des infortunés privés de leur raison.

Deux d'entre eux excitèrent d'abord mon attention et ma pitié ; ils étaient arrivés à la folie par des voies tout opposées.

Le premier, condamné pour homicide à la réclusion solitaire, était devenu fou dans sa cellule, et, de la prison pénitentiaire, était passé dans l'hospice. Sa folie avait quelque chose de cruel comme son crime ; il rêvait, durant la nuit, qu'un aigle planait sur sa tête, épiant l'instant de son sommeil pour lui dévorer le cœur ; le jour même, il était assailli de fantômes sanglants, et, quand je le vis, il adressait à ses geôliers un étrange reproche : Quelle barbarie ! s'écriait-il en me regardant, comme pour me demander justice ; j'avais pour compagnon dans ma cellule un papillon, et les cruels l'ont tué ! – Marie m'assura qu'il n'y avait rien de vrai dans ces paroles ; ainsi la destruction imaginaire d'un insecte était devenue le supplice de cet homme, meurtrier de son semblable !

L'autre était une jeune fille, parfaitement belle, dont une ferveur religieuse, poussée à l'excès, avait égaré la raison, son front était empreint d'une candeur charmante ; dans ses beaux yeux noirs, qu'elle tenait incessamment levés vers le ciel, se montrait le sentiment d'une béatitude parfaite ; rien de terrestre n'attirait son attention ; rien ne troublait les délices de son extase : c'était vraiment un ange, car elle vivait déjà dans les cieux ; elle ne comprenait rien à ce monde : donc elle était folle.

Ainsi, partis de deux points contraires, ces infortunes sont parvenus ensemble au même but, l'un par le crime, l'autre par l'innocence ! Ce sont là les mystères de l'humanité ; le même asile recèle l'âme candide et pure qui rêvait ici-bas des félicités du ciel, et l'être cruel qui cherchait sa joie dans le sang des hommes ; la société les a bannis tous deux de son sein, comme si elle ne comportait pas plus l'extrême bien que l'extrême mal !

Je me livrais à ces tristes réflexions, lorsque j'entendis des hurlements affreux. – Ce sont, me dit un geôlier, les cris d'un nègre atteint de démence furieuse ; voici la cause de sa folie : il existe, dans le Maryland, un Américain dont la profession est d'acheter et de vendre des esclaves. Il en fait un immense commerce, et c'est peut-être aux États-Unis, le plus grand marchand de chair humaine : toute la population de couleur le connaît et l'abhorre ; il semble que l'odieux de l'esclavage se personnifie en lui. Le pauvre nègre dont vous entendez la voix fut amené par cet homme de la Virginie dans le Maryland, pour y être vendu, et subit, durant la route, de si cruels traitements, que sa raison s'égara. Depuis ce temps, une idée fixe le poursuit et ne lui laisse pas un seul instant de repos ; il croit voir toujours son ennemi mortel à ses côtés, épiant le moment favorable pour couper sur son corps quelques lambeaux de chair, dont il le suppose affamé. Sa fureur est si grande que nul ne peut l'approcher ; il prend pour le marchand de nègres chaque personne qu'il aperçoit ; un seul être a sur lui quelque puissance ; ses cris s'apaisent quand il voit Marie Nelson. Je ne sais par quelle tendre compassion et par quel charme, au pouvoir des femmes seules, elle a pu trouver accès dans son cœur ; il est, à la vérité, de tous les malheureux renfermés dans cette enceinte, celui pour lequel elle témoigne la plus vive sympathie ; et c'est ce que je ne puis comprendre… car enfin, ce n'est qu'un homme de couleur !

– Nous approchions de la cellule d'où partaient des cris de fureur. – Regardez, me dit le geôlier en m'ouvrant la porte.

Et je vis un nègre de haute stature, à figure énergique et mâle ; il portait sur ses traits des signes de noblesse, ses membres annonçaient une grande force musculaire ; sa bouche écumait de rage, et ses yeux roulaient des éclairs d'indignation. À mon aspect, il se posa dans une attitude défensive, se faisant une arme des fers dont il était chargé. – Monstre ! s'écria-t-il en me regardant, tu as soif de mon sang ! ! mais n'approche pas ! !... – Et, en parlant ainsi, il me montrait des dents blanches comme l'ivoire, incrustées dans l'ébène, faisant signe que, si j'avançais, il allait me dévorer.

Alors Marie, prenant ma place : – Mon ami, lui dit-elle, C'est moi. – Ce peu de mots eut la magie d'arrêter ses transports. – Oh ! répliqua-t-il d'une voix douce, je ne crains rien quand je vous vois ; tout le monde veut ma mort, excepté vous.

Marie s'efforça de lui persuader que nul en ce lieu ne pouvait attenter à ses jours. Dès qu'elle se fut éloignée, je voulus juger de l'ascendant de ses paroles ; je regardai une seconde fois le nègre, dont la fureur avait déjà repris son cours.

Sa folie présentait une image affreuse, et j'en conservai une pénible impression ; cependant ce sentiment était adouci par le souvenir de la compassion que lui donnait Marie. Depuis que j'étais en Amérique, je n'avais pas encore vu un blanc prendre en pitié le sort d'un nègre ; j'entendais dire sans cesse que les gens de couleur n'étaient pas dignes de commisération, et ne méritaient que le mépris ; la fille de Nelson, du moins, ne partageait point cet odieux préjugé.

Je revins seul à la ville, Marie n'ayant point voulu que je l'accompagnasse. – Peut-être un jour, me dit-elle, vous me saurez gré de mon refus. – Je ne compris pas le sens de ces paroles.

J'emportai de l'Alms-House des émotions diverses. On ne voit pas sans un cruel serrement de cœur, assemblées sur un même point, toutes les infirmités de notre pauvre nature ; mais il n'était pas un triste ressouvenir qui ne contint le germe d'une douce pensée : chacune des souffrances dont je gardais la mémoire me rappelait l'ange des consolations.

Vous l'avouerai-je encore ? – Je conservais, de cette visite dans l'asile de toutes les détresses, une impression de bonheur personnel que je me suis souvent reprochée. Ma pitié pour le malheur était sincère ;

cependant ce sentiment ne remplissait pas seul mon âme. Il me restait assez d'égoïsme pour penser que, de toutes ces afflictions, aucune n'atteignait mon existence. Marie près de moi, la grâce de sa personne, encore embellie par l'éclat de sa charité ; les promesses de bonheur que je trouvais dans son amour ; tout un avenir de délices qui s'ouvrait devant moi ; ces images riantes venaient dans ma pensée contraster avec les vies misérables et abjectes de ces êtres disgraciés, honte de la nature, rebut de la société, voués dès leur naissance à tous les opprobres, à toutes les infirmités, à toutes les douleurs du corps et de l'âme ! Et je jouissais secrètement de cette comparaison, me croyant supérieur parce que j'étais plus heureux. Hélas ! quel eût été mon abaissement, si, foudroyant mes orgueilleuses passions, une voix du ciel fût descendue dans mon âme, et m'eût annoncé que je souffrirais un jour des angoisses inconnues à tous ces infortunés !

Cependant le souvenir de l'Alms-House et de la vierge charitable que j'y avais rencontrée ne sortait plus de ma mémoire.

Ce que n'avaient pu ni les affections de famille, ni les liens de la patrie, ni la séduction des grands spectacles de la nature, une femme éteignit mon ambition, corrigea tout à coup mon humeur inquiète et aventureuse, et je ne vis plus qu'un avenir possible, aimer toujours Marie ; je n'aspirai qu'à un seul bonheur, être aimé d'elle.

J'étais venu en Amérique pour chercher le remède à un besoin insatiable d'émotions violentes et d'élans sublimes ; et un sentiment plein de douceur rendit la paix à mon âme troublée, et régla les mouvements désordonnés de mon cœur.

Je venais pour contempler le développement d'un grand peuple, ses institutions, ses mœurs, sa merveilleuse prospérité ; et une femme me parut le seul objet digne de mon admiration et de mon enthousiasme.

Chapitre VII

Le mystère

Je disais à Marie mon amour, mes vœux mes espérances… mais elle recevait étrangement les révélations de mon cœur.

Un rayon de joie brillait dans ses beaux yeux, qu'un nuage de tristesse voilait presque aussitôt.

Elle évitait ma présence, et semblait pourtant heureuse de me voir ; son regard rencontrait encore le mien, mais comme s'il lui eût échappé ; sa voix, naturellement douce, était altérée ; sa bouche souriait encore, mais ses paupières étaient entourées d'un cercle de mélancolie qui, chaque jour, devenait plus sombre.

Je l'interrogeais souvent sur les causes de son chagrin. Une fois elle me dit : « Toutes vos paroles promettent le bonheur, et ma destinée me condamne à une vie malheureuse ; vous voyez quel abîme nous sépare. »

Si je la questionnais davantage, elle ne me répondait que par un silence morne et un regard déchirant.

Depuis ce moment, je ne quittai plus Nelson et ses enfants.

Nous ne nous séparions que le dimanche à l'heure des offices religieux : ils allaient au temple presbytérien, et moi à l'église catholique.

Je remarquais chez eux une grande régularité dans l'accomplissement de leurs devoirs pieux. Un jour Georges étant arrivé au temple quelques instants après le commencement de l'office, Nelson, au retour, lui adressa une réprimande sévère : Comprenez-vous, s'écriait-il, quelle serait la joie des unitaires et des méthodistes s'ils apercevaient le moindre refroidissement dans le zèle de notre congrégation ?

Je voyais avec chagrin chez Nelson ces passions ardentes de sectaire ; car je craignais qu'elles n'élevassent une barrière entre sa fille et moi. Souvent il me parlait de sa religion et de la mienne ; une fois il me dit : Vous jugez notre culte, et vous ne le connaissez pas ; venez au temple des presbytériens. Je consentis à sa proposition, et, le dimanche suivant, j'accompagnai Nelson et ses enfants à leur église, où je pris place dans leur banc. Je pus suivre l'office exactement, grâce aux soins de Marie, qui m'avait prêté un livre saint, et ne manquait pas, quand une prière finissait, de m'indiquer celle qui allait suivre.

L'impression de ce culte, nouveau pour moi, fut profonde. Dans nos églises catholiques, il semble que nous ayons toujours, pour intermédiaire de la prière entre Dieu et nous, le prêtre saint, sa parole mystérieuse, la pompe de la cérémonie, l'encens qui monte de l'autel, les chants sacrés et toute la solennité du lieu. L'œil rencontre toujours an fond du sanctuaire une gloire rayonnante qui éblouit...

Dans le simple édifice qui sert de temple aux protestants, l'homme se trouve immédiatement en rapport avec Dieu ; il lui parle à lui-même, sans langage consacré, sans rit solennel. Le ministre, sa parole, son costume, ne sont rien ; il n'a point de caractère supérieur à ce qui l'entoure.

Le temple ne contient que des intelligences égales, s'adressant à l'intelligence suprême.

Le catholique se prosterne et s'humilie : il adore Dieu à travers des mystères et des nuages... Le protestant prie le front haut, l'œil levé vers le ciel ; il regarde Dieu en face ; c'est un beau culte... mais c'est un culte orgueilleux ! L'homme est-il assez fort pour se mesurer de si près avec la divinité ? Est-il assez grand pour supporter l'approche de tant de grandeur ? Peut-on adorer ce qu'on comprend ?

En revenant de l'église presbytérienne, je sentais mon âme troublée, et des passions tumultueuses s'élevaient dans mon sein. Nelson m'interrogea, je lui dis : Votre religion me semble digne d'un être intelligent et libre : cependant l'homme est aussi un être sensible, qui a besoin d'aimer, et ce culte n'a point touché mon cœur.

Nelson ne fit aucune réponse.

– Hélas ! s'écria Marie, faut-il désirer dans ce monde ce qui prépare l'âme aux tendres affections ! – Elle n'acheva pas.

Les réticences de Marie, le vague de ses paroles, me tourmentaient chaque jour davantage ; sans cesse je demandais au ciel de dissiper ce nuage mystérieux. Je n'aurais pas tant désiré que l'ombre s'évanouît, si j'eusse prévu qu'une lumière fatale allait éclairer mes regards.

J'avais coutume de me promener dans le voisinage de la colonne élevée en la mémoire de Washington : ce lieu est solitaire, et on est tout surpris, à côté d'un monument qui sera un jour le plus bel ornement de la cité, de trouver une forêt sauvage, et comme le commencement du désert. C'était là que je recueillais mes pensées et que je passais en revue mes impressions ; je trouvais un charme extrême dans ces méditations silencieuses.

Un jour je poursuivais le cours de mes rêveries au travers de la forêt, ne prenant pour guide que le caprice de ma pensée, ou plutôt marchant au hasard, devant moi, sans calcul, et sans autre souci que d'éviter la rencontre des arbres et l'embarras des lianes. Dans ce mouvement aventureux de mon corps, je sentais ma pensée plus libre, mon âme plus dégagée de ses entraves, mon imagination plus hardie dans ses élans. Chaque pas que je faisais me découvrait une scène nouvelle, chaque impression me donnait une idée grande ou un tendre sentiment. Il y a dans les murmures de la brise parmi les roseaux, dans le feuillage frémissant des vieux chênes, une voix grave qui parle au génie de l'homme, et les savanes de la forêt enseignent de touchantes harmonies aux cœurs qui savent le mieux aimer.

Ah ! comme, dans un profond isolement, une impression de douleur s'empare violemment de nos sens ! Au souvenir de Marie, si belle et si affligée, je sentis mon cœur se gonfler de chagrin et d'amour. Ô vous, qui portez une âme troublée, ne vous éloignez pas du monde ; car, dans le silence de la solitude, on entend mieux la voix des passions ; le calme de la nature fait mieux sentir les agitations de l'âme, et il semble qu'il y a dans le désert un vide immense, que le cœur de l'homme ait reçu la mission de combler.

Au milieu de ce silence sonore, sous ces voûtes retentissantes de verdure et de feuillage, je laissai tomber de mes lèvres le nom de Marie. Je m'arrêtai soudain ; il me semblait que ma bouche avait été indiscrète : on craint peu de jeter des paroles au murmure des vents, au frémissement des feuilles ; mais le silence de la forêt !... comme il est attentif à tout recueillir ! c'est comme l'assemblée qui écoute muette : plus elle se tait, plus elle agite l'orateur.

Si cette sensation de terreur ôte des forces à l'homme qui parle, elle en donne à celui qui veut prier ; car tout est religieux dans le silence de la nature.

« Ô mon Dieu ! m'écriai-je, si votre bras s'appesantit sur moi, qu'il devienne secourable à l'être faible qui n'a point d'appui ! » Et je priai du fond de mon cœur.

Je n'avais point encore aussi bien senti toute la force de mon amour pour Marie. L'image de sa douleur se présentait à ma pensée comme un remords : si j'étais innocent de ses peines, n'étais-je pas coupable de ne les point guérir ? L'amour qui s'afflige des plaisirs dont il n'est pas l'auteur, est malheureux aussi des larmes mêmes qu'il n'a pas fait couler, et dont il ne tarit pas la source.

Un cardinal de Virginie, voltigeant dans les magnolias, éblouit mes regards de son plumage rouge, et interrompit ma méditation. Je m'aperçus que je m'étais égaré.

J'essayai de retourner sur mes pas ; mais, dans ma course rapide, j'avais laissé si peu de traces que je ne pus les retrouver.

Je jugeai à peu près, par la position du soleil, de la place où j'étais, et de la direction que je devais prendre pour retourner à Baltimore ; mais, dans une forêt, la plus légère déviation de la ligne qu'on doit suivre vous jette hors de votre route ; et, après mille courses en sens opposés, après mille tentatives vaines pour retrouver mon chemin, je m'arrêtai tout haletant, sentis mes genoux fléchir et tombai au pied d'un cèdre à demi renversé par l'orage.

En ce moment, la forêt devenait de plus en plus silencieuse ; les ombres s'allongeaient autour de moi, et l'oiseau moqueur saluait d'un dernier cri les derniers rayons du soleil mourant sur la cime des grands pins. Mes forces étaient épuisées, le sommeil s'empara de mes sens.

Ma présence dans la forêt aux approches du soir et l'assoupissement dans lequel je tombai n'étaient point sans danger. Aux dernières clartés du crépuscule succède toujours, dans le sud de l'Amérique, une humidité froide et pénétrante ; cette fraîcheur soudaine, exhalée de la terre, est pernicieuse, et j'allais en recevoir l'impression funeste.

Cependant le péril était loin de ma pensée. J'avais le cœur plein des émotions qui venaient de m'agiter. L'image de Marie était toujours devant moi ; je m'étais endormi dans son souvenir : des songes légers m'entretenaient de son amour et présentaient à mes yeux mille charmantes apparitions ; il me semblait voir la fille de Nelson assise à mes côtés. Sa beauté, sa grâce, enivraient mes regards. Mais sa tristesse mystérieuse troublait ma joie ; je lui disais : « Marie ! pourquoi pleures-tu ? quel tourment secret peut déchirer ton cœur ? Ange de douceur et de bonté, serais-tu sur la terre pour souffrir, toi dont le regard seul enchante et console ? Si tu es malheureuse, pourquoi ne déposes-tu pas ton cœur dans le cœur d'un ami ? Hélas ! tu ne peux savoir combien tu es aimée de Ludovic. Toi seule as ranimé du feu de tes regards ma vie pâle et près de s'éteindre, et mon âme, jadis avide, insatiable, se réjouit maintenant du sentiment unique dont elle est remplie. » Et j'entendais sa douce voix me répondre par des accents tendres et mélancoliques ; je prenais sa main ; je la pressais sur mon cœur ; je la couvrais de baisers, et l'arrosais de mes larmes.

Tout à coup je me réveille… je sens l'impression d'une main qui glisse doucement sur mon front ; j'entr'ouvre les yeux… Que vois-je ! ô mon Dieu ! Marie ! Marie agenouillée près de moi, et levant au ciel ses mains suppliantes.

Oh ! jamais tant de sentiments divers ne se pressèrent à la fois dans le fond de mon cœur !

Si rien n'est plus triste que le réveil quand il dissipe le fantôme d'un rêve charmant, quoi de plus doux qu'un songe d'amour et de volupté, qui par une touchante erreur, attendrit notre âme, et la prépare aux impressions d'une délicieuse réalité ? Ce bonheur, dont le sommeil ne m'avait offert que la chimère, j'en jouissais maintenant, et j'y mêlais tous les prestiges de l'illusion qui n'était plus.

D'abord je fus muet en présence de celle qui était toute ma vie, car je ne savais pas si quelque vision n'abusait pas mes sens. Je croyais m'être réveillé ; mais n'était-ce pas plutôt le commencement d'un songe ?

– Ô mon Dieu ! me dit-elle, Ludovic ! fuyons ces lieux : bientôt la nuit sera venue, un froid mortel va succéder à la brûlante chaleur du jour.

– Marie ! m'écriai-je alors, es-tu l'ange de mes jours, le bon génie de ma destinée ? ou viens-tu, sylphide décevante, tromper mes sens, et te jouer de mon infortune ?

– Je n'ai jamais trompé, répondit la vierge avec une émotion pleine de charme ; je suis une fille au cœur simple et droit ; je vous ai vu, Ludovic, partir pour la forêt, et, comme vous n'étiez point revenu au déclin du jour, j'ai craint pour votre vie… J'ai prévu que vous étiez égaré, et j'ai frémi à la pensée du péril qui vous menaçait…

– Ô ma bien-aimée ! quel généreux dévouement !… mais ces dangers tu vas les partager avec moi !

– Ne craignez rien, me répondit-elle ; je sais tous les détours de la forêt : ici, pas une mousse que je n'aie foulée aux pieds, pas un arbre dont je ne connaisse les ombres du matin et du soir ! Les femmes de Baltimore se montrent à l'envi sur les places publiques ; moi, je chéris ces retraites solitaires, ou du moins…

Elle s'arrêta pensive un instant… – Hâtons-nous, ajouta-t-elle. Et en prononçant ces mois, elle se mit en marche, et m'entraîna sur ses pas. J'avais saisi sa main ; mes larmes coulaient en abondance ; j'éprouvais mille sentiments que je ne pouvais exprimer. Je lui dis cependant :

– Marie, avant de savoir si j'étais aimé de toi, je sentais au fond de mon cœur un feu brillant qui le dévorait ; le plus tendre des sentiments se mêlait pour moi de tourments amers, et de cruelles agitations… mais tu viens de me prouver que tu m'aimes, et je sens pénétrer dans mon âme des émotions d'une douceur inconnue… mon amour est plus ardent encore ; mais il est tranquille… Oh ! je t'en conjure, abandonne-toi, comme moi, au charme enivrant de cette impression pure et sans mélange. Cependant un chagrin me reste : je vois ta mélancolie ; Marie, tu me caches quelque douleur. Tu ne crois donc pas à mon amour ? Hélas ! pourquoi un écho de cette forêt ne te dit-il pas les sentiments que tout à l'heure je confiais au désert

– Plût au ciel dit Marie, que je n'eusse point entendu ces révélations solitaires ! Ludovic, pendant votre sommeil, votre voix murmurait des paroles enchantées, qui mettent le comble à mon infortune. Hélas !…

Elle n'acheva pas, Je voyais se presser les battements de son cœur ; et ses yeux chargés de larmes s'efforçaient de ne pas pleurer.

– Quel est donc, ce mystère ? m'écriai-je avec force ; Marie, je t'en supplie, ouvre-moi ton âme, que je sache ton infortune comme tu sais mon amour ! chacune de tes plaintes viendra s'éteindre dans mon cœur. La douleur n'est point semblable au bruit qui s'accroît en retentissant ; elle cesse quand elle trouve de l'écho… Ma bien-aimée ! laisse ta tète se pencher vers la mienne, appuie sur moi ta faiblesse ; le parfum des plus douces fleurs est moins suave que le mélange de deux souffles amis, et tu ne sais pas tout ce que donne de force l'union de deux poitrines qui respirent ensemble… Va, quelle que puisse être ta destinée, tu ne seras pas aussi heureuse de ma protection que je serai fier de ton amour… Marie ! sois mon amie ! sois mon épouse chérie ! Si, sur cette terre dévouée aux orages, tu dois être courbée par l'ouragan, tu trouveras du moins un abri où reposer ta tête ; tes larmes les plus amères s'adouciront en se mêlant à celles d'un ami ; et si, des flancs d'un nuage sombre, la foudre sortait pour nous frapper tous deux, étroitement enlacés, cœur contre cœur, il nous serait doux encore de mourir ensemble et de rendre dans les bras l'un de l'autre un dernier soupir de vie et de volupté.

Ainsi je disais ; Marie gardait le silence ; cependant nous marchions et nous approchions de Baltimore, hélas ! trop rapidement. Oh ! comme alors j'aurais béni le ciel s'il nous eût égarés. dans notre route ! quelle ivresse dans tout mon être ! quel délire au fond de mon cœur !

Ce long entretien de mes passions avec la solitude ; ces secrets d'amour confiés au désert, et surpris au sommeil ; tant de bonheur succédant au péril ; Marie, ma libératrice, mon guide, ma compagne ; nos voix unies, nos bras entrelacés, notre marche dans le silence du soir ; et à la fin du jour la douce clarté de l'astre des nuits venant avec son cortège de tendres rêveries ; tout un monde de sentiments, d'idées, de passions, qui s'agitait dans mon cœur au milieu d'un monde muet et d'une nature endormie : ces vives impressions, météore de l'âme, apparaissent à mon souvenir en traits de feu.

J'interrogeais encore Marie, et je lui disais :

– Pourquoi repousses-tu ce sourire qui te cherche ? Écoute, mon cœur ne bat-il pas d'accord avec ton cœur ? ne sens-tu pas mon âme se mêler à la tienne ? elles s'unissent, se confondent, et nulle puissance ne peut plus les diviser. Malheur à celui qui romprait cette alliance sacrée ! malheur !...

– Arrêtez ! s'écria Marie ; elle se tut quelques instants :

– Ludovic, reprit-elle ensuite, je n'essaierai point de vous peindre les sentiments dont mon âme est remplie... Vous venez de me parler une langue dont je comprends le sens, parce que c'est celle du cœur ; mais je n'en sais pas les mots... Ah ! de grâce, cessez des discours qui m'enivrent et me désolent ! L'image du bonheur est trop cruelle pour qui ne saurait être heureux. Vous m'aimez, Ludovic... Mon Dieu ! cet amour, qui fait ma joie, est le gage de mon infortune... Ah ! ma destinée est affreuse ! Encore un jour... et vous en saurez le secret...

Cependant nous touchions aux portes de la cité. – Demeurez, me dit-elle d'une voix impérieuse ; voici la ville... je dois être seule.

En prononçant ces mots, elle s'éloigna, me laissant plein d'un trouble profond.

Oh ! que les heures d'incertitude sont longues et cruelles, quand on est sûr d'un malheur, et qu'il n'y a de douteux que sa nature !

Le malheur connu donne à l'âme un point d'appui. Elle souffre ; mais elle sait la cause de sa souffrance ; elle s'y arrête, s'y attache, et ce profond sentiment de sa peine est une proie dont elle se saisit.

Mais une infortune qu'on sent avant de la connaître, un mal insaisissable qui se présente à l'imagination sous mille formes diverses, une douleur vague et poignante dont on ignore la cause le genre et la durée : un pareil supplice, comment le supporter ? Quelles forces morales faut-il appeler à son secours ? doit-on se raidir ou plier ? l'âme s'armera-t-elle du courage qui se résigne, ou de l'énergie qui combat ?

Les conjectures et les terreurs se succédèrent dans mon esprit avec une incroyable rapidité... Je supposai tous les malheurs possibles, excepté le véritable. Les heures s'écoulaient lentement, comme toutes celles qui sont comptées.

Le lendemain, je ne sais quelle puissance irrésistible me ramena vers la forêt solitaire. Peut-être la fille de Nelson y reviendrait pour me donner la révélation promise.

Ah ! comme, en parcourant ces lieux tout pleins d'une émotion récente, je me sentis l'âme troublée ! Toutes mes impressions, amères ou douces, se réveillaient plus fortes à l'aspect du lieu qui les avait vues naître ; chaque objet inanimé s'imprégnait à mes yeux d'un sentiment qui lui était propre. Ici, le vieux chêne et son ombre : c'était la longue rêverie, la méditation, l'élan de la pensée vers le ciel ! Là, l'églantier dont j'avais effeuillé les roses : c'était Marie, sa beauté, sa chevelure embaumée, le parfum de sa voix. Ces lianes impénétrables, c'était le mystère ; ce cèdre renversé, le désespoir. Hélas ! le site le plus heureux contenait une douleur, et chaque douleur une larme.

Je voulus voir tous les lieux parcourus la veille ; je repris les moindres détours que j'avais suivis. Arrivé à la place où j'avais vu Marie priant à genoux, je me prosternai la face contre terre, et je couvris de mes baisers la mousse qu'avaient humectée ses pleurs.

Un sentiment involontaire me retenait dans cette solitude ; Marie ne paraissait point, et, à chaque instant, je croyais la voir ou l'entendre. Comme au moindre murmure du vent dans la cime des pins mon cœur battait avec violence ! Tout me troublait : la chute d'une feuille, le vol d'un oiseau, le mouvement d'un insecte dans l'herbe.

Cependant je ne rencontrai dans la forêt que des souvenirs et des agitations nouvelles... Marie n'y vint pas.

De retour chez mon hôte, j'y trouvai une physionomie générale de tristesse et de deuil. Nelson se promenait gravement dans sa chambre, levant les yeux au ciel et laissant tomber de temps en temps une parole sentencieuse ; les gens de la maison, voyant leurs maîtres affligés, partageaient leur douleur sans la comprendre.

Marie ne se montra point de tout le jour. Quand l'heure du soir fut venue, nous étions, Nelson, Georges et moi, assis dans le salon, où nous prenions le thé, suivant la coutume ; chacun de nous était muet ; je n'osais enfreindre un silence d'autant plus difficile à rompre qu'il avait duré plus longtemps ; et cependant comment supporter davantage les tourments de mon incertitude 1

Enfin nous vîmes entrer Marie ; son visage était pale, sa démarche tremblante ; elle parut en baissant les yeux, et vint se placer près de son père. Au bout de quelques minutes, Nelson éleva la voix et me dit : « Mon jeune ami, je sais vos sentiments, je les crois purs, et je vous estime ; mais vous ignorez nos malheurs : vous allez les connaître et nous plaindre. »

Chapitre VIII

La Révélation

« La Nouvelle-Angleterre, mon pays natal, n'est point la patrie de mes enfants : Georges et Marie sont nés dans la Louisiane. Hélas ! plût au Ciel que je n'eusse jamais quitté le lieu de ma naissance ! Mon père, négociant à Boston, fit sa fortune ; à sa mort, son patrimoine se divisa également entre ses enfants, et ne suffit plus à leurs besoins. J'avais deux frères : le premier partit pour l'Inde, d'où il a rapporté de grandes richesses ; le second s'est avancé dans l'Ouest : il possède aujourd'hui deux mille acres de terre et plusieurs manufactures dans l'Illinois. J'étais incertain sur le parti que je devais prendre : quelqu'un me dit : « Allez à la Nouvelle-Orléans, si vous n'y êtes pas victime de la fièvre jaune, vous y ferez une grande fortune. » L'alternative ne m'effraya pas, je suivis ce conseil… Hélas ! j'ai moins souffert d'un climat insalubre que de la corruption des hommes.

« Partout où la société se partage en hommes libres et en esclaves, il faut bien s'attendre à trouver la tyrannie des uns et la bassesse des autres ; le mépris pour les opprimés, la haine contre les oppresseurs, l'abus de la force, et la vengeance…

« Mais quelle terre de malédiction, ô mon Dieu ! quelle dépravation dans les mœurs ! quel cynisme dans l'immoralité ! et quel mépris de la parole de Dieu dans une société de chrétiens !

« Cependant, sur cette terre de vices et d'impiété, mes yeux distinguèrent une jeune orpheline, innocente et belle, simple dans sa pensée, et fervente dans sa foi religieuse ; elle était d'origine créole. J'unis ma destinée à celle de Thérésa Spencer. D'abord le ciel nous fut propice ; la naissance de Georges et de Marie fut, en quelques années, le double gage de notre amour. J'avais fait de grandes entreprises commerciales ; elles prospéraient toutes selon mes vœux. Hélas ! notre bonheur fut passager comme celui des méchants ! Je ne suis point impie, et la foudre du Dieu vengeur a courbé ma tête.

Avant son mariage, Thérésa Spencer avait attiré les regards d'un jeune Espagnol, don Fernando d'Almanza, d'une famille très riche, dont la fortune remonte au temps où la Louisiane était une colonie espagnole. Rien n'était plus séduisant que ce jeune homme ; son esprit n'était point inférieur à sa naissance, et la distinction de ses manières égalait la beauté de ses traits. Cependant Thérésa l'éloigna d'elle. Je ne sais quel sens intime lui fit deviner un ennemi dans l'homme qui lui déclarait le plus tendre amour.

« Nous avons su depuis qu'il aspirait à l'aimer sans devenir son époux.

« La rigueur de Thérésa l'irrita vivement, et plus tard le spectacle de notre félicité rendit sans doute encore plus cuisantes les douleurs de sa vanité blessée, car il conçut et exécuta bientôt une détestable vengeance.

« Il répandit secrètement le bruit que Thérésa était, par sa bisaïeule, d'origine mulâtre ; appuya cette allégation des preuves qui pouvaient la justifier ; nomma tous les parents de Marie, en remontant jusqu'à celle dont le sang impur avait, disait-il, flétri toute une race.

« Sa dénonciation était odieuse ; mais elle était vraie. La tache originelle de Thérésa Spencer s'était perdue dans la nuit des temps. À la voix de Fernando les souvenirs endormis se réveillèrent… Il y a tant de mémoire dans le cœur de l'homme pour les misères d'autrui. L'opinion publique fut toute en émoi ; on fit une sorte d'enquête ; les anciens du pays furent consultés, et il fut reconnu qu'un siècle auparavant, la famille de Thérésa Spencer avait été souillée par une goutte de sang noir.

« La suite des générations avait rendu ce mélange imperceptible. Thérésa était remarquable par une éclatante blancheur ; et rien dans son visage, ni dans ses traits, ne décelait le vice de son origine ; mais la tradition la condamnait.

« Depuis ce jour, notre vie, qui s'écoulait paisible et douce, devint amère et cruelle. Plus nous étions haut dans l'estime du monde, et plus la honte de déchoir fut éclatante. Je vis aussitôt chanceler les affections que je croyais les plus solides. Un seul ami, resté fidèle au malheur, eut à rougir de mon affection.

« Cet ami généreux, auquel vous tenez par les liens du sang, avait, je crois, comme Français, plus de philanthropie pour la race noire, et moins de préjugés contre elle, qu'il ne s'en trouve d'ordinaire chez les Américains. Lui seul, aux jours de l'infortune, me tendit une main secourable, et me préserva de l'opprobre d'une faillite. Le coup porté à ma position sociale avait en même temps ébranlé mon crédit. Les hommes de ce pays, si indulgents pour une banqueroute, furent sans pitié pour une mésalliance ! [1]

---

1 Note de l'auteur. Indulgence pour une banqueroute... sans pitié pour une mésalliance. Je ne sais s'il peut exister dans aucun pays une plus grande prospérité commerciale

« Cependant le mal était sans remède ; je luttai contre ma fortune, parce qu'il est dans nos mœurs de ne jamais désespérer ; mais l'obstacle

---

qu'aux États-Unis ; cependant chez nul peuple de la terre il n'y a autant de banqueroutiers. Ce phénomène a deux causes principales : d'une part le commerce des États-Unis est placé dans les conditions les plus favorables qui se puissent imaginer : un sol immense et fertile, des fleuves gigantesques qui fournissent des moyens naturels de communication, des ports nombreux et bien placés ; un peuple dont le caractère est entreprenant, l'esprit calculateur et le génie maritime ; toutes ces circonstances se réunissent pour faire des Américains une nation commerçante. Voilà la cause de richesse ; mais par la raison même que le succès est probable, on le poursuit avec une ardeur effrénée ; le spectacle des fortunes rapides enivre les spéculateurs, et on court en aveugle vers le but : c'est là la cause de ruine. Ainsi tous les Américains sont commerçants, parce que tous voient dans le négoce un moyen de s'enrichir ; tous font banqueroute, parce qu'ils veulent s'enrichir trop vite.

Peu de temps après mon arrivée en Amérique, comme j'entrais dans un salon où se trouvait réunie l'élite de la société de l'une des plus grandes villes de l'Union, un Français, fixé depuis longtemps dans ce pays, me dit : « Surtout n'allez pas mal parler des banqueroutiers. » Je suivis son avis et fis bien ; car, parmi tous les riches personnages auxquels je fus présenté, il n'en était pas un seul qui n'eût failli une ou deux fois dans sa vie avant de faire fortune.

Tous les Américains, faisant le commerce, et tous ayant failli plus ou moins souvent, il suit de là qu'aux États-Unis ce n'est rien que de faire banqueroute. Dans une société où tout le monde commet le même délit, ce délit n'en est plus un. L'indulgence pour les banqueroutiers vient d'abord de ce que c'est le malheur commun ; mais elle a surtout pour cause l'extrême facilité que trouve le failli à se relever. Si le failli était perdu à jamais, on l'abandonnerait à sa misère ; on est bien plus indulgent pour celui qui est malheureux quand on sait qu'il ne le sera pas toujours. Ce sentiment, qui n'est pas généreux, est pourtant dans la nature de l'homme.

On comprend maintenant pourquoi il n'existe aux États-Unis aucune loi qui punisse la banqueroute. Électeurs et législateurs, tout le monde est marchand et sujet aux faillites ; on ne veut point porter de châtiment contre le péché universel. La loi, fût-elle faite, demeurerait presque toujours sans application. Le peuple, qui fait les lois par ses mandataires, les exécute ou refuse de les exécuter dans les tribunaux, où il est représenté par le jury. Dans cet état de choses, rien ne protège le commerce américain contre la fraude et la mauvaise foi. Tout le monde peut faire le commerce sans tenir aucun livre ni registre. Il n'existe aucune distinction légale entre le commerçant qui n'est que malheureux et le banqueroutier imprudent, dissipateur et frauduleux. Les commerçants sont en tout soumis au droit commun.

De ce que les Américains sont indulgents pour la banqueroute, il ne s'ensuit pas qu'ils l'approuvent : « l'intérêt est le grand vice des Musulmans, et la libéralité est cependant la vertu qu'ils estiment davantage (a). » De même ces marchands, qui violent sans cesse leurs engagements, vantent et honorent la bonne foi.

Lorsque je dis que les Américains, *indulgents pour une banqueroute, sont sans pitié pour une mésalliance*, je n'entends parler que des *mésalliances* résultant de l'union des blancs avec des personnes de couleur.

(a)Chateaubriand, Itinéraire t. II, p. 38.

était au-dessus d'une force humaine.

« Thérésa se reprocha cruellement des malheurs dont elle était innocente. Orpheline dès l'âge le plus tendre, elle n'avait point connu les secrets de sa famille. Sa douleur fut si profonde qu'elle n'y survécut pas ; je la vis expirer dans mes bras, épuisée par ses larmes et par son désespoir.

« Quand elle fut enlevée à mon amour, elle si jeune d'années et si vieillie par le chagrin, elle si pure et si désolée, je doutai pour la première fois de la Providence et de mon courage. Ce doute était coupable ; car j'ai trouvé des forces pour supporter ma misère, et le Ciel ne m'a point abandonné.

« Je quittai la Nouvelle-Orléans, où j'étais en but à trop de mauvaises passions, et déchiré par trop de cruels souvenirs. Je me suis fixé à Baltimore, où personne ne connaît la tache de mon alliance, ni le vice dont est souillée la naissance de mes enfants.

« Depuis dix ans que j'habite cette ville, j'y ai formé de nouvelles relations ; je m'y suis fait un nouveau crédit, et j'ai retrouvé la fortune sans le bonheur, qui ne saurait plus exister pour moi.

« Nous vivons ici dans une apparente tranquillité : le trouble n'est que dans nos âmes.

« Tout le inonde ignore la honte de mes enfants, mais chaque jour on peut la découvrir. On nous aime, on nous honore, parce qu'on ne sait pas qui nous sommes. Un seul mot d'un ennemi bien informé pourrait nous perdre : nous ressemblons au coupable que la société croit innocent, et qui n'ose accepter la considération publique, parce que trop de honte suivra la révélation de son crime.

« Georges, dont le caractère noble et fier s'indigne des injustices du monde, se croit l'égal des Américains ; et, si je ne l'eusse supplié, au nom de sa sœur, qu'il aime avec passion, de garder le silence, cent fois il aurait, à la face du public, révélé sa naissance, et bravé l'opinion.

« Au contraire, soumise à son destin et résignée, Marie cherche l'ombre et l'isolement. Tel est le secret de son aversion pour la société. Ah ! certes, elle surpasse toutes les femmes de Baltimore en esprit, en talent, en bonté ; mais elle n'est point leur égale.

« Je vous devais, mon jeune ami, cet aveu de notre infortune… L'hospitalité m'en faisait une loi. Vous cherchez le bonheur sur la terre ;

hélas ! vous ne le trouverez pas parmi nous... Ailleurs, les joies du monde ! ici, les chagrins et les sacrifices ! »

Ainsi parla Nelson. Pendant ce récit, son visage austère parut quelquefois s'émouvoir. Georges frémissait sur son siège ; sa colère muette éclatait dans ses gestes brusques et dans ses regards irrités. Marie, la tête penchée sur son sein cachait son visage à tous les yeux.

Pour moi, j'écoutais, incertain si je saisissais bien le langage étrange dont mon oreille était frappée ; cependant rien n'était obscur dans les paroles que je venais d'entendre.

Je sentis se révolter mon cœur et ma raison.

– Voilà donc, m'écriai-je, ce peuple libre qui ne saurait se passer d'esclaves ! L'Amérique est le sol classique de l'égalité, et nul pays d'Europe ne contient autant de servitude ! Maintenant je vous comprends, Américains égoïstes ; vous aimez pour vous la liberté ; peuple de marchands, vous vendez celle d'autrui !

À peine avais-je prononcé ces mots, que j'eusse voulu les rappeler à moi ; car je craignais d'offenser le père de Marie.

L'indignation avait saisi mon âme. La fille de Nelson, me voyant irrité d'abord, puis rêveur, se méprit sur les sentiments dont j'étais animé.

– Ludovic, me dit-elle d'une voix à demi éteinte, pourquoi ces regrets ? ne vous l'avais-je pas dit ? je suis indigne de votre amour !

Je lui répondis : – Marie, vous devinez mal ce qui se passe au fond de mon cœur. Il est vrai que mes sentiments pour vous ne sont plus les mêmes : je vous sais malheureuse : mon amour s'accroît de toute votre infortune.

– Ami généreux, s'écria Georges en me tendant la main, vous parlez noblement.

Et un rayon de joie éclaira tout à coup ce front sinistre et sombre.

Cependant Nelson demeurait impassible. Quand il vit nos émotions un peu calmées, il me dit : – L'enthousiasme vous égare, mon ami ; prenez garde à l'entraînement d'une passion généreuse... Hélas ! si vous contemplez d'un oeil moins prévenu la triste réalité, vous n'en pourrez soutenir l'aspect, et vous reconnaîtrez qu'un blanc ne saurait s'allier à une femme de couleur.

Je ne puis vous peindre le trouble que ces paroles jetaient dans mon esprit. Quelle situation étrange ! à l'instant où Nelson me parlait ainsi, je voyais près de moi Marie, dont le teint surpassait en blancheur les cygnes des grands lacs.

Alors je dis : – Quelle est donc, chez un peuple exempt de préjugés et de passions, l'origine de cette fausse opinion qui note d'infamie des êtres malheureux, et de cette haine impitoyable qui poursuit toute une race d'hommes de génération en génération ?

Nelson réfléchit un instant ; ensuite il s'engagea entre nous une conversation, dont je puis vous rapporter exactement les termes ; elle a laissé dans ma mémoire des traces que le temps ne saurait effacer.

NELSON.

La race noire est méprisée en Amérique, parce que c'est une race d'esclaves ; elle est haïe, parce qu'elle aspire à la liberté.

Dans nos mœurs, comme dans nos lois, le nègre n'est pas un homme : c'est une chose.

C'est une denrée dans le commerce, supérieure aux autres marchandises ; un nègre vaut dix acres de terre en bonne culture.

Il n'existe pour l'esclave ni naissance, ni mariage, ni décès.

L'enfant du nègre appartient au maître de celui-ci, comme les fruits de la terre sont au propriétaire du sol. Les amours de l'esclave ne laissent pas plus de traces dans la société civile que ceux des plantes dans nos jardins ; et, quand il meurt, on songe seulement à le remplacer, comme on renouvelle un arbre utile, que l'âge ou la tempête ont brisé [1].

LUDOVIC.

Ainsi, vos lois interdisent aux nègres esclaves la piété filiale, le sentiment paternel et la tendresse conjugale. Que leur reste-t-il donc de commun avec l'homme ?

NELSON.

Le principe une fois admis, toutes ces conséquences en découlent : l'enfant né dans l'esclavage ne connaît de la famille que ce qu'en savent les animaux ; le sein maternel le nourrit comme la mamelle d'une bête fauve allaite ses petits ; les rapports touchants de la mère à l'enfant, de l'enfant au père, du frère à la sœur, n'ont pour lui ni sens ni moralité ; et il ne se marie point, parce qu'étant la chose d'autrui, il ne peut se donner à personne.

1 Voyez à la fin du volume la note sur la condition sociale et politique des nègres esclaves et des gens de couleur affranchis.

LUDOVIC.

Mais comment la nation américaine, éclairée et religieuse, ne repousse-t-elle pas avec horreur une institution qui blesse les lois de la nature, de la morale et de l'humanité ? Tous les hommes ne sont-ils pas égaux ?

NELSON.

Nul peuple n'est plus attaché que nous ne le sommes au principe de l'égalité ; mais nous n'admettons point au partage de nos droits une race inférieure à la nôtre.

À ces mots, je vis la rougeur monter au front de Georges, et ses lèvres tremblantes prêtes à laisser partir un cri d'indignation ; mais il fit un effort puissant, et contint sa colère.

Je répondis à Nelson : – On croit, aux États-Unis, que les noirs sont inférieurs aux blancs ; est-ce parce que les blancs se montrent, en général, plus intelligents que les nègres ? Mais comment comparer une espèce d'hommes élevés dans l'esclavage, et qui se transmettent de génération en génération l'abrutissement et la misère, à des peuples qui comptent quinze siècles de civilisation non interrompue ; chez lesquels l'éducation s'empare de l'enfant au berceau, et développe en lui toutes les facultés naturelles ? Nous n'avons point, en Europe, les préjugés de l'Amérique, et nous croyons que tous les hommes ne forment qu'une même famille, dont tous les membres sont égaux.

NELSON.

Sans doute, l'esclavage offense la morale et la loi de Dieu ! cependant, ne jugez pas trop sévèrement le peuple américain : la Grèce eut ses ilotes ; Rome, ses esclaves ; le Moyen-Âge, les serfs ; de nos jours, on a des nègres ; et ces nègres, dont le cerveau est naturellement étroit, attachent peu de prix à la liberté ; pour la plupart, l'affranchissement est un don funeste. Interrogez-les, tous vous diront qu'esclaves ils étaient plus heureux que libres. Abandonnés à leurs propres force, ils ne savent pas soutenir leur existence : et il meurt dans nos villes moitié plus d'affranchis que d'esclaves [1].

LUDOVIC.

---

1 Note de l'auteur. Il meurt moitié plus d'affranchis que d'esclaves. »
Ce fait est constant. Ainsi, durant les années 1828, 1829 et 1830, il est mort à Baltimore un nègre libre sur vingt-huit nègres libres, et un esclave sur quarante-cinq nègres esclaves (a).
(a)V. Emerson, statistic, p. 28, Reports of the health office of Baltimore.

Il est naturel que l'esclave qui, tout à coup, devient libre, ne sache ni user ni jouir de l'indépendance. Pareil à l'homme dont on aurait, dès l'âge le plus tendre, lié tous les membres, et auquel on dit subitement de marcher, il chancelle à chaque pas... La liberté est entre ses mains une arme funeste, dont il blesse tout ce qui l'entoure ; et, le plus souvent, il est lui-même sa première victime. Mais faut-il en conclure que l'esclavage, une fois établi quelque part, doit être respecté ? Non, sans doute. Seulement il est juste de dire que la génération qui reçoit l'affranchissement n'est point celle qui en jouit : le bienfait de la liberté n'est recueilli que par les générations suivantes... Je ne reconnaîtrai jamais ces prétendues lois de la nécessité, qui tendent à justifier l'oppression et la tyrannie.

NELSON.

Je pense ainsi que vous ; cependant, ne croyez pas que les nègres soient traités avec l'inhumanité dont on fait un reproche banal à tous les possesseurs d'esclaves ; la plupart sont mieux vêtus, mieux nourris et plus heureux que vos paysans libres d'Europe.

– Arrêtez ! s'écria Georges avec violence (car en ce moment sa colère devint plus forte que son respect filial) ; ce langage est inique et cruel ! Il est vrai que vous soignez vos nègres à l'égal de vos bêtes de somme ! mieux même, parce qu'un nègre rapporte plus au maître qu'un cheval ou un mulet... Quand vous frappez vos nègres, je le sais, vous ne les tuez pas : un nègre vaut trois cents dollars... Mais ne vantez point l'humanité des maîtres pour leurs esclaves : mieux vaudrait la cruauté qui donne la mort, que le calcul qui laisse une odieuse vie !... Il est vrai que, d'après vos lois, un nègre n'est pas un homme : c'est un meuble, une chose... Oui, mais vous verrez que c'est une chose pensante... une chose qui agite et qui remue un poignard... Race inférieure ! dites-vous ? Vous avez mesuré le cerveau du nègre, et vous avez dit : « Il n'y a place dans cette tête étroite que pour la douleur » ; et vous l'avez condamné à souffrir toujours. Vous vous êtes trompés ; vous n'avez pas mesuré juste : il existe dans ce cerveau de brute une case qui vous a échappé, et qui contient une faculté puissante, celle de la vengeance... d'une vengeance implacable, horrible, mais intelligente... S'il vous hait, c'est qu'il a le corps tout déchiré de vos coups, et l'âme toute meurtrie de vos injustices... Est-il si stupide de vous détester ? Le plus fin parmi les animaux chérit la main cruelle qui le frappe, et se réjouit de sa servitude... Le plus stupide parmi les hommes, ce nègre abruti, quand il est enchaîné comme une bête fauve, est libre par la pensée, et son âme souffre aussi noblement que celle du Dieu qui mourut pour la liberté du monde. Il se soumet ; mais il a la conscience de l'oppression ; son corps seul obéit ; son âme se révolte. Il est rampant ! oui... pendant deux siècles il rampe à vos pieds... un jour il se lève, vous regarde en face et vous tue. Vous le dites cruel ! mais oubliez-vous qu'il a passé sa vie à souffrir et à détester ! Il n'a qu'une pensée : la vengeance, parce qu'il n'a eu qu'un sentiment : la douleur.

Georges, en parlant, s'était animé d'un feu presque surnaturel, et son regard étincelait de haine et de colère.

– Mon ami, reprit froidement Nelson, croyez-vous qu'il n'en coûte pas à mon cœur de juger comme je le fais une race à laquelle votre mère ne fut pas étrangère ?

– Ah ! mon père, s'écria Georges, avant d'être époux, vous étiez Américain.

Alors Marie jetant sur son frère un regard suppliant : – Georges, lui dit-elle, pourquoi ces emportements ?

Puis se tournant vers Nelson : – Mon père, vous avez raison ; les Américaines sont supérieures aux femmes de couleur ; elles aiment avec leur raison : moi, je ne sais vous aimer qu'avec mon cœur.

Et, en prononçant ces mots, elle se jeta dans ses bras, comme pour y cacher la honte qui couvrait son visage.

Georges reprit : – Ma sœur rougit de son origine africaine... moi, j'en suis fier. Les hommes du Nord n'ont qu'à s'enorgueillir de leur génie froid comme leur climat... nous devons, nous, au soleil de nos pères des âmes chaudes et des cœurs ardents.

Il se tut quelques instants ; puis il ajouta avec un sourire amer :

– Les Américains sont un peuple libre et commerçant... mais qu'ils y prennent garde, il leur manquera bientôt une branche d'industrie ; bientôt ils perdront le privilège de vendre et d'acheter des hommes : la terre d'Amérique ne doit pas longtemps porter des esclaves.

NELSON.

Oui, je le reconnais avec joie, l'esclavage décroît chaque jour ; et sa disparition entière sera l'œuvre du temps.

GEORGES.

Et si les esclaves se fatiguaient d'attendre ?

NELSON.

Malheur à eux ! S'ils ont recours à la violence pour devenir libres, ils ne le seront jamais ; leur révolte amènerait leur destruction. Il est vrai que le nombre des noirs dans le Sud surpassera bientôt celui des blancs ; mais tous les États du Centre et du Nord feraient cause commune avec les Américains du Midi, pour exterminer des esclaves rebelles… Tout appel à la force les perdrait : qu'ils aient plus de foi dans les progrès de la raison.

Déjà, dans le Nord, l'esclavage est aboli ; et les États méridionaux entendent murmurer des mots de liberté. Naguère, un prompt supplice eût étouffé la voix assez hardie pour réclamer dans le Sud, l'indépendance des nègres ; aujourd'hui, cette question s'agite, en Virginie, au sein même de la législature. Il semble que, chaque année, les idées de liberté universelle franchissent un degré de latitude ; le vent du nord les pousse impétueusement. En ce moment, elles traversent le Maryland : c'est la Nouvelle-Angleterre, ma patrie, qui répand dans toute l'Union ses lumières, ses mœurs et sa civilisation.

LUDOVIC.

Il y a tant de puissance dans un principe de morale éternelle !

GEORGES.

Et surtout dans l'intérêt… Savez-vous pourquoi les Américains sont tentés d'abolir la servitude ? c'est qu'ils commencent à penser que l'esclavage nuit à l'industrie.

Ils voient pauvres les États à esclaves, et riches ceux qui n'en ont pas ; et ils condamnent l'esclavage.

Ils se disent : L'ouvrier libre, travaillant pour lui, travaille mieux que l'esclave ; et il est plus profitable de payer un ouvrier qui fait bien que de nourrir un esclave qui fait mal… Et ils condamnent l'esclavage.

Ils se disent encore : Le travail est la source de la richesse ; mais la servitude déshonore le travail : les blancs seront oisifs, tant qu'il y aura des esclaves ; et ils condamnent l'esclavage.

Leur intérêt est d'accord avec leur orgueil… L'émancipation des noirs ne fait des hommes libres que de nom : le nègre affranchi ne devient point pour les Américains un rival dans le commerce ou dans l'industrie. Il peut être l'une de ces deux choses : mendiant ou domestique ; les autres carrières lui sont interdites par les mœurs. Affranchir les nègres aux États-Unis, c'est instituer une classe inférieure… et quiconque est blanc de pure race appartient à une classe privilégiée… La couleur blanche est une noblesse.

– Ne croyez point, mon ami, dis-je en m'adressant à Georges, que ces préjugés soient destinés à vivre éternellement ! Selon les lois de la nature, la liberté d'un homme ne peut appartenir à un autre homme. Liberté ! mère du génie et de la vertu, principe de tout bien, source sacrée de tous les enthousiasmes et de tous les héroïsmes, une race d'hommes serait-elle condamnée à ne se réchauffer jamais aux rayons de ta divine lumière ! Vouée pour toujours à l'esclavage, elle ne connaîtrait ni les gloires du commandement ni la moralité de l'obéissance ; incessamment courbée sous les fers pesants de la servitude, elle n'aurait pas la force d'élever ses bras vers le ciel ; travaillant sans relâche sous l'œil de ses tyrans, il lui serait interdit de contempler à loisir le firmament si beau, si resplendissant de clartés, d'y élancer sa pensée, et de se livrer à ces admirations sublimes d'où naissent l'inspiration pour l'esprit, l'élévation pour l'âme, et pour le cœur la poésie.

Et, me tournant vers Nelson, je repris en ces termes :

– La société américaine, qui porte la plaie de l'esclavage, travaille-t-elle du moins à la guérir ? et prépare-t-elle, pour deux millions d'hommes, la transition de l'état de servitude à celui de liberté ?

NELSON.

Personne, hélas ! n'est d'accord sur ce point. Les uns voudraient qu'on affranchît d'un seul coup tous les nègres ; d'autres, qu'on déclarât libres tous les enfants à naître des esclaves. Ceux-ci disent : Avant d'accorder la liberté aux noirs, il faut les instruire ; ceux-là répondent : Il est dangereux d'instruire des esclaves.

Ne sachant quel remède employer, on laisse le mal se guérir de lui-même. Les mœurs se modifient chaque jour ; mais la législation n'est pas changée : la loi punit de la même peine le maître qui montre à écrire à son esclave, et celui qui le tue ; et le pauvre nègre coupable d'avoir ouvert un livre encourt le châtiment du fouet [1].

LUDOVIC.

Quelle cruauté ! Je conçois que vous n'affranchissiez pas subitement tous les nègres ; mais d'où vient que vous flétrissez de tant de mépris

1 Voyez à la fin du volume la note sur la condition sociale et politique des nègres esclaves et des gens de couleur affranchis.

ceux à qui vous avez donné la liberté ?

NELSON.

Le noir qui n'est plus esclave le fut, et, s'il est libre, on sait que son père ne l'était pas.

LUDOVIC.

Je concevrais encore la réprobation qui frappe le nègre et le mulâtre, même après leur affranchissement, parce que leur couleur rappelle incessamment leur servitude ; mais ce que je ne puis comprendre, c'est que la même flétrissure s'attache aux gens de couleur devenus blancs, et dont tout le crime est de compter un noir ou un mulâtre parmi leurs aïeux.

NELSON.

Cette rigueur de l'opinion publique est injuste sans doute ; mais elle tient à la dignité même du peuple américain... Placé en face de deux races différentes de la sienne, les Indiens et les nègres, l'Américain ne s'est mêlé ni aux uns ni aux autres. Il a conservé pur le sang de ses pères. Pour prévenir tout contact avec ces nations, il fallait les flétrir dans l'opinion. La flétrissure reste à la race, lorsque la couleur n'existe plus.

LUDOVIC.

Dans l'état présent de vos mœurs et de vos lois, vous ne connaissez point de noblesse héréditaire ?

NELSON.

Non sans doute. La raison repousse toute distinction qui serait accordée à la naissance, et non au mérite personnel.

LUDOVIC.

Si vos mœurs n'admettent point la transmission des honneurs par le sang, pourquoi donc consacrent-elles l'hérédité de l'infamie ? On ne naît point noble, mais on naît infâme ! Ce sont, il faut l'avouer, d'odieux préjugés !

Mais enfin, un blanc pourrait, si telle était sa volonté, se marier à une femme de couleur libre ?

NELSON.

Non, mon ami, vous vous trompez.

LUDOVIC.

Quelle puissance l'en empêcherait ?

NELSON.

La loi… Elle contient une défense expresse et déclare nul un pareil mariage.

LUDOVIC.

Ah ! quelle odieuse loi ! Cette loi, je la braverai.

NELSON.

Il est un obstacle plus grave que la loi même : ce sont les mœurs. Vous ignorez quelle est, dans la société américaine, la condition des femmes de couleur.

Apprenez (je rougis de le dire, parce que c'est une grande honte pour mon pays) que, dans toute la Louisiane, la plus haute condition des femmes de couleur libres, c'est d'être prostituées aux blancs.

La Nouvelle-Orléans est, en grande partie, peuplée d'Américains venus du Nord pour s'enrichir, et qui s'en vont dès que leur fortune est faite. Il est rare que ces habitants de passage se marient ; voici l'obstacle qui les en empêche :

Chaque année, pendant l'été, la Nouvelle-Orléans est ravagée par la fièvre jaune. À cette époque, tous ceux auxquels un déplacement est possible, quittent la ville, remontent le Mississipi et l'Ohio, et vont chercher, dans les États du centre ou du Nord, à Philadelphie ou à Boston, un climat plus salubre. Quand la saison des grandes chaleurs est passée, ils reviennent dans le Sud, et reprennent place à leur comptoir. Ces migrations annuelles n'ont rien qui gêne un célibataire ; mais elles seraient incommodes pour une famille entière. L'Américain évite tout embarras en se passant d'épouse, et en prenant une compagne illégitime ; il choisit toujours celle-ci parmi les femmes de couleur libres ; il lui donne une espèce de dot ; la jeune fille se trouve honorée d'une union qui la rapproche d'un blanc ; elle sait qu'elle ne peut l'épouser ; c'est beaucoup à ses yeux que d'en être aimée… Elle aurait pu, d'après nos lois, se marier à un mulâtre ; mais une telle alliance ne l'eût point sortie de sa classe. Le mulâtre n'aurait d'ailleurs pour elle aucune puissance de protection ; en épousant l'homme de couleur, elle perpétuerait sa dégradation ; elle se relève en se prostituant au blanc. Toutes les jeunes filles de couleur sont élevées dans ces préjugés, et dès l'âge le plus tendre, leurs parents les façonnent à la corruption. Il y a des bals publics où l'on n'admet que des hommes blancs et des femmes de couleur ; les maris et les frères de celles-ci n'y sont pas reçus ; les mères ont coutume d'y venir elles-mêmes ; elles sont témoins des hommages adressés à leurs filles, les encouragent et s'en réjouissent. Quand un Américain tombe épris d'une fille, c'est à sa mère qu'il la demande ; celle-ci marchande de son mieux, et se montre plus ou moins exigeante pour le prix, selon que sa fille est plus ou moins novice. Tout cela se passe sans mystère ; ces unions monstrueuses n'ont pas même la pudeur du vice qui se cache par honte, comme la vertu par modestie ; elles se montrent sans déguisement à tous les yeux, sans qu'aucune infamie ni blâme s'attachent aux hommes qui les ont formées. Quand l'Américain du Nord a fait sa fortune, il a atteint son but... Un jour il quitte la Nouvelle-Orléans, et n'y revient jamais... Ses enfants, celle qui, pendant dix ans, vécut comme sa femme, ne sont plus rien pour lui. Alors la fille de couleur se vend à un autre. Tel est le sort des femmes de race africaine à la Louisiane.

– En disant ces mois, Nelson laissa échapper un soupir. On voyait qu'il s'était imposé une pénible contrainte, et que le sentiment d'un devoir à remplir avait seul soutenu sa voix.

Plongé dans une sombre rêverie, Georges semblait ne prêter à ce récit aucune attention... Marie donnait, dans sa douleur profonde, un spectacle digne de pitié. Telle on voit, durant l'orage, une tendre fleur incliner sa tête ; faible, mais pliante, elle marque, en se courbant, les coups de la tempête... et, quand l'ouragan est loin d'elle, abattue et languissante, elle ne relève point sa tige flétrie.

Ainsi, pendant que parlait Nelson, Marie, faible femme, roseau dévoué aux orages du cœur, était agitée de mille secousses ; chaque révélation lui portait un coup funeste ; un instinct de pudeur lui découvrait le sens des paroles qu'elle avait entendues ; elle sentait son humiliation sans la comprendre ; et, avec l'innocence dans le cœur, elle portait sur son front la rougeur d'une coupable.

Pour moi, ne pouvant résister à l'émotion de cette scène, je m'écriai : – Vos mœurs et vos lois me font horreur ; je ne m'y soumettrai jamais... Ah ! si Marie ne craint point de se lier à ma destinée, nous quitterons ensemble ce pays de préjugés odieux ; nous fuirons des contrées de servitude et de ténèbres, et nous irons vers cette terre de lumières et de liberté, vers cette Nouvelle-Angleterre qui s'avance d'un pas si ferme et si rapide dans la voie de la civilisation !

– Hélas ! mon ami ! répliqua Nelson, les préjugés contre la population de couleur sont, il est vrai, moins puissants à Boston qu'à la Nouvelle-Orléans ; mais nulle part ils ne sont amortis.

– Eh bien ! répondis-je aussitôt, ces préjugés, je les déteste et je saurai les braver ! c'est une lâcheté infâme que de s'éloigner des malheureux dont l'infortune n'est point méritée !...

En ce moment Marie parut sortir de son abattement ; sa paupière affaissée se releva ; alors, d'une voix qui trahissait une émotion profonde : – D'où vient, me dit-elle, que vous nous plaignez, après ce que vous avez entendu ? La pitié des hommes s'attache aux maux passagers ; mais un malheur qui, comme le nôtre, ne doit point finir, fatigue et décourage les cœurs les plus compatissants...

Mon ami, ajouta-t-elle avec un accent presque solennel, vous ne comprenez rien à mon sort ici-bas ; parce que mon cœur sait aimer, vous croyez que je suis une fille digne d'amour ; parce que vous me voyez un front blanc, vous pensez que je suis pure... mais non... mon sang renferme une souillure qui me rend indigne d'estime et d'affection... Oui ! ma naissance m'a vouée au mépris des hommes !... Sans doute cet arrêt de la destinée est mérité,... Les décrets de Dieu quelquefois cruels, sont toujours justes !...

Puis, me trouvant inébranlable dans mes sentiments : – Vous ne savez pas, me dit-elle, que vous vous déshonorez en me parlant ? Si l'on vous voyait près de moi dans un lieu public, on dirait : Cet homme perd toute bienséance ; il accompagne une femme de couleur.

Hélas ! Ludovic, contemplez sans passion la triste réalité : associer votre vie à une pauvre créature telle que moi, c'est embrasser une condition pire que la mort.

N'en doutez pas, ajouta-t-elle d'une voix inspirée, c'est Dieu lui-même qui a séparé les nègres des blancs... Cette séparation se retrouve partout : dans les hôpitaux où l'humanité souffre, dans les églises où elle prie, dans les prisons où elle se repent, dans le cimetière où elle dort de l'éternel sommeil.

– Eh quoi ! m'écriai-je, même au jour de la mort ?...

– Oui, reprit-elle avec un accent grave et mélancolique ; quand je mourrai, les hommes se souviendront que, cent ans auparavant, un mulâtre exista dans ma famille ; et si mon corps est porté dans la terre destinée aux sépultures, on le repoussera de peur qu'il ne souille de son contact les ossements d'une race privilégiée... Hélas ! mon ami, nos dépouilles mortelles ne se mêleront point sur la terre ; n'est-ce pas le signe que nos âmes ne seront point unies dans le ciel ?...

– Cesse, m'écriai-je, ô ma bien-aimée, cesse, je t'en conjure, un langage qui déchire mon cœur... Pourquoi ta honte ? pourquoi tes larmes ?

La honte est aux méchants qui font gémir l'innocence ! Et, si tu m'aimes, la source de tes pleurs sera bientôt tarie, laisse à mon amour le soin de te protéger... Tu crains pour moi l'infamie !... Marie, tu ne sais pas combien je m'enorgueillis de toi ! Tu ne comprends pas comme je serai fier de me montrer en tous lieux, paré de ton amour, de ta beauté, de ton infortune ! Ah ! qu'ils me jettent an visage une parole de mépris, ces nobles marchands aux armoiries brillantes, au sang pur et sans mélange ! comme je jouirai de leur insolence ! En Europe, que ferais-je pour toi, Marie ? là on tomberait à tes genoux, ange de grâce et de bonté ; chacun s'approcherait pour être béni de ton sourire, fille chaste et pure ; quel homme n'envierait la gloire de protéger ton innocence et ta faiblesse ? Ici l'on te repousse, on te déshonore... Ah ! que je vous rends grâces, Américains insensibles et froids, de vos mépris et de vos injustices ! Par vous, celle que j'aime est abaissée... mais vous la verrez relever sa belle tête ! vous lui rendrez foi et hommage, nobles seigneurs de comptoir... vos fronts basanés de race blanche s'inclineront devant la blanche fille de couleur... je vous la ferai respecter ! Marie sera la première parmi vos femmes !...

En prononçant ces mots, je me prosternai aux pieds de Marie, comme pour indiquer le culte dont je jugeais digne mon idole... La fille de Nelson pleurait de bonheur ; elle prit mes mains dans ses deux mains, y laissa tomber quelques pleurs et posa sur moi sa tête, me montrant par ce signe qu'elle acceptait mon appui. Ces larmes de la faible femme tombées sur l'homme fort signifiaient sans doute que toute ma puissance ne nous préserverait pas des orages !

Cependant Georges, dont l'émotion était extrême, se jeta dans mes bras ; il me serrait étroitement contre sa poitrine, seul langage que trouvât son cœur.

Nelson, impassible, conservant son attitude calme et froide au milieu des passions violentes qui nous agitaient, ressemblait à ces vieilles ruines du rivage de l'Océan qu'on voit immobiles sur la pointe d'un roc, tandis que tout croule autour d'elles, et qui demeurent debout au mépris de l'ouragan déchaîné sur leur tête et des flots en fureur mugissant à leurs pieds. Nos passions ne l'avaient point ému, et aucune de nos paroles ne l'avait irrité.

– Mon ami, me dit-il après un peu de silence, votre cœur généreux vous égare. Ma raison viendra au secours de la vôtre ; vous ne savez pas quelle tâche on entreprend quand on veut combattre les préjugés de tout un peuple et demeurer dans une société dont on heurte chaque jour les opinions et les sentiments ! Non, je ne consentirai point à votre union avec ma fille. Cependant je ne repousse pas à jamais vos vœux. Parcourez l'Amérique ; voyez le monde dans lequel vous prétendez vivre ; étudiez ses passions et ses préjugés ; mesurez la force de l'ennemi que vous bravez ; et lorsque vous connaîtrez le sort de la population noire dans les pays d'esclaves et dans les États même où l'esclavage est aboli, alors vous pourrez prendre une résolution éclairée. Je ne crois pas, je vous l'avoue, qu'il appartienne à une force humaine de résister aux impressions que vous allez recevoir. Mais si l'aspect d'une misère affreuse n'effraie point votre courage et ne rebute point votre cœur, croyez-vous que j'hésite à accepter pour ma chère Marie l'appui généreux que vous viendrez lui présenter ?

La réponse ferme de Nelson, dont l'accent annonçait une volonté déterminée, me consterna…

– J'exige, ajouta-t-il, que vous passiez au moins six mois dans l'observation des mœurs de ce pays… Ce temps d'épreuve vous suffira sans doute.

Dans l'impatience de mon amour, je dis à Nelson : Nous sommes malheureux aux États-Unis ; vos enfants, par leur naissance ; vous et moi, par l'infortune de vos enfants. Quittons ce pays, allons en France. Là, nous ne trouverons point de préjugés contre les familles de couleur.

Je fus surpris de voir qu'à ces mots Georges ne donnait aucune marque d'assentiment ; car l'avis que j'ouvrais me semblait devoir lui sourire ; cependant il resta silencieux et rêveur.

– Vous hésitez ? lui dis-je.

– Non, répondit Georges, non… je n'hésite pas… Jamais je ne quitterai l'Amérique.

Nelson donna un signe d'approbation et Marie fit entendre un soupir.

– Je suis opprimé dans ce pays, reprit Georges ; mais l'Amérique est ma patrie ! N'est-on bon citoyen qu'à la condition d'être heureux ?… De puissants liens m'y retiennent ; le plus grand nombre y est enchaîné par des intérêts, moi j'y suis attaché par des devoirs… Il n'est pas généreux de fuir la persécution !… Ah ! si j'étais seul infortuné ! peut-être je fuirais… mais mon sort est celui de toute une race d'hommes… Quelle lâcheté de se retirer de la misère commune pour aller chercher seul une heureuse vie !… Et puis… le devoir n'est pas l'unique lien qui m'y enchaîne ; j'y puis jouir encore de quelque bonheur. Notre abaissement ne sera pas éternel. Peut-être serons-nous forcés de conquérir par la force l'égalité qu'on nous refuse… Quel beau jour que celui d'une juste vengeance ! Non, non… je ne fuirai point l'Amérique. Mais, Ludovic, ajouta-t-il, si vous devez rendre heureuse en France ma sœur, ma chère Marie, ah ! partez !… malgré…

Il n'acheva pas ; une larme tomba de ses yeux.

– Ah ! jamais, mon frère, je ne me séparerai de toi, s'écria Marie avec tendresse.

Pendant ce temps, Nelson réfléchissait ; Dieu nous préserve, me dit-il enfin, de suivre votre conseil ! Je sais quelle est en France la corruption des mœurs ; et si ma fille est docile à ma voix, jamais elle ne respirera l'air infect de ces sociétés maudites, dans lesquelles la morale est sans cesse outragée, où la fidélité conjugale est un ridicule, et le vice le plus odieux une faiblesse excusable.

Je fis observer à Nelson que les mœurs des femmes, en France, n'étaient plus aujourd'hui ce qu'elles avaient été dans le dernier siècle [1]. Mais, tandis que je parlais, il murmurait sourdement ces mots : – La France ! terre d'impiété ! terre de malédiction !

– Pour moi, reprit-il gravement, je ne quitterai point mon pays. Les Américains des États-Unis sont un grand peuple… Mes pères ont abandonné l'Europe qui les persécutait… Je ne remonterai point vers la source de leur infortune…

---

1 Note de l'auteur. « *Mœurs des femmes en France...* »

C'est une opinion fort répandue aux États-Unis que les mœurs sont encore, en France, ce qu'elles étaient dans le XVIIIe siècle : un grand nombre croient que le vice y est toujours à la mode, et que le temps s'y passe en galanteries, en intrigues de salons et en frivolités. Cette opinion des Américains est due surtout à l'influence de quelques romanciers anglais fort lus aux États-Unis, et qui, ne connaissant eux-mêmes la France que par les livres, sont en retard d'un demi-siècle. C'est ainsi qu'un écrivain anglais très distingué, l'auteur de Pelham, mettant en scène deux Français de nos jours, les fait parler comme avant la révolution ; ils ne se disent pas un mot sans s'appeler : « *Cher baron, cher marquis.* »

Alors je suppliai de nouveau Nelson de me faire grâce d'un temps d'épreuve inutile ; mais ma prière fut vaine.

Chapitre IX

L'épreuve – 1 –

Nelson fut inflexible dans son sentiment, Je ne pouvais approuver ses craintes ; cependant il me fallut obéir à sa volonté. Je me consolais en pensant que cet obstacle n'était qu'un ajournement de mon bonheur… N'étais-je pas sûr du cœur de Marie ? et Nelson me promettait qu'à mon retour, si mes intentions n'étaient pas changées, il cesserait de les combattre.

Avant de quitter Marie, je lui donnai mille assurances d'amour. Elle m'écoutait triste et silencieuse ; enfin, d'une voix attendrie : – Je ne veux point, me dit-elle, par des serments justifier les vôtres. Pour vous rester fidèle, il ne me faudra ni sacrifices ni efforts, à moi que personne ne peut aimer ; mais vous, ami généreux, vous ne pouvez engager l'avenir et vous charger, en entrant dans la vie, d'un fardeau qui vous écraserait au premier pas. Ses larmes achevèrent de me répondre. Au jour marqué pour mon départ, comme j'allais prendre dans la baie de Baltimore le bateau à vapeur qui devait me conduire à New York, et, au moment où le canot d'embarcation commençait à s'éloigner de terre, Marie, dont j'avais reçu les adieux, me fit un signe du rivage, et levant ses mains vers moi : – Ludovic, s'écria-t-elle, vos serments ! vous ne pourrez les tenir !… je vous en délie… Je fis un mouvement vers elle ; mais l'absence était commencée. Je jetai une parole aux vents ; déjà j'étais trop loin pour être entendu. Avec quelle rapidité cette séparation devint complète ! comme l'intervalle entre nous s'agrandit vite ! D'abord la distance que l'œil mesure sans peine ; puis l'horizon lointain qui se dérobe à la vue ; et tout à coup le vide immense, sans bornes, dans lequel on s'agite, entre le ciel et la mer ! Ainsi, un moment insensible sépare l'existence qui touche à la terre de la vie qui se perd dans l'espace !…

Lorsque, de deux amis qui se séparent, l'un s'éloigne sur mer, le moins à plaindre est celui qui, du rivage, suit des yeux le vaisseau qui part ; après qu'il ne distingue plus personne sur le navire, il regarde longtemps encore ; sa douleur est comme en suspens, et, tant qu'il aperçoit la pointe d'un mât, l'ombre d'une voile, il tient par quelque chose à l'être chéri qui va disparaître. Un moment vient où le vaisseau se réduit aux proportions d'un atome imperceptible, jusqu'à ce qu'enfin il échappe aux regards et se confonde dans l'horizon avec le ciel et les flots. Alors il se fait dans le cœur un affreux brisement : c'est la sombre nuit succédant à la dernière lueur d'une clarté mourante ; c'est le signal du désespoir pour l'âme qui sentait venir son infortune.

Cependant, celui que la voile entraîne est encore plus malheureux : la vapeur, les vents, tout conspire contre lui ; à peine quelques instants sont-ils écoulés que cette terre, sur laquelle il cherche un ami, n'offre plus à ses regards qu'un point obscur ; rien ne s'y distingue, rien ne s'en détache. Une petite barque ressort à toits les yeux sur l'immense Océan ; et tout est confusion sur une terre lointaine ; édifices, forêts, habitants, tout s'y fond dans une seule teinte qui ne forme qu'une ombre… Ainsi, l'ami que vous laissez sur le rivage vous échappe subitement ; vous cessez tout à coup de le toucher, de l'entendre, de le voir ; toutes les douleurs de l'absence vous saisissent à la fois.

Mon chagrin fut profond… L'aspect de l'Océan vint ajouter encore à la tristesse de mon âme. Rien, hélas ! ne ressemble plus aux jours de la vie que les mouvements d'un vaisseau ; la plupart sont modérés : c'est l'image de la vie commune, placée entre le calme et la tempête. Le vaisseau va jusqu'à ce qu'il s'use ou se brise ; un autre prend sa place pour recommencer les mêmes courses à travers les mêmes périls : ainsi font les hommes sur la terre. Pareil à l'Océan, le monde seul ne change point et demeure avec ses écueils, ses orages et ses abîmes.

En rappelant le souvenir de mes dernières années, j'y trouvai un tel enchaînement de malheurs, qu'il me sembla que ma vie était engagée à l'infortune… j'accusai ma destinée, et, comme l'amour de Marie me restait assez puissant pour lutter seul contre toutes mes peines, je m'efforçai de me ravir à moi-même cette dernière consolation, et mon esprit fut ingénieux à forger des soupçons et des défiances qui n'étaient pas dans mon cœur. Je savais que la légèreté est le défaut de toutes les femmes ; parmi celles qui sont constantes, la plupart ne le sont que par faiblesse : on peut, en restant près d'elles, perdre leur amour ; mais n'est-ce pas le seul moyen de conserver leur foi ? J'ai toujours cru que les hommes ont des affections plus profondes ; les femmes, des passions plus vives : les premiers aiment mieux de loin ; les femmes, de près : l'homme a plus d'imagination, et l'imagination va toujours au-delà du réel ; la femme, plus de sensibilité, et la sensibilité se nourrit d'excitations instantanées. J'avais vu Marie tout en larmes à mon départ… mais son amour serait-il puissant contre l'absence ? Moi, j'avais été courageux devant elle, et loin de sa vue je pleurais.

Alors commença pour moi une vie de misère profonde, et presque de honte ; car je sentis défaillir mon courage. La douleur d'être séparé de celle que j'aimais abattait mon âme ; et je me trouvai en face de malheurs qui dépassaient tout ce que mon imagination avait pu prévoir. Mais à quoi bon vous affliger de l'histoire de mes maux ?

Ici Ludovic s'arrêta ; sa physionomie prit un aspect plus sombre, son regard devint fixe, et ses lèvres immobiles demeuraient en suspens, comme si elles se refusaient à un douloureux aveu.

– De grâce, s'écria le voyageur, continuez un récit qui m'instruit et me touche. Je suis avide de connaître votre destinée... Parlez, je vous en supplie.

– Je ne vous ai pas dit la moitié de mes malheurs ; et quel intérêt...

L'intérêt le plus vif, répliqua le voyageur, me rend attentif à vos paroles. Vous me racontez vos peines ; ce sont elles qui me captivent. Je n'ai jamais recherché ni les joies ni les félicités du monde ; mais je me suis toujours senti attiré par l'infortune. Le bonheur des hommes est si mêlé d'orgueil et d'égoïsme, qu'il m'ennuie et me dégoûte, mais il me reste dans l'âme une longue et douce impression quand j'ai pleuré avec des malheureux.

– Hélas ! reprit Ludovic après une courte pause, voici l'époque de ma vie dont le souvenir est le plus amer ; c'est le temps où j'ai senti chanceler dans mon cœur les serments qui m'unissaient à mon amie... Aujourd'hui, je rougis de ma faiblesse. Mon Dieu ! par quels malheurs il m'a fallu passer pour arriver à cette criminelle hésitation !

J'avais, dans toute la sincérité de mon cœur, juré à Marie que je l'aimerais toujours. L'obstacle qu'on opposait à mon amour, quelque grave qu'on le représentât à mes yeux, me semblait puéril et méprisable. Que m'importait un préjugé social, quand j'avais pour moi le cœur de Marie ? Mais lorsque, rentré dans le monde, et sujet à ses froissements, je me trouvai en face de ce préjugé puissant, inflexible, répandu dans toutes les classes, accepté par tout le monde, dominant la société américaine, sans qu'aucune voix s'élève pour le combattre ; écrasant ses victimes sans réserve, sans pitié, sans remords ; lorsque je vis, dans les États libres de l'Union, la population noire couverte d'un opprobre pire peut-être que l'esclavage ; toutes les personnes de couleur flétries par le mépris public, abreuvées d'outrages, encore plus dégradées par la honte que par la misère : alors je sentis s'élever en moi de terribles combats… Tantôt saisi d'indignation et d'horreur, je me croyais assez fort pour lutter seul contre tous ; mon orgueil se plaisait à rencontrer pour adversaire tout un peuple, le monde entier !… mais, après ces nobles élans, je retombais en présence de mille réalités décourageantes, et je me demandais quel serait mon sort ; quel serait celui de Marie elle-même, au sein de tant d'amertume et d'ignominie ! j'hésitai : ce fut là mon crime… Cependant mon cœur n'était point dupe des sophismes de ma raison. Marie, me disais-je, serait malheureuse quand nous serions unis ; mais ne le serait-elle pas davantage si notre union ne se formait jamais ? Cesserait-elle d'être une pauvre femme de couleur, parce que je lui aurais manqué de foi ! Le monde ne l'accablerait-il plus de son mépris, parce qu'elle aurait perdu l'appui du seul être capable de la faire respecter ?

Je portai mes incertitudes et mes angoisses de ville en ville, à New York, à Boston, à Philadelphie…

Ici le voyageur interrompit son hôte ; car il avait cessé de comprendre le sens de son langage.

– Tout à l'heure, lui dit-il, vous me racontiez le sort de la race noire dans les États du Sud, et je déplorais avec vous la triste condition des esclaves ; mais, en quittant Baltimore, vous êtes allé dans les autres villes de l'Union où l'esclavage est aboli. Là un spectacle différent a dû s'offrir à vos yeux. Je sais bien que, même dans les États du Nord, le préjugé qui s'attache à la couleur des hommes n'est pas entièrement anéanti ; mais je le croyais près de s'éteindre…

– Détrompez-vous, répliqua Ludovic avec vivacité ; ce préjugé y a conservé toute sa puissance. Il faut sur ce point distinguer les mœurs des lois.

D'après la loi le nègre est en tous points l'égal du blanc ; il a les mêmes droits civils et politiques ; il peut être président des États-Unis ; mais, en fait, l'exercice de tous ces droits lui est refusé, et c'est à peine s'il peut saisir une position sociale supérieure à la domesticité.

Dans ces États de prétendue liberté, le nègre n'est plus esclave ; mais il n'a de l'homme libre que le nom.

Je ne sais si sa condition nouvelle n'est pas pire que la servitude : esclave, il n'avait point de rang dans la société humaine ; maintenant il compte parmi les hommes, mais c'est pour en être le dernier.

Il n'est pas rare, dans le Sud, de voir les blancs bienveillants envers les nègres. Comme la distance qui les sépare est immense et non contestée, les Américains libres ne craignent pas, en s'approchant de l'esclave, de l'élever à leur niveau ou de descendre au sien.

Dans le Nord, au contraire, où l'égalité est proclamée, les blancs se tiennent éloignés des nègres, pour n'être pas confondus avec ceux-ci ; ils les fuient avec une sorte d'horreur, et les repoussent impitoyablement afin de protester contre une assimilation qui les humilie, et de maintenir dans les mœurs la distinction qui n'est plus dans les lois.

Peut-être aussi l'oppression qui pèse sur toute une race d'hommes paraît-elle plus odieuse et plus révoltante, à mesure que le pays où elle se rencontre est régi par des institutions plus libres.

L'Orient nous offre des pays barbares, où le caprice d'un tyran se joue de la vie des hommes, où la puissance publique s'annonce par des spoliations, et la soumission des sujets par des bassesses, où la force tient lieu de loi, le bon plaisir de justice, l'intérêt de morale, et la misère universelle de consolation. Là, chacun subit la vie comme un destin : oppresseur ou opprimé, eunuque ou sultan, victime ou bourreau. Nulle part le mal, nulle part le bien ; il n'y a que d'heureuses fortunes et des sorts malheureux : le crime et la vertu sont des fatalités.

M'étonnerai-je de trouver dans ces contrées funestes des millions d'hommes voués à l'esclavage ? Non ; à peine remarquerai-je cet outrage à la morale dans une société fondée sur le mépris de toutes les lois de la nature et de l'humanité ; là, chaque vice social est un principe, et non un abus ; il est nécessaire à l'harmonie du tout.

J'éprouve une autre impression quand, chez un peuple libre, je rencontre des esclaves ; lorsqu'au sein d'une société civilisée et religieuse, je vois une classe de personnes pour laquelle cette société s'est fait des lois et des mœurs à part ; pour les uns une législation douce, un code sanguinaire pour les autres ; d'un côté, la souveraineté des lois ; de l'autre, l'arbitraire ; pour les blancs, la théorie de l'égalité ; pour les noirs, le système de la servitude... deux morales contraires : l'une, au service de la liberté ; l'autre, à l'usage de l'oppression ; deux sortes de mœurs publiques : celles-ci douces, humaines, libérales ; celles-là cruelles, barbares, tyranniques.

Ici le vice me choque davantage, parce qu'il est en relief sur des vertus... mais ce fond de lumière, qui rend l'ombre plus saillante, la rend aussi plus importune à ma vue...

Les tyrans sont peut-être de bonne foi quand ils disent qu'on ne saurait gouverner les hommes sans des lois iniques et cruelles ; ils n'en savent pas d'autres ; et ce langage peut être cru des peuples qui n'ont jamais connu que la tyrannie.

Mais une pareille excuse n'appartient point à une nation qui est en possession d'institutions libres ; elle sait que l'esclavage est mauvais parce qu'elle jouit de la liberté ; elle doit détester l'injustice et la persécution, puisqu'elle pratique chaque jour l'équité, la charité, la tolérance…

Dans un pays barbare, en présence des plus grandes misères, on n'a dans le cœur qu'une haine, c'est contre le despote. À lui seul la puissance ; par lui tous les maux ; contre lui toutes les imprécations.

Mais, dans un pays d'égalité, tous les citoyens répondent des injustices sociales, chacun d'eux en est complice. Il n'existe pas en Amérique un blanc qui ne soit barbare, inique, persécuteur envers la race noire.

En Turquie, dans la plus affreuse détresse, il n'y a qu'un despote ; aux États-Unis, il y a pour chaque fait de tyrannie dix millions de tyrans.

Ces réflexions se présentaient sans cesse à mon esprit, et je sentais se développer dans mon âme le germe d'une haine profonde contre tous les Américains ; car enfin l'infortune de Marie était l'œuvre de leurs lois barbares et de leurs odieux préjugés ; chacun d'eux était à mes yeux un ennemi.

Je voyais bien des tentatives faites par quelques hommes généreux pour remédier au mal ; mais ce mal est de ceux qui ne se guérissent que par les siècles.

Dans une société où tout le monde souffre une égale misère, il se forme un sentiment général qui pousse à la révolte, et quelquefois la liberté sort de l'excès même de l'oppression.

Mais dans un pays où une fraction seulement de la société est opprimée, pendant que tout le reste est à l'aise, on voit la majorité arranger ses existences heureuses en regard des misères du petit nombre ; tout se trouve dans l'ordre et sagement réglé : bien-être d'un côté, abjection et souffrance de l'autre. L'infortuné peut se faire entendre, mais non se faire craindre, et le mal, quelque révoltant qu'il soit, ne se guérit point par son extrémité, parce qu'il grandit sans s'étendre.

Le malheur des noirs opprimés par la société américaine ne peut se comparer à celui d'aucune des classes souffrantes que présentent les autres peuples. Il y a partout de l'hostilité entre les riches et les prolétaires ; cependant ces deux classes ne sont séparées par aucune barrière infranchissable : le pauvre devient riche ; le riche, pauvre ; c'en est assez pour tempérer l'oppression de l'un par l'autre. Mais quand l'Américain écrase de son mépris la population noire, il sait bien qu'il n'aura jamais à redouter le sort réservé au nègre.

J'étais sans cesse témoin de quelque triste événement qui me révélait la haine profonde des Américains contre les noirs.

Un jour, à New York, j'assistais à une séance de la cour des sessions. Sur le banc des accusés était assis un jeune mulâtre, auquel un Américain reprochait des actes de violence. « Un blanc frappé par un homme de couleur ! quelle horreur ! quelle infamie ! » s'écriait-on de toutes parts. Le public, les jurés eux-mêmes, étaient indignés contre le prévenu, avant de savoir s'il était coupable. Je ne saurais vous dire l'impression pénible que me fit éprouver le débat… Chaque fois que le pauvre mulâtre voulait parler, sa voix était étouffée, soit par l'autorité du juge, soit par les murmures de la foule. Tous les témoins l'accablèrent ; les plus favorables furent ceux qui ne dirent rien contre lui. Les amis du plaignant avaient bonne mémoire ; ceux dont le mulâtre invoquait les souvenirs ne se rappelaient rien. Il fut condamné sans délibération… Un frémissement de joie s'éleva de la foule : murmure mille fois plus cruel au cœur du malheureux que la sentence du magistrat : car le juge est payé pour faire sa tâche, tandis que la haine du peuple est gratuite. Peut-être est-il coupable ; mais innocent, n'eût-il pas eu le même sort ?

Cependant la loi de l'État de New York ne reconnaît que des hommes libres, tous égaux entre eux ! Qu'est-ce donc qu'un principe écrit dans les lois quand il est démenti par les mœurs ? Hélas ! la justice que trouve en Amérique l'homme de couleur est comme celle que rencontre chez nous, après la guerre civile, le parti vaincu chez le vainqueur.

Les nègres égaux des blancs !… quel mensonge ! Je voyais dans l'enceinte même de la cour des sessions les Américains séparés des noirs : pour les premiers, une place de distinction dans l'audience ; au fond de la salle, le public nègre parqué dans une étroite galerie. Pourquoi donc cette barrière placée entre les uns et les autres, comme pour s'opposer à leur fusion ?

Il existe à Philadelphie une maison de refuge où sont envoyés les jeunes gens et les jeunes filles qui ont commis quelque délit tenant le milieu entre la faute et le crime : l'influence de la famille n'est plus assez puissante sur eux : le châtiment de la prison serait trop rigoureux ; la maison de refuge, plus sévère que l'une, moins cruelle que l'autre, convient à ces délinquants précoces, mais non endurcis. Un jour, en visitant cet établissement, je fus surpris de n'y pas voir un seul enfant de race noire. J'en demandai la cause au directeur, qui me dit : « Ce serait dégrader les enfants blancs que de leur associer des êtres voués au mépris public. »

Une autre fois, je témoignai mon étonnement de ce que les enfants des nègres étaient exclus des écoles publiques établies pour les blancs ; on me fit observer qu'aucun Américain ne voudrait envoyer son enfant dans une école où il se trouverait un seul noir.

Alors je me rappelai ces paroles prononcées par Marie dans son désespoir ;

« La séparation des blancs et des nègres se retrouve partout : dans les églises, où l'humanité prie ; dans les hôpitaux, où elle souffre ; dans les prisons, où elle se repent ; dans le cimetière, où elle dort de l'éternel sommeil. »

Tout était vrai dans ce tableau, que j'avais regardé comme une exagération de la douleur.

Les hospices, ainsi que les geôles, renferment des quartiers distincts, où les malades et les criminels sont classés selon leur couleur ; partout les blancs sont l'objet de soins et d'adoucissements que n'obtiennent point les pauvres nègres.

J'ai vu aussi dans chaque ville deux cimetières séparés l'un pour les blancs, l'autre pour les gens de couleur. Étrange phénomène de la vanité humaine ! Quand il ne reste plus des hommes que poussière et corruption, leur orgueil ne se résout point à mourir, et trouve encore sa vie dans le néant des tombeaux !…

Cependant, si l'ambition de l'homme survit, sa puissance expire au sépulcre. Quelle que soit la distance qui sépare les squelettes privilégiés des ossements d'une race inférieure, tous ces restes misérables sont bientôt empreints de la teinte uniforme que donne la terre à ses hôtes ; la même surface les recouvre, pesante ou légère ; des vers pareils leur dévorent le cœur ; le même oubli ronge leur mémoire.

Mais ce qui me jeta dans un long étonnement, ce fut de trouver cette séparation des blancs et des nègres dans les édifices religieux. Qui le croirait ? des rangs et des privilèges dans les églises chrétiennes ! Tantôt les noirs sont relégués dans un coin obscur du temple ; tantôt ils en sont complètement exclus. Jugez quel serait le déplaisir d'une société choisie, s'il fallait qu'elle se mêlât à des êtres grossiers et mal vêtus. La réunion au temple saint est le seul divertissement qu'autorise le dimanche. Pour la société américaine, l'église, c'est la promenade, le concert, le bal, le théâtre ; les femmes s'y montrent élégamment parées. Le temple protestant est un salon où l'on prie Dieu. Les Américains souffriraient d'y rencontrer des êtres de basse condition ; ne serait-il pas fâcheux aussi que l'aspect hideux d'un visage noir vînt ternir l'éclat d'une brillante assemblée ? Dans une congrégation de bonne compagnie, le plus grand nombre sera nécessairement d'avis qu'on ferme la porte aux gens de couleur : la majorité le voulant ainsi, rien ne saurait l'empêcher.

Les églises catholiques sont les seules qui n'admettent ni privilèges ni exclusions ? la population noire y trouve accès comme les blancs. Cette tolérance du catholicisme et cette police rigoureuse des temples protestants, ne tiennent pas à une cause accidentelle, mais à la nature même des deux cultes.

Le ministre d'une communion protestante doit son office à l'élection, et, pour garder sa place, il lui faut conserver la faveur du plus grand nombre dc ses commettants ; sa dépendance est donc complète, et il est condamné, sous peine de disgrâce, à ménager les préjugés et les passions qu'il devrait combattre sans pitié.

Au contraire, le prêtre catholique est maître absolu dans son église ; il ne relève que de son évêque, qui ne reconnaît lui-même d'autre autorité que celle du pape [1].

Chef d'une assemblée dont il ne dépend pas, il s'inquiète peu de lui déplaire en blâmant ses erreurs et ses vices ; il dirige sa congrégation selon sa foi, tandis que le ministre protestant gouverne la sienne selon son intérêt. Celui-ci est admis dans le temple par une secte ; l'autre ouvre son église à tous les hommes : le premier accepte la loi ; le second l'impose.

Voyez le ministre protestant, docile, obséquieux envers ceux qui lui ont donné mandat ; et le prêtre catholique, mandataire de Dieu seul, parlant avec autorité aux hommes dont le devoir est de lui obéir.

1 Note de l'auteur. Les catholiques sont aussi soumis au Saint-Père à deux mille lieues de Rome que dans Rome même.

Les passions orgueilleuses des blancs ordonnent au pasteur protestant de repousser du temple de misérables créatures, et les nègres en sont exclus.

Mais ces nègres, qui sont des hommes, entrent dans l'église catholique, parce que là ce n'est plus l'orgueil humain qui commande : c'est le prêtre du Christ qui domine.

Je fus à cette occasion frappé d'une triste vérité : c'est que l'opinion publique, si bienfaisante quand elle protège, est, lorsqu'elle persécute, le plus cruel de tous les tyrans.

Cette opinion publique, toute puissante aux États-Unis veut l'oppression d'une race détestée, et rien n'entrave sa haine.

En général, il appartient à la sagesse des législateurs de corriger les mœurs par les lois, qui sont elles-mêmes corrigées par les mœurs. Cette puissance modératrice n'existe point dans le gouvernement américain. Le peuple qui hait les nègres est celui qui fait les lois ; c'est lui qui nomme ses magistrats, et, pour lui être agréable, tout fonctionnaire doit s'associer à ses passions. La souveraineté populaire est irrésistible dans ses impulsions ; ses moindres désirs sont des commandements ; elle ne redresse pas ses agents indociles, elle les brise. C'est donc le peuple avec ses passions qui gouverne ; la race noire subit en Amérique la souveraineté de la haine et du mépris.

Je retrouvais partout ces tyrannies de la volonté populaire.

Ah ! c'est une étrange et cruelle destinée que celle d'une population entière implantée dans un monde qui la repousse !

L'aversion et le mépris dont elle est l'objet se reproduisent sous mille formes. J'ai vu toute une famille de nègres menacée de mourir de faim pour une dette d'un dollar. Aux États-Unis, la loi donne au créancier le droit d'emprisonner son débiteur pour la moindre somme d'argent [1] et

1 Note de l'auteur. *Emprisonnement pour dette.*

Dans le plus grand nombre des États américains, l'emprisonnement est autorisé par la loi pour des dettes minimes. Quelques-uns l'ont récemment aboli, tels que New York et Ohio ; d'autres, par exemple le Maryland, ont fixé un minimum assez élevé au-dessus duquel le débiteur ne pourrait être contraint par corps. Mais dans les États même où cette modification a eu lieu, on continue d'appliquer l'emprisonnement aux dettes les plus frivoles. Je me rappelle avoir vu dans la maison d'arrêt (County Jail) de Baltimore plusieurs détenus que leurs créanciers avaient fait mettre en prison pour des sommes de 10 et 20 cents (10 ou 20 *sous*). À la vérité, la loi leur donne le droit de se faire libérer, en faisant prononcer par les tribunaux leur insolvabilité ; mais pour entreprendre une pareille procédure, il faudrait de l'argent ; et comment celui qui, faute de 10 sous, est

le créancier est toujours cru sur parole.

Un jour, je promenais dans New York mes tristes méditations, lorsque des cris lamentables, poussés à peu de distance de moi, éveillèrent mon attention. C'était un pauvre nègre qu'on menait en prison ; une femme noire le suivait tout en pleurs avec ses enfants. Ému de compassion, je m'approchai de la négresse, et lui demandai la cause de ses larmes. Elle laissa tomber sur moi un regard douloureux et dur, comme si elle eût jugé que ma question n'était qu'une moquerie et une lâche dérision de sa misère ; un nègre, aux États-Unis, ne croit point à la pitié des blancs ; cependant je renouvelai ma question d'un ton de voix qui trahissait une émotion profonde. Alors la pauvre femme me dit que son mari était traîné en prison pour n'avoir pas payé le prix de quelques livres de pain. « Aucun marchand, ajouta-t-elle, n'a voulu nous faire le moindre crédit, et nous n'avons trouvé personne qui nous prêtât une obole ! »

L'impitoyable créancier qui, pour un frivole intérêt, faisait tant de malheureux, avait, il est vrai, pour lui le texte d'une loi, et cette loi est aussi bien applicable aux Américains qu'aux gens de couleur. Mais, si la règle est uniforme, son exécution n'est point la même pour tous ; et il existe en faveur des blancs une pitié publique qui tempère la rigueur des lois les plus cruelles.

Jugez enfin, par un seul exemple, du rang qu'occupent les nègres dans l'opinion publique : les prostituées elles-mêmes les repoussent ; elles croiraient, en acceptant les caresses d'un noir, dégrader la dignité de la race blanche ! Il y a une infamie que ces infâmes ne se permettent pas : c'est celle d'aimer un homme de couleur.

Et ne croyez pas que, dans les États libres du Nord, l'origine des gens

entré en prison, trouvera-t-il une somme beaucoup plus forte pour en sortir ? La loi nouvelle du Maryland défend de condamner à l'emprisonnement pour une dette moindre de 20 dollars (106 fr.). Afin d'éluder la loi, les juges condamnent le débiteur, non pour dettes, mais pour dommages et intérêts : c'est une misérable subtilité. Ce qui, du reste, dans l'emprisonnement pour dettes, tel qu'il existe aux États-Unis, surprend plus encore que la modicité de la somme pour laquelle on l'applique, c'est qu'on le prononce avant le jugement du procès. Je disais un jour à un Américain : Comment concevoir l'emprisonnement pour une dette qui peut-être n'existe pas ? Il faudrait au moins que l'obligation du débiteur fût d'abord constatée ; car il dépend de celui qui se prétend créancier de supposer une créance, et d'en demander le paiement à un débiteur imaginaire. - Il faut bien, me répondit l'Américain, choisir entre deux inconvénients ; sans doute il est fâcheux de mettre en prison un homme qui ne doit rien ; mais n'est-il pas plus triste encore de voir un homme privé de ce qui lui est légitimement dû par la disparition furtive de son débiteur ?

de couleur devenus blancs par le mélange des races, soit oubliée et perdue de vue.

La tradition y est aussi sévère que dans le Sud. Vainement, pour déconcerter ses ennemis, l'homme de couleur, à figure blanche, quittera le pays où le vice de son sang est connu pour aller dans un autre État chercher, au sein d'une société nouvelle, une nouvelle existence : le mystère de son émigration est bientôt découvert. L'opinion publique, si indulgente pour les aventuriers qui cachent leur nom et leurs antécédents, recherche impitoyablement les preuves de la descendance africaine.

Le banqueroutier du Massachusetts trouve honneur et fortune dans la Louisiane, où nul ne s'enquiert des ruines qu'il a faites ailleurs.

L'habitant de New York, que gênent les liens d'un premier mariage, délaisse sa femme sur la rive gauche de l'Hudson, et va, sur la rive droite, en prendre une autre dans le New Jersey, où il vit tranquille et bigame.

Le voleur et le faussaire qu'ont flétris les lois sévères du Rhode-Island, trouvent sans peine, dans le Connecticut, du travail et de la considération.

Il n'est qu'un seul crime dont le coupable porte en tous lieux la peine et l'infamie, c'est celui d'appartenir à une famille réputée de *couleur*. La couleur effacée, la tache reste ; il semble qu'on la devine quand elle ne se voit plus ; il n'est point d'asile si secret, ni de retraite si obscure, où elle parvienne à se cacher.

Tel était le pays où m'avait jeté ma destinée ! c'était le monde où je devais passer mes jours avec la fille de Nelson ! Au milieu de tant de haines, toute espérance de bonheur n'était-elle pas une chimère ? Oh ! combien mon cœur souffrait de ces iniquités, dont tout le poids retombait sur Marie ! de quelle puissante indignation mon âme était saisie ! et que d'amertume je sentais s'amasser au fond de mon cœur !

Chapitre X

Suite de l'épreuve – 2 –

Depuis ce moment, je l'avoue, la société américaine perdit son prestige à mes veux ; la nature elle-même, qui d'abord m'avait paru si brillante, me sembla décolorée ; les plus beaux jours, comme les plus beaux sites, furent sans charmes pour moi ; toutes les choses extérieures deviennent indifférentes à celui que tourmente une secrète infortune, jamais je ne sentis mieux cette vérité qu'un jour où, parcourant les environs de New York, je me pris à contempler sans émotion un sublime spectacle.

En face de moi se déroulaient au loin les riches campagnes du New Jersey, tout éblouissantes de moissons dorées et fleuries ; à mes pieds une baie majestueuse qui s'emplit à deux sources dignes de sa grandeur, l'Hudson et l'Océan ; mille vaisseaux flottants ou enchaînés dans le port ; des pavillons de toutes couleurs hissés aux sommets des mâts, et formant comme un grand congrès de toutes les nations du monde ; le phénomène des voiles qui se croisent, enflées par le même vent ; le prodige de la vapeur laissant loin d'elle et les vents et les voiles ; le mouvement du commerce, le bruit de l'industrie, l'activité humaine rivalisant avec la nature d'éclat et de variété ; et, pour fond de ce tableau magnifique, la cime bleue des montagnes qui bordent la rivière du Nord... Ainsi s'offrait à moi d'un seul coup la triple merveille de la nature fertile, de la richesse industrielle et de la beauté pittoresque ; sur la terre, le laboureur et sa charrue ; le marchand et ses vaisseaux sur l'onde ; dans le ciel, les hauts sommets avec leurs aigles : triple emblème des besoins de l'homme, des conditions de son bien-être et de l'audace de son génie !

En tournant mes yeux à ma gauche, j'aperçus dans le lointain le rocher de Sandy Hook : c'est de là qu'on voit arriver les navires qui viennent d'Europe et du Maryland... la France et Baltimore !... mon père et Marie ! !... ma patrie ! Mon amour !... et je me perdis dans une de ces rêveries plus douces aux sens qu'à l'âme, où, en présence des beaux spectacles que donnent une nature brillante et féconde, une société riche et prospère, une mer calme sous un beau ciel, l'infortuné ne cesse pas de souffrir dans le fond de son cœur... L'air que je respirais était bienfaisant et pur ; mille objets récréaient ma vue, souriaient à mon imagination ; mille sensations délicieuses s'emparaient de mon corps… j'étais heureux, mais d'un bonheur qui restait à la surface ; les impressions ne faisaient que m'effleurer : elles s'efforçaient vainement de pénétrer dans mon sein. Il n'est point, hélas ! de joies profondes pour l'homme qui porte en lui-même le deuil de sa patrie absente, l'inquiétude de son amour et le vague de son avenir !

Je ne sais quel eût été le terme d'une méditation engagée dans la mélancolie : tout à coup je me sentis saisi par la main ; je me retourne brusquement et me trouve serré dans les bras de Georges… de Georges que j'aimais si tendrement ! car j'aimais en lui l'homme généreux et le frère de Marie. Le plus grand nombre nous fuit par instinct quand nous sommes malheureux ; mais pour un ami l'infortune est aimantée.

Georges arrivait de Baltimore ; il m'apprit de tristes événements passés pendant mon absence, et qui me prouvèrent combien le malheur était opiniâtre à poursuivre sa famille.

Il existait encore à cette époque dans la Géorgie quelques restes de tribus indiennes du nom de Chéroquis ; fidèles à leurs forêts natales, ces sauvages avaient toujours refusé de les quitter, et, dans plusieurs occasions, le gouvernement des États-Unis s'était engagé solennellement à les y maintenir. Cependant l'Américain de la Géorgie les voyait d'un oeil jaloux en possession d'un sol fertile qui, pour donner de riches moissons, ne demandait qu'un peu de culture ; il entreprit donc de les expulser de leurs terres, et sa cupidité fut ingénieuse à leur susciter mille querelles.

La cause des Indiens était doublement sacrée, car c'était celle de la justice et du malheur ; ces pauvres sauvages, dans leur grossière simplicité, croyaient avoir assuré le succès de leur bon droit en disant : « Nous voulons mourir dans nos savanes parce que nous y sommes nés ; toute l'Amérique était à nos pères, nous n'en avons plus qu'une parcelle : laissez-nous-la. Vous nous reprochez notre ignorance et le peu de fruits que nous tirons d'une terre féconde ; mais que vous importe ? nous ne savons point comme vous bâtir des villes, cultiver les champs ; et nous n'ambitionnons point votre industrie ; nous préférons à vos cités, à vos campagnes, nos forêts incultes qui nous donnent du gibier pour vivre et des voûtes de verdure pour nous abriter, et puis nous ne pouvons les quitter parce qu'elles contiennent les ossements de nos pères. »

Ainsi parlait Mohawtan, chef indien, fameux par sa sagesse dans les conseils et sa valeur dans les combats ; l'Américain de la Géorgie écoutait ces paroles sans les comprendre, parce que c'était la voix du cœur ; il leur répondait :

– « Pourquoi demeurer dans ces forêts, si nous vous en donnons d'autres meilleures ? allez plus loin, par-delà le Mississipi, dans le territoire d'Arkansas, ou dans le Michigan voisin des grands lacs ; là vous trouverez de frais ombrages, de vastes prairies, des forêts pleines de daims et de bisons : le mot de patrie n'a point de sens quand la terre d'exil vaut mieux que le pays natal. »

Les Indiens ne comprenaient rien à ce langage, parce que c'était la voix de la corruption.

Le gouvernement de la Géorgie, digne expression des passions cupides des particuliers, employa d'abord tous les moyens de l'astuce et de la mauvaise foi pour obtenir des Indiens une retraite volontaire. Il leur représentait que la contrée nouvelle où ils émigreraient leur serait livrée à perpétuité ; il offrait de leur donner de l'or pour les terres qu'ils délaisseraient, et, afin de les tenter davantage, il promettait de les payer avec de l'eau-de-vie.

Cependant le chef indien avait le bon sens de répondre : « Nous imiterons l'exemple de nos pères qui n'ont point reculé devant les hommes blancs. Lorsque ceux-ci dressèrent leur hutte auprès de nos forêts, ils s'engagèrent à ne point nous y troubler ; d'où vient donc qu'on nous demande aujourd'hui d'en sortir ! Déjà nous avons vendu beaucoup de terres ; on nous avait dit que l'argent rendrait nos existences plus douces et plus heureuses ; mais il a glissé de nos mains en même temps qu'on nous prenait nos forêts, et notre sort n'a point changé. Vous nous offrez l'eau de feu que nous aimons ; j'ignore comment il arrive que ce qui est bon fasse du mal : mais depuis que nous buvons cette liqueur délicieuse, les disputes, les rixes, les meurtres abondent parmi nous. Hommes blancs ! je ne sais point répondre à vos paroles, sinon que nous sommes toujours plus malheureux en vous écoutant. »

Voyant qu'ils n'obtenaient rien par l'adresse et la ruse, les Américains ont eu recours à la violence. Non à la violence des armes, mais à celle des décrets ; car ce peuple, faiseur de lois, placé en face de sauvages ignorants, leur livre une guerre de procureur [1] ; et, comme pour couvrir

1 Note de l'auteur. *Guerre des Géorgiens aux Cherokees.*

Les Géorgiens ayant fait mille tentatives pour s'emparer des terres des Cherokees, ceux-ci réclamèrent l'intervention du pouvoir fédéral. Le gouvernement des États-Unis leur

son iniquité d'un simulacre de justice, les expulse des lieux par acte en bonne forme.

La législature de la Géorgie statua que les Indiens n'étaient point propriétaires, mais seulement usufruitiers ; qu'il appartenait à la souveraineté nationale de fixer la durée de cet usufruit ; et, déclarant qu'il avait cessé, elle autorisa les Américains à prendre les terres des Indiens ; ceux-ci, peu versés dans les distinctions que fait la jurisprudence entre l'usufruit et la propriété, ne comprirent rien à ce décret, sinon qu'on les chassait pour se mettre à leur place ; ils protestèrent encore une fois... La querelle fut déférée au jugement de la cour suprême des États-Unis ; ce tribunal auguste, placé au sommet de l'échelle sociale, dans des régions inaccessibles aux basses passions, se prononça solennellement en faveur des indigènes, et déclara qu'on n'avait point le droit de les déposséder : le débat semblait terminé. Cependant, comme des gens

---

prêta d'abord son appui, et s'efforça de les maintenir dans les limites tracées par les traités ; mais comme les contestations se renouvelaient sans cesse et devenaient plus violentes, le président finit par déclarer aux Cherokees qu'il ne voulait point se mêler de leurs querelles avec la Géorgie, et qu'ils eussent à s'arranger comme ils le pourraient avec le gouvernement de ce pays. Il ajouta que, pour faciliter l'arrangement, il offrait de les transporter aux frais du gouvernement central sur la rive droite du Mississipi. Après cette déclaration, les Géorgiens redoublèrent de vexations et de persécutions contre les Indiens, afin que ceux-ci eussent intérêt à accepter la proposition du président. ils avaient remarqué que la résistance des Indiens était particulièrement due aux conseils qu'ils recevaient des missionnaires qui venaient chez eux pour les christianiser, et qui pensaient avec raison que la civilisation des sauvages serait une chimère tant qu'on ne serait pas parvenu à les fixer au sol. En conséquence, le gouvernement de la Géorgie fit une loi qui interdisait à tous les blancs, quels qu'ils fussent, de venir s'établir d'une manière permanente sur le territoire des Cherokees ; et pour assurer l'exécution de cette loi, ils menacèrent de l'amende et de la prison ceux qui y contreviendraient. Nonobstant ces menaces légales, deux missionnaires s'étant obstinés à rester au milieu des Indiens, le gouvernement de la Géorgie les fit arrêter. Ils furent traduits devant une cour de justice et condamnés à l'emprisonnement. Ils firent appel à la cour suprême des États-Unis. Ce tribunal se trouva alors dans un véritable embarras, craignant de compromettre l'Union vis-à-vis de la Géorgie en prononçant en faveur des condamnés. On sortit de part et d'autre de cette difficulté par une sorte de compromis. La cour des États-Unis différa quelque temps de prononcer son arrêt ; et, dans cet intervalle, le gouverneur de la Georgie ayant gracié les deux condamnés, on ne donna pas de suite à leur appel.

Telle est l'analyse fort abrégée de la querelle des Cherokees avec la Géorgie. Tout ce qui, dans le cours du livre, ne s'accorde pas avec ces faits, n'a été modifié que pour l'intérêt du récit. Du reste, l'émigration d'une partie des Indiens à la suite de ces querelles, et l'assistance officieuse prêtée à leur exil par le gouvernement fédéral, sont des faits également certains.

d'affaires ne manquent jamais de raisons légales, même pour désobéir aux lois, les Géorgiens repoussèrent avec mépris l'arrêt de la suprême cour, disant que la question jugée par ce tribunal n'était point de sa compétence. Ce n'était pas déclarer la guerre, niais c'était la rendre inévitable.

Tous ces faits s'étaient passés peu de temps après mon départ de Baltimore ; ils avaient excité une vive indignation dans toutes les âmes généreuses. Nelson, qui toute sa vie avait éprouvé une profonde sympathie pour le malheur des Indiens, ne put, à la nouvelle de ces événements, contenir l'ardeur de son zèle. « Ces malheureux, s'écria-t-il, trouveront quelques sentiments de pitié dans la Nouvelle-Angleterre ; mais aucun habitant du Sud ne les secourra contre l'oppression : une faible distance me sépare d'eux ; je leur dois mon appui ; j'irai soutenir leurs droits, et saurai si la justice et la loi sont devenues de vains mots dans un pays où jadis elles régnaient en souveraines. »

Nelson passa aussitôt dans la Virginie, et de là dans le pays des Chéroquis, laissant Georges auprès de Marie. Il gagna d'abord la confiance des Indiens en leur parlant de religion, et tenta de se faire entendre des Géorgiens en tenant le langage de la raison et de l'équité. Ses paroles eurent de la puissance sur les uns et sur les autres ; elles animèrent les Chéroquis à la défense de leurs droits, et firent chanceler les convictions de plusieurs Américains, jusque-là fort ennemis des indiens, et qui soupçonnèrent pour la première fois que leur haine était aussi injuste que cruelle. Cependant le plus grand nombre des Géorgiens s'endurcit dans ses instincts cupides ; et la conduite de Nelson les irrita tellement, que la législature, se faisant l'instrument de leurs passions, ordonna que le ministre presbytérien fût jeté dans une prison, comme fauteur de guerre civile. Cette violence excita une grande rumeur parmi les Indiens et leurs partisans. Un régiment de l'armée des États-Unis fut envoyé par le président pour prêter main-forte à l'arrêt de la suprême cour, dont les Géorgiens méconnaissaient l'autorité. Ceux-ci, de leur côté, bravant le gouvernement fédéral, convoquèrent leurs milices ; et tout annonçait une violente et prochaine collision, lorsque, cédant, soit à un sentiment de crainte, soit à l'ennui d'une existence sans cesse troublée par la chicane et la mauvaise foi, la moitié des Chéroquis se résolut à l'exil, et, sans formalité, livra aux Américains les terres, objet de leur convoitise. Après une détention de deux mois, Nelson fut tiré de son cachot : il revint aussitôt à Baltimore, se ressouvenant peu des traitements barbares qu'il avait subis, mais le cœur pénétré des infortunes qu'il avait vues, et dont il avait inutilement tenté d'adoucir la rigueur. Dès le retour de Nelson à Baltimore, Georges en était parti pour venir à New York. Après m'avoir raconté ces tristes événements, le fils de Nelson m'entretint longuement de sa sœur. Je ne me lassais point de l'entendre et de l'interroger… il me dit de Marie des choses si touchantes, que j'eus honte de mes incertitudes. J'oubliai les funestes chances de l'avenir, pour ne penser qu'à mon amour… c'est d'ailleurs un lien puissant que l'estime d'un ami ! Georges, si sincère, si confiant dans mes sentiments pour sa sœur, m'enchaînait plus par sa droiture qu'il ne l'eût pu faire par la ruse et par l'habileté.

Je ne tardai pas à remarquer dans la physionomie de Georges quelque chose d'extraordinaire : son langage, ouvert et naturel quand il me parlait de sa famille, devenait mystérieux et embarrassé dès que notre conversation prenait un tour plus général. Des réticences, des exclamations brèves, des mouvements soudains et comprimés, tout annonçait en lui le travail intérieur d'un sentiment profond qu'il s'efforçait vainement de renfermer en lui même. Je ne fus pas longtemps sans comprendre que le trouble dont je le voyais agité se rattachait à sa position d'homme de couleur. Quelques-unes de mes observations sur la misère des noirs l'avaient fait tressaillir, et, comme je lui peignais avec émotion les injustices que j'avais remarquées dans la société américaine, j'aperçus une ombre de sourire errer sur ses lèvres, et, saisissant ma main, il me dit d'une voix ferme : « Ami, prenons courage, nous verrons des temps meilleurs… les jours de liberté ne sont pas loin… l'oppression qui pèse sur nos frères de Virginie est à son comble… la même tyrannie poussera les Indiens à la révolte… bientôt… » Et, comme s'il eût regretté d'avoir dit ces mots, il s'arrêta tout à coup ; son visage devint sombre, son regard terrible. Il avait cessé de parler, mais sa pensée suivait son cours. Je l'interrogeai : « L'avenir, me dit-il d'un ton mystérieux, un avenir prochain vous répondra. » Ces paroles, et l'accent dont il les avait prononcées, étaient propres à m'inquiéter ; cependant Georges écarta ce sujet. Alors nous nous abandonnâmes à ces doux entretiens que l'amitié seule connaît, et dont l'amour peut seul fournir le texte. Il est si rare de rencontrer un ami qui comprenne les mystères du cœur !

Georges ne m'offrait pas un confident vulgaire : ce titre de frère de la femme que, j'aimais donnait à mon amitié pour lui tous les charmes d'un sentiment plus tendre ; il y avait dans son âme un peu de l'âme de Marie… celle que… … et, dans sa confiance naïve, il aimait d'avance en moi l'époux de sa sœur.

Tout en nous épanchant ainsi l'un dans l'autre, nous allions où le hasard conduisait nos pas, et nous vînmes à passer près du théâtre de New York. La foule s'agitait à l'entour, nous nous approchâmes, et j'y entendis quelques voix prononcer ces mots : *Napoléon à Schoenbrunn et à Sainte-Hélène.* C'était l'annonce de ce spectacle qui peuplait les abords du théâtre, ordinairement déserts, et arrachait les Américains à leur indifférence accoutumée.

Le nom de Napoléon est grand dans tous les mondes ! il n'est point de contrée si lointaine qui n'ait reçu le reflet de sa gloire ; point de sol si ferme qui n'ait tremblé de sa chute. Le Français peut voyager par tout pays sans craindre le mépris et l'injure ; il trouve partout bon visage d'hôte ; l'honneur du nom français est toujours là pour le recevoir.

L'Américain de la Louisiane et l'Anglais du Canada n'avouent point la France malheureuse et abaissée ; mais, quand vous leur parlez de Napoléon, ils se rappellent tout d'un coup que leurs aïeux étaient Français.

J'entraînai Georges au théâtre, attiré moi-même bien moins par un intérêt d'amusement que par un instinct d'orgueil national. Hélas ! j'étais loin de prévoir que cette soirée terminerait amèrement un jour qui n'avait pas été sans douceur.

Je jouissais vivement d'un spectacle qu'un an auparavant j'avais vu en France. Le costume, le geste, la parole brève, et le silence de l'homme du siècle, étaient aussi puissants sur l'assemblée américaine que sur une réunion de Français ; le nom de Napoléon était, à vrai dire, toute la pièce ; car le plus grand nombre des spectateurs ne comprenait pas un mot de notre langue. Cependant l'enthousiasme était général : la liberté applaudissait la gloire.

Je sentais enfin arriver jusqu'au fond de mon âme une impression de bonheur, lorsque mon oreille est subitement frappée du bruit de clameurs violentes qui s'élèvent de l'assemblée ; je regarde au-dessous de moi, et vois mille gestes injurieux dirigés vers la place que j'occupais auprès de Georges. Bientôt nous entendons ces cris : « Qu'il sorte ! C'est un homme de couleur ! » Tous les regards étaient fixés sur nous. Les exclamations s'apaisaient par intervalles, mais bientôt elles recommençaient avec une nouvelle force ; la foule passait alternativement du calme à l'agitation et de l'agitation au calme, comme si le fait qui l'irritait lui eût paru tour à tour certain et douteux. Je distinguai, dans la multitude, un homme qui paraissait diriger le mouvement, et faisait de grands efforts pour communiquer aux autres son indignation feinte ou réelle : « Quelle honte, s'écriait-il, un mulâtre parmi nous ! » En parlant de la sorte, il montrait Georges du doigt. Alors un cri général s'élevait dans la salle : « Qu'il sorte ! c'est un homme de couleur ! »

Je compris, dès l'origine de cette scène, tout ce qu'elle aurait de funeste, et mon cœur se serra. Georges demeurait immobile et muet ; ses yeux lançaient des éclairs de fureur. Cependant les clameurs allaient toujours croissant : le trépignement devenait général. Alors un homme se lève dans la foule, et, du geste, imposant silence, il fait signe qu'il va parler. Chacun se tait aussitôt. « Pourquoi, » dit cet Américain, dont je n'ai jamais su le nom, et qu'à sa philanthropie j'eusse pris pour un quaker si les quakers ne s'interdisaient le théâtre ; « pourquoi chasser de la salle celui qu'on désigne ! rien n'indique qu'il soit de race noire : on dit que c'est un homme de couleur, mais on ne le prouve pas. » Ces paroles, prononcées froidement, furent accueillies avec un léger murmure d'approbation. Aucune voix ne s'éleva pour contredire ; l'instigateur de la querelle n'était plus à la place où je l'avais remarqué. Le calme, qui, chez les Américains, a quelque chose d'une passion violente, avait soudain repris sur eux son empire ; et un orage terrible était conjuré, lorsque Georges, dont la colère longtemps étouffée avait besoin d'éclater : « Oui, » s'écria il d'une voix formidable, en promenant sur l'assemblée un regard qui semblait la défier ; « oui, je suis un homme de couleur. » Un tonnerre de clameurs accueillit cette déclaration. « Qu'il sorte, le misérable ! l'infâme ! cria-t-on de toutes pins. Le fils de Nelson restait impassible. L'irritation de la multitude était arrivée à son comble ; déjà elle éclatait en grossières injures. Alors se levant de son siège et envoyant aux spectateurs un geste méprisant : « Lâches ! s'écria Georges, qui vous liguez mille contre un seul, je vous défie tous et vous demande raison de vos outrages ! »

Cette apostrophe violente et digne excita une huée de rires et de murmures. Cet homme trouble le spectacle, dit sans s'émouvoir un Américain qui était près de moi ; il est *de couleur*, et s'obstine à rester parmi nous. »

Gustave de Beaumont

Il disait ces paroles en montrant Georges à des agents de police survenus pour exécuter les ordres du public. « Quelle honte ! » m'écriai-je ; et, me tournant vers l'Américain, dont la tranquille inimitié m'irritait plus que la bruyante haine de la foule :

– « Je suis heureux, lui dis-je, dans la confusion générale de pouvoir distinguer un ennemi ; celui que vous insultez m'est aussi cher qu'un frère, et je vous demande réparation de l'outrage fait à mon ami. – Votre ami ! vous êtes donc aussi un homme de couleur ? »

– Si je l'étais je n'en aurais point de honte ; mais détrompez-vous, et si vous ne donnez point satisfaction aux gens d'origine africaine, vous ne la refuserez pas sans doute à un Français. »

L'Américain me répondit avec un grand sang-froid : – « Je suis venu ici pour le spectacle, et non pour avoir un duel… non, je ne me battrai point… faut-il, parce que ce mulâtre s'entête à rester ici, que je vous tue ou que je sois tué par vous ? »

– « Quelle lâcheté, m'écriai-je dans un transport de colère et d'indignation… »

Et j'allais le frapper au visage, lorsque je vois Georges se débattant entre les mains des hommes de la police, qui l'arrachaient de sa place ; l'aspect des violences auxquelles il se livrait fut peut-être ce qui me rendit calme ; je sentis tout le danger d'une lutte déjà trop grave ; je saisis Georges et l'entraînai hors du théâtre en lui disant ces mots toujours puissants sur lui : « Pensez à Marie. » Je m'empressai de satisfaire l'autorité ; nous nous transportâmes chez un alderman, auquel je donnai caution pour Georges et pour moi. La liberté lui fut aussitôt rendue.

Aux États-Unis comme en Angleterre, l'argent est un passeport universel, et il n'y a guère de lois pénales qu'on ne puisse éluder en payant. Ce phénomène se conçoit encore dans un pays aristocratique comme l'Angleterre ; mais il se comprend à peine au sein d'une démocratie qui ne reconnaît point la supériorité des richesses [1].

1 Note de l'auteur. Démocratie qui ne reconnaît point la supériorité des richesses.
Aux États-Unis, il n'y pas un individu arrêté pour crime qui ne puisse obtenir sa mise en liberté sous caution, excepté dans le cas d'assassinat.
Ce principe, emprunté aux lois anglaises, est la source de grands abus. Il en résulte que tout homme qui a de l'argent, ou qui en trouve à emprunter, peut toujours se tirer d'affaire. Il donne une caution, disparaît et échappe à la justice. Dès qu'il est absent, la procédure en reste là ; on ne fait point, en Amérique, de procès par contumace. La facilité des cautions est d'ailleurs poussée à un excès incroyable ; le juge n'est tenu, d'après la loi, à aucune forme, et il peut se dispenser d'exiger aucune justification de la

part des cautions qui sont offertes. Un individu est arrêté : il présente un acte signé de telle ou telle personne qui s'oblige à payer 2 ou 3 ou 4,000 dollars, en cas que le prévenu ne s'évade. Ici se présentent plusieurs questions. Celui qui se porte caution possède-t-il réellement des propriétés valant 3 ou 4,000 dollars ? qu'est-ce qui le prouve ? lui fera-t-on représenter ses titres de propriété ? - Mais il faudrait encore qu'il prouvât que ses biens ne sont pas grevés d'hypothèques. Toutes ces questions devraient être pesées mûrement par le magistrat auquel la caution est présentée. Cependant il est certain que, dans la presque totalité des cas, il ne les examine seulement pas, et, pour s'en épargner la peine, il reçoit la caution. La loi ne l'assujettissant à aucune formalité, il est assailli de sollicitations, auxquelles il finit toujours par céder ; on sait que sa volonté est sa seule règle ; toutes les fois donc qu'on lui présente un simulacre de caution, il la trouve bonne. Il suit de là qu'il n'y a qu'un bien petit nombre d'individus qui ne soient pas capables de fournir caution. Une personne très digne de foi m'a assuré qu'à Philadelphie la facilité des cautions est l'objet d'un singulier trafic, et si cette personne m'a bien informé, il y a des voleurs qui ont toujours en réserve une certaine somme d'argent, et qui, quand on les arrête, s'adressent à des *entrepreneurs de cautions*. Ceux-ci, pour lesquels la caution judiciaire en matière criminelle est devenue l'objet d'une industrie, reçoivent du voleur emprisonné 100 ou 200 dollars, et lui donnent en retour une caution de 3 ou 4,000 dollars ; en faisant cela, ils se compromettent peu, parce qu'ils ne possèdent rien. J'ai vu dans les prisons de Philadelphie une femme qui, me dit-on, avait fourni dans sa vie à des prévenus plus de 100,000 dollars de caution (530,000 fr.). Cette femme n'avait cependant jamais joui d'aucune fortune ; elle était de mauvaises mœurs, et avait fini par se faire condamner pour vol. On me citait aussi à Philadelphie l'exemple d'un jeune homme qui s'était rendu coupable d'un vol considérable, accompagné des circonstances les plus aggravantes, et qui, après avoir obtenu sans peine une caution et sa liberté, s'était évadé.

Ces abus ne tiennent pas seulement au principe ; si j'en crois des témoignages qui m'ont paru dignes de confiance, les juges-de-paix, auxquels appartient l'exercice du droit de mise en liberté sous caution, ne sont pas toujours à l'abri de la corruption ; et la caution est d'autant plus facilement admise par eux, que celui qui la présente a pris plus de soin de les *intéresser*. Celui-ci craint peu qu'on découvre la concussion ; le prévenu, obtenant sa liberté provisoire, disparaît, et la seule preuve à la charge du juge prévaricateur s'évanouit. Le mal provient de ce que ces juges inférieurs n'ont point de traitement fixe ; ils n'ont que des épices (*fées*) ; ils sont ainsi fort âpres sur le casuel ; plusieurs, ne tirant de leurs fonctions légales qu'un très modique revenu, sont portés à des exactions qui l'accroissent.

Du reste, indépendamment de ces causes particulières qui contribuent à augmenter le mal, il y a une cause générale qui me paraît dominer toutes les autres.

Le vice capital est, selon moi, dans le fait même d'une institution aristocratique établie chez un peuple où règne la démocratie. La loi qui reconnaît à tout prévenu le droit d'être mis en liberté moyennant caution a été faite au profit des riches. Elle concède ainsi aux classes supérieures de la société un privilège exorbitant dont les classes pauvres sont exclues. Cet état de choses se conçoit en Angleterre, mais d'où vient qu'il se rencontre aux États-Unis ? En voici la raison. Cette loi se trouve en Amérique parce qu'elle existait en Angleterre lorsque les émigrés de ce pays sont venus s'établir sur le sol américain. Cependant, depuis cette émigration, de nouvelles institutions ont été fondées aux États-

Le lendemain, Georges avait passé de l'exaspération la plus violente à une fureur muette et sombre ; son silence m'effrayait plus que les éclats de sa colère : je l'entendis murmurer sourdement ces paroles : « Quelle destinée ! recevoir l'outrage, et ne le point venger !... »

– « Ami, lui dis-je en l'interrompant, n'exhale point cette plainte en ma présence ; car je suis heureux ; c'est moi qui vengerai ton injure ; l'orgueilleux Américain sera bien forcé de m'accorder la réparation qu'il refuse à ton sang... »

Tandis que nous parlions ainsi sur la voie publique, notre attention fut excitée par un entretien assez vif auquel se livraient plusieurs personnes réunies. La querelle du théâtre était le sujet de leurs débats. – « C'est, » disait l'un des interlocuteurs, « une chose étrange que l'audace des gens de couleur. » – « Que pensez-vous, » disait un autre, « de ce Français qui propose un duel à un Bostonien ? – On dit que le Yankee a reçu un soufflet. – Eh bien ! celui qui l'a donné aura un procès ! » (Voir la note à la fin de l'ouvrage)

– « Quels hommes ! » s'écria Georges avec mépris, et nous nous éloignâmes.

Telle est en effet l'opinion publique dans le Nord des États-Unis. Toutes les querelles aboutissent aux tribunaux ; on suit dans toute sa rigueur le principe que nul ne doit se faire justice soi-même ; et chacun la demande à la loi.

Il n'en est point ainsi dans tous les États du Sud et de l'Ouest ; là le duel se retrouve, ou du moins quelque chose qui lui ressemble.

Ce n'est plus ce combat élégant, aux armes courtoises et chevaleresques,

Unis, de nouvelles mœurs se sont formées ; une loi tout aristocratique se rencontre au sein d'une démocratie pure ; c'est une anomalie frappante.

Cette contradiction sert à expliquer les abus qui viennent d'être signalés. L'extrême facilité avec laquelle le pauvre trouve des cautions le fait jouir d'un privilège qui, dans l'esprit de la loi, était réservé au riche seul ; les mœurs démocratiques des Américains dépouillent ainsi l'institution de son premier caractère. L'harmonie est ainsi rétablie entre la loi civile et les institutions politiques ; mais il reste toujours un grand mal. C'est un vice incontestable, dans une législation criminelle, que le droit de mise en liberté sous caution applicable aux prévenus de quelques crimes que ce soit. Exercé rigoureusement, c'est-à-dire en faveur de ceux seulement qui donnent réellement caution, il fait naître des abus graves, mais en petite quantité, parce que le nombre des riches est toujours restreint. Si on l'applique à tous, l'inégalité entre les riches et les pauvres disparaît, mais les violations de la loi s'accroissent à l'infini.

V. General Laws of Massachusetts, t. 1, année 1784, ch. 12 et t. II, année 1812, ch. 30.

V. Lois de la Pennsylvanie, Purdon's digest, p. 820.

où l'on voit, moins avides de sang que d'honneur, deux champions intrépides qui craignent presque autant d'être vainqueurs que vaincus ; et qui, rivaux plutôt qu'ennemis, plus esclaves d'un préjugé que d'une passion, aspirent moins à triompher l'un de l'autre par la force et l'adresse, qu'à se vaincre en générosité.

En Amérique, le duel a toujours une cause grave, et le plus souvent une issue funeste ; on envoie ou l'on accepte un cartel, non pour être agréable au monde, mais afin de complaire à son ressentiment. Le duel n'est pas une mode, un préjugé, c'est un moyen de prendre la vie de son ennemi. Chez nous, le duel le plus sérieux s'arrête en général au premier sang ; rarement il cesse en Amérique autrement que par la mort de l'un des combattants.

Il y a dans le caractère de l'Américain un mélange de violence et de froideur qui répand sur ses passions une teinte sombre et cruelle ; il ne cède point, quand il se bat en duel, à l'entraînement d'un premier mouvement ; il calcule sa haine, il délibère ses inimitiés, et réfléchit ses vengeances.

On trouve, dans l'Ouest, des États demi sauvages où le duel, par ses formes barbares, se rapproche de l'assassinat ; et même dans les États du Sud, où les mœurs sont plus polies, on se bat bien moins pour l'honneur que pour se tuer.

Du reste, cette barbarie du duel en Amérique est la meilleure garantie de sa prochaine disparition, il ne peut résister à l'influence d'une civilisation en progrès ; au contraire, on le voit se maintenir, en dépit des lumières, dans les pays où l'aménité même de ses formes le protége, où il tient par de profondes racines à l'élégance des mœurs et aux préjugés de l'honneur.

La scène du spectacle avait jeté Georges dans une situation morale impossible à décrire : le trouble de son âme était extrême, et de violentes passions y fermentaient sans doute ; il paraissait maître de ses emportements ; on voyait de la résignation dans sa colère : cette puissance de Georges sur lui-même m'effraya ; il me parut que sa tête roulait quelque dessein important, et qu'il n'échappait à l'empire d'un sentiment que parce qu'il était sous le joug d'une idée ; il passait ses nuits en méditations : et, je lui voyais pendant le jour des relations étranges avec des gens de couleur dont il ne m'avait jamais parlé ; redoutant tout de ce caractère impétueux et de ce cœur blessé, je fis entendre au frère de Marie tous les conseils que peut inspirer l'amitié la plus tendre ; vingt fois je crus que le secret sortirait de sa poitrine gonflée… mais, à l'instant où sa bouche allait tout révéler, un mouvement, en quelque sorte convulsif, portait sa main sur ses lèvres et refoulait dans son sein le mystère prêt à s'échapper.

Cependant, pour prévenir de plus fâcheuses conséquences, je m'empressai de faire quelques démarches auprès des autorités de New York. Je rendis visite au gouverneur de l'État, au chancelier, au maire et au recorder de la ville ; je trouvai chez ces magistrats une simplicité qui me surprit et une bienveillance dont je fus touché : point de luxe dans leurs habitations, point d'affectation dans leurs manières, point de hauteur dans leurs personnes ; rien qui annonçât des hommes de pouvoir. Aux États-Unis, comme il n'existe point de rangs, il n'y a point de parvenus, et, partant, point d'insolence ; et puis les fonctionnaires publics changent si souvent et savent si bien que leur règne est éphémère, qu'ils ne cessent pas d'être citoyens pour s'épargner la peine de le redevenir.

Chacun d'eux parut fort étonné de l'intérêt que je portais à un homme de couleur ; cependant nul ne m'en blâma ; ils approuvaient même ma conduite, envisagée sous le point de vue philosophique.

J'avais été recommandé au gouverneur par un de ses amis ; il m'écouta sans m'interrompre une seule fois (chose étrange de la part d'un fonctionnaire public). Quand j'eus cessé de parler, il réfléchit et me dit : « J'arrangerai cette affaire. » Je lui objectai que la justice en était saisie : « Qu'importe ? » me répondit-il. Le lendemain même il m'annonça qu'aucune poursuite judiciaire ne serait dirigée ni contre Georges ni contre moi.

Dans une république, les fonctionnaires ont moins de pouvoir défini que dans les gouvernements monarchiques et plus d'autorité discrétionnaire. Le peuple craint toujours de déléguer trop de sa souveraineté ; il concède peu à ses agents, mais il leur laisse faire beaucoup quand il les voit agir dans le sens de ses passions. Le public du théâtre avait exprimé la volonté qu'on expulsât Georges de la salle ; mais le gouverneur pensait avec raison que nul ne tenait à ce qu'on le mît en jugement. Cela étant, la justice n'avait plus rien à faire. Le ministère public, n'est point aux États-Unis comme en France, ardent à s'établir le redresseur de tous les torts et le vengeur de toutes les injures privées. Chez nous, on suit la loi ; en Amérique, l'opinion.

Je regardai comme un bonheur inespéré d'avoir échappé aux embarras que pouvait nous susciter la violence de Georges. Celui-ci donna peu d'attention à l'heureuse issue de mes démarches ; il ne remarqua les bons procédés des magistrats que pour s'en affliger, car rien n'est aussi amer que le bienfait au cœur d'un ennemi. Quelques jours après, il me quitta pour retourner à Baltimore. Je ne parvins point à pénétrer le motif qui l'avait amené à New York. Hélas ! j'eusse multiplié mes questions et mes conseils, si j'eusse deviné l'objet de ce voyage et prévu les malheurs qui devaient suivre.

Chapitre XI

Suite de l'épreuve – 3 –
Épisode d'Odéna

Le départ de Georges me fit retomber dans l'abattement et le dégoût de la vie : un ami qui nous quitte pendant les jours d'infortune, c'est un état qui fait défaut à notre faiblesse ; c'est le rayon de lumière, seule joie du sombre cachot, qui se retire et laisse le captif dans l'horreur des ténèbres.

Le terme de mon épreuve approchait ; encore deux mois et je reverrais la fille de Nelson. Mais combien l'état de mon âme était changé depuis mon départ de Baltimore !

L'amour de Marie était encore le grand intérêt de ma vie ; cependant il ne remplissait plus seul mon âme. Je croyais encore à l'avenir heureux ; mais non plus à cet avenir immense de bonheur que la sœur de Georges m'avait fait entrevoir. il y a dans l'amour d'un jeune cœur une bonne foi d'espérance qui se rit des tempêtes et qu'un souffle d'infortune suffit pour dissiper. Au temps de mes illusions, j'admettais à peine que, dans la coupe délicieuse de l'existence, il se rencontrât un peu d'amertume ; maintenant j'étais prêt à rendre grâce à Dieu, si, dans le calice amer de la vie, je trouvais quelques gouttes de félicité.

Mon cœur était plein de Marie, mais mon amour pour elle était inséparable de la crainte trop légitime des maux qui nous menaçaient. Mes inquiétudes renaissaient plus vives, mes douleurs plus cruelles et mes hésitations elles-mêmes osaient se représenter à mon esprit.

Il se passait en moi quelque chose d'étrange : l'approche de mon union avec celle que j'aimais m'épouvantait, et cependant les deux derniers mois d'épreuve me pesaient d'un poids accablant.

Je me sentis alors dévoré par une fièvre ardente de méditations et de rêveries ; mille projets se succédaient dans ma pensée, aussitôt abandonnés que conçus. J'étais tout à la fois la proie d'une accablante oisiveté et d'une activité morale qui ne me donnait point de relâche ; le vide de mes jours se remplissait de tourments, de soucis et d'agitations ; ce n'était plus ce vague de l'âme qui se sent mille appétits, sans avoir de quoi se nourrir, et qui, faute d'aliments, se dévore elle-même ; mes passions allaient à leur but ; mon destin était fixé, destin de joie et de souffrances confondues ensemble. Mais je n'avais pas même la ressource du malheureux que sa propre douleur occupe, n'étant en possession de rien, sinon de mes ennuis, des longueurs du présent et des attentes de l'avenir.

Les yeux attachés sur cet avenir ténébreux, j'essayais d'en pénétrer les mystères ; mais en vain. Le dernier effort de ma vue était d'apercevoir dans le lointain un mélange de biens et de maux. Je ne pouvais aimer Marie sans bonheur, ni vivre dans la société américaine avec une femme de couleur sans d'affreuses misères : mais quelle serait la somme des peines et celle des plaisirs ? comment se ferait cette division de bonne chance et de mauvais sort ? la part de l'infortune n'excéderait-elle point nos forces ? le ciel nous enverrait-il, au moins par intervalles, un jour calme et serein pour sécher les pluies de l'orage, et nous reposer des secousses de l'ouragan ?

Et regardant au plus loin de l'horizon, qu'avait agrandi ma rêverie, j'y cherchais quelques douces clartés ; mais le plus souvent, je n'y voyais qu'un nuage triste et sombre. Tantôt, dans ma faiblesse, je pliais sous le découragement ; une autre fois, relevant la tête avec orgueil, je me demandais si ces menaces de l'avenir ne pouvaient pas être conjurées.

Au milieu de ces alternatives de force et d'infirmité, de courage et de désespoir, il me vint une grande pensée, qui se présenta lumineuse à mon esprit, et me saisit d'enthousiasme en ranimant dans mon sein la flamme à demi éteinte de mes premières espérances.

Je venais de voir la société américaine dominée par un préjugé qui blessait ma raison, mon intérêt et mon cœur. Ce préjugé devait-il durer éternellement ? Je ne le pouvais croire. J'entendais dire sans cesse que chaque jour l'opinion publique s'éclairait sur ce point. Serait-il donc impossible de hâter ce progrès des esprits ? Quelle gloire pour l'homme appelé par son destin ou par son génie à redresser une si funeste erreur ! Si j'étais cet homme ! si j'anéantissais chez les Américains une haine aveugle et cruelle ! je n'aurais pas seulement le mérite et la joie d'une noble action, je recevrais encore le bonheur pour récompense ! L'odieuse prévention qui flétrit la race noire étant corrigée, Marie ne serait plus réprouvée parmi les femmes ! Eh bien ! j'entreprendrai de grands travaux ! je veux briller dans les lettres et dans les arts ! mon ambition doit être sans limites, car le but est immense ! un succès sera le gage d'un autre succès. Si je m'élevais jusqu'à la célébrité ! Si, dans cette contrée novice, je faisais, poète inspiré, vibrer des âmes vierges d'enthousiasme ! Alors je deviendrais un homme puissant dans ce pays, où l'opinion publique est souveraine ! Alors je dirais à ce monde accoutumé de m'entendre : « Il est une femme que vous haïssez ; moi, je l'aime ; vous lui jetez vos mépris ; moi, je l'entoure de mes adorations. Une femme de couleur, dites-vous. Non, détrompez-vous, ce n'est pas une femme : c'est un ange. Nulle créature humaine n'est l'égale de Marie. Marie est belle ; et tant de modestie décore sa beauté ! elle est brillante ; et la nature mêle tant de grâces à ses talents pour les rendre aimables ! elle est infortunée ; et un si doux parfum de mélancolie s'exhale des pleurs qu'elle répand ! »

S'il se trouvait des âmes insensibles à ma voix, je voudrais, ranimant le ciseau de Phidias, exposer à tous les yeux les traits charmants de mon amie, et je dirais : « Regardez cette tête chérie, son front n'est-il pas celui d'une vierge candide et pure ? quelle tache déshonore sa beauté ? où trouver la souillure que vous lui reprochez ? Ce marbre éblouit vos regards ; mais le visage de Marie le surpasse encore en blancheur ! »

Et le monde, entraîné par mes chants, irait se prosterner au pied de mon idole !

Tel fut mon projet ; c'était une pensée hardie, mais elle était généreuse et belle ! quel admirable but à poursuivre ! quelle gloire dans le succès ! quel prix dans la récompense ! Il me fallait, pour être heureux, devenir un artiste célèbre, oui un poète illustre ! le génie était pour moi la condition du bonheur ! Marie serait honorée parmi les femmes, si je devenais grand parmi les hommes ! mon cœur bondissait à cet appât sublime, impatient qu'il était de porter à mon esprit les nobles inspirations que la tête seule ne donne pas.

Hélas ! pourquoi vous entretiendrai-je plus longtemps d'un projet qui fut une nouvelle illusion de ma vie, et qu'il me fallut abandonner, avant même de l'avoir entrepris ? mon erreur fut peut-être excusable ; ne m'était-il pas permis de croire que je trouverais en Amérique le goût des belles-lettres et des beaux-arts ?

Ces grandes forêts à la porte des cités ; ces solitudes profondes, éternelles, où réside encore le génie des premiers âges ; ces Indiens simples d'esprit, mais forts par le cœur ; sujets à de grandes misères, mais heureux de leur liberté sauvage ; ce beau ciel, ces fleuves gigantesques, ces torrents, ces cataractes, cette terre enfermée dans deux océans, ces grands lacs, qui sont encore des mers : toute cette poésie de la nature m'avait fait penser qu'il y avait aussi de la poésie dans le cœur des hommes !… Je fus bientôt désenchanté.

Ici Ludovic s'arrêta comme s'il eût épuisé son récit, mais ses dernières paroles avaient vivement excité la curiosité du voyageur qui lui dit ces mots :

– Je m'indignais avec vous du préjugé fatal dont vous fûtes la victime… car toutes mes sympathies sont, comme les vôtres, pour une race infortunée, et lorsque je vous ai vu prêt à tenter la réhabilitation des noirs en Amérique par l'influence de la raison et du génie, j'applaudissais du fond de mon cœur à cette noble entreprise… comment donc avez-vous pu déserter si vite un si beau projet ?

– Vous ne pouvez, lui répondit Ludovic, comprendre l'obstacle qui m'a brusquement arrêté dans ma course ; il me fallait, pour atteindre le but, m'appuyer sur la poésie, sur les beaux-arts, sur l'imagination et l'enthousiasme ; comme si les beaux-arts, la poésie, les choses morales étaient puissantes sur un peuple positif, commercial, industriel !

– Mais, ce peuple, répliqua le voyageur, n'est pas seulement le berceau de Fulton ; son génie littéraire ne peut-il pas s'enorgueillir d'avoir enfanté Franklin, Irving, Cooper ?

– Non, dit vivement Ludovic… Vous ne comprenez rien à ce pays… il faudra que je dessille vos yeux.

Comme le solitaire prononçait ces paroles, son oreille et celle du voyageur furent frappées d'accents douloureux qui retentissaient au-dessus de leurs têtes ; en portant leurs regards vers le sommet de la roche, au pied de laquelle ils étaient assis, ils y aperçurent plusieurs femmes indiennes qui, réunies en cercle, faisaient les préparatifs d'une cérémonie funéraire ; l'attention du voyageur fut vivement excitée ; il se leva. Le récit de Ludovic fut interrompu, et tous les deux se dirigèrent en silence vers le lieu de la scène.

Les pleurs, les gémissements de ces femmes, et le devoir pieux qu'elles remplissaient, avaient pour objet le souvenir d'une triste catastrophe récemment arrivée dans cette solitude, et dont les circonstances sont propres à faire naître la pitié.

Non loin de la chaumière habitée par Ludovic, vivait Mantéo, chasseur indien, de la tribu des Ottawas, il s'était marié, dans un âge encore tendre, à une jeune fille nommée Onéda. Celle-ci, remarquable par la beauté de ses traits, l'était plus encore par la bonté de son cœur ; rien n'égalait sa tendresse pour son époux, qui lui-même la chérissait, et n'aimait qu'elle seule, malgré l'usage où sont les Indiens de prendre plusieurs femmes [1].

Quelques années s'écoulèrent durant lesquelles rien ne troubla le

1 Note de l'auteur. Usage où sont les Indiens de prendre plusieurs femmes.

Le fond de l'épisode d'Onéda est entièrement vrai. (V. Voyage du major Long aux sources de la rivière Saint-Pierre, au lac Winnepek, au lac des Bois, etc., etc., t. 1, p. 300 et 280.)

La polygamie existe parmi toutes les tribus sauvages de l'Amérique du Nord ; chaque Indien a autant de femmes. qu'il en peut trouver. Ces femmes sont réellement en état de servitude ; elles préparent la nourriture de l'Indien, ont soin de ses vêtements, et ne quittent point sa hutte tandis qu'il chasse ou fait la guerre. Les rapports de l'indien et de ses femmes sont tout matériels ; il ne s'y mêle rien de moral ni d'intellectuel. Il n'est pas rare de voir les trois sœurs servir de femmes au même homme. La condition des femmes indiennes est la plus misérable qu'on puisse imaginer ; elles n'ont aucune des prérogatives que reconnaissent aux femmes les sociétés civilisées, ni aucun des plaisirs sensuels que leur donnent les mœurs de l'Orient, où elles sont esclaves.

J'ai dit que l'Indien a autant de femmes qu'il en peut trouver ; il serait peut-être plus juste de dire qu'il en trouve autant qu'il en peut nourrir ; car le sort des familles indiennes est si malheureux que les parents donnent sans peine leur fille à qui peut la faire vivre. À cet égard, tout dépend de l'habileté de l'homme à la chasse ; un chasseur fameux a ordinairement un grand nombre de femmes, parce qu'il peut fournir à toutes des moyens d'existence.

Le mariage de l'Indien avec ses femmes se fait sans aucune cérémonie, et quelquefois il se dissout peu de jours après sa formation. Ceci toutefois arrive assez rarement ; l'Indien qui briserait aussi facilement un pareil lien se nuirait dans l'esprit de sa tribu, et ne trouverait plus aucune famille disposée à s'allier à lui.

On conçoit que cette vie de fatigue, de misère et d'opprobre, décourage et dégoûte beaucoup d'Indiennes ; aussi le suicide est-il très-fréquent parmi elles. (V. les relations du major Long, p. 394, t. II, 2e voyage, et Tanner's Narrative, New York, 1830.) L'anecdote que j'ai introduite dans le texte de l'ouvrage m'a paru un des exemples les plus frappants du désespoir où le malheur de ces pauvres créatures peut les plonger, Je fais suivre la catastrophe de cérémonies funéraires qui ne sont point une pure création de mon imagination. Il est certain qu'à la mort d'un ami, l'Indien manifeste un très grand chagrin ; il noircit son visage, il jeûne, cesse de se peindre la figure avec du vermillon et s'abstient de tout ornement dans sa toilette ; il se fait des incisions dans les bras et dans les jambes et sur tout le corps ; souvent les signes extérieurs de son chagrin durent très longtemps. Le major Long dit avoir rencontré un Indien qui, depuis quinze ans, ne se mettait plus de vermillon au visage, en commémoration de la perte d'un ami précieux, et annonçait l'intention de s'imposer la même privation pendant dix années. L'Indien mesure les témoignages de sa douleur sur le degré d'affection que le défunt lui inspirait. (V. Long's Expedition to the rocky Mountains, tome 1, p. 281. V. aussi Tanner's Narrative, p. 288.)

Voici dans quels termes Tanner raconte la *fête des morts* ou *jebi-naw-ka-win* : « This feast is eaten at the graves of the deceased friends. They kindle a fire, and each person, before he begins te eat, cutts of a small piece of meat, which he casts into the fire. The smoke and smell of this, they say, attract the *jebi* to come and eat with them. »

cours de cette union fortunée ; jamais la vie sauvage n'avait rendu deux êtres plus heureux qu'Onéda et Mantéo.

Mantéo était renommé dans sa tribu comme chasseur habile et intrépide guerrier ; il n'était pas une jeune Indienne qui ne vît d'un oeil jaloux le bonheur d'Onéda, et pas une mère qui n'ambitionnât pour sa fille un protecteur tel que Mantéo. Celles qui pouvaient prétendre à cette alliance lui représentèrent qu'un grand avenir lui était destiné ; que la tribu des Ottawas était sur le point de l'élire pour chef ; mais que son attachement exclusif pour Onéda mettait un obstacle à sa fortune ; un guerrier aussi puissant que lui, disaient-elles, avait besoin de plusieurs femmes pour traiter dignement les hôtes nombreux attirés par sa renommée.

Ces discours ayant gonflé son orgueil et enflammé son ambition, il contracta un nouveau mariage avec la fille d'un chef indien ; mais d'abord il n'avoua point cette union à Onéda, dont il redoutait les justes reproches ; seulement, pour préparer celle-ci à son malheur, il lui annonça un jour son intention de prendre une seconde femme : il avait, disait-il, conçu ce projet dans l'intérêt seul d'Onéda, que le fardeau du ménage accablait, et dont la faiblesse avait besoin de secours. Onéda reçut cette déclaration avec toutes les marques de la plus vive douleur ; elle employa, pour combattre le projet de Mantéo, des termes si touchants, et en même temps si énergiques, que celui-ci vit bien qu'il n'obtiendrait jamais d'elle aucune concession.

Alors, déchirant le voile qui cachait une partie de la vérité aux yeux d'Onéda, Mantéo lui déclara que toute résistance de sa part serait vaine ; qu'il avait depuis longtemps fixé son choix, et que, le lendemain même, il amènerait dans sa demeure sa nouvelle épouse. En entendant ces paroles, Onéda fut frappée de stupeur… – Vous allez, dit-elle à Mantéo, me réduire au désespoir… Et ses larmes coulèrent avec abondance.

Méprisant ces menaces de la douleur, l'Indien annonça hautement son nouvel hymen, et fit préparer un grand festin, auquel il convia toute la tribu.

Le jour suivant, dès que les apprêts de la fête commencèrent, Onéda sortit de sa hutte, alla s'asseoir à quelque distance ; pensive et désolée, elle semblait étrangère à ce qui se passait autour d'elle, son regard immobile et sombre annonçait qu'elle roulait dans sa tête quelque dessein funeste.

Tous les Indiens étant réunis, on voit arriver Mantéo, sa fiancée, et les familles des deux époux, qui s'avancent à travers mille cris d'allégresse. Une seule douleur parmi ces joies eût été importune ; aussi nul ne pensait à Onéda, si ce n'est peut-être Mantéo, qui étouffait son souvenir comme un remords.

Cependant, au milieu de la fête et de ses bruyants éclats, on vit une jeune femme gravir lentement le sentier qui conduit à la cime du rocher. Bientôt on reconnut Onéda qui, parvenue au sommet, appela Mantéo d'une voix forte, en déplorant son inconstance et sa cruauté ; le léger vent qui soufflait en ce moment apportait ses paroles jusqu'au lieu du festin… Alors on l'entendit chanter d'une voix lamentable le bonheur dont elle avait joui lorsqu'elle possédait toute l'affection de son époux… On vit bien que c'était son hymne de mort… Ces deux souvenirs, apportés par la brise à l'âme de Mantéo, le son de cette voix encore chère, le contraste de ces accents sinistres avec les chants joyeux de la fête, saisirent l'Indien d'une émotion profonde et d'un remords déchirant… Il s'élance vers le rocher, il appelle Onéda, lui jure qu'il n'aime, qu'il n'aimera jamais qu'elle… Tandis qu'il parle ainsi, ses pieds touchent à peine la terre, et gravissent la roche escarpée. Tous les convives s'approchent de la scène ; la pitié, la terreur, sont dans toutes les âmes. Des Indiens, qui ont deviné l'intention fatale de la jeune femme, se hâtent d'arriver au pied du rocher, afin de la recevoir dans leurs bras. Chacun crie vers elle, et la conjure, dans les termes les plus tendres, de ne pas exécuter son projet. Déjà Mantéo a gagné le sommet de la roche :

– Onéda ! Onéda ! s'écrie-t-il.

– Mantéo est un traître, répond la jeune Indienne.

– Grâce, ma bien-aimée ! mon cœur est à toi seule… oh ! attends… encore un instant…

Et comme Mantéo, tout haletant, allait saisir son épouse et l'enchaîner dans ses bras, Onéda, qui venait de prononcer les dernières paroles de son hymne funèbre, se précipita de la pointe du rocher dans le lac, où elle périt aux yeux de tous.

Ce triste événement avait répandu le deuil parmi les Ottawas, il fut surtout un sujet de vive douleur pour les femmes, qui creusèrent une tombe sur le rocher même, théâtre de la catastrophe.

Chaque jour, depuis les funérailles, les Indiennes se réunissaient en ce lieu pour y pleurer la pauvre Onéda. C'était la troisième fois qu'elles venaient payer ce tribut de larmes au souvenir d'une touchante infortune, lorsqu'elles furent entendues de Ludovic et du voyageur. Ceux-ci, qui s'étaient approchés d'elles, les virent allumer un feu sur le tombeau, et préparer le festin des morts. Chacune d'elles jetait aux flammes quelques graines odorantes, espérant attirer l'âme de l'épouse malheureuse par le parfum qui s'exhalait dans l'air ; elles chantaient tour à tour les stances d'un hymne funéraire, et répétaient en chœur :

« Plaignez Onéda : elle aimait Mantéo, l'insensée !

Mantéo ne l'aimait pas.

« Onéda servait Mantéo fidèlement ; elle était prompte à dresser sa hutte ; triste au départ de son époux ; pleine de joie au retour ; attentive aux récits du chasseur ; heureuse, la nuit, de son amour.

« Plaignez Onéda : elle aimait Mantéo, l'insensée !

Mantéo ne l'aimait pas.

« Quand l'homme dit à la femme : Tu es mon esclave, ton destin est de me servir, tu vivras avec mes autres femmes comme elles tu me seras fidèle, malgré mes inconstances, et, sans avoir ma tendresse, tu me donneras ton amour : la femme, à ce discours, sent sa misère, cache ses larmes, et se résigne. Mais quand l'homme lui promet de l'aimer seule, alors elle fait un rêve de bonheur, et est plus malheureuse : car l'homme sera perfide.

« Plaignez Onéda : elle aimait Mantéo, l'insensée !

Mantéo ne l'aimait pas.

« Si l'homme connaissait ce qui se passe dans le cœur d'une femme, s'il savait que cette créature tendre et faible a besoin de force et d'amour, et que l'inconstance de l'être qu'elle chérit lui inflige d'affreux tourments !... Mais l'homme ne songe point à cela ; d'autres soins l'occupent ; il faut qu'il devienne un chasseur fameux ou un grand guerrier. Tandis qu'il parcourt les savanes, la pauvre Indienne demeure dans son chagrin et dans son isolement.

« Plaignez Onéda : elle aimait Mantéo, l'insensée !

Mantéo ne l'aimait pas.

« Lorsque je quittai la tribu des Miamis pour entrer dans la hutte de mon époux, c'était au milieu de la lune des fleurs ; la forêt était pleine de voix touchantes et de tendres murmures ; je sentais en moi-même une ardeur secrète ; une étincelle eût suffi pour embraser tout mon être... mais j'ai

trouvé une âme froide, et le feu d'amour s'est éteint dans mon cœur.

« Plaignez Onéda : elle aimait Mantéo, l'insensée !

Mantéo ne l'aimait pas.

« Pourquoi pleurer Onéda ? Elle n'est plus sur la terre ; mais elle vit au ciel ; là, elle est aimée d'un guerrier brave, hospitalier, généreux, qui la chérit sans partage ; elle habite une contrée fertile, délicieuse, où le nombre des chevreuils égale celui des herbes de la prairie qui borde la Saginaw. Les lacs n'y sont jamais glacés par les hivers, ni l'eau des fontaines tarie par les étés brûlants.

« Oui, répond une autre voix ; mais on dit que la félicité est de retrouver au ciel les êtres qu'on aima sur la terre ; et l'âme du perfide Mantéo n'habitera point la même contrée que l'âme pure d'Onéda.

« Plaignez Onéda : elle aimait Mantéo, l'insensée !

Mantéo ne l'aimait pas. »

Et les jeunes femmes indiennes, après avoir renouvelé le festin des morts, se retirèrent en silence.

Ludovic avait déjà vu une de ces scènes de deuil, dont la forme seule variait ; mais tout était nouveau pour le voyageur, qui fut surpris de trouver parmi les sauvages de tels accents pour de pareilles douleurs.

Cet incident avait suspendu le récit de Ludovic, qui ramena le voyageur à la chaumière.

Le lendemain, celui-ci rappela à son hôte sa promesse ; et, comme ils se promenaient sous les voûtes de la forêt, encore tout pleins des impressions de la veille, le voyageur dit : – Tout, en Amérique, offense vos regards et blesse votre cœur ! d'où vient que cette terre vierge m'enchante et me remplit de douces émotions ! Les Indiennes m'ont, dans leurs fêtes naïves et dans leur pieuse douleur, offert l'image de la primitive innocence ; ainsi, après avoir vu, chez les Américains, tout ce que l'art peut inventer de merveilleux, je trouve sur le même sol les plus touchants spectacles de la nature. Ah ! je le vois, vous fûtes malheureux, car vous êtes injuste.

Ludovic écouta d'abord ces paroles sans y répondre ; il conduisit le voyageur au pied de la chute, où tous deux s'étaient assis la veille ; il réfléchit quelques instants, la tête penchée sur ses genoux, puis il dit :

– Vous me croyez injuste envers l'Amérique, et c'est vous, mon ami, qui l'êtes envers moi… Ah ! vous ne savez pas combien furent sincères mes admirations pour ce pays, et je ne pourrais vous raconter tout ce que le désenchantement me coûta de larmes et de regrets. Pendant les premiers mois qui suivirent mon départ de Baltimore, préoccupé comme je l'étais d'une seule pensée, je n'avais vu, je l'avoue, dans la société américaine, que les rapports mutuels des blancs et des personnes de couleur ; et l'injustice révoltante des Américains envers une race malheureuse m'avait, j'en conviens, inspiré contre eux une prévention générale.

Mais lorsque mon imagination eut conçu des projets de gloire ; lorsque, voulant rendre à Marie son rang et sa dignité, j'avais compris qu'il fallait d'abord me mêler aux hommes et aux choses de ce pays, je cessai d'envisager la société américaine sous un seul point de vue, et bientôt l'illusion d'une espérance nouvelle faisant changer la face du prisme à mes yeux, j'aperçus partout chez les Américains des vertus au lieu de vices, et à la place des ombres d'éclatantes lumières.

Quoique cette impression ait été passagère, elle ne s'est pas entièrement effacée… et si le caractère américain n'éblouit plus mes regards, il s'offre encore à mes yeux environné de quelques douces clartés.

Combien j'admirais en Amérique la sociabilité de ses habitants ! [1]

1 Note de l'auteur. *Sociabilité des Américains.*

Je pourrais citer mille exemples de l'extrême sociabilité des Américains, je me bornerai à un seul. Lorsque, dans le cours de l'année 1832, M. de Tocqueville et moi nous quittâmes la Nouvelle-Orléans afin de nous rendre, par terre, à Washington, nous traversâmes le lac Pontchartrain sur un bateau à vapeur. Arrivés à Pascaloula, où nous venions pour prendre le *stage*, nous trouvâmes toutes les places occupées, ce qui nous causa un grand désappointement, à raison de l'intérêt que nous avions de ne point ajourner notre départ ; deux Américains qui ne nous connaissaient nullement, voyant notre embarras, descendirent de la voiture et nous proposèrent leurs places dans des termes si simples et si obligeants, qu'on voyait bien qu'ils offraient avec le désir d'être acceptés. Dans une foule de circonstances, mon compagnon de voyage et moi avons trouvé les mêmes procédés chez les Américains. Celui qui juge les hommes de ce pays par la première impression risque de se tromper étrangement. Vous adressez une question à un Américain ; il vous répond, sans vous regarder, par le monosyllabe oui ou non ; ou bien même il ne vous fait aucune réponse. Vous en concluez qu'il n'est pas sociable ; vous avez tort. Il garde le silence, mais il pense à la question que vous lui avez faite ; il y réfléchit mûrement ; si ses souvenirs le servent mal, il consulte ceux d'un autre, et, une demi-heure après votre demande, que vous avez peut-être oubliée, il vous apporte la réponse, non pas une réponse hasardée comme on en fait dans le monde, mais une véritable consultation, en plusieurs points, divisée en chapitres et paragraphes. Certes, l'homme qui agit de la sorte est, si l'on veut, fort peu poli, mais il est certainement sociable, car la bienveillance mutuelle est la première condition de la sociabilité. Combien d'Européens qui, en pareille occasion, tranchent subitement

L'absence de classes et de rangs fait qu'il n'existe dans ce pays ni fierté aristocratique, ni insolence populaire...

Là, tous les hommes, égaux entre eux, sont toujours prêts à se rendre mutuellement service, sans que le bienfaiteur s'enquière à l'avance du

la question, ou répondent tout d'abord, avec la plus grande urbanité, qu'il leur est impossible de la résoudre.

La sociabilité des Américains tient surtout à leurs mœurs commerciales ; ils ont sans cesse besoin les uns des autres, les affaires les obligent à des communications perpétuelles ; aussi est-il passé en principe, chez eux, qu'on doit en toutes choses se rendre mutuellement service. Elle est également favorisée par l'égalité des conditions ; tous les Américains ont les uns pour les autres la même bienveillance que chez nous les membres d'une même classe ont entre eux. Cette sociabilité, dont l'Européen sent vivement le prix, perd quelquefois une partie de son charme. L'habitant de la Nouvelle-Angleterre ne voit, dit-on, dans les rapports sociaux qu'une occasion de commerce et de trafic. Quand il aperçoit un nouveau venu, il se fait d'abord cette question : « N'y aurait-il pas quelque affaire à traiter avec cet homme ? »

Il ne faut pas confondre la sociabilité des Américains avec l'hospitalité. *En général*, les Américains sont peu hospitaliers ; l'hospitalité demande des loisirs que l'homme d'affaires ne possède pas. Je dis *en général*, parce qu'il existe dès exceptions nombreuses à cette règle ; j'en ai fait personnellement l'expérience ; mais ici je présente des aperçus qui ne s'appliquent qu'au plus grand nombre.

Sur ce point, il faut distinguer les États du Sud de ceux du Nord. Tous les États du Sud ont des esclaves ; ce fait exerce une immense influence sur les mœurs des méridionaux. Les esclaves travaillant, les hommes libres sont oisifs. Les habitants du Sud ont ainsi des loisirs qui manquent aux hommes du Nord ; ils peuvent recevoir les hôtes qui leur arrivent sans abandonner leurs affaires. Presque tous vivent dans des habitations éloignées les unes des autres et distantes des villes ; la visite d'un ami, le passage d'un étranger, sont pour la demeure solitaire un accident heureux qui, loin de troubler l'habitant des champs, le réjouit vivement. Pour des gens inoccupés, tout passe-temps est précieux. On peut dire aussi, en termes généraux, qu'à la ville on se *voit* et qu'à la campagne on se *reçoit*. De ces faits découlent plusieurs conséquences ; les relations des hommes du Sud, étant moins intéressées, sont plus agréables que celles des habitants du Nord ; ceux-ci, espérant tirer profit de leurs moindres rapports sociaux, ont une bienveillance universelle ; les premiers, qui mettent moins de calcul dans leurs procédés, sont plus sincères ; les uns apportent dans leurs manières une régularité qui a quelque chose de légal ; les autres, moins compassés, ont plus de franchise et d'abandon. Comme l'existence d'une population esclave établit une classe inférieure, tous les blancs du Sud se considèrent comme formant une classe privilégiée ; ils se croient tous supérieurs à d'autres hommes (les nègres). L'exercice de leurs droits de maîtres sur leurs esclaves les entretient encore dans ces idées de supériorité et développe en eux des sentiments d'orgueil ; la couleur blanche est regardée, dans le Sud, comme une véritable noblesse. Les blancs se traitent donc entre eux avec d'autant plus d'égards et de bienveillance qu'il se trouve à côté d'eux des hommes auxquels ils n'accordent que des mépris. Il s'introduit ainsi dans les mœurs du Sud quelque chose d'aristocratique, et il en résulte des formes moins communes et une sociabilité plus distinguée que dans celles des États du Nord.

rang et de la fortune de son obligé.

Rien n'est plus favorable à la sociabilité que les conditions médiocres. Ni le pauvre, ni le riche, ne sont sociables : le premier, parce qu'il a besoin de tout le monde, sans pouvoir rendre aucun service ; le second, parce qu'il n'a besoin de personne : comme il paye tous les services, il n'en rend point.

Dans tous les pays où les rangs sont marqués, l'aristocratie et la dernière classe du peuple luttent perpétuellement ensemble : l'une, armée de son luxe et de ses mépris ; l'autre, de sa misère et de ses haines ; toutes les deux, de leur orgueil. L'inférieur, qui tente vainement de s'élever, jette l'insulte au but qu'il ne peut atteindre ; il a toute l'injustice de l'opprimé, toute la violence du faible. L'homme des hautes classes tombe dans le même excès poussé par une autre cause. Quand il traite ses inférieurs comme des égaux, ceux-ci croient qu'il a peur d'eux : il est forcé d'être fier, sous peine de passer pour poltron. Ces luttes sont encore, plus amères dans les contrées à privilèges, que la démocratie envahit. Le triomphe du peuple y présente tous les caractères d'une vengeance, et le puissant qui succombe ne tomberait pas dignement, s'il ne gardait toute sa morgue aristocratique.

On ne rencontre aux États-Unis ni la hauteur d'une classe, ni la colère de l'autre.

Ce n'est pas que les Américains aient des mœurs polies : le plus grand nombre ne montrent dans leurs manières ni élégance, ni distinction ; mais leur grossièreté n'est jamais intentionnelle ; elle ne tient pas à l'orgueil, mais au vice de l'éducation. (Voir la note à la fin de l'ouvrage) Aussi nul n'est moins susceptible qu'un Américain ; il ne pense jamais qu'on veuille l'offenser.

Quand le Français est grossier, c'est qu'il le veut : l'Américain serait toujours poli, s'il savait l'être.

Je trouvais, je vous l'avoue, un charme extrême dans ces rapports d'égalité parfaite. Il est si triste, en Europe, de courir incessamment le danger de se classer trop haut ou trop bas ; de se heurter au dédain des uns ou à l'envie des autres ! Ici, chacun est sûr de prendre la place qui lui est propre ; l'échelle sociale n'a qu'un degré, l'égalité universelle. (Voir la note à la fin de l'ouvrage)

Il y a cependant, aux États-Unis, des riches et des pauvres, mais en petit nombre ; et par la nature des institutions politiques, les premiers ont tellement besoin des seconds, que, s'il existe une prééminence, on ne sait de quel côté elle se trouve. Le riche fait travailler le pauvre dans ses manufactures ; mais le pauvre donne son suffrage au riche dans les élections…

Il est certain que les masses, placées entre ces deux extrêmes (le riche et le pauvre), se modèlent plutôt sur le second que sur le premier.

Je me rappelle d'avoir vu M. Henri Clay, redoutable antagoniste du général Jackson pour la présidence des États-Unis, parcourir le pays avec un vieux chapeau et un habit troué. Il faisait sa cour au peuple.

Chaque régime a ses travers, et tout souverain ses caprices. Pour plaire à Louis XIV, il fallait être poli jusqu'à l'étiquette ; pour plaire au peuple américain, il faut être simple jusqu'à la grossièreté.

En Angleterre, où la naissance et la richesse sont tout, les classes supérieures, avec leurs manières élégantes, supportent a peine les formes communes du bourgeois et du prolétaire ; ceux-ci ont besoin de se faire pardonner leur condition. En Amérique, c'est le riche qui doit demander grâce pour son luxe et sa politesse. En Angleterre, la souveraineté vient d'en haut ; aux États-Unis, d'en bas.

La cause qui rend les Américains éminemment sociables est peut-être la même qui les empêche d'être polis : point de privilégiés qui excitent l'envie ; mais aussi point de classe supérieure dont l'élégance serve de modèle aux autres.

Pour moi, j'aime mieux, je vous l'avoue, la rudesse involontaire du plébéien que la politesse insolente du courtisan des rois.

J'admirais encore chez les Américains une qualité précieuse pour un peuple libre, c'est le bon sens. Je crois que, dans nul pays du monde, il n'existe autant de raison universellement répandue que dans les États-Unis.

Il est certaines contrées d'Europe où la même question morale ou politique reçoit mille solutions différentes et contradictoires. On est certain, au contraire, de trouver les Américains d'accord sur presque tous les principes qui intéressent la vie publique et privée. Vous n'en rencontrerez pas un seul qui nie l'utilité des croyances religieuses et l'obligation de respecter les lois.

Chacun d'eux sait tout ce qui se passe dans son pays, l'apprécie avec sagesse, n'en parle qu'avec réserve et après réflexion.

Les Américains ont l'habitude et le goût des voyages ; presque tous ont, au moins une fois dans leur vie, franchi l'espace qui s'étend entre les frontières du Canada et le golfe du Mexique. Ainsi l'expérience vient encore ajouter à la rectitude naturelle de leur bon sens. On ne trouve chez eux ni admirations exclusives pour les choses anciennes, ni étonnements niais pour les objets nouveaux, ni préjugés invétérés, ni superstitions ridicules [1].

L'excellence de leur bon sens vient peut-être du petit nombre de leurs passions ; ce qui me le ferait croire, c'est que, livrés à l'orgueil national, le plus exalté de tous leurs sentiments, ils perdent entièrement la raison.

Leur peu de goût pour la poésie, pour les beaux-arts et pour les sciences spéculatives, les favorise encore sous ce rapport. L'homme s'égare moins dans sa route, quand il ne suit ni les rapides élans de l'imagination, ni les éclairs éblouissants du génie.

Le philosophe rêveur, le savant dont les yeux sont incessamment tournés vers le ciel, celui qu'émeut une touchante harmonie de la nature, ne comprennent guère les choses pratiques de la vie.

Cette puissance de raison, cette supériorité du bon sens sur les passions, servent à expliquer l'admirable sang-froid des Américains [2]. Inaccessibles aux grandes joies, l'habitant des États-Unis n'est

---

1 Note de l'auteur. *Point de préjugés invétérés.*

Dans beaucoup de pays d'Europe, on part de ce point, qu'il y a pour toutes les sciences morales et politiques, et même pour les arts, un degré de perfection qui a été atteint, et au-delà duquel il n'existe plus rien à découvrir. C'est la raison pour laquelle toutes les créations de l'art et de l'industrie y sont empreintes d'un caractère bien marqué de splendeur et de durée. Tout s'y fait, lois, constitutions et monuments, dans des vues d'éternité. C'est tout le contraire aux États-Unis. Il n'est rien qu'on y croie fixé définitivement. Les plus belles sciences, les lois les plus sages, les inventions les plus merveilleuses, n'y sont considérées que comme des essais. Aussi tout ce qu'on y fait porte le caractère du provisoire.

On y bâtit un édifice qui durera vingt ans ; qui sait si dans vingt ans on n'aura pas trouvé un meilleur mode de construction ? La loi qu'on adopte est obscure, mal rédigée ; à quoi bon l'élaborer ? Peut-être l'année suivante on en aura reconnu le vice.

2 Note de l'auteur. *Sang-froid des Américains.*

J'ai eu, durant mon séjour en Amérique, mille occasions de juger le sang-froid des Américains. Je n'en citerai qu'un exemple. Comme je descendais l'Ohio sur un bateau à vapeur où se trouvaient plusieurs marchands avec leurs marchandises, notre bâtiment, nommé le *Fourth of July* (le 4 juillet) (a) toucha un écueil appelé *Burlington Bar*, à trois milles au-dessus de Wheeling, et se brisa. Ce n'est pas ici le lieu de raconter les circonstances de cet accident, et ses dangers qu'on supposerait toujours accrus par l'imagination ou les souvenirs du voyageur. Je me bornerai à dire que le navire ayant

ébranlé par aucune infortune. Le coup le plus inattendu, le péril le plus imminent, le trouvent impassible. Étrange contraste ! il poursuit la fortune avec une ardeur extrême, et supporte avec calme toutes les adversités. Rien ne l'arrête dans ses entreprises ; rien ne décourage ses efforts ; il ne dira jamais en face d'un obstacle, quelque grand qu'on le suppose : Je ne puis. Il essaie, hardi, patient, infatigable. Ce peuple est jusqu'au bout fidèle à son origine ; car il est né de l'exil, et les hommes qui firent deux mille lieues sur mer à la poursuite d'une patrie avaient sans doute un fond d'énergie dans l'âme…

Ah ! nul plus que moi, je vous le jure, n'admire sous ce point de vue le peuple des États-Unis ; c'est cette raison, c'est ce bon sens pratique et cette audace d'entreprises qui ont enfanté l'industrie américaine, dont les prodiges nous étonnent. Voyez-vous, émules des fleuves, ces canaux dont le destin est de réunir un jour la mer Pacifique à l'Océan ; ces chemins de fer, qui se glissent dans le flanc des montagnes, et sur lesquels la vapeur s'élance plus puissante et plus rapide que sur la surface unie des eaux ; ces manufactures qui surgissent de toutes parts ; ces comptoirs qu'enrichit le commerce de toutes les nations ; ces ports où se croisent mille vaisseaux ; partout la richesse et l'abondance : au lieu de forêts incultes, des champs fertiles ; à la place des déserts, de magnifiques cités et de riants villages, sortis du sol par je ne sais quelle magie, comme si la vieille terre d'Amérique, si longtemps barbare et sauvage, était grosse enfin d'un avenir civilisé, et que son sein fécond dût engendrer des moissons sans culture et des villes sans main-d'œuvre, comme il avait enfanté des forêts !

Témoin de cette prospérité, qui n'a point de rivales chez les autres peuples, je l'admirais et je l'admire encore ; mais tout en elle est matériel, et c'était un monde moral qu'il me fallait !

Ah ! pourquoi les Américains n'ont-ils pas autant de cœur que de tête ? pourquoi tant d'intelligence sans génie, tant de richesse sans éclat, tant de force sans grandeur, tant de merveilles sans poésie ?

Peut-être le caractère industriel, qui distingue cette société, tient-il à l'ordre même de la destinée des nations… »

été submergé, tous les objets de commerce qu'il contenait furent détruits ou avariés, et qu'en présence de ce fait, qui était pour les uns une perte considérable, pour les autres une ruine complète, les marchands américains ne firent pas entendre un seul cri de désolation ou de désespoir.

(a)Jour de la déclaration do l'indépendance américaine.

Ici Ludovic s'arrêta ; mais à l'instant où sa bouche devenait muette, son regard parut plus expressif. Il était aisé de voir que sa pensée silencieuse s'engageait dans une méditation profonde. Enfin, d'une voix qui annonçait quelque chose de poétique et d'inspiré, il laissa tomber ces mots dans le silence de la solitude :

Chapitre XII

Suite de l'épreuve – 4 –
Littérature et beaux-arts

I

« Quand on porte ses regards vers le passé, trois grandes époques apparaissent dans la vie des peuples. [1]

« La première est l'antiquité : l'âge de Sapho et d'Aspasie, d'Horace et de Lucullus, d'Alcibiade et de César : époque brillante, règne des sens.

« La seconde est le christianisme : le temps d'Augustin et d'Athanase, de saint Louis et de Guesclin, de Pascal et de Bossuet : époque morale, règne de l'âme.

« La troisième commence au siècle de Voltaire et d'Helvétius, de Condillac et de Smith, de Bentham et de Fulton : époque utile, règne de l'intelligence.

« Au premier âge, les plaisirs ; au second, les sentiments au troisième, les intérêts.

II

« La société païenne dut ses joies à l'éclat de ses amphithéâtres, aux chants divins de ses poètes, aux chefs-d'œuvre de ses artistes, à ses fêtes triomphales, à ses débauches brillantes, à son luxe de dieux et d'esclaves.

« Le monde chrétien, grave et solennel comme les édifices religieux du Moyen-Âge, trouva ses voluptés dans la méditation, le recueillement, les sacrifices et les austérités de la vie.

« Aujourd'hui, la société n'a ni cirques ni cloîtres, ni gladiateurs ni anachorètes ; elle a des manufactures. Indifférente au charme des sensations et de l'enthousiasme, elle n'aspire qu'au bien-être matériel.

III

1 L'ordre d'idées développé dans le commencement de ce chapitre pourrait être, à lui seul, l'objet de tout un livre. La nature de l'ouvrage ne comportait point un plus long développement, Ce n'est pas un tableau, c'est seulement une esquisse indiquée par quelques traits.

« Les divinités païennes s'adressaient aux passions, non pour les combattre, mais pour les enhardir. Elles offraient à l'esprit de séduisantes images et aux sens des plaisirs sans remords.

« Le Christ est venu, qui a dit à l'homme : « Les grandeurs de la terre sont misérables ; car le pauvre est l'égal du riche. Toutes les passions sont stériles : la charité seule féconde les âmes. Le bonheur n'est point dans les richesses, dans la gloire, dans les voluptés : on le mérite ici-bas par la vertu, et l'on n'en jouit que dans le ciel. »

« De nos jours, les théories qui gouvernent l'homme le laissent sur la terre : tout est mis en oeuvre pour offrir à son corps un séjour doux et commode.

IV

« Quel triomphe pour l'artiste grec ou romain, quand ses lascives peintures ou ses sculptures impudiques avaient exalté les imaginations ! Que la gloire du pontife chrétien était grande, lorsqu'il avait déposé dans les âmes quelques germes de croyance et de vertu !

« De notre temps, honneur à qui invente des machines ! là est le besoin des peuples !

« Caton et Brutus se donnaient la mort pour s'épargner la douleur de voir mourir la patrie ; le Moyen-Âge nous montre des martyrs de la foi et de l'honneur : l'industriel des temps modernes se suicide après banqueroute.

V

« La méditation et la foi s'étaient, durant l'âge intermédiaire, créé un monde tout moral, mélange de religion et de philosophie, d'idées et de sentiments ; il se passait dans les consciences une vie intérieure, secrète, qui ne se révélait point au dehors : c'était la vie de l'âme avec toutes ses passions immatérielles, ses joies sublimes, ses douleurs profondes. Alors la main travaillait peu et le corps était pauvre à voir ; mais c'était l'âme qui était riche ! aussi elle ne se reposait point. Cette spiritualité de la vie s'est retirée du cœur des hommes ; à présent leur existence est tout extérieure. Leur corps s'agite incessamment à la poursuite des choses matérielles ; le temps se dépense en travaux utiles, et, de peur que la pensée ne trouble la main dans ses oeuvres, l'âme s'est faite inerte et stérile…

VI

« *L'utilité matérielle* : tel est le but vers lequel tendent toutes les sociétés modernes… Mais cette tendance, en Europe, lutte avec des souvenirs, des habitudes et des mœurs. Le présent subit encore l'influence du passé.

« Nous ne sommes point religieux, mais nous avons des temples magnifiques ; quoique le positif des choses nous gagne, nous enfermons encore dans de splendides palais nos bibliothèques, nos musées, nos académies. Les esprits les plus vulgaires, les âmes les plus indolentes, rendent, chez nous, hommage au génie et à la vertu. L'homme qui a forfait à l'honneur s'incline encore, dans nos cités, devant la statue de Bayard.

« L'Amérique ne connaît point ces entraves : elle s'avance dans la voie des intérêts matériels, sans préjugés qui la gênent, sans passions qui la troublent.

VII

« Ne cherchez, dans ce pays, ni poésie, ni littérature, ni beaux-arts. L'égalité universelle des conditions répand sur toute la société une teinte monotone. Nul n'est ignorant de toutes choses, et personne ne sait beaucoup ; quoi de plus terne que la médiocrité ! Il n'y a de poésie que dans les extrêmes : les grandes fortunes ou les grandes misères, les clartés célestes ou la nuit infernale, la vie des rois ou le convoi du pauvre.

VIII

« Dans la société américaine, point d'ombre et point d'éclat, ni sommités, ni profondeurs. C'est la preuve qu'elle est matérielle : partout où l'âme règne, on la voit s'élever ou descendre. Au-dessus des intelligences voilées s'élancent les brillants génies ; au-dessus des âmes engourdies, les cœurs enthousiastes. Le niveau ne se fait que sur la matière.

IX

« Le monde moral est-il donc soumis aux mêmes lois que la nature physique ? faut-il, pour que les beaux esprits apparaissent, que l'ignorance des masses leur serve d'ombre ? Les grandes individualités sociales ne brillent-elles au-dessus du vulgaire qu'à la manière des hautes montagnes, dont la cime étincelante de neige et de lumière domine des précipices ténébreux ?

X

Il est de poétiques ignorances : au temps où le Dante s'immortalisait par un livre, apparut Guesclin *qui rien savait des lettres* [1]. Quand le connétable s'obligeait, il ne signait point, faute de le savoir ; mais il engageait son honneur, qui était tenu pour bon.

« Cette grossière ignorance ne se rencontre point aux États-Unis, dont les habitants, au nombre de douze millions, savent tous lire, écrire et compter.

XI

« En Amérique, il manque aux caractères, pour être brillants, un théâtre et des spectateurs. Si les pays d'aristocratie sont féconds en personnages éclatants et poétiques, c'est que la classe supérieure fournit les acteurs et le théâtre : la pièce se joue devant le peuple, qui fait le parterre et ne voit la scène qu'à distance.

---

1 Notes de l'auteur. *

« *Qui rien ne savait des lettres,* ne oncques n'avait trouvé maistres de qui il se laissast doctriner ; mais les voulait toujours férir et frapper. » (V. *Anciens mémoires sur Du Guesclin,* tome 1, p. 194.) Lorsque le Captal de Bue mit Du Guesclin en liberté sur sa parole, celui-ci lui dit : « Pour Dieu, j'aurais plus chéri être mort que mon serment eusse faussé ne rompu. » (Id., t. 1, p. 423.)

« L'aristocratie romaine jouait son rôle devant le monde ; Louis XIV, devant l'Europe. Que si les rangs se mêlent, les individus, vus de près, se rapetissent ; il y a encore des acteurs, mais plus de personnages ; une arène, mais plus de théâtre [1].

XII

« Toutes les sociétés renferment dans leur sein des vanités puériles, des orgueils énormes, des ambitions, des intrigues, des rivalités… mais ces passions s'élèvent ou descendent, sont grandes ou misérables, selon la condition et le génie des peuples. Turenne était presque aussi fier de sa naissance que de sa gloire ; Ninon était galante ; le grand Bossuet était jaloux de Fénelon…

« Les Américains convoitent l'argent, sont orgueilleux d'argent, jaloux d'argent… Et si quelque marchande de New York se livre à des galanteries, qu'importe son nom au monde ? quel reflet ses amours répondront-ils sur l'avenir ?

XIII

« Il existe, à la vérité, en Amérique quelque chose qui ressemble à l'aristocratie féodale.

« La fabrique, c'est le manoir ; le manufacturier, le seigneur suzerain ; les ouvriers sont les serfs ; mais de quel éclat brille cette féodalité industrielle ? Le château crénelé, ses fossés profonds, la dame châtelaine et le féal chevalier n'étaient pas sans poésie.

« Quelle harmonie le poète moderne puisera-t-il dans les comptoirs, les alambics, les machines à vapeur et le papier-monnaie ?

XV

1 Notes de l'auteur. **
Le gouvernement des États-Unis, l'état social et politique de ce pays, ne sont nullement favorables au développement des grands talents. Un Américain de beaucoup d'esprit me disait à ce sujet : « Comment voulez-vous qu'un médecin se montre habile, si vous mettez entre ses mains un homme bien portant ? »

« Aux États-Unis, les masses règnent partout et toujours, jalouses des supériorités qui se montrent et promptes à briser celles qui se sont élevées ; car les intelligences moyennes repoussent les esprits supérieurs, comme les yeux faibles, amis de l'ombre, ont horreur du grand jour. Aussi n'y cherchez pas des monuments élevés à la mémoire des hommes illustres. Je sais que ce peuple eut des héros ; mais nulle part je n'ai vu leurs statues. Washington seul a des bustes, des inscriptions, une colonne ; c'est que Washington, en Amérique, n'est pas un homme, c'est un dieu.

« Le peuple américain semble avoir été condamné, dès sa naissance, à manquer de poésie… Il y a, dans l'ombre attachée au berceau des nations, quelque chose de fabuleux qui encourage les hardiesses de l'imagination. Ces temps d'obscurité sont toujours les temps héroïques : dans l'antiquité, c'est la guerre de Troie ; au Moyen-Âge, les croisades. Dès que les peuples s'éclairent, il n'y a plus de demi-dieux… Les Américains des États-Unis sont peut-être la seule de toutes les nations qui n'a point eu d'enfance mystérieuse. Environnés, en naissant, des lumières de l'âge mûr, ils ont écrit eux-mêmes l'histoire de leurs premiers jours : et l'imprimerie, qui les avait précédés, s'est chargée d'enregistrer les moindres cris de l'enfant au maillot.

XVI

« La poésie commença en France par les chants des trouvères et les amours des chevaliers… Telle ne saurait être son origine aux États-Unis. Les hommes de ce pays, dont le respect pour les femmes est profond, méprisent les formes extérieures de la galanterie. Une femme seule au milieu de plusieurs hommes, égarée dans sa route ou abandonnée sur un vaisseau, n'a point d'insulte à redouter ; mais elle ne sera l'objet d'aucun hommage. On sait en Amérique le mérite des femmes ; on ne le chante point.

XVII

« À peine le peuple américain était-il né, que la vie publique et industrielle s'est emparée de toute son énergie morale. Ses institutions, fécondes en libertés, reconnaissent des droits à tous. Les Américains ont trop d'intérêts politiques pour se préoccuper d'intérêts littéraires. Lorsque, vers la fin du siècle dernier, vingt-cinq millions de Français étaient gouvernés selon le bon plaisir d'une femme galante, ils pouvaient, tranquilles sur les affaires du pays, s'amuser de choses frivoles et se dévouer corps et âme à la querelle de deux musiciens ! [1]

« Peu confiants dans les hommes du pouvoir, les Américains se gouvernent eux-mêmes : la vie publique n'est point dans les salons et à l'Opéra ; elle est à la tribune et dans les clubs.

XVIII

« Quand la vie politique cesse, vient la vie commerciale : aux États-Unis tout le monde fait de l'industrie, parce qu'elle est nécessaire à tous. Dans une société d'égalité parfaite, le travail est la condition commune ; chacun travaille pour vivre, nul ne vit pour penser. Là point de classes privilégiées qui, avec le monopole de la richesse, aient aussi le monopole des loisirs.

XIX

« Tout le monde travaille !... Mais la vie du travailleur est essentiellement matérielle. Son âme sommeille pendant que son corps est à l'œuvre ; et, lorsque son corps se repose, son esprit ne devient pas actif. Le travail pour lui, c'est la peine ; l'oisiveté, la récompense ; il ne connaît point le loisir. C'est toute une science que d'apprendre à jouir des choses morales. La nature ne nous donne point cette faculté qui naît de l'éducation seule et des habitudes d'une vie libérale. Il ne faut pas croire qu'après avoir amassé de l'argent et de l'or, on puisse se dire tout à coup : « Maintenant je vais vivre d'une vie intellectuelle. » Non, l'homme n'est point ainsi fait. Le reptile tient à la terre et l'aigle aux cieux. Les hommes d'esprit pensent, les hommes à argent ne pensent pas.

---

1 Note de l'auteur. *Deux musiciens.*

Gluck et Piccini.

« Pour moi, disait alors un Français, je ne salue pas un homme qui n'aime pas Gluck. »

XX

« Ce n'est pas qu'aux États-Unis on manque d'auteurs ; mais les auteurs n'ont point de public.

« On trouverait encore des écrivains pour faire des livres, parce que c'est un travail que d'écrire : ce sont les lecteurs qui manquent, parce que lire est un loisir.

« Le public réagit sur l'auteur, et vous ne verrez point celui-ci s'obstiner à produire des oeuvres littéraires, quand le public n'en veut pas.

XXI

« Supposez un poète inspiré, que le hasard fait naître au sein de cette société d'hommes d'affaires : pensez-vous que son génie fournisse sa carrière ? Non, le génie lui-même subit l'influence de l'atmosphère qui l'environne. Nul n'exprime bien l'enthousiasme devant des êtres qui ne le sentent point ; on ne chante pas longtemps pour des sourds… La verve du poète et l'inspiration de l'écrivain, qu'échauffent les sympathies, se glacent dans l'indifférence et la froideur.

XXII

« Tout le monde étant industriel, la première parmi les professions est celle qui fait gagner le plus d'argent. Le métier d'auteur, étant le moins lucratif, est au-dessous de tous les autres. Dites à un Américain que l'illustration des lettres est plus belle à poursuivre que la fortune, il vous accordera ce sourire de pitié qu'on donne aux discours d'un insensé… Exaltez en sa présence la gloire d'Homère, celle du Tasse : il vous répondra qu'Homère et le Tasse moururent pauvres. Arrière le génie qui ne donne point la richesse !

XXIII

« En Amérique, on n'estime des sciences que leur application. On étudie les arts utiles, mais non les beaux-arts.

Gustave de Beaumont

« L'Allemagne, la France, inventent des théories ; aux États-Unis on les met en pratique ; ici on ne rêve point, on agit. Tout le monde aspire au même but, le bien-être matériel ; et comme c'est l'argent qui en est la source, c'est l'argent seul qu'on poursuit.

XXIV

« Lorsque dans ce pays on fait de la littérature, c'est encore de l'industrie. Il n'existe là ni école classique, ni romantique. On ne connaît que l'école commerciale, celle des écrivains qui rédigent des gazettes, des pamphlets, des annonces, et qui vendent des idées, comme un autre vend des étoffes. Leur cabinet est un comptoir, leur esprit une denrée ; chaque article a son tarif ; ils vous diront au juste ce que coûte un enthousiasme imprimé.

XXV

« Ces marchands intellectuels vivent entre eux dans de fort bons rapports. L'un soutient les principes politiques de M. Clay ; l'autre, ceux du général Jackson ; le premier est unitaire, le second presbytérien ; celui-ci est démocrate, celui-là fédéraliste ; un troisième se montre l'ardent défenseur de la morale religieuse ; un autre protège la morale philosophique de miss Wright.

XXVI

« Tous sont amis entre eux, se querellant quelquefois pour les personnes, jamais pour les principes.

« Chacun ne doit-il pas librement exercer son industrie ? la dernière loi du congrès vous semble sage : rien de mieux ; moi, je la trouve insensée ; vous soutenez que notre président est un profond politique, à merveille ; je suis en train de démontrer qu'il ignore l'art de gouverner ; vous poussez à la démocratie, moi je lutte contre elle. La société marche-t-elle à sa perfection ? ou tend-elle à sa décadence ?

XXVII

« Allons, que chacun de nous prenne à sa convenance parmi ces textes différents. Ce sont des branches variées d'industrie ; on peut même s'attacher à plusieurs en même temps : écrire pour dans un journal, et contre dans un autre ; la contradiction n'importe point. Ne faut-il pas des idées qui aillent à toutes les intelligences ? C'est dans l'un et dans l'autre cas un besoin social auquel on répond.

XXVIII

« Il arrive parfois, dans les révolutions politiques, que, la vertu devenant crime et le crime vertu, on voit tour à tour condamnés au dernier supplice les hommes de principes les plus opposés. Est-ce que le bourreau et ses aides s'abstiennent de leur profession parce que les crimes sont douteux ? non sans doute ; ils continuent leur métier. Ainsi font les écrivains ; ils ne travaillent pas sur des corps, mais sur des idées, tantôt sur l'une, tantôt sur l'autre. Leur demander de se vouer à un système, c'est vouloir qu'ils aient des opinions, des croyances, des convictions exclusives ; c'est restreindre dans de certaines limites leur industrie qui, de sa nature, est sans borne comme la pensée dont elle émane.

XXIX

« L'industrie des idées étant la dernière de toutes, il s'ensuit que, pour écrire, il faut n'avoir rien de mieux à faire. Quiconque se sent du génie se fait marchand ; les incapacités se réfugient dans le petit métier des lettres. On laisse volontiers aux femmes le soin de faire des vers et des livres, c'est une frivolité qu'on abandonne à leur sexe ; on leur permet de perdre le temps en écrivant.

« Vous trouverez dans toutes les villes d'Amérique un assez grand nombre de femmes savantes. Quelques-unes ont acquis par leurs ouvrages une réputation méritée [1] ; mais la plupart sont froides et

1 Note de l'auteur. Quelques-unes ont acquis une réputation méritée. Entre autres miss Sedgwich, auteur de plusieurs romans fort jolis.

pédantes. Rien n'est moins poétique que ces muses d'outre-mer ; ne les cherchez point dans la profondeur des sauvages solitudes, parmi les torrents et les cataractes, ou sur le sommet des monts : non, vous les verrez marchant dans la boue des villes, des socques aux pieds et des lunettes au visage.

XXXI

« Quoiqu'il y ait peu d'auteurs en Amérique, dans aucun pays du monde on n'imprime autant. Chaque comté a son journal ; les journaux sont, à vrai dire, toute la littérature du pays [1]. Il faut à des gens affairés, et dont la fortune est médiocre, une lecture qui se fasse vite et ne coûte pas cher. Il se fait d'ailleurs pour l'éducation primaire et pour la religion une énorme consommation de livres !... C'est plutôt de la librairie que de la littérature. L'instruction donnée aux enfants est purement utile ; elle n'a point en vue le développement des hautes facultés de l'âme et de l'esprit : elle forme des hommes propres aux affaires de la vie sociale.

XXXII

« La littérature américaine ignore entièrement ce bon goût, ce tact fin et subtil, ce sentiment délicat, mélange de passion et de jugement froid, d'enthousiasme et de raison, de nature et d'étude, qui président, en Europe, aux compositions littéraires. Pour avoir de l'élégance dans le

1 Note de l'auteur. Journaux, seule littérature.

On estime à plus de 1,200 le nombre des journaux existant actuellement aux États-Unis, indépendamment des autres publications périodiques. Dans le seul État de New York, il y avait, au commencement de l'année 1833, 263 journaux (pour deux millions d'habitants). Tous les comtés, à l'exception de deux, Putnam et Rockland, avaient leur journal publié dans leur sein.

New York seul a 65 journaux, y compris les *magazines*. Sur ce nombre, 13 sont quotidiens, 30 hebdomadaires, 9 mensuels, 10 sont publiés deux fois par semaine, et 3 deux fois par mois.

Le prix de l'abonnement annuel aux journaux quotidiens de New York est de 10 dollars (53 fr.) Le montant de tous les abonnements aux différents journaux de l'État de New York est estimé 750,000 dollars (3,975,000 fr.). Cette somme ne comprend pas le prix des annonces. À la même époque, on comptait à Boston 43 journaux et 38 publications périodiques faites à intervalles moindres d'une année.

Voy. American Almanach, 1834, p. 95 et 96, et Williams Register, 1833, p. 124.

goût, il en faut d'abord dans les mœurs.

XXXIII

« Ni dans les journaux, ni à la tribune, le style n'est un art. Tout le monde écrit et parle, non sans prétention, mais sans talent [1]. Ceci n'est pas la faute seule des orateurs et des écrivains ; ces derniers, quand ils font du style brillant et classique, mettent en péril leur popularité : le peuple ne demande à ses mandataires que tout juste ce qu'il faut de littérature pour comprendre ses affaires ; le surplus, c'est de l'aristocratie.

XXIV

« C'est ainsi que les lettres et les arts, au lieu d'être invoqués par les passions, ne viennent en aide qu'à des besoins ; ou si quelque penchant

1 Note de l'auteur. ... Tout le monde écrit ou parle, non sans prétention, mais sans talent. Le lecteur croira facilement que je n'accepte point ici la solidarité du langage tenu par le personnage qui est en scène.

Dirai-je que nul n'écrit avec talent dans un pays qui nous montre Washington Irving, dont les ouvrages réunissent la grâce du style, la délicatesse des idées, la finesse des aperçus ; Cooper, dont l'Europe admire le génie ; Edward Livingstone, tout à la fois homme d'État et philosophe profond ; Robert Walsh, qui joint à une prodigieuse facilité de style les charmes d'une conversation étincelante de traits et de saillies ; Jared-Sparks, auteur de l'ouvrage remarquable publié sous le titre de *Vie du gouverneur Moris* ; et beaucoup d'autres que je ne cite pas. Dirai-je que tout le monde parle sans talent aux États-Unis, où je rencontre Daniel Webster, dont les discours parlementaires, modèles de style et de logique, annoncent en même temps une âme noble, élevée et pleine de l'amour de la patrie ; Henry Clay, remarquable à la tribune par une élocution brillante et un talent extraordinaire d'improvisation ; Edward Everett, dont les discours à la chambre des représentants rappellent l'école romaine et la manière antique ; Channings, dans les sermons duquel on trouve beaucoup du style et de l'âme de Fénelon, etc., etc. ? Enfin dirai-je qu'en Amérique on ne saurait être homme politique avec du talent littéraire ou oratoire, quand je vois John Quincy Adams, plus versé peut être dans la littérature ancienne et moderne qu'aucun Européen, et qui n'en est pas moins devenu président des États-Unis ; Albert Gallatin, que son esprit orné et sa haute capacité n'ont pas empêché d'être chargé par son pays de fonctions diplomatiques de l'ordre le plus élevé, etc., etc. ?

Du reste, il ne faut pas oublier que celui qui parle exprime des idées qui, prises en général, peuvent être vraies, sans préjudice des exceptions. Il est certain qu'en général, aux États-Unis, on ne trouve pas d'orateurs, mais seulement des avocats, des journalistes, et non des écrivains.

pour les beaux arts se révèle, on est sûr de le trouver entaché de trivialité : par exemple, il existe, aux États-Unis, un genre de peinture qui prospère : ce sont les portraits ; ce n'est pas l'amour de l'art, c'est de l'amour-propre.

XXXV

« Vous rencontrerez parfois, dans ce monde industriel et vulgaire, un cercle poli, brillant, au sein duquel les travaux de l'art sont appréciés avec goût, et les oeuvres du génie admirées avec enthousiasme : c'est une oasis dans les sables brûlants d'Afrique. Vous trouvez çà et là une imagination ardente, un esprit rêveur ; mais un seul poète dans un pays ne fait pas plus une nation poétique que l'accident d'un beau ciel sur les bords de la Tamise ne fait le climat d'Italie.

XXXVI

« Quoiqu'il n'existe point de littérature proprement dite aux États-Unis, ne croyez pas que les Américains soient sans amour-propre littéraire. Il se passe à cet égard un phénomène assez étrange ; vous n'apercevez point chez leurs auteurs de ces vanités monstrueuses, qu'on voit chez nous, compagnes de la médiocrité, quelquefois même du génie. Les écrivains ont la conscience qu'ils exercent une profession d'un ordre inférieur.

« En Amérique, ce ne sont pas les écrivains qui ont l'orgueil littéraire, c'est le pays.

« La littérature est une industrie dans laquelle les Américains prétendent exceller comme dans toutes les autres.

« Et ne croyez pas leur être agréable en leur disant que la conformité du langage rend communs aux États-Unis tous les beaux génies de l'Angleterre ; ils vous répondront que la littérature anglaise ne fait point partie de la littérature américaine.

XXXVII

« Le caractère anti-poétique des Américains tient à leurs mœurs par de profondes racines.

« Lorsque dans ce pays on poursuit l'argent, on ne recherche point le plaisir. La religion, et plus encore d'austères habitudes, interdisent les jeux, les amusements [1], les spectacles.

« Les grandes cités ont chacune un théâtre [2] ; mais les riches, qui sont

1 Note de l'auteur. *Les amusements interdits.*
J'ai dit plus haut (*Voy. notes ***** et ****** de la PAGE 35*) quelle est l'austérité des mœurs puritaines, et comment se passe le dimanche. Les amusements qui sont perdus pour ce jour-là ne se retrouvent point un autre jour de la semaine. Dans certains États on ne s'en rapporte pas à l'éloignement naturel des habitants pour les divertissements et les jeux, la loi les prohibe en termes formels. La loi du Connecticut défend absolument les spectacles comme contraires aux bonnes mœurs, sans aucune exception pour les grandes villes telles que Hartford, New-Haven. Dans le New Jersey, on ne permet point les courses de chevaux ; c'est, dit-on, une occasion de rassemblements, de jeux, de paris, de luxe, de désordre et de dérangement dans les habitudes, toutes conséquences immorales. À Boston, il est défendu de jouer de l'orgue dans les rues ; cela, dit-on, fait peur aux chevaux. À New York, la loi interdit tous les divertissements publics du genre de ceux qu'on voit à Paris aux Champs-Élysées, tels que balançoires, ballons, jeux de bague, etc. ; toutes ces choses font perdre du temps et dérangent le peuple.
2 Note de l'auteur. *Théâtre.*
Il existe trois théâtres à Philadelphie, deux d'un ordre élevé et sur lesquels on joue la tragédie et la comédie ; le troisième, tout-à-fait inférieur, est consacré aux bouffonneries grossières.
Les deux grands théâtres ne sont ouverts que pendant l'hiver, au temps des longues soirées ; le troisième ne ferme jamais. Même pendant l'hiver, les deux premiers sont peu fréquentés. Le public qui assiste aux spectacles est en général ainsi composé : d'abord les étrangers qui viennent au théâtre parce qu'ils ne savent où passer leur soirée ; des femmes publiques que la présence des étrangers y attire ; des jeunes gens américains de mœurs dissipées, et enfin quelques familles de marchands auxquelles leur fréquentation du théâtre donne un assez mauvais renom dans la société américaine. Les personnes un peu distinguées par leur fortune et leur position ne vont point habituellement au théâtre ; il faut quelque chose d'extraordinaire pour les attirer ; par exemple, la présence momentanée d'un acteur célèbre ; alors tout le monde se rend au spectacle, non par goût, mais par mode. À vrai dire, personne aux États-Unis n'aime le théâtre, et presque tous ceux qu'on y voit y viennent par désœuvrement. Ils ne prêtent au spectacle aucune attention. Les Américains qui assistent, en France, à une représentation sont tout étonnés du silence qui règne parmi les spectateurs et des émotions que reçoit le public. En Amérique, l'assemblée ignore ce qu'on joue ; on cause, on discute, on remue, on prend occasion du spectacle pour boire ensemble ; l'intérêt de la pièce est entièrement perdu de vue.
La doctrine des quakers, fondateurs de la Pennsylvanie, interdit formellement le théâtre ; les quakers n'étant plus en majorité ne font plus la loi ; mais une partie de leurs mœurs reste. On peut en dire autant des presbytériens de la Nouvelle-Angleterre ; on s'est écarté, à Boston, de la rigidité de leurs principes en établissant des théâtres ;

toujours en avant de la corruption, s'efforcent vainement de le mettre en vogue. Le spectacle n'est point, en Amérique, un plaisir populaire ; la tragédie, la comédie, la musique italienne, sont des divertissements aristocratiques de leur nature ; ils demandent aux spectateurs du goût et de l'argent, deux choses qui manquent au plus grand nombre. Les cirques et les amphithéâtres veulent une multitude à passions ; et c'est ce que l'Amérique du Nord ne saurait leur donner.

XXXVIII

« Si les grands théâtres y sont rares, les petits y sont inconnus. Cette absence du goût dramatique est sans doute un élément de moralité pour la société américaine qui, n'ayant pas de théâtres, ne distribue point chaque soir des moqueries aux maris trompés, des applaudissements aux amants heureux, et de l'indulgence aux femmes adultères. Les Américains ont plus de moralité parce qu'ils n'ont pas de spectacles ; et ils n'ont pas de spectacles à cause de leur moralité. Ceci est à la fois cause et effet.

XXXIX

« Ce n'est pas seulement par amour pour la morale que les Américains fuient le théâtre, car beaucoup qui n'y vont pas se livrent chez eux à d'ignobles plaisirs. Le spectacle est un amusement dont naturellement ils n'ont pas le goût. Ils tiennent cette antipathie des Anglais, leurs aïeux, et subissent encore l'influence du puritanisme des premiers colons américains. Le théâtre n'a jamais été, en Angleterre, qu'une mode des hautes classes, ou une débauche du bas peuple ; et ce sont les classes moyennes de ce pays qui ont peuplé l'Amérique. Quelle que soit la cause, l'effet est certain ; le génie poétique est, aux États-Unis, dépouillé de son plus bel attribut ; ôtez à la France son théâtre, et dites où sont ses poètes.

mais la population n'a ni le goût ni l'habitude du spectacle. Je ne parle point ici de New York, dont les habitants américains ne paraissent pas plus jaloux que dans les autres cités des plaisirs du théâtre. Les spectacles y sont, à la vérité, plus fréquentés ; mais il y a toujours à New York vingt mille étrangers pour lesquels le théâtre est presque un besoin. Plusieurs théâtres pourraient prospérer à New York sans qu'on pût en conclure que les Américains de cette ville aiment le spectacle.

XL

« La religion, si féconde en poétiques harmonies, ne porte au cœur des Américains ni inspiration, ni enthousiasme. L'habitant des États-Unis aime, dans son culte, non ce qui parle à l'âme, mais seulement ce qui s'adresse à sa raison ; il l'aime comme principe d'ordre, et non comme source de douces émotions. L'Italien est religieux en artiste ; l'Américain l'est en homme rangé.

XLI

« Les cultes chrétiens sont d'ailleurs trop divisés en Amérique, pour fournir aux beaux-arts des sujets d'un intérêt général : la secte des quakers, simple et modeste, ne se bâtira point des palais somptueux ; qu'importent à l'église méthodiste les admirables sermons de M. Channings, ministre des unitaires ? Si la communion baptiste élève quelque monument à sa croyance, de quel intérêt sera-ce pour les presbytériens ?

« À la place de l'unité religieuse qui règne en France depuis quinze siècles, supposez mille sectes dissidentes, vous n'aurez à cette heure ni grandes églises, ni grands orateurs chrétiens, ni Notre-Dame, ni Bossuet.

XLII

« Les congrégations protestantes n'ont point, pour se rassembler, des temples magnifiques, décorés de statues et de tableaux ; elles s'enferment dans de simples maisons, bâties sans luxe et à peu de frais. Le plus splendide parmi leurs édifices religieux se montre soutenu par quelques colonnes de bois peint : c'est là leur Parthénon. Ôtez à l'Amérique son Capitole, expression poétique de son orgueil national, et la Banque des États-Unis, expression poétique de sa passion pour l'argent, il ne restera pas dans ce pays un seul édifice qui présente l'aspect d'un monument.

XLIII

« Tout, aux États-Unis, procède de l'industrie, et tout y va… mais à la différence du sang qui s'échauffe en allant au cœur, tous les élans, en atteignant l'industrie, se refroidissent à ce cœur glacé de la société américaine.

XLIV

« Laissez grandir cette société, disent quelques-uns, et vous en verrez sortir des hommes illustres dans les lettres et dans les arts. Rome naissante n'entendit point les chants d'Horace et de Virgile, et il a fallu quatorze siècles à la France pour enfanter Racine et Corneille.

« Ceux qui tiennent ce langage confondent deux choses bien distinctes : la société politique et la civilisation. La société américaine est jeune, elle n'a pas deux siècles. Sa civilisation, au contraire, est antique comme celle de l'Angleterre dont elle descend. La première est en progrès, la seconde, en déclin. La société anglaise se régénère dans la démocratie américaine : la civilisation s'y perd.

XLV

« L'esprit industriel matérialise la société, en réduisant tous les rapports des hommes entre eux à l'utilité.

« Il est de nobles passions qui fécondent l'âme : l'intérêt la souille et la flétrit. Il semble que la cupidité souffle sur l'Amérique un vent funeste qui, s'attachant à ce qu'il y a de moral dans l'homme, abat le génie, éteint l'enthousiasme, pénètre jusqu'au fond des cœurs pour y dessécher la source des nobles inspirations et des élans généreux.

XLVI

« Voyez le paysan français, d'humeur gaie, le front serein, les lèvres riantes, chanter sous le chaume qui recèle sa misère, et sans soucis de la veille, sans prévoyance du lendemain, danser joyeux sur la place du village.

« On ne sait rien, en Amérique, de cette heureuse pauvreté. Absorbé par des calculs, l'habitant des campagnes, aux États-Unis, ne perd point de temps en plaisirs ; les champs ne disent rien à son cœur ; le soleil qui féconde ses coteaux n'échauffe point son âme. Il prend la terre comme une matière industrielle ; il vit dans sa chaumière comme dans une fabrique.

XLVII

« Personne ne connaît, en Amérique, cette vie tout intellectuelle qui s'établit en dehors du monde positif, et se nourrit de rêveries, de spéculations, d'idéalités ; cette existence immatérielle qui a horreur des affaires, pour laquelle la méditation est un besoin, la science un devoir, la création littéraire une jouissance délicieuse, et qui, s'emparant à la fois des richesses antiques et des trésors modernes, prenant une feuille au laurier de Milton, comme à celui de Virgile, fait servir à sa fortune les gloires et les génies de tous les âges.

XLVIII

« On ignore dans ce pays l'existence du savant modeste qui, étranger aux mouvements du monde politique et au trouble des passions cupides, se donne tout entier à l'étude, l'aime pour elle-même, et jouit, dans le mystère, de ses nobles loisirs.

« L'Amérique ne connaît, ni ces brillantes arènes où l'imagination s'élance sur les ailes du génie et de la gloire ; ni ces cours d'amour où les grâces, l'esprit et la galanterie se jouaient ensemble ; ni cette harmonie presque céleste qui naît de l'accord des lettres avec les beaux-arts ; ni ce parfum de poésie, d'histoire et de souvenirs, qui s'exhale si doux d'une terre classique pour monter vers un beau ciel.

XLIX

« L'Europe qui admire Cooper croit que l'Amérique lui dresse des autels ; il n'en est point ainsi. Le Walter Scott américain ne trouve dans son pays ni fortune ni renommée. Il gagne moins avec ses livres qu'un marchand d'étoffes ; donc celui-ci est au-dessus du marchand d'idées. Le raisonnement est sans réplique.

L

« D'abord incrédule à ce phénomène, je supposais que Cooper avait peint de fausses couleurs les mœurs des Indiens, et que les Américains, juges d'un tableau dont l'original est sous leurs yeux, le condamnaient comme dépourvu de vérité locale. Plus tard j'ai reconnu mon erreur : j'ai vu les Indiens, et me suis assuré que les portraits de Cooper sont d'une ressemblance frappante.

LI

« Mais les Américains se demandent à quoi sert de connaître ce qu'ont fait les Indiens, ce qu'ils font encore ; comment ils vivaient dans leurs forêts, comment ils y meurent. Les sauvages sont de pauvres gens desquels il n'y a rien à tirer, ni richesses, ni enseignements d'industrie. Il faut prendre leurs forêts, voilà tout, et s'en emparer, non pour faire de la poésie, mais pour les abattre et passer la charrue sur le tronc des vieux chênes.

LII

« Ces belles forêts, ces magnifiques solitudes, ces splendides palais de la nature sauvage, il leur fallait pourtant un chantre divin ! Elles ne pouvaient tomber sous le fer de l'industriel sans avoir été célébrées sur la lyre du poète... le poète n'était pas chez les Américains... mais franchissant l'Atlantique, l'ange de la poésie a, sur ses ailes de flamme, transporté l'Homère français sur les rives du Meschacébé.

LIII

« Tous les mondes sont le domaine du génie ! et il est de larges poitrines qui pour respirer à l'aise, n'ont pas trop de l'univers. Quelques années plus tard, l'hôte des sauvages allait, poète inspiré chanter des souvenirs sur les bords de l'Eurotas, et pèlerin pieux, adorer Dieu sur les rives du Jourdain !

Atala, Réné, les Natchez sont nés en Amérique, enfants du désert. Le Nouveau-Monde les inspira ; la vieille Europe les a seule, compris.

Les Américains, quand ils lisent Chateaubriand, disent, comme en voyant la merveille de Niagara

« Qu'est-ce que cela prouve ? »

Tel est le peuple sur lequel j'avais conçu l'espoir chimérique d'exercer une poétique influence ! !

Ô cruel désenchantement ! Ainsi se brisait dans mes mains le rameau secourable auquel j'avais, durant le naufrage, rattaché ma dernière chance de salut ! !

Chapitre XIII

L'émeute

« Ainsi s'évanouissait mon rêve d'illustration littéraire et l'avenir que j'y rattachais ! Tout autre moyen de renommée m'était interdit. Si les États-Unis eussent été engagés dans quelque guerre, j'eusse tenté d'entrer dans les rangs de l'armée américaine ; mais en temps de paix il n'y a point de gloire militaire. Les soldats de ce pays se réduisent à quelques milliers d'hommes cantonnés sur les frontières des États de l'Ouest, où leur seule mission est de tenir en respect des hordes d'Indiens sauvages [1].

Comme j'étais tombé dans l'accablement profond qui succède au dernier rayon éteint de la dernière espérance, je reçus une lettre de Nelson qui m'annonçait son départ de Baltimore et sa prochaine arrivée à New York avec Marie ; il n'entrait dans aucun détail. « Vous saurez,

---

1 Note de l'auteur. Tenir en respect des hordes d'Indiens sauvages.

L'armée des États-Unis se compose de six mille hommes, elle se recrute d'enrôlés volontaires, qui suffisent à son maintien. La population américaine y trouve l'avantage de ne point subir le recrutement forcé. Mais l'inconvénient pour le pays est d'avoir une armée composée d'hommes sans moralité, qui prennent la carrière des armes, non par patriotisme, mais par intérêt ; non comme moyen de gloire, mais comme moyen d'existence.

Ce fait, qui en lui-même est un mal, engendre, aux États-Unis, peu de fâcheuses conséquences. Comme les États-Unis n'ont point de guerres à soutenir, il n'y a dans l'armée que peu de désertions ; car l'enrôlé volontaire, qui prend le métier des armes comme moyen d'existence, ne déserte qu'en face du péril. En cas de lutte avec des partis d'Indiens, les désertions deviennent assez nombreuses : mais il n'en résulte aucun danger pour le pays, le sort de ces combats ne pouvant être douteux entre ennemis de forces tellement inégales. À l'intérieur, l'inconvénient est peut-être moindre encore. Six mille hommes dispersés sur un territoire à moitié grand comme l'Europe sont imperceptibles, et encore les tient-on constamment éloignés de la population civilisée. Ils occupent des forts dans le nord et dans l'ouest de l'Amérique, et s'avancent dans les forêts indiennes à mesure que la population américaine s'en approche. Il n'est pas une ville d'Amérique dans laquelle un régiment américain tienne garnison. Une telle armée ne menace donc à l'intérieur, ni les bonnes mœurs, ni la liberté. Il existe une école militaire (Westpoint) qui sert de pépinière pour les officiers. C'est là qu'on les prend tous. Jamais les soldats ou sous-officiers ne deviennent officiers. On entre à Westpoint par faveur : mais, pour en sortir officier, il faut subir un examen. Un capitaine a un traitement fixe de 1,200 dollars (6,260 fr.), qui, à raison des indemnités de logement, de fourrages, etc., se monte à 1,800 dollars (9,540 fr.).

Les militaires qui cessent de l'être ne reçoivent aucune retraite, quelle que soit la durée de leurs services. Mais quand ils ont des congés, on ne leur fait aucune retenue de solde.

me disait-il, la cause de cette retraite et le nouveau coup qui vient de nous frapper. » Il ne me disait rien de Georges.

Après un jour d'attente et de tourments, je vis arriver Nelson et Marie. La douleur se montrait grave et sévère sur le front du père, expansive et tendre dans les yeux de la jeune fille.

Mon inquiétude comprima les premiers élans de mon amour.

« Quels sont donc, m'écriai-je, les nouveaux malheurs dont je vous vois accablés ? »

Après quelques instants d'un morne silence, Nelson me dit : « Une semaine s'est écoulée depuis qu'à Baltimore s'est faite l'élection d'un membre du congrès. Georges et moi, nous nous y sommes rendus selon notre coutume... Je suis habitué à voir les intrigues s'agiter en pareille occasion, mais je trouvai les passions politiques dans un état d'exaltation que je n'avais pas vu jusqu'alors.

« La lutte s'engagea entre deux candidats ; le premier, remarquable par de grands talents, mais *fédéraliste* ; le second, moins distingué, mais *jacksoniste* [1].

Après une multitude de discours suivis les uns de huées, les autres d'acclamations, tous accompagnés de querelles violentes entre les électeurs des deux partis contraires, on recueillit les votes, et le candidat auquel Georges et moi avions donné notre suffrage l'emportait d'une voix, lorsque tout à-coup un grand tumulte éclate dans l'assemblée ; d'abord une exclamation, puis deux, puis mille se font entendre ; l'agitation, partie d'un point, gagne subitement toute la salle, comme le trouble d'une abeille inquiétée dans sa case se communique en un instant à toute la ruche. Enfin j'entends les électeurs du parti vaincu s'écrier : Le scrutin est nul ! Georges Nelson est un homme de couleur ; hurrah ! hurrah ! qu'il sorte de la salle... l'élection doit être recommencée...

« De vifs applaudissements suivirent ces paroles. Ceux de notre parti gardaient un morne silence ; enfin l'un d'eux demanda à Georges si l'imputation était vraie. Oui, répondit celui-ci. Alors nos amis eux-mêmes firent entendre de violents murmures, et chacun s'éloigna de nous. J'éprouvai dans ce moment moins de confusion que de crainte ; car je pressentais la fureur de Georges et les éclats terribles auxquels il allait se livrer. Je le vis pâlir de colère, mais, chose étrange ! il reprit tout

1 Partisan du général Jackson, président actuel des États-Unis.

à coup ses sens et demeura tranquille.

« L'observation de nos adversaires était fondée, la loi du Maryland excluant du droit électoral tous les gens de couleur, même ceux qui sont depuis longtemps en possession de la liberté. Je ne réclamai point, et, entraînant Georges hors de la salle, je bénis le ciel de trouver calme celui dont je craignais tant les emportements. À l'instant où nous sortions nous avons remarqué un individu qui mettait un grand zèle à provoquer l'attention publique sur l'humiliation de notre retraite. Georges le regarda en face et reconnut en lui don Fernando d'Almanza, cet Américain qui, par ses perfides révélations, fit mourir de douleur la mère de mes enfants. Je ne doutai pas que le premier cri dénonciateur ne fût sorti de sa bouche ; et Georges a supposé avec raison que cet homme était le même qui, au théâtre de New York, avait excité contre vous et lui les haines de la multitude.

« Le premier mouvement de Georges fut de se porter vers l'auteur de l'affront, et de venger d'un seul coup l'ancienne et la nouvelle injure ; mais je le vis presque aussitôt comprimer son ressentiment. Il murmurait à voix basse des phrases entrecoupées dont je ne comprenais pas bien le sens : le grand jour approche, disait-il ; la vengeance sera plus belle !

« Persuadé qu'il cachait dans son âme un secret important, je le pressai de m'en faire l'aveu. – C'est une lâcheté, me dit-il, de se laisser écraser sans relever la tête. Je sais qu'une insurrection se prépare dans le Sud ; les nègres de la Virginie et des deux Carolines vont se joindre aux Indiens de la Géorgie pour secouer le joug américain ; j'irai seconder leurs efforts.

« Effrayé de ce projet, je tentai, par tous les moyens, d'en démontrer à Georges la folie et l'impuissance… Peut-être je le fis dans des termes trop sévères… mais un pareil dessein me semblait si fécond en périls !… Marie joignit à mes remontrances ses prières et ses larmes, toujours si puissantes sur son frère. Georges garda le silence. Alors je pensai que la raison était entrée dans son cœur.

« Nous convînmes de quitter Baltimore, où nous ne pouvions demeurer plus longtemps ; mais où chercher un refuge ? Je proposai à mes enfants de porter notre malheureuse fortune à New York, où un presbytérien respectable, James Williams, que j'avais autrefois connu à Boston, nous donnerait provisoirement un asile. Arrivés là, nous pourrions délibérer sur le choix d'une retraite. Tandis que je parlais, Georges paraissait livré à une grande préoccupation ; cependant il ne proféra pas un seul mot qui rappelât son funeste projet. Le soir, quand l'heure de se séparer fut venue, il nous comblait des plus touchantes caresses ; jamais il ne s'était montré si affectueux pour moi, si tendre pour sa sœur. Au milieu d'une rêverie, il s'interrompait pour nous dire de douces paroles. Hélas ! le lendemain il manquait à nos embrassements ; il avait quitté Baltimore laissant une lettre dans laquelle il nous conjurait de lui pardonner son départ clandestin.

« Jamais, disait-il, je n'aurais pu résister à l'ascendant d'un père, aux larmes d'une sœur ; un seul regard de Marie, m'aurait vaincu. Cependant mon devoir me commande de secourir des frères malheureux… Mon père, ma chère sœur, ajoutait-il, nous nous reverrons dans des temps plus fortunés… Si les hommes ne sont pas égaux sur la terre, ils le sont du moins dans le ciel.

« Je ne vous dirai point quelle fut la douleur de Marie en entendant ces dernières paroles d'un frère qu'elle chérit.

« Georges, dans sa lettre, nous engageait à suivre mon premier projet, celui de demander l'hospitalité à James Williams, auquel, disait-il, il s'adresserait plus tard pour retrouver nos traces. »

Ainsi parla Nelson ; sa voix, en finissant, s'était faiblement émue. Il dit ensuite avec l'accent d'une résignation pieuse : « Plus le bras qui frappe est puissant, et plus on doit l'adorer… Mon ami, ajouta-t-il, vous pouvez maintenant juger si je vous trompais quand je vous peignais l'horrible condition des gens de couleur aux États-Unis. N'ayant pu dissiper vos illusions, j'imposai à votre amour un temps d'épreuve. Le terme n'en est pas encore expiré, mais sans doute votre opinion l'a devancé, et ce que vous savez de notre fortune doit suffire pour vous éclairer. »

Comme je gardais le silence sous l'impression d'un chagrin profond et de l'inquiétude que m'inspirait le sort de Georges, Marie, prenant mon anxiété pour de l'embarras, me dit d'une voix entrecoupée de pleurs : « Ludovic, mon cœur vous tient compte des efforts généreux que vous faites pour aimer une infortunée ; mais, de grâce, cessez de lutter contre l'inflexible destin. Vous le voyez, nos malheurs s'enchaînent comme nos jours. Mon sort est à jamais fixé : je traînerai de ville en ville ma misérable existence ; chassée d'un lieu par le mépris, de l'autre par la haine, partout réprouvée des hommes, parce que je fus maudite dans le sein de ma mère ! »

J'atteste le ciel qu'en présence d'une si touchante infortune, mon cœur ne chancela pas un seul instant ; pour être fidèle au malheur, je n'eus aucun combat intérieur à soutenir. Je sentis se resserrer plus fortement dans mon âme le lien qui m'unissait à Marie. Cet accroissement de tendresse et d'amour se mêlait d'une indignation si profonde contre les auteurs du mal dont la victime était sous mes yeux, que je ne pus contenir l'expression de ce dernier sentiment.

Voilà donc, m'écriai-je, le peuple objet de mes admirations et de mes sympathies ! fanatique de liberté et prodigue de servitude ! discourant sur l'égalité parmi trois millions d'esclaves ; proscrivant les distinctions, et fier de sa couleur blanche comme d'une noblesse ; esprit fort et philosophe pour condamner les privilèges de la naissance, et stupide observateur des privilèges de la peau ! Dans le Nord, orgueilleux de son travail ; dans le Sud, glorieux de son oisiveté ; réunissant en lui, par une monstrueuse alliance, les vertus et les vices les plus incompatibles, la pureté des mœurs et le vil intérêt, la religion et la soif de l'or, la morale et la banqueroute !

Peuple *homme d'affaires* qui se croit honnête parce qu'il est légal ; sage, parce qu'il est habile ; vertueux, parce qu'il est rangé ! Sa probité, c'est la ruse soutenue du droit, l'usurpation sans violence, l'indélicatesse sans crime. Vous ne le verrez point armé du poignard qui tue ; son arme à lui, c'est l'astuce, la fraude, la mauvaise foi, avec lesquelles on s'enrichit… Il parle d'honneur et de loyauté comme font les marchands ! mais voyez quelle hypocrisie jusque dans ses bienfaits ! il convie à l'indépendance toute une race malheureuse ; et ces nègres qu'il affranchit, il leur inflige, au sortir des fers, une persécution plus cruelle que l'esclavage.

Ainsi s'emportait ma colère ; j'en arrêtai les élans à l'aspect de Marie, dont l'abattement était extrême. Après avoir exhalé ses ressentiments, mon cœur ne contenait plus que de l'amour, et je ne crus pouvoir mieux l'exprimer qu'en adressant ce peu de mots à Nelson : « Le temps d'épreuve n'est pas encore écoulé, veuillez me faire grâce de ce qui reste et souffrir que je devienne l'époux de Marie.

– « Dieu puissant ! s'écria l'Américain non sans quelque émotion, que ta bonté est grande puisque tu nous conserves le cœur de ce digne jeune homme ! »

Mes paroles jetèrent Marie dans une situation impossible à décrire. L'expression de mes griefs contre la société américaine lui avait donné le change sur mes sentiments intérieurs ; et, quand mes derniers accents lui eurent révélé le seul désir de mon cœur, je la vis passer subitement de l'extrême douleur à cet excès de joie qui s'annonce aussi par des larmes ; tombant à genoux, elle rendit grâces à Dieu dans l'attitude du criminel qui, ayant reçu des hommes un pardon inespéré, joint ses deux mains en regardant le ciel.

Nelson ajouta : » Généreux ami, c'est le signe d'une âme grande et forte d'être attiré par le malheur. Je ne combattrai plus vos nobles élans ; j'admire votre vertu, et ne me crois point digne de la diriger. » En disant ainsi, il se jeta dans mes bras, et me serra étroitement contre son cœur ; puis, prenant ma main et celle de Marie : « Ma fille, lui dit-il en faisant signe de nous unir, Ludovic sera votre époux. » – « Ô mon Dieu ! s'écria cette charmante fille, tant de bonheur n'est-il pas un rêve ? » Elle n'ajouta rien à ces paroles, se tint appuyée au bras de Nelson et parut recueillir ses sentiments dans une extase de félicité.

Cependant, impatient de voir s'accomplir le plus cher de mes vœux, j'obtins de Nelson qu'il fixât le jour de mon union avec sa fille. – « Dans quelques jours, me dit-il, je vous nommerai mon fils. Il fut un temps, peu éloigné de nous, où, selon les lois de l'État de New York, le mariage d'un blanc avec une personne de couleur était impossible ; mais aujourd'hui la prohibition n'existe plus : de semblables alliances se font quelquefois…

« Un ami de notre hôte, le révérend John Mulon, ministre catholique, que sa philanthropie pour la race noire rend cher aux presbytériens eux-mêmes, vous mariera d'abord selon les rites de l'Église romaine, à laquelle vous appartenez ; ensuite James Williams, ministre presbytérien, donnera à votre union la sanction du culte que ma fille professe. Naguère encore des mariages de cette sorte eussent excité dans la population américaine de vives rumeurs… mais l'esprit public s'éclaire chaque jour, et les haines meurent avec les préjugés. Peut-être, mes enfants, ferons nous sagement, quand votre union sera consacrée, de ne point quitter New York. Il n'existe pas dans cette ville plus de bienveillance que dans les autres pour les gens de couleur ; mais, au moins, dans une grande cité, il est plus facile qu'ailleurs de vivre obscur et ignoré. »

Je ne songeai point en ce moment à rechercher si Nelson était le jouet de quelque illusion ; le contentement de mon cœur était extrême ; toutes mes inquiétudes s'évanouirent ; j'oubliai mes ennuis passés, la cause même qui les avait fait naître ; et, croyant à jamais tarie la source de mes infortunes, je ne vis plus dans l'avenir que des promesses de bonheur.

Cette impression ne fut point dissipée par les chagrins de Marie qui, peu d'instants après les joies de la première ivresse, était revenue à sa mélancolie. « Mon ami, me disait-elle, c'est en vain que tu cherches à me tromper… Ton amour pour moi est devenu un sacrifice…

« Quand tu vois couler mes larmes, n'accuse point mon amour ; je pleure parce que je vois quel sera ton sort, si notre union s'accomplit. Le mépris dont je serai l'objet rejaillira sur toi… Tu n'es point accoutumé à te passer d'estime ; et ce manque te fera souffrir d'affreux tourments… il ne sera pas en ton pouvoir de me cacher les secrètes plaies de ton cœur. Ludovic, je mourrai de douleur de te savoir malheureux. »

Je méprisai la vanité de ses scrupules et la chimère de ses craintes.

Le jour tant désiré de notre hymen arriva. Je me sentais plein d'amour, jamais mon cœur ne s'était ouvert à tant d'espérance ; j'éprouvais pourtant un secret déplaisir à voir le front de Marie couvert d'un voile de tristesse, qui ne tombait point devant ma joie ; je ne savais pas alors qu'il est des âmes tendres et mystérieuses dont la douleur est un présage, et qui souffrent instinctivement, parce qu'elles ont deviné de grands maux dans l'avenir

Cependant, dès le matin, elle parut ornée de la blanche couronne des épouses ; sa grâce et sa beauté naturelle étaient pleines d'un secret enchantement, et, je ne sais si sa parure n'était pas encore embellie par le deuil de son regard. Une joie religieuse et paisible se peignait sur la physionomie de Nelson ; et, quand John Mulon et James Williams nous annoncèrent que l'heure était venue d'aller à l'église pour la cérémonie, je me sentis pénétré d'une sainte et douce émotion.

Cependant, à l'instant où nos âmes tranquilles se remplissaient des espérances du bonheur, de grands troubles se préparaient dans New York, et un orage terrible était près de fondre sur nos têtes. (Voir note à la fin de l'ouvrage).

Il existe à New York, comme dans toutes les villes du Nord des États-Unis, deux partis bien distincts parmi les amis de la race noire.

Les uns, jugeant l'esclavage mauvais pour leur pays, et peut-être aussi le condamnant comme contraire à la religion chrétienne, demandent l'affranchissement de la population noire ; mais, pleins des préjugés de leur race, ils ne considèrent point les nègres affranchis comme les égaux des blancs ; ils voudraient donc qu'on déportât les gens de couleur, à mesure qu'on leur donne la liberté ; et ils les tiennent dans un état d'abaissement et d'infériorité aussi longtemps que ceux-ci demeurent parmi les Américains. Un grand nombre de ces amis des nègres ne sont contraires à l'esclavage que par amour-propre national ; il leur est pénible de recevoir sur ce point le blâme des étrangers, et d'entendre dire que l'esclavage est un reste de barbarie. Quelques-uns attaquent le mal par la seule raison qu'ils souffrent de le voir : ceux-là, en opérant l'affranchissement, font peu de chose : ils détruisent l'esclavage, et ne donnent pas la liberté ; ils se délivrent d'un chagrin, d'une gêne, d'une souffrance de vanité, mais ils ne guérissent point la plaie d'autrui ; ils ont travaillé pour eux, et non pour l'esclave. Chargé de ses fers, celui-ci est repoussé de la société libre.

Les autres partisans des nègres sont ceux qui les aiment sincèrement, comme un chrétien aime ses frères, qui non-seulement désirent l'abolition de l'esclavage, mais encore reçoivent dans leur sein les affranchis, et les traitent comme leurs égaux.

Ces amis zélés de la population noire sont rares ; mais leur ardeur est infatigable ; elle fut longtemps à peu près stérile ; cependant quelques préjugés s'évanouirent à leur voix, et on vit des blancs s'allier par le mariage à des femmes de couleur.

Tant que la philanthropie pour les nègres n'avait abouti qu'à d'inutiles déclamations, les Américains l'avaient tolérée sans peine : peu leur importait qu'on proclamât théoriquement l'égalité des noirs, pourvu que ceux-ci demeurassent, par le fait, inférieurs aux blancs. Mais le jour où un Américain épousa une femme de couleur, la tentative de mêler les deux races prit un caractère pratique. Ce fut une atteinte portée à la dignité des blancs ; l'orgueil américain se souleva tout entier.

Telle était, dans la ville de New York, la disposition des esprits, à l'époque de mon hymen avec Marie.

Comme nous nous rendions à l'église catholique, j'aperçus dans la ville une agitation inaccoutumée. Ce n'était plus le mouvement régulier d'une population industrielle et commerçante : des hommes mal vêtus, de la classe ouvrière, parcouraient les rues à une heure où d'ordinaire ils remplissent les ateliers. On les voyait, au mépris de leurs habitudes calmes et froides, marcher vite, se heurter en se croisant, s'aborder d'un air mystérieux, former des groupes animés, et se séparer brusquement dans des directions contraires.

Plein d'un intérêt immense qui occupait toute ma pensée, je ne prêtai qu'une faible attention à ce trouble extérieur ; cependant, dès ce moment, je fus surpris de ne voir dans les rues ni nègres ni mulâtres.

Nelson demanda à un Américain qui passait près de nous la cause de ce tumulte. – « Oh ! dit celui-ci, les amalgamistes [1] font tout le mal ; ils veulent que les nègres soient les égaux des blancs ; les blancs sont bien forcés de se révolter. »

Interrogé de même, un autre répondit – « Si on tue les nègres, ce sera leur faute ; pourquoi ces misérables osent-ils s'élever jusqu'au rang des Américains ? »

Un troisième interlocuteur émit une opinion différente : « On va, dit-il, raser les maisons des noirs, et faire disparaître leurs hideuses figures ! Les blancs sont coupables d'agir ainsi ; car ils ont eu le premier tort ; pourquoi ont-ils donné la liberté aux nègres ? »

À l'instant où ces tristes discours frappaient notre oreille, un affreux spectacle s'offrit à nos yeux…

Nous étions dans Léonard-Street. Quelques pauvres mulâtres venant à passer en ce moment, nous entendons aussitôt mille voix furieuses crier : « Haine aux nègres ! à mort ! à mort ! » Au même instant, une grêle de pierres, parties du sein de la multitude, tombe sur les gens de couleur ; des Américains, armés de bâtons, se précipitent sur ces malheureux, et les frappent sans pitié. Atterrés par un traitement aussi cruel qu'inattendu, les mulâtres ne faisaient aucune résistance, et paraissaient accablés de stupeur à l'aspect de la foule irritée ; leur regard, élevé vers le ciel, semblait demander à Dieu d'où venait contre eux le courroux d'une société dont ils respectaient les lois.

Bientôt une scène plus désolante encore s'offrit à nos regards. Les infortunés, que poursuivait une aveugle vengeance, s'étaient réfugiés dans les maisons amies de quelques gens de couleur. Je les croyais échappés au péril ; mais quand il est soulevé, le flot populaire ne s'arrête pas ainsi. Les fenêtres volent en éclats, les portes sont brisées, les murs démolis… En ce moment, je cessai de voir le travail du peuple : Marie était glacée d'effroi. « Mes amis, nous dit Nelson sans se troubler,

---

1 Note de l'auteur. *Amalgamistes.*

V. Pour le sens de ce mot la note ci-dessus de la PAGE 144.

retirons-nous ; ces violences barbares confondent ma raison ; elles prouvent une haine bien fatale contre les gens de couleur. De grands dangers nous menaceraient si nous étions découverts. Hâtons-nous de gagner le temple saint ; réfugiés dans l'édifice religieux, nous y serons à couvert de toute injure : le peuple américain cesserait plutôt d'exister que de perdre son respect pour les choses saintes... Mes enfants, nous disait encore Nelson en nous entraînant vers l'église, dès que votre union sera consommée, nous quitterons cette ville, où règnent de mauvaises passions, que je croyais assoupies. »

En peu d'instants nous arrivâmes à l'église de John Mulon. Beaucoup de gens de couleur s'y étaient réfugiés.

En entrant dans le pieux asile, je sentis renaître ma force et mes espérances. Le tumulte de la sédition, les cris de la multitude, ses fureurs, et la voix des victimes, tous ces bruits de la terre cessèrent de frapper mon oreille, et les ressentiments sortirent de mon cœur. J'aimais la fille de Nelson, et je priais Dieu.

Bientôt la cérémonie fut commencée. J'étais agenouillé près de Marie, dont la pâleur était extrême. Pendant les scènes d'horreur dont nous avions été les témoins, elle n'avait pas laissé échapper une seule plainte ; seulement son regard douloureux semblait me dire : « Sont-ce donc là les pompes de notre hymen ? » Depuis que nous étions entrés dans l'enceinte sacrée, je voyais renaître sur son front le calme et la sérénité : mais sa confiance en Dieu était plutôt de la résignation que de l'espérance.

Pour moi, je m'abandonnais sans réserve à mes impressions de joie. Après bien des orages, je touchais au port... mes malheurs passés servaient d'ombre à mon bonheur... et je bénissais presque les persécutions de la fortune, sans lesquelles je n'eusse point été aussi heureux... Si le sort eût protégé mes premières ambitions de gloire et de puissance, je n'aurais point quitté l'Europe, et je ne serais point aujourd'hui l'époux de Marie ! Que me feront désormais les injustices du monde ; nous serons deux pour les supporter ; et les larmes d'une femme sont si douces, qu'elles mêlent un charme secret aux douleurs les plus amères.

Ainsi s'offraient à mon esprit mille pensées riantes d'avenir, tandis que, prosternés devant l'autel, Marie et moi nous recevions les bénédictions de l'Église. Au moment où le ministre saint, après avoir tiré de son cœur des conseils touchants, prenait nos mains pour les unir, un grand tumulte éclate tout à coup à la porte du temple. « Les insurgés ! » crie une voix sinistre. Ce cri vole de bouche en bouche ; puis un silence morne se fait sous la voûte sacrée… Alors on entend au dehors le bruit d'une multitude en désordre, semblable aux grondements d'un orage qui s'approche. Poussé par un vent impétueux, le nuage qui porte le tonnerre s'avance rapidement, et déjà la foudre est sur nos têtes. « Mort aux gens de couleur ! à l'église ! à l'église ! » Ces clameurs redoutables retentissent de toutes parts ; la terreur saisit les fidèles assemblés ; le prêtre pâlit ses genoux fléchissent, l'anneau qui devait nous unir tombe de ses mains ! Marie, glacée d'effroi, perd ses sens, chancelle, et je prête à la jeune fille défaillante l'appui du bras qui, un instant plus tard, eût soutenu mon épouse bien-aimée.

Quelques nègres intrépides s'étaient élancés vers les issues de l'église pour les défendre contre l'invasion ; mais bientôt mille projectiles tombent avec fracas sur l'édifice sacré… on entend les portes gémir sur leurs gonds… les assaillants s'encouragent mutuellement à la violence ; chacun de leurs succès est salué par des applaudissements tumultueux ; les coups redoublent, les murailles s'ébranlent, le sol a tremblé. Déjà le peuple, ce prodigieux ouvrier de destruction, a fait irruption dans le parvis ; alors l'église présente une scène affreuse de désordre et de confusion : les enfants jettent des cris perçants ; les femmes poussent des plaintes douloureuses. À l'idée d'un massacre populaire, l'horreur pénètre dans toutes les âmes ; car la populace est la même dans tous pays, stupide, aveugle et cruelle. Des hommes, ou plutôt des monstres, sans respect pour la sainteté du lieu, sans pitié pour l'infirmité du sexe et de l'âge, se précipitent sur la pieuse assemblée, et se livrent aux actes de la plus brutale violence, sans épargner les femmes, les vieillards et les enfants.

Mon angoisse était extrême. Confondu par ce spectacle de vandalisme et d'impiété, Nelson était partagé entre sa sollicitude paternelle et son orgueil national. « Ô mon Dieu ! s'écriait-il ; ô profanation ! ô honte pour mon pays ! »

Le péril était imminent et terrible ; je dis à Nelson : « De grâce, laissez à mon amour le soin de protéger Marie » et en parlant ainsi, je la saisis dans mes bras. Oh ! avec quelle énergie je m'emparai de ma bien-aimée ! comme je me sentis fort en la portant sur mon cœur ! mais à peine étais-je chargé d'un si précieux fardeau, que j'entends plusieurs voix crier :

« John Mulon ! John Mulon ! mort au catholique qui marie les femmes de couleur avec les blancs ! » Et en même temps je vis tous les regards se porter sur nous ; je compris que nous étions trahis, et que d'affreux dangers nous menaçaient. Comment sauver Marie ? comment traverser les rangs de nos ennemis, au milieu de tant de passions déchaînées ?

Une lueur d'espérance vint briller à mes regards. « La milice ! la milice ! » crièrent quelques insurgés. – « Que nous importe ! répondirent les autres ; la milice n'oserait pas tirer sur le peuple américain ! »

Un corps de miliciens arrivait en effet avec la mission de rétablir la paix publique ; mais il était entièrement composé d'hommes blancs qui se souciaient peu des gens de couleur. Au lieu d'arrêter la fureur populaire, ils se mirent à contempler ses excès. Leur présence impassible ne fit qu'accroître la fureur des assaillants qui parcouraient l'intérieur du temple, brisant, saccageant tout, les meubles, les ornements du culte, la chaire sacrée, l'autel même. Toutes les issues étaient gardées, pour que nul ne pût se soustraire à leurs violences. Dans cette extrémité, recommandant au ciel la sainte cause de l'innocence et du malheur, je me précipite au milieu d'une multitude effrénée, à travers mille cris de douleur et de vengeance, élevant dans mes bras Marie, pâle et échevelée, et n'ayant pour me protéger d'autre secours que l'énergie de ma volonté, la force de mon amour, et ma foi dans la justice de Dieu. Ah ! je fus intrépide et puissant ! je ne sais si ce fut un effet de mon audace ou d'une céleste protection : mais un passage s'ouvrit devant moi. Marie était si belle dans son effroi, que j'attribuai d'abord à la fascination de ses charmes l'impuissance de nos ennemis ; cependant quel respect la plus noble créature inspirerait-elle à l'impie qui outrage Dieu dans son temple ? Je n'avais plus à franchir que la dernière issue : c'était le passage le plus dangereux. Agité de mille terreurs, placé entre l'obstacle que je voyais devant moi et l'impossibilité de demeurer immobile, ne trouvant que périls autour de moi, je m'élance... En ce moment, je vois se lever les bras des meurtriers... Marie va tomber sous leurs coups... Alors il me semble que la voûte du ciel s'affaisse sur moi, en même temps que la terre entr'ouvre son sein pour m'engloutir. Cependant mon élan suit son cours ; je ne puis plus le retenir, et, dans cet entraînement de mon corps, j'ai la conscience qu'en voulant sauver une tête chérie, je la livre à ses bourreaux ! !

O mon Dieu ! qu'en ce jour ta puissance et ta miséricorde furent grandes ! À l'instant même où je précipitais dans l'abîme le trésor confié à mon amour, un jeune combattant se présente, se jette entre nous et nos ennemis, dont il brave les fureurs, nous fait un rempart de son corps, s'avance dans le terrible défilé, attaque les gardiens du passage, désarme, renverse, brise tout ce qui lui résiste… Précédé de sa puissance tutélaire, je marche sans obstacle, je soustrais Marie aux outrages, je la protège contre toutes les violences, et ressens la plus douce joie qu'il soit donné à l'homme d'éprouver en dérobant à un affreux péril et en voyant renaître dans mes bras le charmant objet de mon amour.

Peu d'instants après nous fûmes rejoints par Nelson, James Williams et John Mulon, qui, malgré les luttes où ils avaient été contraints de s'engager, ne nous avaient pas perdus de vue.

« Ludovic ! ô ciel ! où sommes-nous ? » s'écria Marie en rouvrant ses beaux yeux que la terreur avait fermés, et qui semblaient se réveiller d'un long sommeil ; « Où donc est le temple, le ministre saint, mon père, la foule ? » Et son regard parut s'égarer autour d'elle.

« Mon bien aimé, reprit-elle, je ne sais rien, sinon que je te dois la vie. »

Puis, voyant Nelson : « Mon père ! ah ! je tremblais pour vos jours… dites… que s'est-il donc passé depuis que l'anneau de notre hymen est tombé des mains du prêtre de Dieu… J'ai eu une terrible vision !… des images de sang !… des cris de mort !… Georges ! Georges ! où est-il ? »

– « Il est là, » répliqua Nelson.

– « Ô mon Dieu ! il a perdu la vie, » s'écria Marie.

– « Non, ma fille, il a sauvé la tienne. »

Nelson nous apprit en effet que Georges était ce jeune homme intrépide qui, à l'instant du plus grand péril, s'était montré soudain, et nous avait délivrés par des prodiges de valeur et d'audace.

« Mes amis, dit Nelson, le ciel nous éprouve par de cruelles infortunes ; cependant la Providence, qui, en permettant un grand mal, nous a soustraits miraculeusement aux maux plus grands dont nous étions menacés, n'est-elle pas encore généreuse envers nous ? »

– « D'où vient que Georges était ici ? demanda Marie ; et pourquoi n'est-il pas avec nous ?

– « Georges, répondit Nelson, nous est apparu comme ces génies bienfaisants qui ne descendent sur la terre que pour sécher les pleurs des hommes, et qui, après avoir consolé, retournent dans leur céleste patrie. Je l'ai vu ardent, impétueux, s'élancer à la défense de sa sœur et terrasser ses ennemis. Bientôt il s'est approché de moi : – Suivez Marie, m'a-t-il dit ; veillez sur elle… hâtez-vous, ô mon père, de fuir cette ville impie. Et comme je prenais son bras pour l'attirer à nous : – Je ne suis pas libre, m'a-t-il répondu avec énergie ; mon devoir m'appelle ailleurs… J'aime ma sœur plus que la vie, mais non autant que l'honneur. Je m'éloigne de vous, je fuis ma chère sœur, pour ne pas être faible. Que Marie s'unisse à Ludovic, il est digne d'elle… elle l'est de lui… Adieu, James Williams ; a-t-il dit en s'éloignant ; allez chez votre frère Lewis ; il vous faut à tous un autre asile, car votre maison n'existe plus. »

Nous trouvâmes en effet un monceau de ruines à la place de l'habitation de notre hôte. Les portes en avaient été brisées, les murs démolis, les meubles saccagés ; les débris de la destruction avaient été rassemblés en tas sur la place publique ; on y avait mis le feu en signe de joie, et nous aperçûmes à notre retour, les dernières lueurs de la flamme qui les avaient consumés. Plusieurs maisons de gens de couleur et de blancs amis des nègres avaient éprouvé le même sort, et quatre églises appartenant à la population noire étaient tombées, comme celle de John Mulon, sous la violence et la profanation.

Vers le soir, l'insurrection était amortie ; la société philanthropique, établie à New York pour l'affranchissement des nègres, publia une déclaration dans laquelle elle s'efforça de calmer les passions des Américains contre les gens de couleur. « Jamais, dit-elle, nous n'avons conçu le projet insensé de mêler les deux races ; nous ne saurions méconnaître à ce point la dignité des blancs ; nous respectons les lois qui établissent l'esclavage dans les États du Sud. »

Ô honte ! quel est donc ce peuple libre devant lequel il n'est pas permis de haïr l'esclavage ? Les nègres de New York ne demandent pas la liberté pour eux, tous sont libres ; ils invoquent la pitié américaine pour leurs frères esclaves… et leur prière, celle de leurs amis, sont des crimes pour lesquels on demande grâce !…

Cependant il restait encore dans la ville un peu de cette agitation superficielle qui a coutume de succéder aux crises de la guerre civile. On voyait le père chercher les enfants ; la sœur, le frère ; l'épouse, le mari. On s'abordait en se questionnant et en se faisant mutuellement des récits exagérés : à l'aspect des édifices ruinés et des cendres encore fumantes, on s'arrêtait pour contempler l'œuvre populaire, comme on regarde, après l'ouragan, les chênes déracinés et les moissons flétries. Les héros du jour et les braves se reposaient et rentraient chez eux ; les poltrons et les intrigants entraient en scène.

Tout le monde, après l'événement, condamnait les insurgés, et leurs excès. La plupart, en déplorant la misère des noirs, en éprouvaient une secrète joie. Je vis pourtant quelques bons citoyens, amis sincères de leur pays, verser des larmes au souvenir de cette fatale journée ; ils voyaient dans cet acte de tyrannie, exercé par le plus grand nombre sur une minorité faible, l'abus le plus odieux de la force, et se demandaient si une population, dont les passions haineuses étaient plus fortes que les lois, pouvait longtemps demeurer libre.

À l'heure même où la sédition était apaisée, ou nous apprit qu'il s'en préparait pour le lendemain une nouvelle, dont les symptômes étaient terribles.

Un seul moyen pouvait arrêter l'insurrection dès son principe : il eût fallu ordonner à la milice de faire feu sur le peuple ; mais cet ordre ne pouvait émaner que du maire de la cité. Les plus sages lui conseillaient cette mesure ; mais, magistrat né du peuple, il n'osait frapper son père. Vainement on lui disait que les insurgés étaient de la populace, et non le peuple. Dans les discordes civiles, il vient un moment où il est bien malaisé de distinguer l'un de l'autre. Le maire écouta l'avis des plus modérés, qui voulaient qu'on montrât seulement les baïonnettes à la multitude. Cet appareil de miliciens sous les armes ne pouvait être, à la vérité, qu'une démonstration vaine, s'il ne leur était permis de briser par la force toutes les résistances ; mais il y a des cas où la raison ne fait point entendre, parce qu'elle est combattue par de secrets sentiments, dont on ne saurait convenir, et qu'on s'avoue à peine à soi-même. « Après tout, disait aux Américains la voix de cet instinct secret, le malheur serait-il si grand, quand les gens de couleur et leurs amis périraient dans un mouvement populaire ? »

Jugez enfin de la stupeur dans laquelle chacun de nous tomba, en apprenant que l'annonce de mon union avec Marie avait été, sinon la cause, du moins le prétexte de l'insurrection. À cette nouvelle, tous les ressentiments qu'avaient fait naître quelques mariages précédents entre des blancs et des femmes de couleur s'étaient réveillés. La partie éclairée de la population, sans éprouver des passions aussi violentes, sympathisait avec elles ; elle n'eût point suscité la révolte, mais elle laissait faire les rebelles, et, je ne sais si elle eût jamais arrêté leurs excès, n'était la crainte qu'elle sentit pour elle-même d'une multitude effrénée, qu'elle vit enivrée de désordre et avide de destruction.

Chapitre XIV

Le départ de l'Amérique civilisée

Nelson me dit : « Il vous manquait cette dernière épreuve…

– « De grâce, m'écriai-je, ne faites pas à mon cœur l'injure de l'interroger… Mais dites, quand serai-je uni à celle qui m'est plus chère mille fois qu'elle ne le fut jamais ?…

– « Hélas ! mon ami, répliqua Nelson après un long silence, tout est obstacle, embarras et malheur autour de nous… Je ne vois de certain que la nécessité où nous sommes de quitter New York sans le moindre retard. »

Nous pensions tous comme lui. Mais où aller ?… Nelson voulait nous conduire dans l'Ohio, où la population américaine, composée d'éléments tout nouveaux, ne tient aucun compte des antécédents de la vie et des traditions de famille. Il se sentait d'ailleurs attiré vers ce pays par la fécondité de son sol et le génie industriel de ses habitants. Mais comme nous allions nous arrêter à ce projet, notre nouvel hôte, Lewis Williams, chez lequel son frère nous avait conduits, nous apprit que la législature de l'Ohio venait de rendre un décret pour interdire l'entrée de l'État à tous les gens de couleur.

Ce nouvel acte de tyrannie, tant de malheurs accumulés sur nos têtes, réveillèrent dans mon âme les haines qu'une ivresse passagère y avait endormies.

Je dis à Marie : « Ma bien-aimée, fuyons une société qui nous persécute ; le bonheur est trop difficile parmi les méchants ; mais tous les hommes sont méchants pour nous ; crois-moi, renonçons à ce monde cruel… voudrais-tu me suivre au désert ? L'Ouest des États-Unis contient d'immenses contrées, où les Européens n'ont jamais pénétré ; c'est là qu'est notre asile… »

Quel est l'homme qui, sous le charme d'une douce atmosphère, traversant une belle solitude, au milieu d'une forêt sombre et sauvage, où l'eau vive court sous la feuillée tremblante ; où le soleil se joue sur les cimes que déplace le vent ; où tout est recueillement et mystère ; où la nature s'empare de l'âme par le calme, et des sens par une voluptueuse fraîcheur ; quel est celui, dis-je, qui, sous l'empire de ces impressions, n'a pas rêvé le bonheur dans un établissement éloigné du monde, et n'a, sur les ailes de son imagination, transporté tout à coup dans ce lieu solitaire une personne chérie, avec laquelle il oubliera le reste des hommes, au sein de toutes les délices de l'amour, et de tous les enchantements de la nature ?

Ceux auxquels de riantes illusions n'ont pas inspiré ce beau rêve l'ont peut-être fait dans ces moments de triste réalité où l'ennui, le dégoût et la misère donnent au malheureux l'espoir de trouver le bonheur partout où le monde n'est pas.

L'idée du désert me vint de la mélancolie ; cependant elle offrit à mon âme l'image d'une douce félicité.

Je dis à Marie cette impression avec une abondance de sentiments et un excès de tendresse que j'essaierais vainement de vous dépeindre : le cœur trouve, dans ses efforts d'espérance, des expressions qui ne sont point de l'homme ; mais le feu de ce divin langage s'éteint en lui, lorsque, de l'Eden céleste vers lequel elle s'était élancée, l'âme est retombée dans la vallée de larmes…

Pendant que je parlais, Marie semblait m'écouter avec ravissement ; nos cœurs étaient toujours de concert, et son imagination avait compris la mienne. Quand je lui dis ces mots « Voudrais-tu me suivre au désert ? » – « Oh ! mon ami, s'écria-t-elle, comme la vie s'écoulerait pour moi douce et tranquille, partout où je ne verrais que toi ! ! » – Et, comme si un remords fût entré dans son âme, elle reprit bientôt : « La solitude me convient, à moi, pauvre fille maudite des hommes et de Dieu ; mais vous, Ludovic, n'est-ce pas trop sacrifier que de quitter ce monde ? »

Alors j'essayai de convaincre Marie du peu que je perdais en m'éloignant des hommes. Passer mes jours avec elle seule, loin des sociétés que je haïssais, me semblait un bonheur au-delà duquel je ne concevais rien qui fût désirable. Pour apaiser ses scrupules, je ne lui fis aucune peinture exagérée de mon amour : je lui montrai mon cœur à découvert. « Tu crois, lui dis-je, ô ma bien-aimée ! que je t'offre un sacrifice… détrompe toi. Cette retraite vers la forêt solitaire où nous jouirons d'une si douce félicité, n'est pas seulement selon mon cœur ; ma raison elle-même l'approuve. Je suis dégoûté des hommes d'Europe et de leur civilisation. Dans les contrées sauvages où nous irons, nous trouverons d'autres hommes qui ne sont ni polis ni savants, mais aussi ne connaissent rien aux arts de l'oppression et de la tyrannie. Nous appelons ces Indiens des sauvages parce qu'ils n'ont point nos talents ; mais quel nom nous donnent-ils, eux qui ne possèdent point nos vices ? C'est au sein de leurs forêts que nous admirerons l'homme dans sa dignité primitive.

« La vie civilisée est une vie de force collective et de faiblesse individuelle : l'homme isolé marche seul dans sa force et dans sa liberté.

« Dans nos pays de vieille civilisation, l'impotent dont le corps languit, le lâche qui n'a point d'âme, l'imbécile qui n'en a pas plus qu'un reflet, sont les forts de la société, pourvu qu'ils soient nés riches : ils brillent, ils commandent, ils gouvernent. Il n'est pas de poltron qui n'achète du cœur avec de l'or : les honneurs, les distinctions, la gloire même, se vendent comme une denrée.

« J'ai vu des idiots que servaient cent hommes intelligents appelés valets. S'ils fussent nés rois, ils eussent été servis par des peuples.

« Chez l'Indien, au contraire, l'intelligence est au chef, l'énergie à l'homme fort, la faiblesse à l'infirme ; et l'on n'achète pas plus l'énergie musculaire que la puissance morale.

« Ainsi la raison elle-même nous chasse du pays que nous haïssons, et nous pousse vers la nouvelle patrie qu'a choisie notre cœur…

– « Oh ! oui, s'écria Marie cédant à la conviction dont elle me voyait pénétré… mais mon père ! !… »

Je répliquai : « Nelson nous aime tendrement : partout où nous irons, ses bénédictions et ses vœux suivront nos traces… d'ailleurs, infortuné lui-même, ne sera-t-il pas jaloux de partager notre retraite ? »

Nelson entendit sans le plus léger signe d'émotion la communication de mes projets ; il réfléchit profondément, et puis il me dit : « La résolution que vous proposez est extrême, mais notre position l'est aussi ; je ne me séparerai point de vous, mes enfants. Pendant qu'au désert vous serez occupés de votre bonheur, j'aurai, moi, d'autres soins à remplir. J'ai toujours compati à la misère des Indiens, dont l'ignorance fait la faiblesse ; un grand nombre parmi nous sont durs et persécuteurs envers ces infortunés. Le Ciel, qui ne me permet pas de jouir ici du bien-être et de la sécurité, m'avertit sans doute que ma place est marquée ailleurs, et je ferai encore une oeuvre utile à mon pays en travaillant à réparer ses injustices… »

Il réfléchit de nouveau, et poursuivit ainsi : « Nous allons marcher vers l'Ouest et traverser de vastes contrées. Le désert est loin aujourd'hui ; la civilisation américaine grandit si vite et s'étend si rapidement... Si nous ne cherchions qu'un sol fertile et une admirable nature, nous choisirions notre asile dans la vallée du Mississipi, sur sa rive droite, qui compte encore peu d'habitants ; mais les eaux du grand fleuve qui, en se débordant, fécondent les terres environnantes, sont aussi, par leur contact avec les matières végétales, la source d'exhalaisons funestes à la vie de l'homme. Nous ferons mieux de porter nos pas du côté des grands lacs, où l'on respire un air toujours pur. Le Michigan est renommé pour la salubrité de son climat ; il ne contient qu'une seule ville (Détroit), d'immenses forêts, et la nation des Indiens Ottawas. »

Le lendemain, le premier jour du mois de mai de l'année 1827, Nelson, Marie et moi remontions l'Hudson pour nous rendre à Albany, et de là à Buffaloe, petite ville située sur le bord du lac Érié. Nelson eût voulu n'emmener aucun serviteur : je désirais moi même de faire comme lui ; mais le fidèle Owasco nous demanda si instamment de nous suivre, et témoigna tant de chagrin à l'idée d'être séparé de sa bonne maîtresse, que nous cédâmes à sa prière.

Ainsi nous partîmes, chassés par la persécution et réduits à chercher un asile parmi les sauvages. Oh ! je n'accusai point alors la rigueur de mon destin. Ce départ avec l'objet aimé, les scènes ravissantes que nous offrit le fleuve du Nord sur ses deux rives, et qu'on admire si bien quand on est deux ; ce voyage aventureux vers des pays inconnus ; l'opiniâtreté même du malheur attaché à nos pas ; tout réveillait en moi l'enthousiasme et l'énergie.

À peine avions-nous fait dix milles sur l'Hudson que, portant mes regards vers New York, cette vaste cité, naguère objet de mes illusions, et maintenant quittée sans regrets, j'aperçus dans le lointain, sur plusieurs points différents, des flammes s'élever dans les airs. « Ce sont, dit un Américain, les églises des noirs et leurs écoles publiques qu'on brûle. » Cette destruction avait été annoncée la veille. Ainsi nous voyions encore la haine de nos ennemis, quand nous étions à l'abri de leurs coups. Tel fut l'adieu que nous fit l'Amérique civilisée.

Bientôt nous ne vîmes plus que de vastes nappes d'eau, des montagnes et des forêts, et cependant nous n'étions pas encore dans l'Amérique sauvage. Ces contrées intermédiaires qui séparent la civilisation du désert devaient nous donner de tristes impressions. Je ne saurais vous dire quel serrement de cœur j'éprouvai lorsqu'au sortir d'Albany, côtoyant les bords de la Mohawks, je rencontrai quelques indiens vêtus en mendiants. Il y a moins d'un siècle, les sauvages habitants de ces contrées étaient une nation formidable ; leurs tribus guerrières, leur puissance, leur gloire, remplissaient les forêts du Nouveau-Monde. Que reste-t-il de leur grandeur ?… Leur nom même a disparu de cette terre. Le peuple qui les remplace ne s'enquiert même pas si d'autres étaient là avant lui, et l'étranger qui passe en ces lieux les interroge sans qu'aucun souvenir lui réponde. Peu soucieux d'avenir, l'Américain ne sait rien du passé. Sans doute les États-Unis deviendront un grand peuple ; mais ensuite, qui prendra leur place sur la terre ? et leur nom tombera-t-il de même dans l'oubli de leurs successeurs ?

Cependant ces régions qu'envahit la civilisation européenne conserveront longtemps encore leur aspect sauvage. On y rencontre çà et là des villages et des villes ; mais c'est toujours une forêt. La coignée y retentit incessamment ; l'incendie ne s'y repose point ; mais à peine y apparaît-il quelques clairières [1], faible conquête de l'homme sur une végétation puissante qui, en tombant sous le fer et la flamme, ne s'avoue point vaincue, et se relève avec énergie à la face de ses destructeurs.

C'est encore une étrange chose, au milieu de cet empire à peine ébranlé de la nature sauvage, de s'entendre étourdir du nom magnifique des villes qui rappellent la plus antique comme la plus brillante civilisation. Ici, Thèbes ; là, Rome ; plus loin, Athènes. Pourquoi ce vol fait à tous les peuples du monde de leurs gloires et de leurs souvenirs ? Est ce un parallèle ou un contraste ? La ville aux cent portes est une bourgade ; la cité reine du monde, un défrichement ; le berceau de Sophocle et de Périclès, un comptoir.

1 Note de l'auteur.

« Les Américains considèrent la *forêt* comme le type de la *nature sauvage* (wilderness), et partant de la barbarie ; aussi c'est contre le bois que se dirigent toutes leurs attaques. Chez nous, on le coupe pour s'en servir ; en Amérique, pour le détruire. L'habitant des campagnes passe la moitié de sa vie à combattre son ennemi naturel, la *forêt* ; il le poursuit sans relâche ; ses enfants en bas âge apprennent déjà l'usage de la serpe et de la hache. Aussi l'Européen, admirateur des belles forêts, est-il tout surpris de trouver chez les Américains une haine profonde contre la végétation des arbres. Ceux-ci poussent si loin ce sentiment, que, pour embellir leurs maisons de campagne, ils anéantissent les arbres et la verdure dont elles sont environnées, et n'imaginent rien de plus beau qu'une habitation située dans une plaine rase, où pas un arbre ne se montre. Il importe peu qu'on y soit brûlé par le soleil, sans asile contre ses rayons : l'absence de bois est, à leurs yeux, le *signe* de la civilisation, comme les arbres sont l'annonce de la *barbarie*. Rien ne leur semble moins beau qu'une forêt ; en revanche, ils n'admirent rien plus qu'un champ de blé.

Cependant d'autres émotions agitaient mon cœur. Chaque fois que j'apercevais une forêt bien sombre, un joli vallon, un lac et ses charmants rivages, j'éprouvais la tentation de m'y arrêter. « Ici, me disais-je, avec Marie, je vivrais heureux : pourquoi donc aller plus loin ? »

Un jour, passant auprès du lac Onéida, non loin de Syracuse et de Cicero, je vis une petite île dont l'aspect fit tressaillir mon cœur. Elle occupe le milieu du lac : assez grande pour servir d'asile à une famille, elle n'en pourrait recevoir deux : on y trouverait ainsi un isolement assuré. Il me sembla que la nature ne m'avait jamais offert un spectacle plus ravissant. L'île enchantait mes regards par la fraîcheur de sa végétation, par la richesse et la variété de ses feuillages ; et les eaux qui l'entouraient reflétaient dans leur cristal argenté, sur un fond de ciel bleu, ses contours pleins de grâce, ses touffes d'arbres fleuris et ses massifs de verdure. « C'est, me dit-on, l'île du Français. » [1] N'était-ce point la retraite que je cherchais ? Non : les bords du lac sont envahis par les Européens. Là, plus d'Indiens hospitaliers, mais des Américains aubergistes. Ces hôteliers ont pour domestiques des nègres ; et ces nègres, qui sont voués au mépris public parce que la domesticité est leur partage exclusif, se trouvent là comme pour attester, jusque sur les limites du désert, l'existence du préjugé dont ils sont les victimes, et l'éternelle barrière qui sépare les deux races.

Dois-je me justifier d'avoir pris plaisir à parcourir une île déserte, d'en avoir exploré les moindres parties, et de rendre compte ici de mon excursion ? – Malgré sa beauté naturelle, cette île ne m'offrait par elle-même qu'un faible intérêt ; mais un homme y a vécu, et cet homme était Français, malheureux et proscrit !

Le voisinage des hommes nous repoussait ; il fallait aller plus loin.

En arrivant à Buffaloe, nous apprîmes un événement qui remplit

1 Note de l'auteur.
L'île du Français. Tel est en effet le nom de cette île, et la description qu'en donne l'auteur dans le texte est parfaitement exacte. J'ai eu la curiosité de la visiter, et je l'ai parcourue dans toute son étendue. Le nom qu'elle porte lui vient du séjour assez long, qu'y a fait une famille française, réfugiée aux États-Unis après la révolution de 1789. À cette époque, les bords du lac étaient entièrement sauvages, et habités par une tribu d'indiens *oneidas* dont le lac tient son nom. La tradition du pays rapporte que cette famille infortunée, qui fuyait la société des hommes, eut à souffrir de grandes misères au sein de sa retraite solitaire. J'ai retrouvé l'emplacement qu'occupait l'habitation dans la partie Est de l'île. On le reconnaît à quelques mouvements de terrain, et à la présence d'arbres fruitiers qui ne sont pas de nature sauvage.

de joie l'âme de Nelson. On nous dit que, sur le port, il y avait, prêts à s'embarquer pour le Michigan, six cents Indiens nouvellement arrivés de la Géorgie. Ils étaient de la tribu des Cherokees ; un agent du gouvernement central les accompagnait, chargé de les conduire à leur nouvelle destination. Nelson ne tarda pas à reconnaître en eux les infortunés pour lesquels il avait, peu de temps auparavant, donné sa liberté, et que la cupidité américaine condamnait à l'exil, à l'époque même où de cruels préjugés le contraignaient, lui et sa famille, de quitter Baltimore. Les principaux parmi les Indiens avaient vu Nelson en Géorgie, et tous se rappelèrent son généreux dévouement. Il y eut entre eux et lui une reconnaissance touchante, et ce fut une occasion de joie pour toute la tribu. Nelson vit dans cette rencontre une sorte d'arrangement providentiel, et il nous dit : « Le ciel a entendu mes vœux ; il envoie au-devant de moi les infortunés vers lesquels j'allais... Ne dois-je pas à un témoignage éclatant de sa toute-puissance le bonheur de retrouver les malheureux dont une odieuse persécution m'avait séparé ? L'infortune nous réunit... maintenant nous ne nous séparerons plus... la communauté des misères fait naître un lien plus solide que celle des prospérités... »

Cependant notre intérêt pour les pauvres exilés s'accrut, lorsque nous entendîmes les réflexions que leur départ inspirait aux Américains.

« Enfin, disait l'un, ces misérables se retirent ! on ne les a que trop longtemps supportés parmi nous. Quel produit tiraient-ils des fertiles contrées qu'ils abandonnent ? Le plus habile d'entre eux n'a jamais travaillé dans une manufacture ; et tous aiment mieux une forêt qu'un champ de blé ! !

– « Fort heureusement, reprit un autre, le bon sens américain triomphe des déclamations des philanthropes, des quakers et des presbytériens. »

Un troisième ajouta :

– « Ces sauvages ne sont-ils pas trop heureux ? ils vont trouver dans le Michigan une riche contrée, de grandes prairies, d'immenses forêts ; et tout cela leur est concédé à perpétuité ! »

Pendant que nous entendions ces discours attristants, nous étions témoins d'un spectacle plus affligeant encore : c'étaient les apprêts du départ. Le bord du lac Érié était couvert d'Indiens à moitié nus, de petits chevaux à longues crinières, de chiens chasseurs et demi-sauvages, de longues carabines, de vieilles hardes ; tout cela gisait pêle-mêle sur la plage.

Il y a quelque chose de profondément triste dans l'adieu d'un homme à sa patrie, mais un peuple entier qui part pour l'exil présente une scène tout à la fois douloureuse et solennelle.

La physionomie de ces malheureux était impassible ; cependant on y pouvait deviner le sentiment d'une grande infortune.

Comme on donnait le signal du départ, nous remarquâmes un groupe d'Indiens qui s'avançaient vers le port ; ils étaient encore plus graves, plus recueillis que les autres, et marchaient d'un pas plus lent. L'un d'eux paraissait s'incliner comme s'il eût plié sous un fardeau. À son approche, tous se rangeaient pour faciliter son passage. Enfin nous distinguâmes au milieu de la foule un vieillard décrépit, courbé sous la charge des années ; son front chauve, ses bras desséchés, son corps vacillant, le rendaient plus semblable à un spectre qu'à un être vivant. D'un côté, deux vieillards le soutenaient, dont les épaules affaissées et tremblantes semblaient moins destinées à prêter un appui qu'à le recevoir ; de l'autre, il se penchait sur deux femmes : la première, à cheveux blancs ; la seconde, plus jeune, portait un enfant suspendu à son sein. C'était le patriarche de la tribu ; il avait vécu cent vingt années. Étrange et cruel destin ! cet homme, si voisin du sépulcre, ne laisserait pas ses ossements parmi les ossements de ses pères, et, proscrit séculaire, il allait, dans l'âge de la mort, à la poursuite d'une patrie et d'un tombeau. Cinq générations l'entouraient et s'en allaient avec lui. L'infortune de tous n'égalait point la sienne. Qu'importe l'exil à l'enfant qui naît ? Pour qui a de l'avenir, c'est une patrie qu'un monde nouveau.

Il n'existait alors, entre Buffaloe et le Michigan, aucune communication régulière. C'était donc une rencontre doublement heureuse pour nous que celle des Indiens dont Nelson était l'ami, et l'occasion d'un bateau à vapeur prêt à partir pour le lieu même que nous avions indiqué d'avance comme terme de notre course.

Nous prîmes place sur le bâtiment parmi les Cherokees. Pendant la traversée de Buffaloe à Détroit, Nelson m'entretint longuement du sort de ces peuplades, jadis si puissantes, aujourd'hui si abaissées ; il en parlait sans l'enthousiasme des hommes d'Europe et sans préjugés américains. Parmi les paroles qu'il me fit entendre, je me suis toujours rappelé celles-ci : « On croit, me disait-il, que nous exterminons par le fer les tribus sauvages de l'Ouest : on se trompe, nous nous servons d'un moyen de destruction aussi sûr et moins dangereux pour celui qui l'emploie. En échange de riches fourrures de martres et de castors, nous leur donnons de l'eau-de-vie de peu de valeur ; l'Indien grossier abuse tellement de cette boisson, qu'il en meurt. Ce commerce enrichit l'Américain et tue son ennemi. Des voix courageuses se sont élevées parmi nous pour flétrir cet infâme trafic, mais en vain : l'intérêt sordide fascine les yeux du plus grand nombre.

« Il en est qui, pour se justifier d'un attentat, accusent la victime. Les Américains reprochent aux Indiens d'être vils et dégradés. Peut-être le sont-ils ; mais l'étaient-ils avant de nous connaître ? Quand nos pères abordèrent au milieu d'eux, ces sauvages leur firent voir un caractère qui n'était pas sans grandeur, une dignité naturelle et vraie, autant d'énergie morale que de force musculaire. Ces vertus leur manquent aujourd'hui : qui les en a dépouillés ? Alors, ils ignoraient l'ivrognerie, la débauche, la misère qui mendie, les passions cupides qu'engendre le droit de propriété ; tous ces vices ont pris possession de leur race : d'où leur sont-ils venus ?

« Je sais, ajoutait Nelson, combien il est difficile de polir leurs mœurs, de changer leurs coutumes barbares, de les plier au double joug de la vie sédentaire et de la vie agricole, premiers éléments de toute civilisation. L'obstacle vient de leur fol amour pour la liberté sauvage.

« Mais cet obstacle, qu'avons-nous fait pour le vaincre ? travaillons-nous à les policer ou à les avilir ? et si leur dégradation est notre ouvrage, trouverons-nous dans cet abaissement l'excuse de nos violences ?

« Les Indiens étaient puissants sur cette terre, quand une poignée de proscrits vint demander un asile à leurs forêts ; ils furent hospitaliers et bons. Maintenant on leur dit : « Retirez-vous ; vous ne valez pas le sol qui vous porte et que vous ne savez point féconder ; allez vivre ou mourir plus loin. Ce langage n'est point selon l'esprit de Dieu. Si les Indiens refusent d'apprendre les arts utiles qui font le bien-être de cette vie, enseignons-leur la religion, source de bonheur dans l'autre ; nous ne serons plus troublés par nos consciences, si nous en faisons des chrétiens. »

Ainsi disait Nelson, et j'écoutais ses paroles avec recueillement, parce que sa voix était celle d'un homme juste.

« Vous qui sympathisez avec leur malheur, hâtez-vous, me disait-il encore, de les voir et de les plaindre ; car ils auront bientôt disparu de la terre. *Les forêts du Michigan leur sont livrées à perpétuité*... Oui, ce sont les termes du traité : mais quelle dérision ! Les terres qu'ils occupaient jadis, et dont on vient de les chasser, leur avaient été concédées aussi pour *toujours*. Leur nouvel asile sera respecté tant qu'il n'excitera point l'envie de leurs ennemis ; mais le jour où la population américaine se trouvera trop serrée dans l'Est, elle se rappellera que le Nord du Michigan est une riche et belle contrée. Alors un nouveau traité sera conclu entre les États-Unis et les Indiens, et il sera démontré à ceux-ci que leur intérêt bien entendu est d'abandonner leur nouvelle retraite et d'en aller chercher une autre encore plus loin. Mais à force de s'avancer vers l'Ouest, ils rencontreront l'Océan Pacifique : ce sera le terme de leur course ; là ils s'arrêteront comme on s'arrête au tombeau. Combien de jours de marche leur faudra-t-il pour atteindre le but fatal ? je ne sais ; mais on les a déjà comptés. Chaque vaisseau d'émigrants, vomis par l'Europe engorgée de population, grossit la phalange ennemie qui s'avance, hâte sa course, précipite la fuite des vaincus et accélère l'heure de la catastrophe. Après avoir stationné dans le Michigan, ces Indiens seront rejetés par-delà les montagnes rocheuses : ce sera leur seconde étape ; et lorsque, grandissant toujours, le flot européen aura franchi cette dernière digue, l'Indien, placé entre la société civilisée et l'Océan, aura le choix entre deux destructions : l'une, de l'homme qui tue ; l'autre, de l'abîme qui engloutit. »

Tandis que Nelson et moi parlions théoriquement des Indiens et de leur misérable sort, Marie ne prenait à nos discours qu'un faible intérêt ; mais à l'aspect de leur infortune elle fut bien plus émue que nous. Nous raisonnions ; elle pleura.

L'intérêt de ces entretiens détourna d'abord mon attention de la nature toute nouvelle qui s'offrait à mes regards.

Cependant, lorsqu'après avoir traversé le lac Érié nous entrâmes dans la rivière de Détroit, ainsi nommée parce que les eaux qui la forment, écoulées des lacs supérieurs, sont étroitement resserrées entre ses deux rives, alors une scène imposante s'empara de mes sens et laissa dans mon âme une vive impression.

À mesure que nous remontions le fleuve, paraissait à l'entour de nous un plus grand nombre d'indigènes qu'attirait le bruit de la vapeur. Pour la première fois un bateau se montrait à leurs yeux sans voiles ni rames. Rien ne pourrait peindre l'admiration et la stupeur qu'éprouvait à cet aspect l'habitant du désert.

C'était pour lui et pour nous-mêmes un magnifique spectacle que cette maison flottante, marchant toute seule et s'avançant impétueusement au-devant d'un courant rapide, sans le secours d'aucune force apparente, entre deux bords émaillés de prairies et si rapprochés l'un de l'autre qu'on semblait courir sur la verdure ; ce tonnerre sans cesse grondant de la vapeur qui portait le bruit des cités dans les profondes solitudes ; ce chef-d'œuvre de l'industrie humaine, cette merveille de la civilisation moderne, placée en face des beautés primitives de la nature sauvage.

Cependant on nous montra sur la rive gauche du fleuve une longue file de maisons en bois peint, de construction élégante et neuve et entièrement semblable aux édifices de toutes les petites villes d'Amérique. C'était la ville de Détroit : on ignore si elle tient son nom du fleuve, ou si le fleuve lui doit le sien ; elle fut fondée jadis par les Français canadiens, au temps où la France était puissante dans les Deux-Mondes. On trouve ainsi des noms de France semés çà et là sur les rives du Saint Laurent, du Mississipi et jusqu'au fond du désert ; Pépin-le-Bref [1], Saint Louis [2], Montmorency [3] ; source féconde de souvenirs qui n'auraient que de la douceur, si, en retraçant la gloire de la conquête, ils ne rappelaient aussi le crime de son abandon [4].

Détroit est la dernière ville du Nord-Ouest ; après elle commence le désert. Elle forme ainsi l'anneau de jonction entre le monde civilisé et la nature sauvage ; c'est le point où finit la société américaine et où

1 Notes de l'auteur. * *Pépin le Bref...*

Le lac *Pépin*, que traverse le Mississipi, a reçu son nom des premiers Français qui ont exploré cette contrée à peine connue de nos jours. Ce n'est point au hasard et par un pur caprice qu'ils l'ont appelé de la sorte ; il paraît, d'après ce que rapportent les voyageurs, que ce lac est de fort peu d'étendue, et cependant très dangereux ; la réunion de ces deux circonstances lui a valu le nom du roi, qui, malgré sa petite taille, était cependant un athlète redoutable.

« *Il est petit, mais il est malin,* » disaient en parlant de ce lac les Canadiens qui l'avaient baptisé. Les rares habitants de ce pays sauvage, Indiens, Anglais ou Canadiens, ont conservé ce vieux dicton français que rapporte le major Long. (V. Première expédition, Voyage au lac Winnipeck, au lac des Bois, etc., etc.)

2 Notes de l'auteur. ** *Saint-Louis...*

C'était le nom que les Français avaient donné au Mississipi ; et, maintenant encore, il y a, sur le bord de ce fleuve, la ville Saint-Louis, dans l'état d'Illinois.

3 Notes de l'auteur. *** *Montmorency...*

La chute de Montmorency, à deux lieux de Québec.

4 Notes de l'auteur. ****

Cession du Canada, 1763, Louis XV.

commence le monde indien.

Placé sur la limite de ces deux mondes, on les voit face à face ; ils se touchent et n'ont rien de semblable.

J'avais toujours pensé qu'en m'éloignant des grandes cités pour me rapprocher des forêts solitaires, je verrais la civilisation décroître insensiblement, et, s'affaiblissant peu à peu, se lier par un chaînon presque imperceptible à la vie sauvage qui serait comme le point de départ d'un état social dont nos lumières et nos mœurs seraient le progrès ou le terme. Mais entre New York et les grands lacs, j'ai vainement cherché dans la société américaine ces degrés intermédiaires. Partout les mêmes hommes, les mêmes passions, les mêmes mœurs ; partout les mêmes lumières et les mêmes ombres [1]. Chose étrange ! la nation américaine se recrute chez tous les peuples de la terre, et nul ne présente dans son ensemble une pareille uniformité de traits et de caractères [2].

Jusqu'à ce moment, Marie avait supporté la route sans se plaindre d'aucune fatigue ; mais comme nous arrivions à Détroit, son visage portait l'empreinte d'une altération qu'il lui était impossible de dissimuler ; elle nous fit l'aveu qu'elle avait besoin de repos : nous descendîmes à terre.

Cependant le bateau à vapeur ne s'était approché du port que pour renouveler sa provision de vivres et de bois, et déjà la cloche du départ se faisait entendre. Nelson nous dit : « Mes enfants, demeurez ici tout le temps qui sera nécessaire pour rendre à Marie ses forces ; gardez avec

1 Note de l'auteur. *Partout les mêmes hommes...*

En 1830, un ours égaré dans son chemin traversa la grande rue de Détroit dans toute sa longueur. L'habitant de cette ville du désert est cependant en tous points semblable à celui de New York.

2 Note de l'auteur.

Une des principales causes de l'uniformité de mœurs chez les Américains vient de l'esprit entreprenant des habitants de la Nouvelle-Angleterre, qui, se répandant dans toutes les parties de l'Union, sont les pionniers les plus intrépides et les plus infatigables, et portent ainsi partout le même type de civilisation.

Quand on songe aux diverses peuplades qui couvrent l'Afrique et l'Asie ; isolées, quoique se touchant ; séparées par une montagne, par un vallon, par un ruisseau ; conservant chacune ses mœurs différentes et son caractère particulier, on est frappé du contraste d'un peuple de 12 millions d'hommes répandus sur une surface qui peut en contenir 150 millions, et qui tous présentent un aspect uniforme, sont, perpétuellement mêlés les uns les autres, et, par la similitude parfaite de leurs goûts, de leurs passions, de toutes leurs habitudes, semblent ne former qu'une seule famille : tant est puissant sur les mœurs et sur la destinée des hommes le lien d'une origine commune, d'un langage pareil, d'un même culte religieux, et d'institutions politiques semblables.

vous Ovasco, dont les services vous seront utiles. Je vous précéderai de quelques jours à Saginaw. Le pays qui porte ce nom est, dit-on, riant et fertile ; mais il est encore sauvage. J'y préparerai votre asile, et le jour de votre arrivée sera celui de votre hymen ; moi-même je vous unirai, nos lois m'en donnent le pouvoir [1]. Là, du moins, mon cher Ludovic, vous pourrez aimer la pauvre fille de couleur sans craindre les révélations perfides, sans encourir les mépris et les haines. »

Ainsi parla Nelson ; ces paroles étaient touchantes, et chacun de nous fut attendri ; Nelson me dit encore en se séparant de nous : « Je confie à votre honneur Marie, ma fille bien-aimée ; elle n'osait prétendre à votre amour, elle a droit à votre respect. Votre union fut bénie par un ministre de votre culte ; mais la religion catholique n'est point celle de Marie ; vous savez d'ailleurs quelle catastrophe affreuse est venu, jusque dans le temple saint, troubler l'acte solennel près de se consommer. Adieu, mon fils, soyez pour Marie un père jusqu'au jour où je vous nommerai son époux. » Nelson put juger par mon émotion profonde que le souvenir de ses conseils ne sortirait point de mon cœur.

Un instant après, nous vîmes s'éloigner le bâtiment qui portait Nelson et les Indiens… et nous demeurâmes seuls, Marie et moi, au milieu des grands lacs de l'Amérique, entre un monde quitté sans regrets et un désert plein d'espérance.

---

1 Note de l'auteur.

« Nos lois m'en donnent le pouvoir... »

D'après les lois américaines, tous les ministres du culte, à quelque secte qu'ils appartiennent, ont le pouvoir de célébrer les mariages ; l'acte dressé par eux a la même valeur légale que s'il émanait d'un juge de paix ou d'un alderman.

Chapitre XV

La forêt vierge et le désert

Chose étrange ! le départ de Nelson m'avait affligé vivement. Ses paroles sages, son adieu touchant, reposaient dans mon cœur. Cependant, l'avouerai-je, après son départ, demeuré seul avec Marie, je me trouvai plus heureux. J'atteste le ciel que mon âme était pure de toute coupable espérance. Mais, à partir de ce moment, Marie n'avait plus d'autre protecteur que moi, je serais auprès d'elle le seul être qu'elle aimât ; mon cœur se réjouissait aussi de n'être plus distrait par aucune amitié. Tel est l'amour, le plus généreux et le plus égoïste de tous les sentiments.

L'état de Marie n'avait rien d'alarmant ; aidé d'Ovasco, je l'entourai de mille soins qui n'étaient point nécessaires. C'était seulement du calme et du repos qu'il lui fallait. Une navigation de deux jours sur le lac Érié, dont les eaux se soulèvent comme les vagues de la mer, le bruit continu de la vapeur, qui tantôt gronde sourdement, tantôt s'échappe en cris perçants ; ce mouvement et ce tumulte perpétuel de la vie de vaisseau avaient accablé Marie et porté à ses nerfs un ébranlement général. Quelques nuits de sommeil paisible lui rendirent toutes les forces perdues. Alors nous songeâmes à partir ; mais il se présenta un obstacle que nous étions bien loin de prévoir.

Nous avions pensé qu'en prenant à Détroit une petite barque, il nous serait facile de gagner par eau Saginaw. Lors de notre arrivée, nous avions vu dans le port une foule de schooners, de sloops et de canots, qui, nous disait-on, étaient toujours prêts à remonter le fleuve pour aller à la baie Verte, à Saginaw, au saut Sainte-Marie. Mais lorsque notre départ étant résolu, je songeai à faire un choix parmi les embarcations, mon étonnement fut extrême de n'en pas voir une seule dans le port. Leur absence tenait à un événement qui me fut raconté de la manière suivante :

« Tous les ans, à la même époque, les Indiens arrivent des contrées les plus lointaines, sur la frontière du Canada, pour y recevoir des armes, des munitions, des vêtements que leur donnent les Anglais. Cette distribution gratuite, imaginée par une politique perfide [1], se

1 Note de l'auteur.

Les Anglais distribuent tous les ans aux Indiens un certain nombre de fusils, de carabines et de munitions de poudre et de plomb. Leur but apparent est de conserver

fait à une petite distance de Détroit [1] ; les tribus sauvages qui vivent aux environs du lac Supérieur, de la baie Verte et de Saginaw, étaient accourues cette année, selon leur coutume ; elles venaient de repartir, et un grand nombre, qui avaient descendu le fleuve dans leurs canots d'écorce, avaient pris, pour en remonter le rapide courant, toutes les barques à voile qu'ils avaient pu trouver. »

Cette circonstance nous jeta dans un grand embarras. Attendre le retour des bateliers, qui ne pouvaient être revenus qu'après plusieurs jours d'absence, dépassait notre courage ; dans notre impatience d'arriver au but tant désiré, tout retard nous était odieux. Nous étions plongés dans la perplexité la plus cruelle, lorsqu'on nous apprit qu'il existait un moyen d'aller par terre à Saginaw. « En prenant cette voie, nous dit-on, vous aurez une distance deux fois moins longue à parcourir. La route est, à la vérité, peu fréquentée… Quelques obstacles pourront s'offrir, mais faciles à surmonter. » Je crus ces paroles ; j'ignorais alors qu'il n'est pas d'entreprises si téméraires dont s'effraie un Américain ; je ne savais pas que son esprit hardi ne s'arrête que devant l'impossibilité absolue.

On nous dit que par terre nous pourrions, en trois journées, arriver sans fatigue à Saginaw, où les marchands de fourrures, qui commercent avec les Indiens, allaient quelquefois en un seul jour. Nous gagnerions d'abord Pontiac ; le second jour nous verrions la rivière des Sables [2], et

---

la bonne amitié des tribus sauvages et voisines du Canada. Leur raison secrète et réelle est de fournir des armes aux Indiens ennemis naturels des Américains, et de les mettre à même de seconder l'Angleterre en cas de guerre avec les États-Unis. À une époque déterminée de l'année, vers le mois de juillet, on voit les Indiens arriver de tous côtés pour venir prendre part à cette distribution qui se fait sur la frontière du Haut Canada.

1 Note de l'auteur.

La ville de Détroit est située sur la rive droite du fleuve qui porte son nom ; c'est le côté des États-Unis ; la rive opposée est canadienne, c'est-à-dire anglaise ; c'est là que se font les distributions d'armes dont il s'agit.

2 Note de l'auteur.

Je compris, en traversant cette rivière sauvage, tout le charme des impressions dont la nature seule est la source.

Les fleuves, les montagnes, les vallées de l'ancien monde sont tout par leurs souvenirs. Que seraient le Jourdain, large de cinquante pas, et Sion, monticule imperceptible, si l'un n'avait été le berceau de Moïse, et l'autre le tombeau de David ? Qui remarquerait la petite rivière qui coule auprès de Sparte, si elle ne s'appelait l'*Eurotas* ? Les fleuves du désert n'ont point de nom ; ils ne rappellent pas un seul homme, pas un seul événement ; on admire la majesté de leurs ondes, l'aspect sauvage de leurs rives : tels on les voit, tels ils ont passé toujours, sans autres témoins que la forêt muette qui couvre

le troisième nous serions à Saginaw.

Le quinzième jour du mois de mai, par un de ces temps embaumés comme en donne la saison des fleurs, Marie et moi, accompagnés d'Ovasco, nous suivions la route de Détroit à Pontiac dans une petite voiture qui portait beaucoup d'amour et beaucoup d'espérance. Oh ! qu'il est doux, dans l'âge des désirs impétueux, de s'élancer ainsi comme à l'aventure vers un monde inconnu, quand on presse la main de celle qu'on aime, et qu'on respire appuyé sur son cœur ! !

Je ne pouvais concevoir le phénomène d'une route si belle, si large, si bien tracée au milieu d'une forêt sauvage [1]. Cette forêt n'est cependant pas tout à fait solitaire ; on y rencontre çà et là quelques cabanes en bois, habitées par les pionniers américains. Peu soucieux de la nature sauvage, ces défricheurs industriels ne viennent point chercher dans le silence de ces lieux une vie tranquille et retirée ; ils arrivent au désert pour en saisir les avant-postes, servent d'aubergistes aux nouveaux arrivants, mettent en culture des terres qu'ils revendent avec profit ; ensuite ils vont au-delà, plus avant encore dans l'Ouest, où ils recommencent le même train d'existence et les mêmes industries. À Pontiac, la route cesse subitement. Alors de toutes parts s'offrit à nos yeux une épaisse forêt au travers de laquelle il était impossible de continuer notre voyage comme nous l'avions commencé. Marie était accoutumée à l'exercice du cheval ; nous pûmes donc, sans imprudence, recourir à ce moyen de transport.

J'appris à Pontiac que désormais nous aurions à suivre, au travers de la forêt, les détours d'un étroit sentier, connu d'un petit nombre d'Américains, et dont les Indiens seuls possédaient bien le secret. Un guide nous devenait nécessaire : je m'adressai, pour l'obtenir, à un marchand américain, qui était, me dit-on, en possession de rendre aux voyageurs les services de cette nature. Cet homme trouva tout aussitôt à sa disposition un Indien de la tribu des Ottawas... il fut convenu que je donnerais deux dollars, l'un pour le guide, l'autre pour celui qui me l'avait procuré. Cet arrangement me paraissait équitable ; mais le marchand, auquel je remis l'argent, garda le tout pour lui, et donna

les rivages - mêmes ; ils ne donnent à l'esprit que peu de pensées ; mais ils remplissent l'âme d'impressions.

1 Note de l'auteur.

Route dans une forêt sauvage.

Les Américains n'attendent pas qu'il y ait des habitants dans un pays pour y faire des routes. Ils commencent par établir des routes ; celles-ci font venir les habitants.

en compensation à l'Indien un lambeau d'étoffe usée, une espèce de haillon dont le sauvage parut fort satisfait. Après cela, contestez donc aux blancs leur supériorité sur les hommes rouges. Jusqu'à Pontiac quelques bruits du monde civilisé viennent encore de loin en loin troubler le silence des solitudes ; mais au-delà commence le pouvoir absolu de la forêt sauvage.

On n'entre point dans ce monde nouveau sans éprouver une secrète terreur. Plus de villages, plus de maisons, plus de cabines, plus de routes, plus de voies frayées. La hache et la cognée n'ont jamais flétri cette végétation qui s'étend sur la terre en souveraine, et dérobe le ciel à tous les regards ; l'industrie humaine n'a point souillé cette nature vierge. Vous heurtez à chaque pas des arbres renversés ; mais ces ruines ne sont pas de l'homme ; elles sont l'œuvre du temps. Dans nos forêts d'Europe les vieux arbres sont encore jeunes ; on ne leur donne point le temps de mourir ; on les tue dans l'âge de la vie. Leurs cadavres utiles à l'homme disparaissent aussitôt, et n'attristent point les regards. Telle n'est pas la forêt primitive de l'Amérique. On y trouve confondues les générations vivantes et celles qui ne sont plus ; au-dessus de nos têtes se balançait la verdure emblème de vie ; à nos pieds gisaient les rameaux brisés, les troncs vermoulus, débris de la mort. Ainsi s'avanceraient les hommes parmi des ossements, sans la pitié des tombeaux, qui rend la vie des enfants moins misérable, en leur cachant le néant des aïeux.

Nous marchions à travers les arbres de la forêt sans distinguer les traces du sentier que nous suivions sur la foi d'un sauvage. Onitou (c'était le nom de notre guide) portait sur son visage une expression de dureté et un air farouche qui sont communs à sa race ; il était maître de nos existences. Il pouvait nous trahir, exécuter quelque dessein funeste ; pour nous perdre, c'était assez qu'il échappât à notre vue, et nous livrât à nous-mêmes.

Cependant ces impressions graves et sinistres ne furent point de longue durée. Après une course de quelques heures durant laquelle nos chevaux égalaient à peine la vitesse de l'Indien, celui-ci s'arrêta. Je lui offris un peu de cette liqueur de vie, que les hommes de sa race, dans leur langage figuré, appellent *l'eau de feu*. Il en but, et sa physionomie prit tout à coup une expression si bienveillante, son regard naturellement sévère devint si doux, que je fus rassuré pour toujours. La forêt elle-même perdait de ses terreurs et s'offrait à nos yeux sous un riant aspect. À quelques milles au-delà de Pontiac, commence une délicieuse contrée : mille collines s'y succèdent formant autant de vallons dans lesquels une multitude de lacs répandent une éternelle fraîcheur, et présentent à l'œil les plus charmants paysages.

En parcourant ces belles forêts, si pleines de vie, si imposantes de vieillesse et si voisines du monde civilisé, il me semblait entendre des échos mystérieux raconter leur grandeur passée, et prédire leur prochaine destruction.

Oh ! comment vous peindrai-je l'enthousiasme dont mon âme fut saisie ? Nous nous avancions, Marie et moi, dans le silence et le recueillement, attentifs aux beautés que la nature offrait en foule à nos regards, veillant sur toutes nos émotions pour jouir de chacune d'elles. J'étais assez près de Marie pour que ma main pressât la sienne ; ainsi nous allions au désert, appuyés l'un à l'autre, elle sur ma force, moi sur son amour, partagés entre les sensations d'une scène sublime, et nos tendres sentiments encore accrus par les spectacles de la nature. Que d'images ravissantes offertes à nos yeux ! Quel trouble délicieux dans nos âmes ! Comme la douce impression du présent s'accordait bien avec nos charmants rêves d'avenir ! À peine arrivés à Saginaw, Marie serait mon épouse chérie ! Ainsi ma bien-aimée marchait, sous ma conduite, à l'autel nuptial, au travers de mille fleurs écloses sous nos pas, de mille feuillages suspendus sur nos têtes, sous une voûte de soleil, d'ombre et de verdure... Heureux, hélas ! que l'horizon nous fût caché ! car sans doute il contenait des orages !

Étranges mystères de notre nature ! le sommet imposant de la montagne abaisse l'orgueil de l'homme ; le tumulte d'une mer grondante repose l'âme ; et, dans le silence de la forêt solitaire toutes nos passions se déchaînent ardentes et impétueuses ! !

Je redoutais pour Marie les fatigues de la route : mais elle combattait mes inquiétudes avec des paroles pleines d'un charme inexprimable.

« – Mon ami, me disait-elle, je me sens forte, car je marche vers un bonheur inespéré... » Elle me disait encore : – « Cette retraite solitaire vers laquelle nous allons était l'objet de mes plus ardents désirs, et le dernier terme de mon ambition ; mais toi, Ludovic, n'as-tu point de regrets ? »

Et moi je lui répondais : – « Ma bien-aimée, pendant longtemps je n'ai pas su pourquoi j'existais, et j'ai souvent reproché à Dieu les jours inutiles qu'il m'imposait ; ton amour seul m'a révélé le secret de la vie.

« Dans mon plus vif enthousiasme pour la gloire, j'étais incertain si je ne poursuivais pas une chimère… La gloire ! ! c'est la grandeur d'un homme avouée par ses semblables… Mais cet aveu, qui le fait ? – la postérité seule.

« La gloire, c'est le soleil de l'âme ; il ne brille qu'après le néant du corps… sa divine lumière ne réjouit que des ombres…

« Mon amie, l'amour ne nous trompe point ainsi : ta douce voix qui m'enchante n'est point un mensonge ; ton regard qui m'enivre de volupté n'est point une illusion ; ta main enlacée dans la mienne n'est point une chimère. Ô Marie ! l'amour aussi trompe nos cœurs, mais c'est pour leur donner une félicité si grande qu'ils ne sauraient la contenir. »

Tels étaient nos entretiens sous les sombres portiques de la verdure, lorsque nos yeux sont frappés subitement d'une vive clarté ; à mesure que nous avançons, le jour augmente, jusqu'à ce qu'enfin l'ombre disparaît avec le dernier arbre de la forêt… Nous nous trouvons en face d'une vaste prairie où la nature la plus variée, la plus riche et la plus gracieuse resplendit à nos yeux dans un torrent de lumière.

Ici l'Indien nous avertit par signes que c'était un lieu de halte. Nous avions devancé son avis. Saisis d'admiration à l'aspect de cette scène nouvelle, nous nous étions arrêtés, Marie et moi, sans nous prévenir l'un l'autre, et comme par un mouvement simultané d'enthousiasme sympathique.

Tandis qu'Onitou et Ovasco conduisaient nos chevaux à une fontaine voisine, bien connue de l'Indien, Marie s'assit près de moi sous les rameaux d'un alcée. Nous étions adossés à la forêt, et la prairie qui s'étendait devant nous déroulait à nos yeux toute sa magnificence.

Qu'une belle femme, vive, ardente, passionnée, vous apparaisse tout à coup pendant une rêverie d'amour ; l'accord charmant de ses traits, la douce mélodie de sa voix, le concert plus doux encore des grâces dont elle est ornée, l'enchantement qui s'exhalent de son souffle embaumé, de sa chevelure flottante, de son brûlant regard ; tout en elle est harmonie, parfum, volupté.

Telle parut à mes yeux la prairie sauvage.

Sur un fond de verdure nuancé de mille couleurs, une multitude d'insectes aux ailes de pourpre et d'or, de papillons diaprés, d'oiseaux-mouches au corsage de rubis, de topaze et d'émeraude, se croisaient en tous sens, rasaient la prairie, s'entremêlaient aux fleurs, tantôt posés sur une faible tige, tantôt élancés d'un calice odorant ; les uns, faibles créatures d'un jour ; les autres comptant déjà des années de bonheur, tous pleins de vie et d'amour ; ici fuyant pour mieux s'attirer ; là volant entrelacés, et s'aimant encore au plus haut des cieux, comme pour porter à Dieu le témoignage de leurs joies ; une atmosphère énervante par sa douceur, toute parsemée de corps étincelants qui figuraient aux yeux des myriades de fleurs et de pierreries voltigeant dans les airs.

Telle était la scène qui s'offrait aux regards. De tous côtés arrivaient les doux gazouillements, les tendres soupirs, les gémissements heureux. Il semblait que tout, dans ce lieu fortuné, prît une voix pour se réjouir. Le moindre vermisseau bruissait un plaisir ; chaque rameau de la forêt rendait un écho de bonheur ; chaque brise de l'air apportait un accent d'amour.

Au milieu de cette magie de la nature sauvage, enivré du souffle de Marie qui respirait sur mon cœur, et du parfum de sa chevelure sur laquelle j'étais penché, saisi du charme irrésistible de cette solitude, où tout existait pour aimer, je m'inclinai vers Marie, et mes lèvres ayant rencontré ses douces lèvres, je demeurai attaché à cette coupe de miel et de délices. Bonheur silencieux ! ravissante extase ! volupté du ciel, et pourtant incomplète... car un vent brûlant passait sur mon âme et y allumait d'impétueux désirs ! Confiante dans mon amour, la vierge pure ne pensait point à me résister... Alors un combat terrible s'engagea dans le fond de mon cœur. Mille flammes ardentes le dévoraient, et mon sang se précipitait bouillant dans mes veines... Ô ma bien-aimée ! la beauté même qui m'inspirait ces transports, et ton innocence qui rendait ma victoire si facile, me sauvèrent d'une faiblesse et d'un remords. Dans cet instant d'égarement et de fascination, au milieu de cet éblouissement qui s'empara de tout mon être, tu m'apparus, vision charmante, dessinée dans mon imagination sur un ciel bleu parmi des images roses ; tu m'apparus, créature enchantée sous les traits immatériels qu'on prête aux génies célestes, c'était toujours toi, Marie ; mais toi, plus belle encore, plus séduisante de grâce, de candeur et de pureté. Je te voyais à travers le voile transparent d'un avenir de quelques jours dans notre asile fortuné de Saginaw, au milieu d'une nature encore plus riche, dans une solitude encore plus aimante ; devenue mon épouse chérie, tu reposais sur mon cœur, enlacée dans mes bras, me prodiguant sans trouble mille tendres caresses que je recevais sans remords... et je frémis en songeant que j'allais tacher cette blanche fleur, lui ravir son parfum d'innocence, infecter de vices et d'amertume la source pure d'une délicieuse félicité ! Je ne pensais point à Nelson, à ses conseils, à la honte de trahir sa confiance ; ô mon amie ! le ciel m'est témoin qu'en m'arrachant de tes bras où je mourais de bonheur, je ne cédai qu'à notre amour !

En ce moment, un bruit confus frappa mon oreille des voix d'hommes, des hennissements de chevaux, des aboiements de chiens, se faisaient entendre. Bientôt nous aperçûmes une troupe d'Indiens qui venaient vers nous en suivant le sentier que nous avions parcouru. Mon premier mouvement fut un sentiment de crainte : quels étaient ces Indiens ? d'où venaient-ils ? comment se trouvaient-ils entre nous et le village que nous avions quitté le matin même ! Notre guide était-il sincère ? Cette halte qu'il nous avait engagée de faire n'était-elle point conseillée par la trahison ? Si les Indiens nous attaquaient, quelle résistance pourrai-je leur opposer ? Comment défendrais-je Marie ? Placés entre ces sauvages et des espaces inconnus, toute fuite nous était impossible : les plus sinistres pensées remplissaient mon âme. Ma frayeur s'augmenta lorsque je vis Onitou s'entretenir familièrement avec ceux qui marchaient en tête de la troupe. Bientôt toute une tribu d'Indiens s'offrit à nos regards : hommes, femmes, enfants, bagage, fortune, foyer domestique, tout était là.

Ici s'avançait une jeune femme portant son enfant sur son dos ; on en voyait une autre se séparer de la bande, et assise au pied d'un vieux chêne, présenter sa mamelle à son nouveau-né ; çà et là des Indiens se glissaient, comme des bêtes fauves, parmi les lianes, à la recherche de quelques fruits sauvages ; d'autres s'arrêtèrent sous nos yeux, et prenant la prairie pour salle de festin, se rangèrent autour d'un feu allumé à la hâte, au-dessus duquel ils suspendirent les chairs encore palpitantes d'un chevreuil et d'un élan. À mesure qu'ils passaient près de Marie, je les regardais avec ce sourire forcé que prend la crainte, quand elle affecte la confiance. Tous portaient sur leurs figures une expression farouche et sauvage. Le plus grand nombre feignaient de ne pas nous voir. Quelques-uns nous jetaient un regard d'orgueil et de mépris. Un seul, en nous voyant, sourit gracieusement ; mais ce fut un éclair passager. Son visage redevint tout à coup dur et sévère.

J'ai su depuis que ces Indiens, de la tribu des Ottawas, qui vit au Nord du Michigan, étaient venus à Détroit pour se rendre au Canada ; et que là, ayant appris l'arrivée des Cherokees, et leur départ pour Saginaw, ils s'étaient remis subitement en route, afin de précéder ces nouveaux venus au lieu de leur débarquement, et d'observer leur invasion.

Nous continuâmes notre route sans encombre, et j'appris à voyager parmi les sauvages du Nouveau-Monde avec plus de sécurité que je ne faisais chez quelques peuples européens d'antique civilisation. Le jour approchait de son déclin ; nos ombres et celles de nos chevaux s'allongeaient à notre droite. À l'extrémité de la prairie, nous retrouvâmes la forêt. Peu de temps après, nous étions sur le bord méridional de la rivière des Sables ; c'était le bord opposé qui devait nous fournir un asile pour la nuit ; le lendemain nous partirions pour Saginaw. Conduits par Ovasco et par Onitou, nos chevaux passèrent la rivière à la nage ; je fis monter Marie dans un canot d'écorce que nous trouvâmes sur le rivage ; je me plaçai près d'elle, et je dirigeai de mon mieux la petite barque qui portait un être adoré, mes espérances et toute ma destinée. Je me rappellerai toujours avec délices ce court instant de bonheur : c'était l'heure où le jour cesse, et où la nuit n'est pas encore venue ; quand les oiseaux de lumière ont fini leurs concerts, et que ceux des ténèbres n'ont pas commencé leurs chants lugubres ; alors que, succédant aux ardeurs du soleil qui réveille et vivifie tout, l'astre des nuits répand ses molles clartés sur la nature qui s'endort.

Admirable contraste ! à ces voix innombrables, à ces chants, à ces murmures, à toutes ces harmonies de la journée, avait succédé un silence profond ; tout se taisait autour de nous ; pas un bruit lointain ne frappait notre oreille, des mouches aux ailes de feu semaient dans l'air, en voltigeant, mille bluettes enflammées, qu'on eût prises pour les étincelles d'un vaste incendie, sans la délicieuse fraîcheur qui régnait autour d'elles.

Tout pleins du calme que nous respirions, incapables de prononcer une parole, nous retenions notre souffle de peur de troubler le silence de la nature ; nous demeurions immobiles, et notre canot s'en allait au gré du courant. Déjà, dépassant la cime des grands pins, la lune projetait sur nous sa clarté mystérieuse, et reflétait ses rayons tremblants sur la surface de l'onde, légèrement agitée par notre frêle esquif ; la paix de l'atmosphère était entrée dans nos âmes ; nous ne pensions point, nous avions le cœur plein ; notre bonheur s'était modifié comme la nature elle-même, tout à l'heure si vive, si ardente, si animée, maintenant tranquille et muette. C'était le soir, tendre crépuscule du désert et du cœur, douce rosée qui venait rafraîchir nos âmes brûlées par les passions du jour.

Comme je prenais une rame pour diriger notre canot vers le rivage : – « Oh ! mon ami, quel malheur ! s'écria Marie d'une faible voix ; arrivés déjà ! que ne suivons-nous ce courant qui nous entraîne si doucement ? comme on respire bien ici ! comme il est pur l'air que n'a point souillé le souffle des méchants ! Oh ! faut-il sitôt quitter ces lieux ? où trouver plus de calme, plus d'émotions douces, plus de bonheur tranquille !… » Et la charmante fille se penchait vers moi, retenait mon bras et me disait encore : « Qu'il serait doux, nous abandonnant au cours de cette rêverie presque céleste, et suivant avec foi les eaux de ce fleuve qui nous bercent si mollement ; qu'il serait doux, mon ami, de mourir ensemble dans une extase du cœur, et de monter au ciel par un élan de nos joies vers Dieu ! Nous ne ferions que changer de patrie… Le bonheur des anges peut-il surpasser celui que nous éprouvons ? mais jouirons-nous encore ici bas d'une pareille félicité ? »

Je la guidais vers le rivage, et je lui disais : « Marie, je ne sais si tu es une créature de la terre ; car ta voix, ton langage, toute ta personne, sont pleins d'un charme divin… Quand je vois couler tes larmes, je te prends pour l'ange de la mélancolie aspirant à remonter au ciel où l'innocence ne pleure plus ; mais quand ta voix m'enchante et module des sons de bonheur, je ne sais plus que penser de l'être surhumain qui a connu les félicités célestes, et ne méprise pas les joies de la terre… Ma bien-aimée, aie foi dans mon amour ; un air plus doux et plus pur, une contrée plus riante encore, une nature encore plus belle, nous attendent au-delà ; nous serons mieux qu'ici ; car nous serons encore plus loin du monde que nous haïssons… Vois comme le bonheur se révèle à nous par degrés à mesure que nous fuyons davantage… »

Sur quel rivage nous eût trouvés l'aurore du lendemain, si, cédant à la voix de Marie, et au sommeil qui s'emparait de toute la nature, j'eusse livré notre barque aux hasards du courant ? Je ne sais. L'asile que choisit notre raison vaut-il celui que nous désignent les caprices du vent, les détours de l'onde, les ombres de la nuit ?

Notre abri durant la nuit fut une petite cabane en bois, habitée par un Américain de la Nouvelle-Angleterre, qui s'est établi près des Indiens pour faire avec eux le commerce des pelleteries.

À notre arrivée, nos chevaux furent abandonnés dans une étroite enceinte voisine de l'habitation. Notre hôte s'empressa de faucher leur nourriture dans un champ d'avoine sur pied ; puis, prenant une hache, il coupa dans la forêt un arbre, dont il nous fit du feu pour nous préserver des fraîcheurs de la nuit. Les pièces de bois, dont la cabane était formée, laissaient l'air extérieur pénétrer par mille ouvertures, et l'humidité du rivage se faisait déjà sentir. Bientôt une flamme pétillante, nourrie de pommes de pins, éclaira notre obscure demeure, et nous fit voir un réduit étroit, mais remarquable par sa propreté. Une femme, au visage pâle et maigre, parut ; c'était celle de notre hôte ; autour d'elle étaient groupés plusieurs enfants en bas âge. Une image grossièrement peinte, représentant le général Washington, était suspendue au-dessus de la cheminée. Aux États-Unis, Washington est le dieu de la chaumière comme celui du Capitole !… Sur une table placée au centre du logis, on voyait disséminées plusieurs feuilles d'un journal de New York, de date assez récente. Tout, chez nos hôtes, annonçait plus de bien-être matériel que de bonheur ; leurs manières polies sans élégance, leur langage correct sans ornement, leurs connaissances exactes, mais bornées, tout prouvait qu'ils n'étaient pas nés au désert, et qu'ils appartenaient à la classe moyenne d'une société civilisée. Leur seul but, leur idée fixe était de faire fortune ; ils étaient comme tous les Américains.

La femme nous prépara un repas modeste, et le thé nous fut servi sous la cabane du désert. Cette situation singulière n'eût point été sans charmes pour moi, si Marie eût pu en jouir elle-même ; mais elle était souffrante ; une longue journée de route l'avait affaiblie ; elle ne prit aucune part au repas qui devait réparer ses forces. Je donnai tous mes soins à lui préparer un lieu de repos ; une peau de buffle lui servit de lit ; je couvris ses pieds de mon manteau… alors, accablée de sommeil, Marie prit une de mes mains en gage de sécurité, et, s'étant penchée sur moi, elle s'endormit. Bientôt tout le monde reposa en silence autour de moi ; seul je veillais attentif au dedans, et épiant les moindres bruits du dehors ; veille imposante au fond de la forêt sauvage, dans la cabane solitaire, où brillaient quelques flammes vacillantes, seul mouvement qui se fit autour de moi ; veille silencieuse qui fit apparaître à mes yeux, comme des fantômes, les souvenirs de ma jeunesse, mes ambitions, mes vastes desseins, les grandeurs et les misères de ma vie, les illusions avec les désenchantements, les amours avec les espérances ; veille presque fébrile, durant laquelle l'imagination va mille fois du passé à l'avenir, du désespoir au bonheur, de la sagesse à la folie ; et ne s'arrête qu'à l'instant où, dominée par l'ascendant d'un pouvoir irrésistible, la pensée chancelle, fléchit par degrés, se relève avec effort, puis retombe et va mourir enfin dans la nuit du sommeil…

Avant que mes paupières se fussent affaissées, j'avais remarqué que le repos de Marie était troublé par des mouvements soudains, des tressaillements, des paroles entrecoupées. Le matin elle se réveilla en sursaut. Son premier mouvement fut de ressaisir ma main qu'elle avait abandonnée en dormant. Ce geste me tira moi-même de mon assoupissement, et, en revoyant Marie, que je n'avais pas eu la force de veiller une nuit entière, je compris toute l'impuissance de la volonté.

Marie était triste et pensive : « Mon ami, me dit-elle, si je n'étais près de toi, je craindrais de grands malheurs… car j'ai eu des songes terribles. »

Je remarquai avec chagrin que la nuit ne l'avait point reposée… et l'agitation extrême de son sang me fit penser que la fièvre l'avait saisie… Que faire ? Demeurer dans cette cabane solitaire ! Nous arrêter si près du but ! il ne nous fallait plus qu'un jour de voyage. Le soir nous arriverions à Saginaw pour y rester toujours. Ne devions-nous pas, à tout prix, gagner ce lieu de repos, qui rendrait à Marie ses forces, et verrait commencer notre bonheur ? Je dis mes pensées à Marie. « Oui, me répondit-elle, oh ! oui, allons vite à Saginaw… c'est là que nous serons heureux,… tu me l'as promis… »

Nous partîmes à l'heure où la nature a coutume de retrouver la voix avec la lumière ;… mais une nouvelle scène nous réservait de nouvelles impressions… Avant d'arriver à la rivière des Sables, nous avions parcouru de sauvages solitudes ; après l'avoir quittée, nous entrâmes véritablement dans le désert… Nous marchions sans entendre le chant d'un oiseau, le bourdonnement d'un insecte, le mouvement d'un seul être vivant… Ce n'était plus le silence de la nature qui se repose après les chants du jour, et qu'on entend encore respirer pendant qu'elle dort… c'était le silence morne du néant… Le seul bruit qui frappât notre oreille était causé par les pas de notre guide et par ceux de nos chevaux ; bruit régulier qui ajoutait encore à la monotonie du lieu. Plus de vallons, plus d'échos, plus de prairies, plus de ciel ; partout la forêt, partout les mêmes arbres, partout un sol uniforme ; à chaque pas nouveau, nous retrouvons le site que nous venons de quitter. Il semble que nous marchions sans avancer, jouet d'une puissance invisible, qui nous donne l'illusion du mouvement et paralyse nos efforts. Nous allons toujours… toujours… et la scène ne change pas ! ! Où sommes-nous donc ? Suivons nous notre route ? Où est le Nord vers lequel nous devons aller ? le Sud que nous devons fuir ? je crois que nous retournons sur nos pas ; que cette forêt est grande !… et si elle ne finissait pas ! ! elle devient de plus en plus épaisse ; ses ombres plus solennelles… ses voûtes muettes sont si pleines de silence, de terreurs et de mystères, qu'on se croit engagé dans des catacombes et perdu dans leurs détours.

Ces impressions étaient d'autant plus puissantes sur nous qu'elles contrastaient avec toutes les émotions de la veille, les unes si brûlantes, les autres si douces. Je sentais le froid pénétrer dans mon âme et comme une barre d'airain qui pesait sur mon cœur.

« Mon Dieu, me dit Marie en se rapprochant de moi et en saisissant ma main, que cette solitude est profonde et terrible !… » – Et comme son esprit était prompt à saisir les funestes présages : « Mon ami, me dit-elle, sois sûr que ce jour sera un jour fatal… je ne sais pourquoi le souvenir de Georges ne me quitte point ; sans doute quelque affreux malheur… »

Elle n'acheva pas : une larme compléta sa pensée. Je m'efforçai de la rassurer et de lui donner plus de sécurité que je n'en avais moi-même… Cependant je fus vivement frappé de l'altération dont tous ses traits portaient l'empreinte. Je pensai qu'un peu de repos la soulagerait, et j'ordonnai à notre petite caravane de s'arrêter.

Durant cette halte, je demandai par signes à Onitou, si nous approchions de Saginaw. Il comprit très bien ma question, et dessinant sur la terre deux points qui figuraient, l'un Saginaw, l'autre la rivière des Sables, il tira une ligne de l'un à l'autre, et marqua sur cette ligne un troisième point indiquant la place que nous occupions ; ce point se trouvait au tiers de la ligne ; nous n'étions donc qu'au tiers de notre route. Un instant après, et tandis que nous étions assis sous l'ombre d'un catalpa, nous voyons l'Indien se lever, prendre sa course devant nous, plus léger qu'un chevreuil, en criant : *Saginaw ! Saginaw !* et en nous montrant le soleil déjà parvenu au milieu de sa course.

Alors Marie fit un effort courageux pour se lever ; nous continuâmes notre route dans le désert… Je m'aperçus bientôt à la voix de Marie que ses forces allaient toujours en déclinant. Après de longues heures de marche, j'ordonnai de nouveau à notre guide de s'arrêter… mais, à ma voix, il redoubla de vitesse, en m'indiquant, par un geste expressif, que le soleil était descendu dans le sein de la terre et que la forêt allait bientôt se couvrir de ténèbres. Cependant le désert présentait à nos yeux un aspect de plus en plus effrayant. Le sentier que nous suivions était si étroit que Marie et moi ne pouvions plus aller de front ; il était à peine marqué ; sans cesse on le perdait de vue, et alors nous avions l'air de marcher à tout hasard au travers de la forêt. La nuit étant venue, le silence avait cessé, mais la solitude avait pris une voix terrible et lugubre. On n'entendait que le meuglement des ours et le chant sinistre des oiseaux nocturnes. La lune, qui mêle un charme aux nuits les plus funestes, comme l'amour d'une belle femme répand de secrets enchantements sur une vie malheureuse, ne se montrait point encore...

Alors en pensant à Marie, à ses souffrances, que trahissaient quelques cris échappés à la douleur, je sentis mon sang se glacer dans mes veines et mes forces prêtes à défaillir... Dans cet état de faiblesse physique, ma raison elle-même fut troublée, et mon imagination me fit voir autour de Marie une foule de monstres fantastiques qui menaçaient son existence ; je les voyais tantôt sous les traits d'une hyène dévorante, tantôt sous la forme d'un hideux reptile. Les uns, avides de meurtres et de sang, attendent leur proie au passage... mon Dieu ! s'ils allaient s'élancer sur Marie ! Les autres se suspendent aux rameaux des arbres ; ils tomberont comme la foudre sur celle que j'aime et prendront sa vie avant que je l'aie seulement défendue. Et j'inventais mille autres chimères si faciles à créer quand on a l'âme saisie d'une grande douleur et l'imagination engagée dans des régions inconnues. Les heures s'écoulent, la nuit s'avance, nos chevaux ralentissent leur marche, la fraîcheur s'élève de la terre... Marie gardait un silence profond qui redoublait mes angoisses. Je prends sa main ; je la trouve brûlante : « Mon ami, me dit-elle d'une voix à demi éteinte, n'allons pas plus loin ; je me sens mourir... »

À ces mots, mon cœur se brisa ; je ne sais quelle résolution insensée allait sortir de mon désespoir, lorsque notre guide s'arrête tout à coup et crie trois fois : *Saginaw* ! Ce cri, jeté dans le désert, y trouve un long retentissement et nous revient répété par mille échos ; le premier tumultueux, le second moins fort, suivi de plus faibles encore. La forêt cesse tout à coup ; nous entrons dans une prairie, nous y marchons quelque temps en descendant une pente presque insensible. Enfin nous voyons le bord d'une large rivière : celle rivière était la Saginaw, et le bord opposé, l'asile que nous cherchions.

Chapitre XVI

Le drame

« Ô mon Dieu ! quel bonheur ! s'écria Marie en voyant le rivage. Son énergie morale eût été incapable d'un plus long effort. Je la saisis dans mes bras et la déposai dans une pirogue indienne ; je me plaçai près d'elle comme j'étais en passant la rivière des Sables. « Mon ami, me dit alors Marie avec tendresse, pardonne-moi,... je t'ai affligé... j'ai cru, pendant toute cette journée, qu'un destin funeste s'opposait à notre arrivée dans ces lieux... j'avais tort ; car tu es mon bon ange, et tu me guidais... Oh ! je sentais mon corps défaillir et mon âme se briser... mais je ne souffre plus et je n'ai que des pensées de bonheur... »

Ces paroles versaient la joie dans mon cœur, et j'aspirais au rivage comme au terme de toutes nos douleurs.

« Vois, me disait Marie, en me montrant notre futur empire, vois comme nous serons dans cette contrée lointaine... Oui, les eaux de la Saginaw sont encore plus pures, plus paisibles, que celles de la rivière des Sables ; l'air est ici plus doux ; cette terre est plus embaumée ; et voilà que l'astre des nuits, notre bon génie du désert, se lève et brille de tout son éclat... »

Et disant ainsi, Marie portait ses regards vers le ciel. « Dieu ! » s'écria-t-elle tout à coup d'une voix effrayée, et ses yeux, redescendus à terre, se cachèrent entre ses deux mains.

En ce moment, le disque rouge et enflammé de la lune sortait des ombres de la forêt et semblait en montant, s'appuyer sur la cime des arbres... On le voyait s'élever et grandir... il s'avançait sur nous semblable à un spectre de sang...

Cette image terrible avait frappé l'esprit de Marie, et le cri d'effroi qu'elle s'efforça vainement de contenir fut encore la voix d'un sinistre pressentiment.

En arrivant au but tant désiré, Marie avait senti renaître en elle une énergie surnaturelle qui ne fut point de longue durée. Je ne sais si sa force s'affaiblit en même temps que sa foi dans l'avenir ; mais je la vis presque aussitôt tomber dans un grand abattement.

Je me trouvai alors livré à des embarras que l'imagination ne saurait concevoir.

Nelson n'était point à Saginaw. Le bateau qui le portait, lui et les Cherokees, n'avait pas encore paru, et des Indiens Ottawas, naturels du pays, m'assurèrent qu'aucun étranger n'avait, depuis un temps très long, abordé dans cette contrée.

Ce contre-temps fut pour Marie et pour moi une source de chagrins et d'inquiétude ; il rendit aussi plus difficile notre situation. Nelson devait nous préparer un asile qui nous manqua. Je me mis à l'œuvre aussitôt. Mais je ne sais quel eût été notre sort si, en attendant que notre cabane fût élevée, nous n'eussions pas trouvé l'abri d'un toit hospitalier.

Saginaw, où vous voyez en ce moment deux habitations édifiées avec quelque soin, n'en possédait alors qu'une seule de grossière construction, et que nous trouvâmes occupée par un Américain canadien d'origine. Cet homme parut joyeux de nous voir, et, me reconnaissant à cet air de famille qu'ont tous les Français : « Vous venez, me dit-il, de la vieille France ? » Il était né parmi les Indiens, dont il avait pris presque toutes les mœurs. La chasse et la pêche suffisaient à ses besoins, et il trouvait un charme extrême dans une vie toute de liberté sauvage.

Comme nous arrivions il était sur le point de partir ; il se rendait aux environs du fort Gratiot pour la chasse du ramier ; il nous offrit sa cabane et nous engagea d'y rester jusqu'à ce que j'en eusse construit une autre. Je lui proposai de l'acheter, laissant à sa bonne foi le soin d'en fixer le prix ; mais il n'écouta point ma demande, et me dit pour toute réponse qu'il aimait ce lieu, qu'il y était né, et qu'il y passerait le reste de ses jours.

Ainsi se retrouve jusqu'au fond du désert le caractère des nations.

L'Américain de race anglaise ne subit d'autre penchant que celui de l'intérêt ; rien ne l'enchaîne au lieu qu'il habite, ni liens de famille, ni tendres affections… Toujours prêt à quitter sa demeure pour une autre, il la vend à qui lui donne un dollar de profit.

Non loin de là vous voyez l'homme de sang, français s'attacher à sa terre natale, chérir le pays où ses pères ont vécu, aimer pour eux-mêmes les objets qui l'environnent, et préférer ces choses de valeur tout idéale aux froides jouissances de la richesse.

J'acceptai son offre, et ne pus le déterminer à recevoir le prix du service qu'il me rendait.

Nous avions un asile… mais tout était encore obstacle et misère autour de nous.

Marie fut, dès le premier jour, saisie d'une fièvre particulière à ce pays, et qui manque rarement d'atteindre les étrangers nouvellement arrivés ; il fallait que je me partageasse entre les soins nécessaires à mon amie et les travaux qu'exigeait la construction de notre demeure. La cabane du Canadien, toute précieuse qu'elle était dans notre détresse, ne nous offrait d'ailleurs qu'un imparfait asile ; elle se composait de pièces de bois, mal jointes entre elles, à travers lesquelles l'humidité des nuits pénétrait comme la chaleur des jours. Une foule d'insectes s'y introduisaient : les uns, imperceptibles, nous révélaient leur présence par la douleur de leurs piqûres ; les autres, voltigeant par essaims, montraient à nos yeux leur corps grêle, armé d'un long aiguillon, et fatiguaient nos oreilles d'un perpétuel bourdonnement ; tous nous livraient sans relâche une guerre impitoyable et troublaient cruellement le repos de Marie.

La nourriture grossière à laquelle nous étions réduits n'avait rien qui pût altérer une santé robuste ; mais la faiblesse de Marie, sa maladie, ses habitudes, rendaient nécessaires des aliments délicats dont nous étions tout à fait dépourvus.

Tout nous manquait dans ce désert : le médecin le plus proche était à Détroit, et je voyais Marie languissante, sans pouvoir offrir le moindre soulagement à ses maux.

Nous ne pouvions cependant songer à quitter ce lieu ; il eût fallu regagner Détroit pour trouver quelque secours ; nous n'avions aucun moyen d'y retourner par eau, et c'eût été folie que de tenter une seconde fois le long voyage aux fatigues duquel Marie avait si difficilement résisté.

Je comptais les jours par mes tourments ; car, au désert, toutes les divisions établies dans le temps disparaissaient ; plus de mois, plus de semaines, plus d'heures. Au bout d'un temps très court, l'ordre des jours se perd entièrement ; et alors il s'en fait un autre qui est celui des bons et des mauvais, des ciels purs et des orages… et puis quand un affreux malheur a empoisonné la vie, ce n'est plus qu'un long temps de misère et d'ennui, une suite de gémissements, échos de la première douleur, qui se répètent à l'infini, et ne meurent que sous la pierre du sépulcre.

Quel que fût mon chagrin, mon cœur se refusait à concevoir de grave, inquiétudes. Nelson arriverait bientôt ; bientôt aussi Marie aurait un asile mieux défendu contre les injures du dehors. Tout son mal provenait sans doute d'une suite de jours écoulés sans repos ni sommeil, et céderait à quelques nuits de paix profonde… et alors combien nous serions heureux ?

Cependant c'était déjà un grand malheur que ce trouble des premiers jours qui nous enlevait le charme inestimable des premières impressions.

Étrange aveuglement ! ma plus grande peine n'était pas de prévoir des infortunes, mais d'avoir perdu des joies !

Je contemplai en face les obstacles que j'avais à vaincre, et m'armai, pour les combattre, de cette énergie morale que donne seule la foi dans le succès.

Je travaillais à notre cabane pendant tout le temps que je ne passais pas auprès de Marie.

J'étais secondé dans ma tâche par Ovasco, dont le dévouement ne saurait se décrire. Ce fidèle serviteur semblait se multiplier lui-même pour faire face à toutes les difficultés.

Au milieu de ces rudes travaux et des sueurs qu'ils me coûtaient, je trouvais un charme secret à penser que tout, dans notre bonheur, serait mon ouvrage.

Cependant, quels que fussent mes efforts, l'œuvre que j'avais entreprise demandait plus de temps que je ne pensais. L'état de Marie devenait plus alarmant ; son pouls annonçait une agitation croissante. Elle ne faisait pas entendre une seule plainte ; mais, sous le voile du sourire errant sur ses lèvres, il était facile d'apercevoir un sentiment de tristesse profonde.

Elle me dit un jour avec tendresse : « Ludovic, tu prends bien de la peine pour préparer notre demeure ? »

Une autre fois : « Tu me quittes, me dit-elle, pour travailler à la chaumière… Ah ! je t'en conjure, reste près de moi… qui sait l'avenir ? »

Je repoussai loin de moi l'affreuse pensée dont ces paroles contenaient le germe. Cependant le changement de saison vint aggraver mes inquiétudes et mes tourments… Dix jours environ s'étaient écoulés depuis notre arrivée à Saginaw, et les chaleurs du mois de juin commençaient à se faire sentir. Pénétrée par les rayons d'un soleil brûlant, assaillie par des nuées de moucherons dont une température embrasée semblait accroître le nombre et la malignité, notre petite cabane devint le théâtre d'une misère dont je ne pourrais vous tracer le tableau… Je faisais de vains efforts pour éloigner de Marie les innombrables ennemis qui bruissaient autour d'elle ; ils étaient plus prompts à renaître que moi à les anéantir ; et je voyais le beau front de mon amie tout saignant de la morsure de ces vils insectes… je passais ainsi les jours et les nuits veillant auprès de ma bien-aimée, et m'efforçant de soulager par mes soins ses ennuis et sa douleur.

Pendant ce temps, Ovasco travaillait sans relâche à la cabane, qui était près de s'achever. Pour comble de malheur, il fut lui-même attaqué de la fièvre du pays, et alors je me trouvai seul, sans appui, entouré de maux qu'il me fallait contempler sans cesse, et que je ne pouvais adoucir.

L'idée d'une affreuse catastrophe avait été longtemps sans pouvoir pénétrer dans mon âme. Chose étrange ! lorsqu'on possède un bien plus cher que la vie, et qu'on en jouit tranquillement, on est prompt à concevoir des craintes chimériques, et, si un grand péril de le perdre se présente, on fait autant d'efforts pour ne pas voir le danger réel, qu'on en faisait auparavant pour apercevoir des dangers imaginaires. Tel est l'ordre et la justice du ciel. L'heureux est troublé dans sa joie par la terreur de l'infortune, et le pauvre, consolé dans sa misère par des illusions de félicité !

Cependant les paroles de Marie, dont le souvenir revenait à ma mémoire, l'aspect des souffrances qu'elle endurait sous mes yeux, et peut-être aussi l'opiniâtreté du sort à contrarier tous mes desseins, jetèrent le trouble dans mon âme… Une lueur fatale m'apparut… et tout mon corps se couvrit d'une sueur glacée… Je fis un effort pour rappeler à moi ma raison, que je sentais s'égarer, et je dis à Marie :

« Ma bien-aimée, dans quelques jours notre nouvelle demeure sera prête à te recevoir… alors la présence de Nelson manquera seule à notre bonheur… S'il s'était avancé sans guide dans ces contrées désertes, nous devrions concevoir de grandes inquiétudes : mais que pouvons-nous craindre, le sachant entouré d'Indiens qui l'aiment, le révèrent, et pour lesquels le plus beau pays est aussi le plus sauvage ? Espérons qu'il sera bientôt rendu à nos vœux… Mais, mon amie, je demande encore au ciel une chose qui m'est plus chère que tous les biens de ce monde : c'est la fin de tes souffrances… Nous ne savons point le remède qui peut te guérir ; le secours d'un médecin nous est nécessaire ; je vais aller le chercher à Détroit ; j'y arriverai dans deux jours, et, deux jours après, je serai de retour ici, ramenant avec moi l'homme dont la science te sauvera. Pendant mon absence, notre fidèle Ovasco demeurera près de toi ; quoique souffrant lui-même, il retrouvera des forces pour donner des soins à sa bonne maîtresse. »

Ovasco, qui était là, ne put entendre ces paroles sans attendrissement ; Marie m'écoutait avec tous les signes d'une émotion profonde… elle resta silencieuse, parut réfléchir beaucoup ; enfin d'une voix altérée :

« Mon ami, me dit-elle, ne me quitte pas… je t'en conjure… quatre jours d'absence… c'est bien long !… non… Ludovic… non… il faut rester… »

Et son regard, fixé sur moi, prit une expression indicible de tendresse et de mélancolie.

Je tentai de lui faire comprendre combien il serait insensé de céder à un mouvement de faiblesse qui ruinerait notre avenir, tandis qu'un sacrifice de quelques jours assurerait notre bonheur.

Mais je trouvai en elle une résistance d'instinct contre laquelle ma raison était sans puissance.

« Mon bien-aimé, me disait-elle, je t'en supplie, ne m'abandonne pas ; tu sais combien est fragile la liane séparée du rameau qui la protège… Ludovic, loin de toi, je serai plus faible encore… ta présence seule me soutient… si tu t'éloignes, je me briserai… »

L'accent dont elle prononça ces paroles était déchirant.

Troublé par ce langage d'autant plus désolant qu'il avait toute l'amertume du désespoir, sans la violence qui l'exagère, je tombai à genoux au chevet du lit de Marie… incapable d'articuler un seul mot, je saisis la main de mon amie, et l'arrosai d'un torrent de larmes ; jamais la douleur n'avait ainsi abondé dans mon âme.

Quand cet orage fut passé, je relevai mon front abattu… mais je ne retrouvai la raison qui m'avait fui que pour comprendre toute l'horreur de la situation et l'excès de ma misère.

Les illusions de l'infortune, qui abusent de l'espérance, m'avaient toujours voilé la véritable position de Marie. Elle-même s'était plu constamment à me tromper sur son état. Quand je lui parlais de notre bonheur à venir, elle versait des pleurs que je croyais sortis d'une source de joie. Si je l'entretenais de ses souffrances, elle était prompte à changer le sujet de notre conversation ; oublieuse de ses maux, elle usait toutes ses forces à distraire ma peine, et, tandis qu'elle se consumait dans de cruelles douleurs, c'était elle encore qui me donnait des consolations.

Quelle fut ma stupeur, lorsque, arrêtant mes regards sur cette main chérie que je pressais dans un transport de désespoir et d'amour, je la vis desséchée par une affreuse maigreur.

La lumière qui m'apparut fut celle de l'éclair qui brille du même feu que la foudre qui tue. Le corps de mon amie était tout entier dévoré par le mal… sa figure seule n'avait point subi les mêmes ravages, et conservait, malgré son altération, tous les signes d'une force à peine ébranlée ; soit que l'énergie de son âme se peignit toute dans son regard, soit que l'irritation de la fièvre fit refluer vers le visage le peu de sang et de vigueur qui restaient dans ce faible corps.

Ainsi s'offrait sans voile à mes regards la triste réalité. Tel était donc l'effet de ces longs jours passés sous un soleil brûlant ; de ces nuits plus longues encore, écoulées parmi les douleurs, sans sommeil, sans repos, sans abri, et dans les angoisses toujours croissantes d'une veille qui ne finissait point ! !

Cependant, témoin de cette scène, Ovasco me dit : « Mon bon maître, vous ne pouvez quitter ce lieu ; laissez-moi partir pour Détroit ; j'en reviendrai bientôt avec l'homme dont le secours nous est nécessaire. »

Comme il me voyait hésitant à accepter cette offre de son dévouement, que son état de maladie rendait imprudente : « Oh ! ajouta-t-il, je me sens mieux ; l'idée de sauver ma chère maîtresse me rend toutes mes forces. – Fidèle serviteur, lui répondis-je, c'est aussi ma vie que tu sauveras. »

J'ignore si un effort extraordinaire de l'âme ne peut pas assoupir les plus cruelles douleurs et ranimer subitement une vigueur éteinte ; mais je vis Ovasco, après avoir reçu mes embrassements, passer le fleuve dans une barque, et tout aussitôt traverser, avec la vitesse de l'élan, la prairie qui couvre la rive opposée.

Ici Ludovic s'interrompit ; sa physionomie mélancolique se couvrit d'un nuage de tristesse encore plus sombre ; et, après un instant de silence, il reprit en ces termes :

« Hélas ! jusqu'à ce jour je vous ai dit des malheurs ; maintenant j'ai à vous raconter des infortunes qui ne se décrivent point.

Le jour qui suivit le départ d'Ovasco, j'éprouvai toutes les émotions que donne une fausse joie : je vis arriver à Saginaw une troupe considérable d'Indiens, dont le costume et l'aspect extérieur étaient en tous points semblables à ceux des Cherokees. Je ne doutai pas que ce ne fussent les compagnons de Nelson, et, persuadé que celui-ci était parmi eux, je m'empressai d'aller à sa rencontre. Cependant je ne reconnaissais aucun des visages que je voyais de près, et bientôt j'eus la certitude que ces Indiens, quoique appartenant à la tribu des Cherokees, n'étaient point ceux que nous attendions.

Tandis que je les observais, je fus témoin d'une scène qui devint pour moi l'occasion d'une révélation terrible…

L'arrivée des Cherokees avait mis en émoi toute la tribu des Ottawas qui occupe Saginaw et les environs… Ceux-ci comprenaient combien leur serait funeste la présence de ces nouveaux venus sur un territoire qui déjà fournissait à peine des moyens d'existence à ses anciens habitants… Le plus grand nombre dissimula son ressentiment… Mais quelques-uns n'eurent point la prudence de le cacher…

– « Tu prends nos terres, dit un Indien Ottawa à un chef des Cherokees…

– « Les forêts du Michigan, répond celui-ci, ne sont elles pas assez grandes pour nous contenir tous ?

– « Non, répliqua le premier ; nous sommes déjà serrés dans cette rentrée, et tu n'y dresseras pas ta hutte ! »

Et, en disant ces mots, il fit un geste menaçant… « Misérable ! s'écria son adversaire, tu ne connais donc pas Mohawtan ?… » Et, au même instant, saisissant son tomahawk, il étendit à ses pieds l'Indien Ottawa…

Cet acte de violence excita une grande rumeur parmi les Ottawas… Je ne le vis point sans un sentiment d'horreur… Cependant les dernières paroles du Cherokees réveillèrent des souvenirs dans mon esprit, et je me rappelai que Georges, en me racontant les persécutions qu'avait souffertes Nelson dans la Géorgie, m'avait parlé d'un chef indien du nom de *Mohawtan*, renommé pour sa valeur, et qui, le premier, avait donné le signal de la résistance à l'oppression. Je lui adressai une question à ce sujet ; j'ajoutai que j'étais un ami de Nelson, le ministre presbytérien, le défenseur des Indiens… Au nom de Nelson, la physionomie de l'Indien prit une expression mêlée de bienveillance et d'admiration… « Vous êtes l'ami de Nelson, s'écria-t-il avec émotion !…

– « Oui, repris-je, et bientôt vous le verrez lui-même en ces lieux :

je ne sais quel obstacle le retient loin de nous, il devait me précéder ici… Sa fille Marie, que j'aime, est là… dans cette cabane… Elle est faible, languissante, et je meurs d'inquiétude. Je suis seul ici, sans amis, abandonné à mes tourments, au milieu de deux tribus indiennes, que je vois prêtes à engager une lutte fatale. De grâce, ayez pitié de mon triste sort. Nelson, le père de Marie, fut votre protecteur… Son fils Georges n'était pas moins dévoué à votre cause.

– « Georges ! répéta l'Indien en me regardant fixement… Georges ! le plus courageux des hommes… et le plus infortuné ! ! »

Ne comprenant point ces paroles mystérieuses, je pressai Mohawtan de m'en expliquer le sens. Après une pause de quelques instants, celui-ci me dit :

– « Depuis longtemps une insurrection de la population noire se préparait dans les États du Sud… Lorsque les nègres de la Virginie et des deux Carolines apprirent que les américains de New York avaient brûlé les églises des gens de couleur, cette nouvelle fut pour la révolte une occasion d'éclater… Un vaste complot se forma, dont le point central fut fixé à Raleigh, dans la Caroline du Nord [1].

« Un mois seulement s'était écoulé depuis la persécution cruelle exercée par les Américains contre les Cherokees, et qui avait porté un grand nombre de ceux-ci à s'exiler de la Géorgie. Ceux de notre tribu qui n'avaient point émigré n'hésitèrent pas à seconder le mouvement des nègres… J'étais de ce nombre, et l'un des chefs de la tribu. Les Indiens se rendirent aux environs de Raleigh, afin de concerter leurs efforts avec les chefs de l'insurrection. Un conseil fut tenu, et l'extermination de nos ennemis communs fut résolue.

« On convint qu'à un signal donné durant la nuit, les nègres des campagnes sortiraient de leurs cases et porteraient dans les habitations de leurs maîtres la terreur et la mort, tandis que les Indiens, rassemblés tous sur un seul point, se précipiteraient sur Raleigh et se rendraient ainsi maîtres de la ville et de la milice urbaine.

« Le jour fixé approchait, mais les chefs ne s'entendaient pas ; chacun aspirait aux honneurs du commandement et trouvait indigne de lui le rôle obscur de l'obéissance. Hélas ! le respect que montraient nos pères pour la parole des vieillards et pour la voix des sages est bien loin de nous. Sur ces entrefaites, Georges se présente : il arrivait de New

1 Ville de la Caroline du Nord, située entre la Géorgie, la Caroline du Sud et la Virginie.

York, où il avait pris la défense des gens de couleur. Son nom nous rappelait les bienfaits de son père… Nous le reçûmes comme un ami : la noblesse de son maintien, l'élévation de ses sentiments, la supériorité de son esprit, nous frappèrent tous. Il écouta la communication de nos projets et consentit à se mettre à notre tête. – « Ma place naturelle, nous dit-il, serait parmi les hommes de couleur noire ;… mais je suis trop fier de commander des guerriers tels que vous, pour décliner un pareil honneur : d'ailleurs, nous combattons tous pour la même cause, celle de la liberté contre la tyrannie… Aussi bien, ajouta-t-il, quoique la vengeance exercée par mes frères, toute cruelle qu'elle paraît, soit légitime, j'aime mieux, pour me venger d'un ennemi, l'épée que le poignard.

« À l'heure marquée, au milieu de la nuit, les flammes d'un incendie allumé sur le point le plus élevé du pays donnèrent le signal convenu… Mais, chose inouïe ! les nègres, au profit desquels l'insurrection devait éclater, et qu'on avait vus la veille pleins d'une ardeur généreuse, demeurèrent inactifs. Soit stupidité, soit crainte, tous ces misérables, qui gémissent sous le poids de l'oppression la plus dure, ne firent pas un effort pour devenir libres : ils n'exécutèrent rien de ce qu'ils avaient promis, et pas un blanc ne fut massacré dans l'intérieur des terres.

« Cependant les Indiens furent fidèles à leurs engagements. À l'heure marquée, Georges donna à notre troupe l'ordre de marcher sur Raleigh… Mais sans doute nous avions été trahis ; car à peine sortions-nous de la forêt qui borde la route, que nous rencontrâmes un corps de miliciens vingt fois plus nombreux que le nôtre… Malgré l'infériorité de nos forces, nous engageâmes la lutte. Ah ! comment vous peindre la valeur de Georges ?

« Hélas ! tant d'héroïsme méritait-il une fin si funeste ? »

Ici Mohawtan s'arrêta : son émotion était extrême, et je vis que l'œil d'un Indien peut pleurer ; je compris le sens de cette larme et du silence qui la précédait. L'Indien me raconta les exploits de Georges, son intrépidité, son audace, ses efforts désespérés. « Le fils de Nelson, ajouta Mohawtan, voyant qu'il allait succomber sous le nombre : Ami, me dit-il d'une voix énergique, sauve ta vie ; tiens, prends cet écrit, c'est pour mon père… Si jamais tu le revois, tu lui remettras l'adieu de Georges. – Après avoir prononcé ces paroles, il s'anima d'une nouvelle ardeur ; il avait reconnu dans la mêlée un ennemi mortel. Je l'entends s'écrier avec force : Fernando, lâche assassin de ma mère, meurs ! je suis vengé ! !... Hélas ! un coup fatal le frappa bientôt lui-même... »

Ici encore l'Indien s'interrompit ; pour moi, je l'écoutais dans cet état d'accablement où nous jette une nouvelle infortune, quand déjà la mesure de nos malheurs est comblée. Mohawtan continua ainsi : « J'essayai de venger la mort d'un ami si cher ; mais j'étais seul contre une armée : il fallut fuir... À peine échappé au péril, je jetai un coup d'œil en arrière de moi ; je regardai le lieu où j'avais vu Georges la dernière fois... mais je ne distinguai plus rien. En ce moment, la lune montrait à l'horizon son disque d'un rouge de sang... je compris alors que c'était une nuit fatale...

« Le lendemain, je sus la honteuse inaction des nègres... Le gouverneur de la Caroline du Nord fit une proclamation pour annoncer le triomphe de la milice américaine sur les Indiens... il vantait en même temps la sagesse des nègres, et prescrivait des mesures sévères contre nous... Alors ce qui restait de notre tribu prit le parti de s'expatrier... Instruit de nos projets, le gouvernement des États-Unis s'empressa de les seconder ; car tout ce que ce pays voulait, c'étaient nos terres. Il chargea même un agent de nous aider dans notre retraite. Suivant la même route que les premiers émigrants de notre tribu, nous nous sommes rendus d'abord à Pittsburg, puis à Buffaloe ; là, on nous a dit le séjour qu'avaient fait dans cette ville nos compatriotes, leur rencontre avec Nelson, l'embarquement de celui-ci avec eux pour le Michigan.

« À Détroit, nous avons appris leur départ pour Saginaw, en remontant le cours du fleuve. Désirant arriver au même but, nous voulions, pour y parvenir, suivre la même voie ; mais on nous a dit que la navigation dans ces parages peu connus serait lente et difficile. Nous avons gagné Saginaw par terre.

« Ami, dit encore Mohawtan en me prenant la main, ne crains rien de ma tribu... la fille de Nelson est ici... quels secours lui sont nécessaires ? Parle, commande... chacun de nous t'obéira... »

Ce récit m'avait jeté dans un trouble que je ne pourrais exprimer. Georges, le frère de Marie, Georges, mon ami le plus cher, n'était plus !

« Tiens, me dit Mohawtan, voici ce que Georges m'a confié à sa dernière heure. » L'Indien me remit un papier qui portait l'adresse de Nelson.

J'étais navré de douleur ; cependant, acceptant l'offre généreuse du chef indien, je le priai de m'aider à finir notre cabane. En un instant, tous les bras des Cherokees furent mis à ma disposition ; j'indiquai ce qu'il y avait à faire, et revins près de Marie, rapportant dans notre pauvre demeure un chagrin de plus.

Je m'appliquai de tous mes efforts à cacher le trouble de mon âme… Je dis à Marie le zèle obligeant des Indiens qui travaillaient pour nous… et je ne la quittai pas un seul instant. Trois jours se passèrent durant lesquels il me sembla qu'elle reprenait un peu de force… C'était le lendemain qu'Ovasco devait être de retour… nous allions donc recevoir le secours tant désiré… et Mohawtan était venu joyeux m'annoncer qu'un jour de plus suffirait pour achever les travaux de notre habitation.

Ainsi, au milieu de ma désolation, je m'acheminais encore vers l'espérance !

Cependant, vers le soir de ce bon jour, le ciel s'était chargé d'épaisses vapeurs ; quoique aucun vent ne soufflât, la cime des pins rendait des frémissements inaccoutumés ; une atmosphère lourde pesait sur la forêt ; on entendait dans les hautes régions de l'air des murmures étranges, tandis qu'un silence morne s'élevait de la terre : tout annonçait un orage.

J'étais assis auprès du chevet de Marie, m'efforçant d'adoucir ses souffrances par les témoignages de mon amour… je lui parlais de notre bonheur à venir… Elle demeura longtemps silencieuse… mais tout à coup, me faisant signe de l'écouter, d'une voix calme et résignée elle dit : « Mon ami, cesse de t'abuser… le mal dont je souffre est mortel… rappelle-toi le jour de notre arrivée en ce lieu ; à l'instant où l'astre des nuits tout en feu m'apparut comme un sanglant fantôme, je fus saisie d'une douleur qui ne m'a plus quittée… C'est ce mal qui me consume… aucune puissance ne saurait le combattre… tel est l'ordre de la destinée à laquelle c'est folie de ne pas croire. Étrange égarement de ma raison ! moi, pauvre fille de couleur, méprisée de tous, avilie, dégradée, j'ai aspiré au plus grand bonheur qui jamais a été donné à une mortelle ! comme si l'indignité de ma naissance ne devait pas me suivre jusqu'au tombeau… Hélas, l'expiation est bien rigoureuse !

« Mon ami, ajouta-t-elle, j'ai souffert cruellement durant les jours qui viennent de se passer. Tu me vois faible et languissante !… c'est que je n'ai point de repos… Ah ! quel supplice de ne pouvoir dormir ! quelquefois il me semble qu'enfin le sommeil va s'emparer de moi ! alors je m'abandonne à lui, j'invoque sa puissance, je bénis sa main qui s'étend sur moi... déjà la moitié de mon être lui appartient et revient à la vie par un néant passager... l'autre est près de m'échapper aussi ; mais, à l'instant où je vais trouver le calme en perdant la pensée, je ne sais quel aiguillon cruel enfoncé dans mon corps me réveille subitement par la douleur, et, quand j'atteins le but, me replonge au fond de l'abîme...

– « Mon Dieu ! m'écriai-je en écoutant ce triste récit, je voyais tes douleurs ; mais, ô ma bien-aimée, que j'étais loin de les croire aussi cruelles ! Pourquoi donc m'as-tu si longtemps caché la vérité ?

– « Hélas ! mon ami, me répondit Marie, fallait-il te jeter dans le désespoir en te demandant un secours que tu ne pouvais me donner ?... Oui, je sens la vie se retirer de moi... mais je te le jure, Ludovic, tous ces mots ne sont rien, comparés aux tortures que mon âme éprouve... Mon supplice, c'est d'avoir eu l'idée du bonheur qui m'échappe et que j'ai vu si près de moi... c'est d'abandonner à jamais une espérance si folle, mais si chère ! et puis le chagrin qui, dans mon cœur, surpasse tous les autres, c'est de voir à quel degré de misère ma funeste fortune te réduit !...

« Ludovic, pardonne-moi si je te parle ainsi : c'est que bientôt... »

Elle s'interrompit : je vis son regard se troubler, ses yeux, errants comme au hasard à l'entour d'elle, s'arrêtèrent tout à-coup, puis une extrême agitation ayant succédé à cet instant de repos, sa pensée se réveilla pour s'égarer dans le délire...

Tandis que cette scène déchirante jetait dans mon âme la stupeur et le désespoir, j'entendais au dehors les premiers bruits de l'orage qui se déclarait dans les airs ; des grondements lointains, d'abord faibles et croissant par degrés, annonçaient l'approche de la tempête ; déjà les vents sifflaient avec violence, et les chênes de la forêt commençaient à murmurer sur leurs troncs immobiles.

Cependant Marie, ayant repris ses sens, se leva sur son séant : « Écoute, Ludovic, me dit-elle d'une voix plus ferme et plus assurée... je viens d'avoir un songe... et c'est Dieu, sans doute, qui me l'envoie... avant le retour d'Ovasco, je ne serai plus.

« Le Ciel me donne aussi pour un instant quelque force... Laisse-moi, je t'en conjure, te parler des êtres que j'aime et qui sont loin de moi... Mon père ! Georges ! Hélas ! je suis bien malheureuse ! Je ne recevrai point la bénédiction de mon père le jour de son arrivée parmi nous devait être celui de notre union... Et, quand il viendra, sa pauvre fille !… Ah ! qu'il sache du moins qu'elle est demeurée pure et digne de lui jusqu'à son dernier soupir ! !

« Je voudrais aussi t'entretenir de Georges. D'où vient, Ludovic, que, depuis deux jours, tu ne me parles plus de lui !… Nous ne savons pas quel est son sort… Hélas ! je ne le crois point heureux ! ! Son cœur est si bon, son âme si grande ! Il est resté parmi les méchants qui nous haïssent ! Mon ami, sois indulgent pour ma faiblesse ; mais quand je songe à lui, j'ai des visions de sang… Ce bon frère ! il m'aimait d'une amitié si tendre ! ! C'est le seul être qui m'ait aimée comme toi, Ludovic ;… il savait bien la bonté de ton cœur, mais, mon ami, laisse moi une illusion qui m'est chère ; je crois que l'affection que tu lui inspirais eût été moins vive, s'il n'avait pas su ton amour pour moi… Hélas ! sera-t-il plus heureux que sa pauvre sœur ?… Peut être tu le reverras… Moi, je vais mourir loin de lui… Quand il te parlera de sa chère Marie, dis-lui que nous avons pleuré ensemble en nous souvenant de lui… »

Et la charmante fille arrosait de larmes son lit de douleurs… Je pleurais aussi.

Elle ajouta : « Tu lui donneras ma Bible ; nous avons lu souvent ensemble le livre de Tobie, où il se trouve des consolations et des espérances pour les infortunés… Ses feuillets contiennent quelques fleurs que j'ai cueillies dans la prairie du désert, le jour où je fis un si charmant rêve de bonheur. L'odeur voluptueuse dont elles étaient empreintes s'est purifiée dans les parfums d'un livre religieux… En lui remettant ce témoignage de mon souvenir, rappelle-lui que la religion est le seul bien qu'on n'enlève point aux malheureux…

« Et toi, mon bien-aimé, me dit-elle en s'efforçant de se tourner vers moi et me faisant signe d'approcher ma main de la sienne, que te laisserai-je en mémoire de moi ? Hélas ! rien que des douleurs Pourquoi t'imposerai-je des souvenirs funestes ?… Notre attachement ne te rappelle que des malheurs, hélas ! sans compensation ! Pour moi, tu as sacrifié le monde, ses avantages, ses plaisirs. Si du moins j'avais eu quelques années, quelques jours seulement pour entourer ta vie de tendres soins, de dévouement, et mériter ta pitié à force d'amour ! ! Ô mon ami !… Mais non… Je ne t'ai donné que des chagrins amers, depuis le jour où, en te découvrant ma naissance, j'ai fait retomber sur toi le reflet de ma honte, jusqu'à ce moment suprême où je t'attriste par le spectacle de mes dernières douleurs…

« Faut-il donc que mon infortune te suive après que je ne serai plus !... Ah ! prends garde à l'influence de ma destinée : ma mémoire te serait fatale encore pour être heureux, il te faut d'abord m'oublier... »

Elle fit une pause de quelques instants... puis, fixant sur moi un regard touchant : « Mon ami, reprit-elle, tu vas me trouver bien faible devant ma dernière heure mais, je t'en supplie, dis-moi encore une fois que tu m'aimais tendrement et que tu me pardonnes. Je te demande comme une grâce ces assurances d'amour qu'autrefois je n'eusse point provoquées... C'est que, vois-tu, je vais mourir, et dans quelques instants ma vie ne pèsera plus sur la tienne... Mourir en entendant ta voix me dire ton amour ! oh ! cette pensée me donne des forces pour franchir le passage terrible de la vie au tombeau. Tu me vois faible, consumée, languissante ;... mais sais-tu, Ludovic, que mon cœur n'a rien perdu de sa puissance d'aimer !...

« Tiens, me dit-elle, encore un peu d'indulgence pour ta pauvre amie... Je t'en conjure, approche-toi près de moi... Mon Dieu, je te désole, dit-elle en voyant couler mes larmes ; mais aie pitié d'une infortunée qui n'a que peu de temps à t'affliger... Laisse ma tête s'appuyer sur toi, pour que j'entende encore le battement de ton cœur... Nous étions ainsi dans la prairie vierge ; n'est-ce pas qu'alors toi aussi tu étais heureux ?... Oh ! c'est maintenant qu'il faut me dire que tu me pardonnes. Grâce, mon ami, grâce pour la pauvre fille qui t'aimait... Il faut que je te dise une chose que je t'avais toujours cachée, c'est que je t'aimai le premier jour où je te vis. Mon cœur a soutenu bien des combats... Je fuyais ton regard, ta présence, qui me charmaient, et, quand je reçus la révélation de ton amour, je me sentis enivrée de tant de bonheur, que ma raison faillit de s'égarer... Cependant je pressentais nos malheurs, et je pleurai sur ma joie... Mon ami, je te dis ces choses pour que tu me pardonnes en voyant que mon cœur était bon... »

Navré de douleur, je pressai sur mon sein le visage de mon amie : « Te pardonner, m'écriai-je, ange d'innocence et de bonté !... » Et les sanglots étouffaient ma voix.

À l'instant où le mot *pardon* sortit de ma bouche, la figure de Marie prit l'expression de la reconnaissance ; alors elle se laissa retomber sur sa couche comme si tous ses vœux eussent été accomplis. Je vis sa raison et ses forces décliner avec une effrayante rapidité... Il était minuit... la fièvre redoublait... Marie tomba dans un affreux délire.

En ce moment toutes les fureurs de la tempête étaient déchaînées au dehors... la foudre grondait dans le ciel ; un vent impétueux ébranlait la forêt ; les eaux de l'orage tombaient avec une violence contre laquelle notre faible réduit était impuissant à nous protéger.

Ô mon Dieu ! vous savez quelles furent mes angoisses durant cette nuit fatale, quand, dénué de tout secours, abandonné à ma misère et à mon désespoir, je me trouvai seul en face d'un être adoré, témoin de maux que je ne pouvais soulager, d'un délire qui troublait ma propre raison... seul dans une forêt sauvage, au milieu d'une nuit ténébreuse, pleine de terreurs du ciel et de la terre ; placé entre l'être innocent dont je voyais l'agonie, et le Dieu vengeur dont j'entendais la colère ; l'orage sur la tête et dans le cœur !... brisé jusqu'au fond de l'âme par les accents douloureux de Marie ; anéanti par les grondements d'un tonnerre qui ne se reposait point ; ne sachant si toutes les puissances du ciel et de l'enfer étaient liguées contre un seul homme, je me jetai à genoux, les mains jointes, prosterné en face de mon amie ; et tour à tour portant mes yeux sur son visage pâle et livide, puis les élevant vers le ciel, je priai Dieu avec ferveur... Les éclairs qui sortaient d'une nuit sombre illuminaient cette scène solennelle... J'étais dans une extase de terreur muette, de désespoir instinctif et d'espérance religieuse, lorsque les yeux de Marie venant à se porter sur moi :

« Mon ami, me dit-elle dans un moment lucide, dernier rayon d'une intelligence prête à s'éteindre, tu pries pour moi !... oh ! merci !... vois quel est le courroux du Ciel !... mon Dieu ! je suis donc bien coupable ! ! ! »

À cet éclair passager de raison succéda une crise plus violente encore que la première ; une extrême agitation s'empara de ses sens ; elle prononçait des paroles incohérentes, des phrases entrecoupées de soupirs... ces mots : *Race maudite, infamie du sang, destin inexorable,* sortaient de sa bouche ; enfin elle répéta mon nom deux fois, et quoiqu'en délire, elle pleura. Elle ne dit plus rien.

Je vis bien que les temps étaient accomplis pour la fille de Nelson ; la nature elle-même, dont les grandes crises révèlent quelquefois les mystères de l'avenir, semblait m'avertir que le sacrifice allait se consommer ; l'orage avait annoncé toutes les phases de l'agonie... En cet instant la forêt fut pleine d'effroyables retentissements ; les éclats du tonnerre ne laissaient point de relâche aux échos dont les voix innombrables, éveillées au sein des profondes solitudes, multipliaient à l'infini les terreurs de la céleste vengeance ; les grands pins, les vieux chênes, craquaient, tombaient avec fracas, brisés, brûlés par la foudre, déracinés par les vents ; mille clartés éblouissantes, sorties d'un ciel ténébreux, répandaient sur toute la terre les lueurs épouvantables d'un embrasement universel ; tandis qu'à travers cette atmosphère de feu, les torrents tombés des nuages roulaient tumultueusement du haut des collines dans les vallées, mêlant ainsi les destructions du déluge aux horreurs de l'incendie.

À tous ces bruits de la foudre, des échos, des torrents, le silence succéda, silence plus affreux mille fois que toutes les voix de l'orage et de la douleur ; car il y a encore de l'espérance au fond de la douleur qui gémit… et de même qu'au dehors, tout était silence autour de moi…

Ici Ludovic manqua de voix. Depuis longtemps il se faisait violence pour retenir ses larmes qui, en ce moment, coulèrent avec abondance. Avec lui pleura le voyageur, que ce récit avait touché.

Ludovic reprit ainsi : Je n'essaierai point de vous dépeindre l'horreur de ma situation ; il existe des douleurs qui remplissent le cœur de l'homme, et pour lesquelles le langage n'a point de mots.

Aussi longtemps que dure une crise terrible, il semble que l'énergie morale de celui qui combat se soutienne par la violence même de l'agression. Au milieu de tous les tumultes d'un ciel menaçant, de tous les déchirements d'une nature troublée, au sein même de la confusion des éléments, l'homme, tout misérable qu'il est, ne disparaît point ; il demeure debout, grand par sa pensée, et fort par sa volonté. Une voix intérieure, qui est celle de la vertu, lui apprend que sa destinée est de lutter contre les orages ; mais quand la foudre, après avoir frappé son coup, se tait… lorsque de deux êtres qui s'étaient réfugiés au désert pour s'aimer, l'un manque à l'autre ; lorsque de ces deux âmes qui ne faisaient qu'une âme, l'une est remontée au ciel ! oh ! alors l'infortuné qui reste seul sur cette terre, mutilé dans son cœur, dépouillé de cette partie de lui-même qui faisait sa force et sa joie durant les jours heureux et malheureux, celui-là tombe dans une misère si voisine du néant qu'elle mérite la pitié. Dans le premier moment, j'éprouvai une sorte de contentement de l'extrémité même de mon malheur. Cet entier abandon où j'étais plongé, tout en ajoutant à l'horreur de ma situation, m'épargnait une des charges les plus pesantes de la douleur : les consolations du monde. Dans les grandes infortunes, il faut pleurer seul ; alors on souffre trop pour l'âme d'autrui. Des paroles d'intérêt, et quelques larmes, c'est tout ce que peut donner la plus tendre amitié : remède qui convient à des chagrins vulgaires ; mais comment exiger d'un ami les brisements du cœur ?

Cependant, à l'instant où je me félicitais d'être isolé pour souffrir sans trouble, j'ai connu toute la faiblesse de l'homme.

Telle est l'infirmité de notre nature, que le malheureux, réfugié dans les secrètes joies de son infortune, ne peut pas même supporter longtemps l'excès de la douleur la plus chère.

Après avoir joui de mes larmes solitaires, je tombai dans un si grand anéantissement, que je me pris à regretter mon éloignement du monde.

Mais ce monde, que j'ai fui, ne peut m'entendre. Je gémis : aucune voix ne me répond. Je chancelle : aucune main amie ne s'avance pour soutenir ma faiblesse... alors, il faut se repaître d'amertume et de désespoir... alors, en présence de cet être chéri, tout à l'heure palpitant d'amour, et maintenant inanimé, la mort avec ses terribles mystères se révèle à moi dans toute son horreur. À force de contempler des traits adorés, où je cherche en vain la vie, mes yeux se troublent, ma raison s'égare ; tous les souvenirs de cette affreuse nuit se représentent à mon imagination ; mille fantômes m'apparaissent... je crois entendre la voix de Marie qui se plaint... je lui réponds : « Ma bien aimée, c'est moi ! c'est ton ami,... » Mais ses traits sont immobiles... je cherche la vie sur ses lèvres pâles, naguère si suaves... j'y trouve un froid de mort...

Alors il me semble que des accents funèbres, des bruits d'orage et d'incendie, des sifflements de serpents, retentissent autour de moi. Je sens au fond de mon cœur un fer ardent qui le brûle et se retourne mille fois dans la plaie... accablé sous l'épouvante et la douleur, je sens mes genoux fléchir, et je tombe...

Je ne sais combien de temps je demeurai immobile, privé de mes sens.

Le jour qui suivit cette nuit funeste, je fus arraché à ma léthargie par une main secourable... c'était celle de Nelson. En entrant dans la chaumière, il crut voir deux cadavres : hélas ! pourquoi ne fut-ce qu'une illusion de son regard ! Plût au Ciel qu'il n'eût point ranimé chez moi un reste de vie prête à s'éteindre dans la douleur ! !

Nelson entra suivi du Canadien dont nous occupions la demeure, et qui, le jour de notre arrivée, était parti pour le fort Gratiot. Le vaisseau qui portait Nelson et les Cherokees, n'ayant pu franchir le rapide qui se trouve en face du fort, avait fait halte, et, comme la violence du courant était accidentellement accrue par la fonte des neiges, on avait résolu d'attendre pendant quelques jours un moment plus favorable. Le lieu où débarquèrent les Indiens était précisément celui où se rendait le Canadien de Saginaw. Celui-ci, ayant rencontré Nelson, l'informa de mon arrivée à Saginaw avec Marie. Instruit de l'embarras où nous étions, Nelson supplia le Canadien de le ramener près de nous ; et, soit que la présence des Indiens réunis aux environs du fort Gratiot eût fait manquer la chasse du ramier, soit que les prières de Nelson eussent touché l'âme du chasseur, celui-ci consentit au retour ; et, après cinq jours et cinq nuits de marche non interrompue à travers la forêt et les prairies, ils arrivèrent pour être les témoins de la dernière et déplorable scène d'une affreuse catastrophe.

D'abord je rendis grâce à Dieu qui envoyait un appui à ma défaillance… mais bientôt je compris que, pour consoler le malheur, ce n'est pas assez d'avoir le même sujet de peine, mais qu'il faut encore sentir de même la douleur.

Nelson fut frappé d'un coup terrible en voyant l'énormité de notre infortune ; mais son stoïcisme l'emporta sur sa misère. Je ne croyais pas que la raison fût jamais si puissante sur le cœur, et qu'il pût se trouver tant de froideur dans un chagrin réel… quelques larmes coulèrent de ses yeux… bientôt il me fallut pleurer seul…

Je n'ai point d'expression pour vous dire les scènes de deuil et de désolation dont ce désert fut le théâtre, lorsque le moment fut venu de rendre à la terre la dépouille mortelle de mon amie.

Vous voyez cette cabane peu éloignée de celle où je vous ai reçu… l'autre jour vous alliez en franchir le seuil, lorsque j'ai retenu vos pas… vous en admiriez la construction élégante et les proportions gracieuses, et vous me disiez que là on pourrait vivre heureux avec un objet aimé ; oh ! je croyais aussi à ce bonheur ! c'était la demeure préparée avec tant de soin ; l'asile de Marie ; le toit qui couvrirait de son ombre nos joies pures et mystérieuses… mais le Ciel n'ayant point voulu que mes desseins s'accomplissent, et que cette habitation contînt notre félicité, j'en ai fait un tombeau…

Quand nous transportâmes dans ce lieu des restes chéris, il fallut passer par de nouvelles angoisses et par de nouveaux brisements… j'ai bu tout entier le cilice d'amertume… j'ai vu la terre s'emparer peu à peu de sa proie, et, lorsque tout a été enlevé à mes regards, il m'a semblé que mon âme tombait dans une solitude encore plus profonde. Ô misère ! une vie de passions et d'orages qui aboutit à un sépulcre ! Est-ce donc là toute la destinée de l'homme ?... Je me précipitai la face contre terre, comme si mon cœur devait souffrir moins en se rapprochant de la tombe ! ! et je songeai que cette tombe renfermait une créature céleste qui, la veille, respirait pour moi seul, et aujourd'hui n'était plus rien sur la terre... Alors, prosterné sur le néant, j'adorai Dieu !

Tel fut le commencement d'un culte que j'ai, depuis ce temps, renouvelé chaque jour dans la cabane consacrée à ma douleur. « Ô ma bien-aimée, m'écriai-je, en terminant la prière du tombeau, tu ne me devanceras que de peu de jours dans le funèbre asile ! je le sens au vide de mon cœur, je n'ai plus les conditions de la vie ; je vous rejoindrai bientôt, âmes chéries, dont la mienne ne peut vivre détachée ; Marie, l'ange de mes jours, sans lequel il ne me reste plus qu'à errer ici-bas de misère en misère ; et toi, Georges, mon ami le plus cher, Georges, le plus noble des hommes, le plus tendre des frères, qui, fidèle, jusqu'à ta dernière heure, aux devoirs d'une amitié touchante, as précédé ta sœur dans le séjour des ombres, où maintenant vous êtes réunis... ah ! ne pleurez point mon absence... bientôt je serai près de vous ; la mort cruelle a pu séparer nos corps, mais nos âmes s'uniront d'un lien qui ne se brisera jamais. »

Ainsi je disais : et je vis une nouvelle impression de douleur se peindre sur la figure de Nelson... « Quel est donc ce langage ? s'écria-t-il... Georges !... mon fils bien-aimé grands dieux ! le sacrifice serait-il complet ?... »

Ma douleur m'avait égaré : je révélai tout à Nelson ; et ne regrettai point l'indiscrétion de mon désespoir ; car le moment était opportun pour dire au père de Georges toute l'énormité de son malheur. La prière et la douleur avaient élevé son âme vers le ciel ; et l'homme religieux est toujours fort. La pensée qui monte de la terre et arrive jusqu'à Dieu est comme une colonne puissante à laquelle le plus faible se retient...

Pendant un instant, le front du presbytérien sembla plier sous le coup, et, pour la première fois, je crus que ses forces morales seraient au-dessous de son infortune... Mais il releva sa tête, et laissa voir deux larmes étonnées d'avoir coulé de ses yeux ; alors je lui remis la lettre de Georges. Nelson en fit la lecture, et, depuis ce jour, je l'ai relue tant de fois, que je me rappelle exactement ses termes :

« Mon père, écrivait Georges, si cette lettre vous est remise, elle vous annoncera que je n'existe plus. Ne vous affligez point… J'aurai souffert une mort digne de vous et de moi-même. Je ne serai point assez lâche pour attenter à ma vie… Mais il me sera doux de mourir en combattant nos oppresseurs… Je sais, mon père, quel jugement les hommes porteront sur moi, si toutefois mon nom me survit dans leur pensée… Je serai appelé par eux factieux et rebelle… Ils m'ont persécuté durant ma vie, et flétriront ma mémoire… mais leur sentence n'atteint point mon âme… J'ignore si mon sang contient des souillures… mais je suis assuré de la pureté de mon cœur… Je paraîtrai confiant devant Dieu… J'ai pris une résolution fatale qui me réjouit : je vaincrai mes ennemis, ou ne survivrai point à notre défaite. Hélas ! j'espère peu de succès ; la population noire est vouée à l'éternel mépris des blancs ; la haine entre nos ennemis et nous est irréconciliable : une voix intérieure me dit que ces inimitiés ne finiront que par l'extermination de l'une des deux races ; je ne sais quel pressentiment plus triste encore m'avertit que la lutte nous sera fatale… L'issue funeste que je prévois ne me trouble point. J'ignore les desseins de Dieu ; mais je sais les devoirs dont la source est en moi-même ; ma conscience m'apprend qu'il est toujours beau de donner sa vie pour le service d'une sainte cause… Vous le dirai-je, cependant, ô mon père, j'ai une douleur dans l'âme ; ma tristesse ne me vient point de moi ; elle ne procède pas non plus de la crainte de vous affliger… car je sais votre vertu ; et vous ne pourrez regretter longtemps les suites d'un dévouement qui me rend plus digne de votre estime. Mais ma sœur ! ma chère Marie ! qu'il est désolant de ne la plus revoir et comme elle sera malheureuse en apprenant que son Georges n'est plus !… Ah ! tâchez qu'elle conserve longtemps des doutes sur mon sort ! Le Ciel m'est témoin que, dans l'extrémité où je suis, c'est elle seule dont le souvenir trouble ma raison… Je ne puis croire qu'elle habite une terre où je ne serai plus… Ah ! qu'il me soit permis d'adresser quelques paroles au généreux Français dont elle était aimée… Ludovic, ô mon ami, écoutez la voix sacrée de l'homme à sa dernière heure : Marie est de toutes les créatures la plus sensible, la plus pure, la plus digne d'amour… Elle vous aime tendrement, Ludovic… Ah ! de grâce, ne brisez pas son cœur ! Elle est bien faible ! ! elle croit aisément au malheur, et ne résiste qu'à l'espérance ; le souvenir du destin de sa mère ne quitte point sa pensée. Hélas ! je n'en doute pas, un chagrin profond abrégerait sa vie. »

Cette lettre ajouta un nouvel aiguillon à ma douleur, et rendit encore plus abondante la source de mes larmes. Nelson contempla quelque temps la terre avec un regard immobile ; puis, levant les yeux au ciel : « Ô mon Dieu ! dit-il d'une voix grave et pénétrée, Seigneur, qui, pour m'éprouver, m'envoyez les plus cruels malheurs qui puissent déchirer le cœur d'un père, je me soumets à vos décrets tout puissants ; je suis bien infortuné, mais je ne murmurerai point contre votre providence, car vous êtes juste encore, alors que vous êtes sévère. J'accepte vos rigueurs comme des expiations, et, pour désarmer votre colère, je m'efforcerai d'avoir de bonnes oeuvres à vous offrir. »

En ce moment, quelque bruit se fit entendre hors de la cabane ; je sortis : c'étaient des Indiens Cherokees ayant Mohawtan à leur tête. « Nous venons, me dit celui ci, pour voir si l'orage d'hier n'a fait aucun dégât dans la cabane, et nous vous aiderons ensuite à y transporter la fille de Nelson.

– « La fille de Nelson ! m'écriai-je avec désespoir ! ! elle y repose. » Il vit couler mes larmes. Bientôt Nelson parut. Mohawtan le reconnut sans peine ; les deux amis s'embrassèrent. L'Indien, en pressant sa poitrine sur le cœur de Nelson, y sentit la douleur paternelle ; il jeta un coup d'œil dans l'intérieur de la cabane, et vit la tâche funèbre que nous venions de remplir.

Cependant une lutte terrible était prête à s'engager entre les Cherokees et les Ottawas. Le meurtre commis par Mohawtan criait vengeance, et c'était pour les Ottawas un bon prétexte de repousser de leur territoire une tribu dont la présence leur était importune. Mohawtan dit : « Voulez-vous prendre parti pour nous ? » – Je ne répondis pas, car j'étais indifférent à toutes choses. Mais Nelson, toujours plein de l'intérêt religieux qui l'avait amené dans ces lieux : « Non, dit-il, je n'épouserai point une injuste querelle. Mohawtan, je suis votre ami ; mais pourquoi serais-je l'ennemi des Ottawas ? Est-ce parce qu'ils défendent leur patrie, ou parce qu'ils ont horreur du sang répandu ?... Ma mission sur la terre est plus noble et plus pure... Si le ciel exauce ma prière et seconde mes efforts, ces menaces de guerre et d'extermination ne s'accompliront pas...

« Un grand devoir m'est imposé, ajouta-t-il en se tournant vers moi ; je dois faire violence à ma douleur... Mon ami, l'occasion de faire le bien est rare ; une bonne action est la plus sûre consolation du malheur... Ma tâche sera facile à remplir, si je puis faire descendre dans l'âme de ces sauvages quelques paroles d'une religion de paix. »

Nelson suivit Mohawtan et les Indiens. Tous se dirigèrent vers un lieu éloigné d'environ trois milles, dans lequel les Cherokees étaient assemblés pour délibérer.

Je ne voulus point suivre Nelson… Je vis bien qu'il y avait dans son âme un instinct secret qui le portait à combattre les coups de la fortune, plutôt qu'à guérir les peines du cœur.

Ainsi, malgré l'arrivée du père de Marie, je fus bientôt seul.

En ce moment, je l'avoue, quand je réfléchis sur les malheurs accumulés sur ma tête et à l'entour de moi, je me pris à douter de tout, excepté de la misère de l'homme… j'accusai la vertu, la religion, Dieu lui-même. Je voyais la plus charmante des créatures, la fille la plus vertueuse et la plus innocente, victime d'un odieux préjugé, livrée par le sort de la naissance aux plus cruelles persécutions ; poursuivie de ville en ville ; couverte en tous lieux de honte et de mépris, frappée sans pitié, elle, si bonne et si pure, par une société dénuée d'âme et de grandeur ; et contrainte enfin, pour échapper à ses barbares ennemis, de chercher un refuge dans un affreux désert, où elle meurt ! !… Et Georges ! ! mon frère ! ! ! le seul ami que j'aie possédé ! Georges, le plus généreux des hommes ! méritait-il le sort fatal qui m'avait privé de lui ? Fallait-il qu'il se soumît lâchement à la dégradation qu'on voulait lui imposer ? qu'il courbât son front sous une honteuse tyrannie ? Fallait-il, pour être heureux, qu'il commençât par être vil ?… Ah ! son âme était trop élevée pour descendre aux bassesses de la soumission ! il a repoussé l'humiliation et le mépris, qui pèsent plus sur une grande âme que les chaînes de la servitude ! il s'est révolté contre l'oppression !… Sa cause était celle de la liberté humaine ; c'était la cause de Dieu même, et cependant Dieu n'a point aidé son bras ! Son dévouement est demeuré stérile !

Georges, l'homme magnanime, n'est plus… et ses ignobles tyrans trafiquent tranquillement sur sa tombe.

Étrange destinée du frère et de la sœur ! Celle-ci, faible femme, s'est dérobée aux coups de la tempête ; elle s'est brisée en pliant ; tandis que le premier, pareil au cèdre qui montre sa tête à l'orage, est tombé sous la foudre…

Qu'est-ce donc que cette providence céleste qui veille sur l'univers, et ne préside qu'à des iniquités ?

Le sort même de ces Indiens exilés de leur vieille patrie, et que je voyais réduits à se déchirer entre eux pour se disputer quelques lambeaux du sol américain, fournissait à mon désespoir un nouveau sujet d'imprécation.

Pourquoi cette destruction impie d'une race infortunée ! Les Indiens sont simples et faibles, les Américains habiles et forts. Mais la science ne fait pas l'honnêteté, ni la force le bon droit... D'où vient donc ce triomphe de la ruse sur la franchise, du fort sur le faible ? Si le Dieu créateur de ce monde jette parfois un regard sur son oeuvre, n'est-ce pas pour combattre en faveur du juste, et rétablir, par sa puissance, l'équilibre que la violence et la méchanceté rompent sans cesse ? Cependant les bons succombent dans la lutte ! ! Tel est le sort Je ces malheureux Indiens, que la cupidité américaine refoule dans ce désert... dans ce désert, asile de tant d'infortunes imméritées, et qui, par un étrange assemblage, réunit dans son sein l'Européen exilé par ses passions, l'Africain que les préjugés de la société ont banni, l'Indien qui fuit devant une civilisation impitoyable ! !

Et moi-même, qu'ai-je donc fait pour être ainsi frappé par les foudres du Ciel ? J'étais bon ! oh ! j'étais plein d'amour pour mes semblables... et j'ai parcouru deux mondes sans pouvoir y trouver un peu de bonheur ! ! partout j'ai vu des heureux qui me faisaient pitié, tant ils étaient pauvres de cœur ! Et moi je n'ai trouvé qu'une fatale destinée, toujours prompte à me bercer de mille illusions, m'offrant tour à tour mille chimères, se riant de ma détresse, jusqu'au jour, où, par un jeu plus cruel, après avoir guidé mes pas dans cette solitude, elle a disparu, me laissant seul sur un tombeau ! ! !

Le désespoir ayant ainsi pénétré dans mon âme, l'idée du suicide s'offrit à moi... et je l'acceptai comme le seul remède à ma misère... Je fis les préparatifs de ma mort avec une sorte d'exaltation morale, comme autrefois je faisais des rêves de bonheur. Je laissai pour Nelson une lettre dans laquelle je le priai de placer mon corps dans le tombeau de Marie, et, la tête pleine d'une résolution fatale, je sortis de la cabane...

« Mon bon maître ! » s'écria Ovasco en me sautant au cou. C'était le soir du quatrième jour écoulé depuis son départ. Le fidèle serviteur arrivait en toute hâte. Un vieillard, affaissé par l'âge, et qu'à son costume je reconnus pour un prêtre, l'accompagnait.

La présence d'Ovasco et de cet étranger me fut importune ; ils gênaient l'exécution du dessein que je venais de former ; et l'âme ne saurait demeurer en suspens sur un pareil projet. Je dis à Ovasco : « Tout est fini ; » et au prêtre : « Votre présence en ce lieu n'est plus nécessaire ! !... » Tous deux me comprirent ; Ovasco se livra aux marques du plus violent chagrin, le vieillard me regarda d'un air pénétrant ; sans doute il aperçut mon trouble, et devina mon désespoir jusqu'au fond de mon cœur, car il me dit avec bouté : « Mon ami, je suis bien loin de la ville ; veuillez me donner l'hospitalité pour aujourd'hui. » Il ajouta d'une voix basse, et comme s'il se fût parlé à lui-même : « Je ne quitterai point ce lieu, car il y a ici des passions... » En prononçant ces mots, il tomba à genoux et pria Dieu.

Cependant Ovasco, qui ne savait point que le terme de mes maux était fixé, se mit, pour distraire ma douleur, à me raconter les circonstances de son voyage. Arrivé à Détroit, il s'était présenté chez le seul médecin de cette ville ; mais, lorsque celui-ci sut dans quelle contrée lointaine ses secours étaient demandés, il marchanda ses services, et les mit à un prix si élevé, en exigeant une caution préalable, qu'Ovasco ne put le satisfaire.

Il existait alors à Détroit un prêtre catholique du nom de Richard ; c'était un Français banni en 1793, à l'époque où, pour sauver la civilisation, on proscrivait la religion et la vertu ; arrivé jeune aux États Unis, il avait vieilli sur la terre d'exil ; tout le monde vantait sa sagesse, sa grande science, sa charité. Les sentiments d'estime et de vénération qu'il inspirait étaient universels ; et la population du Michigan, dont les trois quarts sont protestants, l'avait nommé, quelques années auparavant, son représentant au congrès [1].

Guidé chez lui par la voix publique, Ovasco se présente, invoque son appui comme on demande secours à une puissance supérieure... Le bon vieillard secoue sa tête chargée d'années, et dit : « Les infortunés ! ils sont bien loin ! allons vite à leur secours !... Je sais, ajouta-t-il, un peu de médecine... on me consulte souvent dans ce pays sauvage où les secrets de l'art sont presque inconnus... et puis, quand je ne sais point guérir le corps, je m'attache aux plaies de l'âme. »

À ce récit d'Ovasco je sentis quelque émotion pénétrer dans mon

---

1 Note de l'auteur.
J'ai emprunté le nom et le caractère du prêtre Richard à un digne ecclésiastique, Français d'origine, que j'ai vu à Détroit. Il était alors plus qu'octogénaire et commandait le respect moins par son grand âge que par ses vertus. Son élection comme représentant du Michigan au congrès des États-Unis est un fait exact.

cœur… et je ne pus songer sans remords à l'indifférence que j'avais témoignée au bon vieillard.

« Pardonnez-moi, m'écriai-je en m'avançant vers lui, je suis bien malheureux !… » et je me précipitai dans ses bras ; j'éprouvai un frémissement de respect et d'admiration en touchant ces cheveux blancs que le désert rendait encore plus imposants. « Eh quoi ! m'écriai-je, malgré le poids des années, vous affrontez cette solitude !

– « Mon ami, me dit le prêtre avec un accent plein de simplicité, n'y êtes-vous pas venu vous-même avec joie ? »

Je gardais un silence morne.

– « Une passion généreuse, reprit le vieillard, un amour pur vous ont conduit dans cet asile solitaire… mon ami, c'est aussi l'amour qui me guide près de vous, l'amour, source de toute vertu et de tout bien. Oh ! ajouta-t-il, je comprends votre infortune, puisque vous avez perdu ce que vous aimiez… Ces cheveux blancs vous tromperaient beaucoup, s'ils vous faisaient penser que j'ai plus de vertu que vous… je serais bien faible aussi devant le malheur. Il me semble que mon cœur se briserait, s'il m'était interdit d'aimer Dieu et de faire du bien à mes semblables… Vous le voyez, mon seul avantage sur vous, c'est d'avoir des affections dont l'objet ne périt point… »

Il y avait dans l'accent du vieillard quelque chose de tendre et de pénétrant… Je crois que le langage du protestant et celui du catholique diffèrent, comme la raison diffère du cœur. Alors je lui ouvris mon âme ; il m'écouta avec une attention mêlée de pitié. Mais quand il sut le projet que j'avais formé d'attenter à mes jours, je vis ses yeux se remplir d'une flamme soudaine. « Pourquoi, lui disais-je, prolonger une vie de misère et d'ennui ? À quoi suis-je bon sur la terre ?…

– « Malheureux ! ! s'écria-t-il dans un moment de vertueuse colère, qui donc es-tu pour citer la Providence devant ton tribunal ?… » Et les regards de l'octogénaire lançaient les foudres autour de lui.

Il reprit avec douceur : « Mon ami, vous êtes mon frère. Je vous vois bien malheureux et prêt à commettre un grand crime : je ne vous quitterai point… »

Le saint vieillard fut habile à s'emparer de mon cœur. Je lui racontai l'histoire de mes malheurs. Je lui dis mes rêves d'enfance, mes chimères de jeunesse, mes illusions de tout âge. Le récit de mes infortunes le toucha vivement… il m'écouta en silence et parut se livrer à de profondes méditations ; un jour se passa durant lequel il ne cessa de me témoigner le plus tendre intérêt ; il avait peu à peu calmé les orages de mon cœur ; et quand il me vit capable d'écouter la voix de la raison, il m'adressa ces paroles :

« Vous avez, mon cher fils, commis de grandes fautes ; et votre infortune est l'expiation de vos erreurs. La société vous a frappé sans pitié, parce que vous étiez pour elle le plus dangereux de tous les ennemis.

« Tous vos malheurs vous sont venus de l'orgueil et de l'ambition.

« Vous vous êtes cru appelé à de grandes choses... et, au lieu d'attendre que la Providence vous choisît pour accomplir ses desseins, vous vous êtes imprudemment précipité dans un abîme de désirs immodérés... Je veux bien croire que vous aspiriez à vous élever en servant votre pays... Mais des ambitions comme la vôtre sont trop difficiles à contenter. Ce n'est pas trop, pour en satisfaire une seule, de la misère de tout un peuple. Faut-il donc que l'édifice social croule chaque jour, pour fournir aux mains hardies et puissantes qui relèveront ses ruines des occasions de gloire et d'éclat ?...

« Il est bien rare que les maux réels des sociétés fournissent aux passions ambitieuses de quoi se nourrir... Les grandes gloires se rencontrent encore... ce sont les gloires pures qui manquent.

« L'histoire répète les noms fameux de tous ceux qui, rois ou despotes, guerriers ou législateurs, ont tour à tour, pendant cinquante siècles, remué le monde... mais combien de noms transmet-elle, grands et purs comme le saint, l'immortel nom de Washington ?

« Défiez-vous, mon cher fils, de ces mouvements inquiets... ils ne sont point sans élévation, mais contiennent beaucoup d'orgueil... Les hommes les plus utiles à la société ne sont point ceux qui font de si grandes choses... les événements graves s'accomplissent selon les vues de Dieu, bien plus que par les soins des hommes... et les hommes qui s'y mêlent sont quelquefois moins animés de l'amour de la patrie, qu'ardents à poursuivre un peu de célébrité.

« La voie qu'ils suivent est pleine de périls...

« Le pauvre laboureur, dont toute l'ambition poursuit une récolte, fait peu de bien, mais il ne saurait faire de mal ; son horizon finit au bout du sillon qu'il trace.

« Quand les vastes passions de Mirabeau s'élancent dans l'arène politique, quelle barrière les arrêtera ? quelle gloire assouvira cette puissance affamée de bruit et de renommée ?

« Quant à l'illustration littéraire que vous avez recherchée, combien peu de génies jouissent, dans les lettres, d'une gloire désirable ? Dites-moi lequel vaut mieux de mourir, ignoré du monde, ou d'avoir écrit ces pages impies où Byron se raille de Dieu et de l'humanité ?

« C'est aussi l'orgueil qui nous égare, quand il nous pousse à chercher dans ce monde un bonheur qui n'existe point ; nous prenons en pitié l'homme que nous voyons se contenter d'un sort modeste ; nous pensons que c'est assez pour lui, mais nous avons pour nous-mêmes de plus vastes désirs...

« Cependant, mon fils, il y a bien peu de différence entre le bonheur d'un homme et celui d'un autre homme !

« Quel être si indigent n'a pas trouvé durant sa vie un peu de pain qui le nourrisse, une femme qui l'aime, un Dieu qui écoute sa prière ? C'est pourtant toute la vie de l'homme.

« Le mal ici-bas vient de ce qu'on veut placer beaucoup de bonheur dans un cœur qui n'en tient que peu...

« Et c'est encore une excitation de l'orgueil qui, jetant l'homme dans des chimères, lui fait mépriser les voies que suit le plus grand nombre pour arriver au bonheur...

« Sans doute le monde contient bien des vices, et il est loin encore de la perfection où le portera la loi du Christ !

« Je sais que, pour une âme ardente, impétueuse, tout, dans la société, est embarras et obstacle ; mais ne vous abusez point, mon ami : ces entraves qui vous gênent, ces chaînes qui vous pèsent, sont commodes et légères à la multitude... la plupart des hommes ne sentent point ces nobles élans qui vous animent, ces transports sublimes de l'enthousiasme ; la condition commune est la médiocrité, et la société fait des lois pour se protéger contre des besoins de gloire qui menacent son repos et des éclairs de génie qui fatiguent ses regards...

« D'ailleurs, ces élans, ces transports, cet enthousiasme, sont-ils durables chez ceux mêmes qui les éprouvent ?... Permettez-moi de vous dire, mon cher enfant, que le bonheur immense dont vous espériez jouir dans cette solitude avec le digne objet de votre amour, était encore une chimère de votre imagination, et peut-être la plus cruelle de toutes…

« Dans l'âge des passions brûlantes, la vie de deux êtres qui s'aiment est toute amitié, tendresse, dévouement, échange de sentiments généreux… alors la seule richesse qui se dépense entre eux est celle de l'âme… Deux êtres qui se donnent mutuellement ces trésors du cœur ne manquent d'aucun bien et n'ont besoin de personne ; ils jouissent d'une félicité dont la source est en eux-mêmes, et ne doivent rien ni au monde ni à la fortune.

« Mais le temps de cette fièvre de l'âme, de cette spiritualité de l'existence, est passager. C'est une heure fugitive d'enchantement dans le long jour de la vie… Et quand cette heure est écoulée, les passions de l'homme, pareilles aux eaux de l'Océan après l'orage, reprennent leur niveau… Les grandes pensées qui exaltaient son esprit, les nobles sentiments qui faisaient bondir son cœur, ne se présentent plus à lui que comme des images brillantes ou comme de beaux souvenirs… Il est retourné aux habitudes et aux exigences de la vie positive.

« Hélas ! faut-il le dire ? on voit les êtres les plus aimants perdre en vieillissant une partie de leur bonté. Il semble que l'âme se durcisse comme le corps, et que tout se dessèche avec les années, même la source d'amour qui jaillit d'un bon cœur ! L'union qui s'est formée dans les illusions repose sur une base bien fragile…

« Votre malheur est bien grand, mon cher fils, et vous me voyez tout plein de son immensité. Mais dites, quel eût été votre destin si, atteignant le but de vos efforts, vous eussiez vu le bonheur tant désiré s'évanouir comme une nouvelle chimère !

« Une catastrophe terrible a devancé l'épreuve… et vous maudissez la société américaine, dont les préjugés, en exilant Marie, l'ont conduite au tombeau… Votre plainte est légitime… Il est vrai que les Américains persécutent sans pitié une race malheureuse. Oui, le préjugé qui voue à l'esclavage ou à l'infamie trois millions d'hommes est indigne d'un peuple libre et éclairé. Mais faut-il prendre occasion de ces désordres pour envoyer au Ciel des imprécations ? Mon ami, l'iniquité des hommes suffirait seule pour me faire croire à la justice de Dieu.

« Les passions qui vous ont irrité contre l'état social ont en même temps fasciné vos yeux, en vous montrant dans la vie sauvage un état perfectionné.

« J'ai vécu longtemps parmi les Indiens ; j'ignore quels étaient leurs pères ; mais, déchus de leur état primitif qui, peut-être, avait quelque grandeur, les Indiens de nos jours ne possèdent ni les avantages de la vie sauvage, ni les bienfaits de la vie civilisée.

« Préservez-vous de cette fausse opinion que la valeur individuelle de chaque homme est mieux appréciée chez les sauvages que dans les pays policés.

« Si les peuples avancés dans la civilisation font une trop grande part d'influence à la richesse, les peuples sauvages accordent trop d'importance à la force physique.

« Sauf quelques exceptions rares dont s'emparent beaucoup d'esprits médiocres, toutes les sociétés d'Europe et d'Amérique sont gouvernées par les supériorités intellectuelles. Dans l'opinion des hommes civilisés, un corps robuste est peu de chose, s'il ne contient un grand cœur ; chez l'Indien, au contraire, la force morale n'est puissante que par son union à celle des muscles, et la plus grande âme dans un faible corps n'est rien.

« La vie sauvage est d'ailleurs une vie d'égoïsme... Dans ces forêts où la nature est si belle, on étouffe ses cris les plus touchants... Vainement l'infirme, le mutilé, celui dont la raison s'est égarée, réclament le secours de leurs semblables. Ceux-ci méprisent la voix d'infortunés qui, n'ayant plus la force du corps, ne méritent pas d'exister.

« Dans les pays civilisés on ne secourt pas toutes les infortunes, mais toutes espèrent d'être secourues... et combien de plaies sont fermées par la charité publique ! Combien de douleurs se taisent devant la religion et la bienfaisance !

« Enfin, mon ami, cette existence toute matérielle de l'Indien, dont le corps seul agit, est-elle selon la destinée de l'homme ? Ne croyez-vous pas que celui dont la pensée domine le corps se rapproche davantage de la divine nature dont il est émané, de l'intelligence suprême dont il est un rayon ?...

« Mon cher fils, tout a été erreur et exagération dans les jugements que vous avez portés.

« Vos premières impressions sur l'Amérique étaient beaucoup trop favorables ; et vous avez fini par la juger avec une injuste sévérité.

« Ce peuple, qui ne séduit point par l'éclat, est cependant un grand peuple ; je ne sais s'il existera jamais une seule nation dans laquelle il se rencontre un plus grand nombre d'existences heureuses. Rien ne vous y plaît, parce que rien n'est saillant aux yeux, ni lumières, ni ombres, ni sommets, ni abîmes… c'est pour cela que le plus grand nombre y est bien.

« Peut-être vous m'accuserez à votre tour de me complaire dans une illusion ; mais j'ai fondé sur ce peuple une espérance qui fait le charme de ma vieillesse… Lorsque je vois la multitude des sectes protestantes aux États-Unis, les divisions qui chaque jour pénètrent dans leur sein ; l'inconséquence, la frivolité des unes, l'absurdité des autres [1] ; lorsque, d'un autre côté, je considère le catholicisme, toujours un et immuable au milieu des sociétés qui changent et des sectes qui se multiplient, attirant à lui par son prosélytisme, tandis que les autres communions les plus favorisées demeurent stationnaires ; se ranimant enfin d'une vigueur nouvelle sur cette terre de liberté, comme un vieillard qui, après un long exil, retrouverait sa patrie… je ne puis m'empêcher de croire que la religion catholique est le culte à venir de ce pays… et cette pensée répand une douce clarté sur mes vieux jours. »

Quand le prêtre eut ainsi parlé, il se leva : « Mon ami, ajouta-t-il, ne restez point dans ce lieu. Prenez garde aux conseils funestes de la solitude et du malheur.

– « Mon père, m'écriai-je, vous m'avez préservé d'un grand crime… mais ne me demandez point un sacrifice supérieur à mon courage. Tant que coulera dans mes veines une goutte de sang, elle alimentera mon chagrin. Et qui donc, si j'abandonnais le désert, veillerait sur cette cabane, monument sacré de ma douleur ? Ne voyez-vous pas l'Américain avide passant la charrue sur des ossements pour féconder sa terre ?… Ah ! je ne laisserai point s'accomplir une pareille profanation ! »

Voyant ma résolution inébranlable, le vieillard me quitta en me disant :

« Souvenez-vous, mon enfant, que vous avez, non loin d'ici, un ami bien tendre ; puissiez-vous un jour venir vers moi… mais, mon cher fils, me dit-il en me montrant sa tête blanchie par les hivers, n'attendez pas trop longtemps… »

En disant ainsi, le vieillard s'éloigna, emportant mes bénédictions et laissant dans mon âme de profondes impressions.

J'étais toujours malheureux, mais je n'étais plus impie, car j'avais vu sur la terre l'image de la divinité dans un vieillard vénérable. J'étais

1 Voyez, à la fin du volume, la deuxième partie de l'appendice intitulée : Note sur le mouvement religieux aux États-Unis.

également moins seul depuis que la religion était descendue dans mon âme, et l'aspect de la vertu calme et résignée avait ranimé mon courage.

Le jour suivant fut un jour de grandes réjouissances parmi les deux tribus indiennes qui se trouvaient réunies dans ce lieu. Le bateau qui portait les Cherokees laissés par Nelson au fort Gratiot venait d'arriver à Saginaw, et, grâce aux efforts généreux du père de Marie, les Ottawas avaient déposé les armes. Toute la nation des Cherokees se trouvait réunie ; les Ottawas consentirent à lui donner asile sur leurs terres. Un traité d'alliance fut conclu, et le bon accord parut établi entre les deux tribus. Nelson se fixa au milieu de ces sauvages et redoubla de zèle pour maintenir l'union entre eux et leur enseigner les vérités du christianisme. Il s'efforça de m'attirer près de lui : mais je ne voulus point quitter ma solitude et la tombe de Marie.

Chapitre XVII

Épilogue

Ainsi parla Ludovic ; plus d'une fois, pendant ce récit, le voyageur avait senti couler ses larmes. – Oh ! combien votre malheur me touche ! dit-il au solitaire ; quoi ! depuis tant d'années, vous vivez seul dans ce désert ! – Je n'y suis pas resté toujours, répliqua Ludovic ; j'ai tenté de l'abandonner, mais vainement !... il m'a fallu bientôt y revenir.

D'abord l'abondance de mes larmes et la violence de ma douleur me firent penser que ma vie serait promptement consumée, mais cette dernière espérance m'échappa, et je n'avais plus de force pour répandre des pleurs qu'il m'en restait encore pour exister ; je traînai alors dans ces lieux une vie misérable : j'étais accablé de la durée du temps dont rien pour moi ne hâtait le cours ; j'errais à l'aventure dans les forêts environnantes ; je cherchais de nouveaux lacs, des prairies vierges, des fleuves inconnus ; je chassais des animaux sauvages qui me servaient de pâture ; quelquefois, au milieu de mes excursions aventureuses, je m'arrêtais subitement ; appuyé au tronc d'un arbre, je méditais durant de longues heures ; tous les tristes souvenirs arrivaient dans la solitude. Cette rêverie de l'infortune finissait par troubler ma raison, et je tombais dans un profond accablement. Quand mon intelligence assoupie se réveillait, il me semblait, en me rappelant mes malheurs, que ma vie tout entière était un songe terrible ;... mais bientôt je me retrouvais en présence de l'affreuse réalité. Cent fois, chaque jour, je quittais ma chaumière, cent fois j'y revenais avec mes chagrins, mes ennuis et le poids accablant de mon isolement.

Alors l'idée du monde se représenta à mon esprit. Depuis qu'un coup fatal avait brisé ma vie, j'avais beaucoup réfléchi aux erreurs de ma jeunesse, je sentais combien il y avait eu de chimères dans mes premiers desseins. J'avais autrefois jugé le monde à travers des prestiges qui s'étaient évanouis... les rêves de mon jeune âge étaient toujours présents à mon esprit, mais ma raison les combattait ; je comprenais que, pour être propre à la société, il ne fallait pas envisager les choses du point de vue immense et sans limite où je m'étais placé d'abord ; qu'il valait mieux ne voir qu'un coin étroit du monde que de jeter sur l'ensemble des regards vagues et confus ; qu'enfin l'intelligence et la puissance humaine ont des bornes qu'elles ne peuvent tenter de franchir, sous peine de devenir stériles.

Délivré des illusions qui m'avaient égaré dans ma route, ne pouvais-je pas retourner parmi les hommes ?... Je ne m'abusais plus sur la somme de bonheur que le monde peut offrir... d'ailleurs, je repoussais loin de moi la pensée des félicités que j'avais autrefois rêvées ; mais je sentais en moi-même tous les mouvements d'une âme droite et pure. « Pourquoi, me disais-je, ne trouverais-je pas, dans mes rapports avec mes semblables, un peu de ce bonheur simple et tranquille que donne une conscience honnête ? Ne dois-je pas rencontrer des sympathies consolantes partout où il se trouve des hommes vertueux ? »

Dans cet état de mon âme je serais sans doute revenu en Europe si, à l'époque même où je fus atteint en Amérique d'une infortune affreuse, un autre malheur non moins cruel, arrivé dans ma famille, n'eût combattu dans mon esprit l'idée du retour en France, par la crainte de nouvelles angoisses ; j'appris que mon père n'était plus.

Alors je me rappelai Nelson : non loin de ma demeure, ce digne ministre de l'église presbytérienne travaillait avec ardeur à l'instruction religieuse des Indiens... Je pensai que je pourrais associer mes efforts aux siens, et, de concert avec lui, parvenir à la civilisation des Ottawas et des Cherokees.

Ayant rejoint le père de Marie, j'entrepris l'exécution de mon projet, je tentai d'enseigner aux indiens les principes qui sont la base de toutes les sociétés civilisées ; je leur exposai les avantages de la vie agricole et le bien-être que donnent les arts industriels ; mais tous me répondaient qu'il est plus noble de vivre de la chasse que du travail ; et en admirant les merveilles de l'art, nul d'entre eux ne voulait être ouvrier. Tandis que mes théories étaient méprisées, je voyais Nelson obtenir, dans les mœurs des Indiens, quelques réformes salutaires à l'aide de dogmes religieux, auxquels les Indiens se soumettaient sans raisonnement. Je reconnus alors que, si la religion est la meilleure philosophie des peuples éclairés, elle est la seule que comprenne une population ignorante ; et il me parut que Nelson entendait mieux que moi les faiblesses de l'intelligence humaine. J'aurais essayé de l'imiter si, en abordant le sujet de la religion, je ne me fusse trouvé en opposition de principes avec lui : j'étais catholique et lui presbytérien. Partant d'une doctrine différente, nos efforts se fussent contrariés, et, au lieu de resserrer l'union des Indiens, nous eussions semé parmi eux des germes de trouble et de division. Mon peu de succès dans cette première tentative ne me découragea pas : j'y avais puisé une nouvelle expérience qui venait fortifier toutes mes réflexions du désert.

Forcé de quitter Nelson et les Indiens, je pensai au vieillard qui m'avait visité dans ma solitude et dont la voix religieuse m'avait arrêté sur le bord de l'abîme… Je me rendis aussitôt vers lui… Je le trouvai entouré de la vénération de ceux parmi lesquels il avait passé ses jours. Cet exemple de la justice des hommes ranima mon courage.

Je formai dans le monde quelques relations ; je m'associai à plusieurs entreprises philanthropiques, et résolus de me créer une existence politique. J'entrai complètement dans la vie réelle… mais je m'aperçus bientôt que je n'y trouverais point le bien-être que j'y cherchais.

Lorsque je voyais les oeuvres de l'homme toujours incomplètes, les principes de justice et de vérité froissés sans cesse par des passions et des intérêts, les tentatives les plus généreuses entravées par mille obstacles, et les institutions les plus belles souillées d'imperfections, ma raison m'enseignait que tel devait être le spectacle offert par une société composée d'hommes. Cependant cette vue choquait mes regards et blessait tous mes instincts.

Témoin du bonheur calme et paisible dont jouissait le vieillard qui m'avait épargné un crime, je résolus d'étudier sa vie. La sérénité de son âme, la tranquillité de son esprit me paraissaient des biens inestimables. Ne pouvais-je pas, en l'imitant, devenir aussi heureux que lui ? Cependant, en voyant de près cet homme devant la vertu duquel je m'étais incliné comme devant l'image de Dieu même, je crus apercevoir de la petitesse dans sa grandeur. Ce prêtre sublime dans sa charité, et qui passait la moitié de ses jours en bienfaisance, consacrait l'autre à des pratiques de dévotion qui me semblaient étroites, minutieuses, puériles. Sans doute j'avais tort. Je reconnaissais intérieurement mon erreur : quand l'œuvre est si grande, le moyen peut-il être infime ? Cependant mes impressions étaient plus fortes que mes raisonnements.

Après avoir vu la vertu rapetissée par les infirmités de l'intelligence, je la trouvais ailleurs corrompue par des usages et des besoins sociaux.

Je vis un homme de mauvaises mœurs honoré du suffrage de ses concitoyens, parce qu'il possédait des talents politiques ; un autre devint un personnage important dans l'État parce qu'il avait des vertus privées. Une jeune fille faisait la joie de parents dignes et vénérables ; elle fut mariée par eux à un riche vieillard !…

Je reconnaissais bien qu'ainsi le veulent les misères de l'humanité. Tantôt le bien semble dépendre d'une vaine forme ; une autre fois le vice se trouve mêlé à la vertu même ; mais le mal ne me semblait pas moins triste, parce que j'en voyais la cause.

Je rencontrais partout les mêmes imperfections. Les sociétés de bienfaisance dont j'étais membre suivaient les inspirations de la charité la plus pure ; mais pour une plaie que nous pouvions guérir, mille demeuraient sans remède... Est-ce donc là tout le pouvoir de l'homme ? J'approuvais ceux qu'un aussi misérable résultat ne décourageait pas ; mais je me sentais incapable de les imiter. Vainement je prenais toutes les habitudes de la vie pratique et m'efforçais de me créer dans la société quelques intérêts : je n'y trouvais qu'ennui et dégoût.

Alors je jetai sur moi-même un regard ferme et tranquille ; je n'accusai point la société d'injustice, ni ne déclamai contre la misère de l'homme ; mais, en interrogeant le passé, les souvenirs de ma jeunesse, mes longues infortunes et mes impressions présentes, je reconnus une vérité, triste et dernier fruit des expériences de ma vie : c'est que, tout en voyant mes erreurs, j'en subissais encore le joug ; que, dès l'âge le plus tendre, j'avais entretenu des illusions qui n'avaient pas cessé de m'être chères, depuis que je les avais abandonnées. Les premiers égarements de mon esprit m'avaient entraîné dans un monde fantastique où j'avais longtemps rêvé mille chimères ; et depuis que le voile qui couvrait mes yeux était tombé, je pouvais bien juger sainement le monde réel, mais non m'y plaire.

Je savais qu'il fallait s'attendre à trouver parmi les hommes beaucoup de mal, et ne pouvais supporter un monde où tout n'était pas bien. J'apercevais clairement l'impossibilité d'atteindre le but premier de mes ardents désirs, et j'avais renoncé à le poursuivre ; mais le but raisonnable auquel il est sage de viser n'avait aucun attrait pour moi ; en discernant le bonheur qu'on peut se procurer ici-bas, je me sentais incapable d'en jouir... Pour avoir trop longtemps vécu en dehors de la société, j'y étais devenu impropre... et mon imagination avait si longtemps nourri des rêves de perfection idéale, qu'elle ne pouvait plus rentrer dans les voies ordinaires de l'humanité... Je subissais le joug de l'habitude, chose si méprisable et si puissante.

Ce dégoût que m'inspira le monde n'excitait en moi aucune haine, et je reconnaissais que d'autres pouvaient aimer cette société imparfaite dans laquelle je ne pouvais pas vivre.

Je comprenais le bonheur de la bienfaisance se résignant à voir des maux qu'elle ne peut guérir ; le bonheur de la vertu souvent étroite dans ses vues, et impuissante dans ses actes, mais toujours heureuse de son intention pure ; celui d'une intelligence supérieure gouvernant les hommes, et s'abaissant, quand il le faut, au niveau des esprits vulgaires et des petitesses de la vie. Mais, en admettant l'existence de ce bonheur, je n'en voulais pas, parce que j'avais conçu l'idée d'un bonheur plus grand, plus pur, plus complet : celui-ci me manquait, parce que je n'avais pu l'atteindre ; je repoussais l'autre qui me paraissait méprisable.

Vainement je m'étais répété cent fois qu'ayant renoncé aux chimères, il fallait les oublier, et ne plus voir que les réalités au sein desquelles je voulais vivre... Il m'était impossible d'éloigner de ma vue les images brillantes dont j'avais reconnu le mensonge.

Un temps très court suffit pour me démontrer que le mal que je portais en moi-même était sans remède ; je ne m'obstinai point à le combattre : j'en reconnus la grandeur et je me soumis. Sans passions, sans désespoir, je revins dans ce désert, seul lieu qui convînt à l'état de mon âme ; je ne pouvais plus demeurer parmi les hommes ; et cette solitude offrait du moins à mon cœur l'intérêt du souvenir le plus désolant, mais aussi le plus cher de ma vie.

Maintenant, je présente l'étrange spectacle d'un homme qui a fui le monde sans le haïr, et qui, retiré au désert, ne cesse de penser à ses semblables qu'il aime, et loin desquels il est forcé de vivre. Il est bien triste de sentir à chaque instant le besoin de la société, et d'avoir acquis l'expérience qu'on ne peut plus demeurer dans son sein. La source première de toutes mes erreurs a été de croire l'homme plus grand qu'il n'est.

Si l'homme pouvait embrasser la généralité des choses, ramener à un seul principe tous les faits de l'humanité, et établir sur la terre, par un acte de sa puissance, l'empire de la justice et de la raison, il serait Dieu ; il ne serait plus l'homme.

L'homme n'est pas satisfait de la part d'intelligence qui lui a été dévolue ; il voudrait que ses facultés morales fussent au moins plus hautes de quelques degrés... Mais à quel point s'arrêterait-il ? Si sa plainte était écoutée, à mesure qu'il s'élèverait, il voudrait monter davantage, jusqu'à ce qu'il arrivât à la perfection morale qui est Dieu ; mais alors il ne serait plus l'homme.

Ma seconde erreur fut de croire indigne de l'homme le rôle secondaire que sa nature bornée lui assigne… Les plus nobles passions, les sentiments les plus généreux peuvent se mouvoir dans le cercle étroit où sa puissance est renfermée : le résultat est petit, Mais l'effort est grand. Sans arriver jamais à la perfection, l'homme y vise toujours : c'est là sa grandeur. Tel est le but de l'homme sur la terre. Je vois ce but plus clairement que qui que ce soit ; cependant moins que personne je puis l'atteindre. – Malheur à celui qui, s'étant fait une orgueilleuse idée de la puissance de l'homme, s'est accoutumé à poursuivre des buts immenses, des projets sans limites, des résultats complets ; tous ses efforts viendront se briser devant les facultés bornées de l'homme, comme devant une invincible fatalité. »

Ici Ludovic s'arrêta. « Ainsi, lui dit le voyageur, depuis votre retour au désert, vous y passez vos jours dans un perpétuel isolement ?

– Oui, répondit Ludovic… Dans les premiers temps, le voisinage de Nelson et des Indiens qu'il instruisait fut pour moi l'occasion de quelques relations que j'acceptais sans les rechercher ; mais bientôt ce dernier lien fut brisé.

La paix qui régnait entre les Ottawas et les Cherokees fut troublée. L'hiver qui suivit mon retour à Saginaw fut très rigoureux. Les lacs se couvrirent de glaces épaisses qui firent mourir les habitants des eaux. Privés de ce moyen d'existence, les Indiens n'eurent pour vivre d'autre ressource que le gibier des forêts, qui fut bientôt lui-même presque entièrement détruit.

Alors les Ottawas se rappelèrent que leur tribu était jadis seule maîtresse de ces lieux, et ils virent avec raison, dans l'arrivée des Cherokees parmi eux, la cause principale de leur détresse… Leur misère exalta sans doute leur ressentiment… Nelson fit de vains efforts pour conjurer l'orage qu'il voyait près d'éclater… Un jour, les Ottawas, réunis de toutes les parties du Michigan sur un seul point, peu distant de l'établissement des Cherokees, donnèrent le signal d'extermination, et après une lutte terrible, Nelson vit massacrer jusqu'au dernier des malheureux compagnons de son exil.

Rien ne saurait peindre la perfidie et la cruauté, durant la guerre, de ces hommes si humains et si droits pendant la paix…

Cet événement affreux porta le trouble dans l'âme de Nelson ; car son vœu le plus cher était de mourir au milieu des Indiens, après leur avoir enseigné les vérités de l'Évangile… Mais lorsque les infortunés pour lesquels il avait tout abandonné lui manquèrent, son stoïcisme fut ébranlé, et un jour il partit du désert, afin de retourner dans la Nouvelle-Angleterre, son pays natal, où il a repris, dit-on, les premières habitudes de sa vie. En quittant ces lieux, il fit de vains efforts pour m'entraîner avec lui. Je ne quitterai jamais Saginaw. Depuis ce jour, ma vie se passe uniforme et monotone… J'y ai marqué ma tombe auprès de celle de Marie.

– Oh ! combien je vous plains ! dit le voyageur ; que vous devez être malheureux !

– Oui, répondit Ludovic, mon infortune est cruelle, mais je la supporte avec courage… Mon plus grand chagrin est de penser que nul ne peut comprendre mon malheur, et qu'ainsi je n'excite la pitié de personne… Du reste, cette vie amère n'est point sans douceur : tous les jours je visite le monument, objet de mon culte. Chaque fois que je prie, incliné dans une religieuse extase, je crois entendre, au-dessus de ma tête, un concert joyeux de voix célestes, auxquelles répondent des accents tristes et mystérieux qui semblent sortir de la tombe : il y a beaucoup d'harmonie dans ces mélancolies de la terre et dans ces joies du ciel. Je ne doute pas, en les écoutant, que Marie ne soit déjà parmi les anges, et que son ombre chérie ne m'envoie ces douces illusions pour me convier au délicieux festin de l'immortalité.

Ces dernières paroles du solitaire jetèrent le voyageur dans une profonde rêverie…

Le lendemain, celui-ci prit congé de son hôte. On assure que, peu de temps après, il partit de New York pour le Havre. En apercevant les côtes de France, qu'il devait ne plus revoir, il pleura de joie. Rendu à sa chère patrie, il ne la quitta jamais.

(Fin du texte de la partie romancée)

Appendice

NOTA. L'auteur a, dans le cours des années 1831 et 1832, parcouru tous les lieux qui sont décrits dans ce livre, et notamment les contrées sauvages qui avoisinent les grands lacs de l'Amérique du Nord ; il a vu le lac Supérieur et la Baie-Verte (Green-Bay) située à l'ouest du lac Michigan, Québec et la Nouvelle-Orléans, et tous les États américains sur lesquels des observations de mœurs sont présentées.

Première partie :

Note sur la condition sociale et politique des nègres esclaves et des gens de couleur affranchis.

L'existence de deux millions d'esclaves au sein d'un peuple chez lequel l'égalité sociale et politique a atteint son plus haut développement ; l'influence de l'esclavage sur les mœurs des hommes libres ; l'oppression qu'il fait peser sur les malheureux soumis à la servitude ; ses dangers pour ceux même en faveur desquels il est établi ; la couleur de la race qui fournit les esclaves ; le phénomène de deux populations qui vivent ensemble, se touchent, sans jamais se confondre, ni se mêler l'une à l'autre ; les collisions graves que ce contact a déjà fait naître ; les crises plus sérieuses qu'il peut enfanter dans l'avenir ; toutes ces causes se réunissent pour faire sentir combien il importe de connaître le sort des esclaves et des gens de couleur libres des États-Unis. J'ai tâché, dans le cours de cet ouvrage, d'offrir le tableau des conséquences morales de l'esclavage sur les gens de couleur devenus libres ; je voudrais maintenant présenter un aperçu de la condition sociale de ceux qui sont encore esclaves. Cet examen me conduira naturellement à rechercher quels sont les caractères de l'esclavage américain.

Après avoir exposé l'organisation de l'esclavage, je rechercherai si cette plaie sociale peut être guérie : quelle est sur ce point l'opinion publique aux États-Unis ; quels moyens on propose pour l'affranchissement des noirs, et quelles objections s'y opposent ; quel est enfin à cet égard l'avenir probable de la société américaine.

§ I. Condition du nègre esclave aux États-unis.

Il semble que rien ne soit plus facile que de définir la condition de l'esclave. Au lieu d'énumérer les droits dont il jouit, ne suffit-il pas de dire qu'il n'en possède aucun ? puisqu'il n'est rien dans la société, la loi n'a-t-elle pas tout fait en le déclarant esclave ? Le sujet n'est cependant pas aussi simple qu'il le paraît au premier abord ; de même que, dans toutes les sociétés, beaucoup de lois sont nécessaires pour assurer aux hommes libres l'exercice de leur indépendance, de même on voit que le législateur a beaucoup de dispositions à prendre pour créer des esclaves, c'est-à-dire pour destituer des hommes de leurs droits naturels et de leurs facultés morales, changer la condition que Dieu leur avait faite, substituer à leur nature perfectible un état qui les dégrade et tienne incessamment enchaînés un corps et une âme destinés à la liberté,

Les droits qui peuvent appartenir à l'homme dans toute société régulière sont de trois sortes, politiques, civils, naturels. Ce sont ces droits dont la législation s'efforce de garantir la jouissance aux hommes libres, et qu'elle met tout son art à interdire aux esclaves.

Quant aux droits politiques, le plus simple bon sens indique que l'esclave doit en être entièrement privé. On ne fera pas participer au gouvernement de la société et à la confection des lois celui que ce gouvernement et ces lois sont chargés d'opprimer sans relâche. Sur ce point, la tâche du législateur est aussi facile que sa marche est clairement tracée ; les droits politiques, quelle que puisse être leur extension, constituent en tous pays une sorte de privilège. Tous les citoyens libres n'en jouissent pas ; il est à plus forte raison facile d'en priver les esclaves : il suffit de ne pas les leur attribuer.

Aussi toutes les lois des États américains où l'esclavage est en vigueur se taisent sur ce point : leur silence est une exclusion suffisante.

Il n'est pas moins indispensable de dépouiller l'esclave de tous les droits civils.

Ainsi l'esclave appartenant au maître ne pourra se marier ; comment la loi laisserait-elle se former un lien qu'il serait au pouvoir du maître de briser par un caprice de sa volonté ? Les enfants de l'esclave appartiennent au maître, comme le croît des animaux : l'esclave ne peut donc être investi d'aucune puissance paternelle sur ses enfants. Il ne peut rien posséder à titre de propriétaire, puisqu'il est la chose d'autrui ; il doit donc être incapable de vendre et d'acheter, et tous les contrats par lesquels s'acquiert et se conserve la propriété lui seront également interdits.

La loi américaine se borne, en général, à prononcer la nullité des contrats dans lesquels un esclave est partie ; cependant il est des cas où elle donne à ses prohibitions l'appui d'une pénalité : c'est ainsi qu'en déclarant nuls la vente ou l'achat fait par un esclave, la loi de la Caroline du Sud prononce la confiscation des objets qui ont fait la matière du contrat [1]. Le code de la Louisiane contient une disposition analogue [2]. La loi du Tennessee condamne à la peine du fouet l'esclave coupable de ce fait, et à une amende l'homme libre qui a contracté avec lui [3].

Du reste, quelles que soient la rigueur et la généralité des interdictions qui frappent l'esclave de mort civile, on conçoit cependant que le législateur les établisse sans beaucoup de peine. Ici encore il s'agit de droits qui tous sont écrits dans les lois. À la vérité, le principe de ces droits est préexistant à la législation qui les consacre ; mais, sans les créer, la loi les proclame, et, en même temps qu'elle les reconnaît dans les hommes libres, il lui est facile de les contester à ceux qu'elle veut en dépouiller.

Jusque-là le législateur marche dans une voie où peu d'obstacles l'arrêtent. Il a sans doute fait beaucoup, puisque déjà il n'existe pour l'esclave ni patrie, ni société, ni famille ; mais son oeuvre n'est pas encore achevée.

Après avoir enlevé au nègre ses droits d'Américain, de citoyen, de père et d'époux, il faut encore lui arracher les droits qu'il tient de la nature même ; et c'est ici que naissent les difficultés sérieuses.

L'esclave est enchaîné ; mais comment lui ôter l'amour de la liberté ? il n'emploiera pas son intelligence au service de l'État et de la cité ; mais comment anéantir cette intelligence dont il pourrait user pour rompre ses fers ? Il ne se mariera point ; mais, quelque nom qu'on donne à ses rapports avec une femme, ces rapports existent, on ne saurait les briser ; ils forment une partie de la fortune du maître, puisque chaque enfant qui naît est un esclave de plus ; comment faire qu'il y ait une mère et des enfants, un père et des fils, des frères et des sœurs, sans des affections et des intérêts de famille ? en un mot, comment obtenir que l'esclave ne soit plus homme ?

Les difficultés du législateur croissent à mesure que, passant de l'interdiction des droits civils à celle des droits naturels, il quitte le

1 V. Brevard's Digest of South Carolina, v° Slaves, p. 238.

2 V. Digeste des lois de la Louisiane, 1828, v° Code noir, § 38.

3 V. Statute Laws of Tennessee 1831. V° Slaves, p. 316 et 318. Lois de 1788 et de 1819.

domaine des fictions pour pénétrer plus avant dans la réalité. Son premier soin, en déclarant le nègre esclave, est de le classer parmi les choses matérielles : l'esclave est une propriété mobilière, selon les lois de la Caroline du Sud ; immobilière dans la Louisiane.

Cependant la loi a beau déclarer qu'un homme est un meuble, une denrée, une marchandise, c'est une chose pensante et intelligente ; vainement elle le matérialise, il renferme des éléments moraux que rien ne peut détruire : ce sont ces facultés dont il est essentiel d'arrêter le développement. Toutes les lois sur l'esclavage interdisent l'instruction aux esclaves ; non-seulement les écoles publiques leur sont fermées, mais il est défendu à leurs maîtres de leur procurer les connaissances les plus élémentaires. Une loi de la Caroline du Sud prononce une amende de cent livres sterling contre le maître qui apprend à écrire à ses esclaves ; la peine n'est pas plus grave quand il les tue. [1] Ainsi la perfectibilité, la plus noble des facultés humaines, est attaquée dans l'esclave, qui se trouve ainsi placé dans l'impuissance d'accomplir envers lui-même le devoir imposé à tout être intelligent de tendre sans

1 And wheras the having of slaves taught te write, or suffering them to be employed in writing, may be attended with great inconveniences ; *be it inacted*, that all and every person and persons whatsoever, who shall hereafter teach or cause any slave or slaves to be taught te write, every such person shall, for every offense, forfeit the sum of one hundred pounds current money. (V. Brevard's Digest, t. II, v° Slaves, § 53.)

And if any person shall, on a sudden heat and passion, or by undue correction *kill* his own slave or the slave of any other person, he shall forfeit the sum of three hundred and fifty pounds current money. And in case any person or persons shall wilfully cut out the tongue, put out the eye, castrate, or cruelly scald, burn or deprive any slave of any limb or member, or shall inflict any other cruel punishment, other than by whipping, or beating with a horsewhip, cowskin, switch, or small stick, or by puting irons on, or confining or imprisoning such slave ; every such person shall for every such offence forfeit the sum of one hundred pounds current money. (V. ibid., § 45.)

La loi s'efforce de dégrader l'esclave ; cependant un instinct de dignité lui fait haïr la servitude ; un instinct plus noble encore lui fait aimer la liberté. On l'a enchaîné ; mais il brise ses fers, le voilà libre !... c'est-à-dire en état de rébellion ouverte contre la société et les lois qui l'ont fait esclave.

Tous les États américains du Sud sont d'accord pour mettre hors la loi le nègre fugitif. La loi de la Caroline du Sud dit que toute personne peut le saisir, l'appréhender, et le fouetter sur-le-champ (a). Celle de la Louisiane porte textuellement qu'il est permis de tirer sur les esclaves marrons qui ne s'arrêtent pas quand ils sont poursuivis (b).

Le code du Tennessee déclare que le meurtre de l'esclave sommé légalement de se représenter est une chose légitime (*it is lawful*) (c).

(a)V. Brevard's Digest, t. II, v° Slaves, § 12, p. 231.

(b)V. Digeste des lois de la Louisiane, Code noir, t. I, § 35.

(c)V. Lois du Tennessee 1831, t. I, p. 321.

cesse vers la perfection morale.

Cette loi ajoute que l'esclave, dans une telle position, peut être tué impunément par toute personne quelconque, et de la manière qu'il plaira à celle-ci d'employer, sans qu'elle ait à craindre d'être pour ce fait recherchée en justice [1]. Ces mêmes lois accordent des récompenses aux citoyens qui arrêtent l'esclave en liberté [2] ; elles encouragent les dénonciateurs, et leur paient le prix de la délation [3]. La loi de la Caroline du Sud va plus loin : elle porte un châtiment terrible tout à la fois contre l'esclave qui a fui et contre toute personne qui l'a aidé dans son évasion ; en pareil cas, c'est toujours la peine de mort qu'elle prononce [4].

Toutes les forces sociales sont mises en jeu pour ressaisir le nègre échappé. Lorsque celui-ci, ayant franchi la limite des États à esclaves, touche du pied le sol d'un État qui ne contient que des hommes libres, il peut un instant se croire rentré en possession de ses droits naturels ; mais son espérance est bientôt dissipée. Les États de l'Amérique du Nord, qui ont aboli la servitude, repoussent de leur sein les esclaves fugitifs, et les livrent au maître qui les réclame [5].

Ainsi la société s'arme de toutes ses rigueurs et de ses droits les plus exorbitants pour s'emparer de l'esclave et le punir du sentiment le plus naturel à l'homme et le plus inviolable, l'amour de la liberté.

Maintenant voilà l'esclave rendu à ses chaînes ; on l'a châtié d'un mouvement coupable d'indépendance ; désormais il ne tentera plus de briser ses fers ; il va travailler pour son maître, qui est parvenu à le dompter. Mais ici vont abonder encore les obstacles et les embarras

1 For any person whatsoever and by such ways and means as he or she shall think fit. (V. ibid.)

2 V. Lois de la Louisiane, Code noir, art. 27 et 36, t. I, p. 229. – Lois du Tennessee, t. I, p. 321, § 28. – Lois de la Caroline du Sud, Brevard's Digest, t. II, p. 232, § 16.

3 Lois de la Caroline du Sud, ibid., p. 236, § 31.

4 V. Brevard's Digest, § 59, 60, 61 et 62, t. II, p. 245. Dans la Louisiane et dans le Tennessee, lorsqu'un esclave fugitif est arrêté, si son maître, ne le réclame pas dans un délai fixé, on le met en vente sur la place publique ; on l'adjuge au plus offrant et dernier enchérisseur. Le prix de la vente sert à payer les frais de geôle et de justice. (Lois de la Louisiane, Code noir, § 29 ; et lois du Tennessee, t. I, p. 323.)

5 No person held to service or labour in one state under the laws thereof, escaping into another, shall in conséquence of any lan or regulation therein, be discharged from suche service or labour ; but shall *be delivred* up on claim of the party to whom such service or labour may be due. (V. Constitution des États-Unis, art. 4, sect. 2, § 3. – V. aussi les statuts révisés de l'État de New York, t. II, chap. 9, titre 1er, § 6. – Pennsylvanie, Purdon's Digest.)

pour le législateur et pour le possesseur de nègres. On a étouffé dans l'esclave deux nobles facultés, la perfectibilité morale et l'amour de la liberté ; mais on n'a pas détruit tout l'homme.

Vainement le maître interdit à son nègre tout contact avec la société civile ; vainement il s'efforce de le dégrader et de l'abrutir ; il est un point où toutes ces interdictions et ces tentatives ont leur terme, c'est celui où commence l'intérêt du maître. Or, le maître, après avoir lié les membres de son esclave, est obligé de les délier, pour que celui-ci travaille ; tout en l'abrutissant, il a besoin de conserver un peu de l'intelligence du nègre, car c'est cette intelligence qui fait son prix ; sans elle, l'esclave ne vaudrait pas plus que tout autre bétail ; enfin, quoiqu'il ait déclaré, le nègre une chose matérielle, il entretient avec lui des rapports personnels qui sont l'objet même de la servitude, et l'esclave, auquel toute vie sociale est interdite, se trouve pourtant forcé, afin de servir son maître, d'entrer en relation, avec un monde, dans lequel, à la liberté, il n'est rien, où il n'apparaît que pour autrui, mais où on lui fait cependant supporter la responsabilité morale qui appartient aux êtres intelligents.

Ici encore l'homme se retrouve, de l'aveu même de ceux qui ont tenté de l'anéantir. Ainsi, quelle que soit la dégradation de l'esclave, il lui faut de la liberté physique pour travailler, et de l'intelligence pour servir son maître, des rapports sociaux avec celui-ci et avec le monde, pour accomplir les devoirs de la servitude.

Mais s'il ne travaille pas, s'il désobéit à son maître, s'il se révolte, et si, dans ses rapports avec les hommes libres, il commet des délits, que faire dans tous ces cas ? – on le punira. – Comment ? suivant quels principes ? avec quels châtiments ?

C'est surtout ici que les difficultés naissent en foule pour le législateur.

La loi, qui fait l'un maître et l'autre esclave, créant deux êtres de nature toute différente, on sent qu'il est impossible d'établir les rapports de l'esclave avec le maître, ou de l'esclave avec les hommes libres, sur la base de la réciprocité ; mais alors, en s'écartant de cette règle, seul fondement équitable des relations humaines, on tombe dans un arbitraire complet, et l'on arrive à la violation de tous les principes. Ainsi, le crime du maître, tuant son esclave ne sera pas l'équivalent du crime de l'esclave tuant son maître ; la même différence existera entre le meurtre de tout homme libre par un esclave, et celui de l'esclave par un homme libre.

Gustave de Beaumont

Toutes les lois des États américains portent la peine de mort contre l'esclave qui tue son maître ; mais plusieurs ne portent qu'une simple amende contre le maître qui tue son esclave [1].

Les voies de fait, la violence du maître, sur le nègre, sont autorisées par les lois américaines [2] ; mais le nègre qui frappe le maître, est puni de mort. La loi de la Louisiane prononce la même peine contre l'esclave coupable d'une simple voie de fait envers l'enfant d'un blanc [3].

Les mêmes distinctions se retrouvent dans les rapports d'esclaves à personnes libres. Ainsi, dans la Caroline du Sud, le blanc qui fait une blessure grave à un nègre encourt une amende de quarante shillings [4] ; mais le nègre esclave, qui blesse un homme libre, est puni de mort [5] ; Lorsque le nègre blesse un blanc en défendant son maître, il n'encourt aucune peine, mais il subit le châtiment, s'il fait cette blessure en se défendant lui-même [6].

Il n'existe aucune loi pour l'injure commise par un homme libre envers un esclave. On conçoit qu'un si mince délit ne mérite pas une répression ; mais la loi du Tennessee prononce la peine du fouet contre tout esclave qui se permet la moindre injure verbale envers une personne de couleur blanche [7].

Ces différences ne sont pas des anomalies ; elles sont la conséquence logique du principe de l'esclavage. Chose étrange ! on s'efforce de faire du nègre une brute, et on lui inflige des châtiments plus sévères qu'à l'être le plus intelligent. Il est moins coupable puisqu'il est moins éclairé, et on le punit davantage. Telle est cependant la nécessité : il est manifeste que l'échelle des délits ne peut être la même pour l'esclave et pour l'homme libre.

L'échelle des peines n'est pas moins différente, et, sur ce point, la tâche du législateur est encore plus difficile à remplir.

Non seulement les gradations pénales établies pour les hommes libres ne doivent point s'appliquer pour les esclaves, parce que la société a

1 V. Lois de la Caroline du Sud, Brevard's Digest, § 43 et 45, t. II, v° Slaves, p. 240.

2 V. ibid., § 45.

3 V. Digest des lois de la Louisiane, loi du 21 février 1814, t. I, p. 244.

4 Environ 50 fr.

5 Brevard's Digest, v° Slaves. § 13 et 28, p. 231 et 235. V. aussi lois de la Louisiane, v° Code noir, § 15.

6 V. 28, ibid.

7 V° Statute laws of Tennessee, v° Slaves, t. I, p. 315, loi de 1806.

plus à craindre de ceux qu'elle opprime que de ceux qu'elle protège ; mais encore on va voir qu'il y a nécessité de changer, pour l'esclavage, la nature même des peines.

Les peines appliquées aux hommes libres par les lois américaines se réduisent à trois : l'amende, l'emprisonnement perpétuel ou temporaire, et la mort : la première qui atteint l'homme dans sa propriété ; la seconde, dans sa liberté ; la troisième, dans sa vie.

On voit, tout d'abord, qu'aucune amende ne peut être prononcée contre l'esclave qui, ne possédant rien, ne peut souffrir aucun dommage dans sa propriété.

L'emprisonnement est aussi, de sa nature, une peine peu appropriée à la condition de l'esclave. Que signifie la privation de la liberté, pour celui qui est en servitude ? Cependant il faut distinguer ici. S'agit-il d'un emprisonnement temporaire et d'une courte durée ? l'esclave redoutera peu ce châtiment ; il n'y verra qu'un changement matériel de position, toujours saisi comme une espérance par celui qui est malheureux : il préférera d'ailleurs l'oisiveté à un travail pénible dont il ne tire aucun profit. À vrai dire, la peine sera pour le maître seul, privé du travail de son esclave, et dont le préjudice sera d'autant plus grand que la peine sera plus longue.

S'agit-il d'un emprisonnement à vie ? on conçoit qu'une réclusion perpétuelle soit une peine grave ; même pour l'esclave qui n'a point de liberté à perdre. Mais ici se présente un autre obstacle : la détention perpétuelle prive le maître de son esclave : prononcer ce châtiment contre l'esclave, c'est ruiner le maître.

L'objection est encore plus grave contre la mort. Infliger cette peine à l'esclave, c'est anéantir la propriété du maître. Ainsi, toutes les peines dont la loi se sert pour châtier les hommes libres sont inapplicables aux esclaves ; la mort même, cet instrument à l'usage de toutes les tyrannies, fait ici défaut au possesseur de nègres.

Cependant on trouve souvent, dans les lois américaines relatives aux esclaves, des dispositions portant la mort et l'emprisonnement perpétuel ; quelquefois même ces peines sont appliquées par les cours de justice, mais les cas en sont très rares ; c'est seulement lorsque l'esclave a commis un grave attentat contre la paix publique ; alors la société blessée exige une réparation ; elle s'empare du nègre, le condamne à mort ou à une réclusion perpétuelle ; et, comme par ce fait elle prive le maître de son esclave, elle lui en paie la valeur. « Tous esclaves, porte la loi, condamnés à mort ou à un emprisonnement perpétuel, seront payés par le trésor public. La somme ne peut excéder trois cents dollars. »[1]

Ici des intérêts d'une nature étrange entrent en lutte et exercent sur le cours de la justice une déplorable influence. Le maître, avant d'abandonner son nègre aux tribunaux, examine attentivement le délit, et ne le dénonce que s'il le croit capital ; car l'indemnité étant à cette condition, il n'a intérêt à livrer son esclave que si celui-ci doit être condamné à mort. D'un autre côté, la société, payant le droit de se faire justice, ne l'exerce qu'avec une extrême réserve ; elle épargne le sang, non par humanité, mais par économie ; et, tandis que l'intérêt du maître est qu'on se montre inflexible en châtiant son nègre, celui de la société la pousse à l'indulgence. On ne voit le maître prompt à livrer son esclave que dans un seul cas ; c'est lorsque celui-ci est vieux et infirme ; il espère alors que la condamnation à mort du nègre invalide lui vaudra une indemnité équivalente au prix d'un bon nègre ; mais la société se tient en garde contre la fraude, et, pour ne point payer l'indemnité, elle acquitte le nègre. L'esclave, dont le malheur ne touche ni la société ni le maître, ne trouve de protection que dans un calcul de cupidité.

Ce qui précède explique cette singulière loi de la Louisiane, qui porte que la peine d'emprisonnement infligée à un esclave ne peut excéder huit jours, à moins qu'elle ne soit perpétuelle. « À l'exception, dit-elle, des cas où les esclaves doivent être condamnés à un emprisonnement perpétuel, les jurys convoqués pour juger les crimes et délits des esclaves ne seront point autorisés à les emprisonner pour plus de huit jours. »[⊠]

L'intérêt de cette disposition est facile à saisir. L'emprisonnement temporaire, privant le maître du travail de ses nègres, et lui causant un préjudice sans compensation, est à ses yeux le pire de tous les châtiments. L'emprisonnement perpétuel enlève, il est vrai, au maître, la personne de son esclave ; mais en même temps la société lui en paie le prix.

On conçoit maintenant l'impossibilité d'infliger souvent aux esclaves la mort ou un long emprisonnement ; car ces châtiments répétés ruineraient le maître des nègres ou la société.

Il faut cependant des peines pour punir l'esclave… des peines sévères,

1 V. Digeste des lois de la Louisiane, v° Code noir, t. I, p. 248, et aussi lois de la Caroline, Brevard's Digest, v° Slaves, t. II, § 23.

dont on puisse faire usage tous les jours, à chaque instant. Où les trouver ?

Voilà comment la nécessité conduit à l'emploi des châtiments corporels, c'est-à-dire de ceux qui sont instantanés, qui s'appliquent sans aucune perte de temps, sans frais pour le maître ni pour la société, et qui, après avoir fait éprouver à l'esclave de cruelles souffrances, lui permettent de reprendre aussitôt son travail. Ces peines sont le fouet, la marque, le pilori et la mutilation d'un membre. Encore le législateur se trouve-t-il gêné dans ses dispositions relatives à ce dernier châtiment ; car il faut laisser sains et intacts les bras de l'esclave.

Telles sont, à vrai dire, les peines propres à l'esclavage ; elles en sont les auxiliaires indispensables, et, sans elles, il périrait. Les lois américaines ont été forcées d'y recourir. Dans le Tennessee, il n'existe, outre la peine de mort, que trois châtiments : le fouet, le pilori, la mutilation. La peine portée contre le faux témoin mérite d'être remarquée : le coupable est attaché au pilori, sur le poteau duquel on cloue d'abord une de ses oreilles ; après une heure d'exposition, on lui coupe cette oreille, ensuite on cloue l'autre de même, et, une heure après, celle-ci est coupée comme la première [1].

Du reste, le pilori, la mutilation, la marque, ne sont point les peines les plus usitées dans les États à esclaves ; elles exigent, pour leur application, des soins, font naître des embarras, et entraînent quelque perte de temps. Le fouet seul n'offre aucun de ces inconvénients ; il déchire le corps de l'esclave sans atteindre sa vie ; il punit le nègre sans nuire au maître : c'est véritablement la peine à l'usage de la servitude. Aussi les lois américaines sur l'esclavage invoquent-elles constamment son appui [2].

Tout à l'heure nous avons vu le législateur forcé d'attribuer à l'esclave une autre criminalité qu'à l'homme libre ; nous venons aussi de reconnaître qu'aucune des peines appliquées aux hommes libres ne convenait aux esclaves, et que, pour châtier ceux-ci, on est contraint de recourir aux rigueurs les plus cruelles.

Maintenant, le crime de l'esclave étant défini, et la nature des peines déterminée, qui appliquera ces peines ? selon quels principes le nègre sera-t-il jugé ? le verra-t-on durant la procédure, environné des

1 V. Statute laws of Tennessee, t. I, vº Slaves, p. 315.

2 V. Brevard's Digest, vº Slaves, Lois de la Louisiane, vº Code noir. Lois du Tennessee, vº Slaves.

garanties dont toutes les législations des peuples civilisés entourent le malheureux accusé ?

Jetons un coup d'œil sur les lois américaines, et nous allons voir le législateur conduit de nécessités en nécessités à la violation successive de tous les principes. La première règle en matière criminelle, c'est que nul ne peut être jugé que par ses pairs. On sent l'impossibilité d'appliquer aux esclaves cette maxime d'équité ; car ce serait remettre entre les mains des esclaves le sort des maîtres : aussi, dans tous les cas, les hommes libres composent-ils le jury chargé de juger les esclaves [1] ; et ici le nègre accusé n'a pas seulement à redouter la partialité de l'homme libre contre l'esclave ; il a encore à craindre l'antipathie du blanc contre l'homme noir.

C'est un axiome de jurisprudence, que tout accusé est présumé innocent jusqu'à ce qu'il ait été déclaré coupable. Je trouve dans les lois de la Louisiane et de la Caroline des principes contraires :

« Si un esclave noir, dit la loi de la Louisiane, tire avec une arme à feu sur quelque personne, ou la frappe, ou la blesse avec une arme meurtrière, avec l'intention de la tuer, ledit esclave, sur due conviction d'aucun desdits faits, sera puni de mort, *pourvu que la présomption, quant à cette intention, soit toujours contre l'esclave accusé, à moins qu'il ne prouve le contraire.* » [2]

C'est encore un principe salutaire et consacré par toutes les législations sages, qu'en matière criminelle les peines doivent être fixées par la loi. Cependant les lois américaines abandonnent en général à la discrétion du juge le châtiment de l'esclave ; tantôt elles disent que, dans un cas déterminé, le juge fera distribuer le nombre de coups de fouet qu'il jugera convenable, sans fixer ni minimum ni maximum [3] ; une autre fois, elles laissent au juge, chargé de punir, le soin de choisir parmi les peines celle qui lui plaît, depuis le fouet jusqu'à la mort exclusivement [4].

1 V. lois du Tennessee, t. I, v° Slaves, p. 346. – Brevard's Digest, v° Slaves.- Louisiane Code noir.

2 Digeste de la Louisiane, acte du 19 mars 1806, sect. 3, t. I, p. 246. – Dans toute contestation entre un maître qui prétend droit sur un nègre et celui-ci qui se prétend libre, la présomption est contre le nègre, sauf à lui à prouver qu'il n'est pas esclave. – V. Caroline du Sud. Brevard's Digest, v° Slaves, § 7, p. 230, t. II.

3 V. Statute laws of Tennessee, v° Slaves, t. I. p. 385.

4 V. lois de la Caroline du Sud, v° Slaves, t. II, § 28 et 34. – Voici l'expression générale de ces lois : « Shall suffer such corporal punishment not extending to life or limb as the justices of the peace or the free-holders shall, in their discretion, think fit. » V. aussi

Ainsi voilà l'esclave livré à l'arbitraire du juge.

Mais il est un principe encore plus sacré que les précédents : c'est que nul ne peut se faire justice à soi-même, et que quiconque a été lésé par un crime doit s'adresser aux magistrats chargés par la loi de prononcer entre le plaignant et l'accusé.

Cette règle est violée formellement par les lois de la Caroline du Sud et de la Louisiane relatives aux esclaves. On trouve dans les lois de ces deux États une disposition qui confère au maître, le pouvoir discrétionnaire de punir ses esclaves, soit à coups de fouet, soit à coups de bâton, soit par l'emprisonnement [1] ; il apprécie le délit, condamne l'esclave et applique la peine : il est tout à la fois partie, juge et bourreau.

Telles sont et telles doivent être les lois de répression contre les esclaves. Ici les principes du droit commun seraient funestes, et les formes de la justice régulière impossibles. Faudra-t-il soumettre tous les méfaits du nègre à l'examen d'un juge ? mais la vie du maître, se consumerait en procès ; d'ailleurs la sentence d'un tribunal est quelquefois incertaine et toujours lente. Ne faut-il pas qu'un châtiment terrible et inévitable soit incessamment suspendu sur la tête de l'esclave, et frappe dans l'ombre le coupable, au risque d'atteindre l'innocent ?

La justice et les tribunaux sont donc presque toujours étrangers à la répression des délits de l'esclave ; tout se passe entre le maître, et ses nègres. Quand ceux-ci sont dociles, le maître jouit en paix de leurs labeurs et de leur abrutissement. Si les esclaves ne travaillent pas avec zèle, il les fouette comme des bêtes de somme. Ces peines fugitives ne sont point enregistrées dans les greffes des cours ; elles ne valent pas les frais d'une enquête. Celui qui consulte les annales des tribunaux n'y trouve qu'un très petit nombre de jugements relatifs à des nègres ; mais qu'il parcoure les campagnes, il entendra les cris de la douleur et de la misère : c'est la seule constatation des sentences rendues contre des esclaves.

Ainsi, pour établir la servitude, il faut non-seulement priver l'homme de tous droits politiques et civils, mais encore le dépouiller de ses droits naturels et fouler aux pieds les principes les plus inviolables.

Un seul droit est conservé à l'esclave, l'exercice de son culte ; c'est que la religion enseigne aux hommes le courage et la résignation. Cependant

Digeste de la Louisiane, loi de 1807, t. I, p. 238.

1 V. lois de la Caroline, Brevard's Digest, v° Slaves, § 45. – Et Digeste de la Louisiane, v° Code noir, § crimes et délits sect. 16, t. I.

même sur ce point, la loi de la Caroline du Sud se montre pleine de restrictions prudentes : ainsi les nègres ne peuvent prier Dieu qu'à des heures marquées, et ne sauraient assister aux réunions religieuses des blancs. L'esclave ne doit point entendre la prière des hommes libres [1].

Quel plus beau témoignage peut-il exister en faveur de la liberté de l'homme que cette impossibilité d'organiser la servitude sans outrager toutes les saintes lois de la morale et de l'humanité ?

§ II. Caractères de l'esclavage aux États-unis.

Je viens d'exposer les rigueurs mises en usage et les cruautés employées pour fonder et maintenir l'esclavage aux États-Unis. Je pense, du reste, que, dans ces rigueurs et dans ces cruautés, il n'y a rien qui soit spécial à l'esclavage américain. La servitude est partout la même, et entraîne, en quelque lieu qu'on l'établisse, les mêmes iniquités et les mêmes tyrannies.

Ceux qui, en admettant le principe de l'esclavage, prétendent qu'il faut en adoucir le joug, donner à l'esclave un peu de liberté, offrir quelque soulagement à son corps et quelque lumière à son esprit ; ceux-là me paraissent doués de plus d'humanité que de logique. À mon sens, il faut abolir l'esclavage ou le maintenir dans toute sa dureté.

L'adoucissement qu'on apporte au sort de l'esclave ne fait que rendre plus cruelles à ses yeux les rigueurs qu'on ne supprime pas ; le bienfait qu'il reçoit devient pour lui une sorte d'excitation à la révolte. À quoi bon l'instruire ? est-ce pour qu'il sente mieux sa misère ? ou afin que son intelligence se développant, il fasse des efforts plus éclairés pour rompre ses fers ? Quand l'esclavage existe dans un pays, ses liens ne sauraient se relâcher sans que la vie du maître et de l'esclave soit mise en péril : celle du maître, par la rébellion de l'esclave ; celle de l'esclave, par le châtiment du maître.

Toutes les déclamations auxquelles on se livre sur la barbarie des possesseurs d'esclaves, aux États-Unis comme ailleurs, sont donc peu rationnelles. Il ne faut point blâmer les Américains des mauvais traitements qu'ils font subir à leurs esclaves, il faut leur reprocher l'esclavage même. Le principe étant admis, les conséquences qu'on déplore sont inévitables.

Il en est d'autres qui, voulant excuser la servitude et ses horreurs, vantent l'humanité des maîtres américains envers leurs nègres ; ceux-

1 V. lois de la Caroline du Sud, Brevard's Digest, v° Slaves, § 100.

ci manquent pareillement de logique et de vérité. Si le possesseur d'esclaves était humain et juste, il cesserait d'être maître ; sa domination sur ces nègres est une violation continue et obligée de toutes les lois de la morale et de l'humanité.

L'esclavage américain, qui s'appuie sur la même base que toutes les servitudes de l'homme sur l'homme, a pourtant quelques traits particuliers qui lui sont propres.

Chez les peuples de l'antiquité, l'esclave était plutôt attaché à la personne du maître qu'à son domaine ; il était un besoin du luxe, et une des marques extérieures de la puissance. L'esclave américain, au contraire, tient plutôt au domaine qu'à la personne du maître ; il n'est jamais pour celui-ci un objet d'ostentation, mais seulement un instrument utile entre ses mains. Autrefois l'esclave travaillait aux plaisirs du maître autant qu'à sa fortune. Le nègre ne sert jamais qu'aux intérêts matériels de l'Américain.

Jefferson, qui d'ailleurs n'est pas partisan de l'esclavage, s'efforce de prouver l'heureux sort des nègres, comparé à la condition des esclaves romains ; et, après avoir peint les mœurs douces des planteurs américains, il cite l'exemple de Vedius Pollion, qui condamna un de ses esclaves à servir de pâture aux murènes de son vivier, pour le punir d'avoir cassé un verre de cristal [1].

Je ne sais si la preuve offerte par Jefferson est bonne. Il est vrai que l'habitant des États-Unis serait peu sévère envers l'esclave qui briserait un objet de luxe ; mais aurait-il la même indulgence pour celui qui détruirait une chose utile ? Je ne sais. Il est certain, du moins, que la loi de la Caroline du Sud prononce la peine de mort contre l'esclave qui fait un dégât dans un champ [2].

Je crois, du reste, qu'en effet la vie des nègres, en Amérique, n'est point sujette aux mêmes périls que celle des esclaves chez les anciens. À Rome, les riches faisaient bon marché de la vie de leurs esclaves ; ils n'y étaient pas plus attachés qu'on ne tient à une superfluité du luxe ou à un objet de mode. Un caprice, un mouvement de colère, quelquefois un instinct dépravé de cruauté, suffisaient pour trancher le fil de plusieurs existences. Les mêmes passions ne se rencontrent point chez le maître américain, pour lequel un esclave a la valeur matérielle qu'on attache aux choses utiles, et qui, dépourvu d'ailleurs de passions violentes,

1 V. Notes sur la Virginie, Thomas Jefferson.

2 V. Brevard's Digest, t. II, p. 233, § 20.

n'éprouve à l'aspect de ses nègres, travaillant pour lui, que des instincts de conservation.

L'habitant des États-Unis, possesseur de nègres, ne mène point sur ses domaines une vie brillante et ne se montre jamais à la ville avec un cortège d'esclaves. L'exploitation de sa terre est une entreprise industrielle ; ses esclaves sont des instruments de culture. Il a soin de chacun d'eux comme un fabricant a soin des machines qu'il emploie ; il les nourrit et les soigne comme on conserve une usine en bon état ; il calcule la force de chacun, fait mouvoir sans relâche les plus forts et laisse reposer ceux qu'un plus long usage briserait. Ce n'est pas là une tyrannie de sang et de supplices, c'est la tyrannie la plus froide et la plus intelligente qui jamais ait été exercée par le maître sur l'esclave.

Cependant, sous un autre point de vue, l'esclavage américain n'est-il pas plus rigoureux que ne l'était la servitude antique ?

L'esprit calculateur et positif du maître américain le pousse vers deux buts distincts : le premier, c'est d'obtenir de son esclave le plus de travail possible ; le second, de dépenser le moins possible pour le nourrir. Le problème à résoudre est de conserver la vie du nègre en le nourrissant peu et de le faire travailler avec ardeur sans l'épuiser. On conçoit ici l'alternative embarrassante dans laquelle est placé le maître qui voudrait que son nègre ne se reposât point et qui pourtant craint qu'un travail continu ne le tue. Souvent le possesseur d'esclaves, en Amérique, tombe dans la faute de l'industriel qui, pour avoir fatigué les ressorts d'une machine, les voit se briser. Comme ces calculs de la cupidité font périr des hommes, les lois américaines ont été dans la nécessité de prescrire le minimum de la ration quotidienne que doit recevoir l'esclave, et de porter des peines sévères contre les maîtres qui enfreindraient cette disposition [1]. Ces lois, du reste, prouvent le mal, sans y remédier : quel moyen peut avoir l'esclave d'obtenir justice du plus ou moins de tyrannie qu'il subit ? En général, la plainte qu'il fait entendre lui attire de nouvelles rigueurs ; et lorsque par hasard il arrive jusqu'à un tribunal, il trouve pour juges ses ennemis naturels, tous amis de son adversaire.

Ainsi il me parait juste de dire qu'aux États-Unis l'esclave n'a point à redouter les violences meurtrières dont les esclaves des anciens étaient si souvent les victimes. Sa vie est protégée ; mais peut-être sa condition

1 Lois de la Caroline, Brevard's Digest, v° Slaves, § 46, t. II, p. 241. – Lois de la Louisiane, Code noir, art. 1er, sect. 3, t. I, p. 220. – Lois du Tennessee, t. I, v° Slaves, p. 321.

journalière est-elle plus malheureuse.

J'indiquerai encore ici une dissemblance : l'esclave, chez les anciens, servait souvent les vices du maître ; son intelligence s'exerçait à cette immoralité.

L'esclave américain n'a jamais de pareils offices à rendre ; il quitte rarement le sol, et son maître a des mœurs pures. Le nègre est stupide ; il est plus abruti que l'esclave romain, mais il est moins dépravé.

§ III. Peut-on abolir l'esclavage des noirs aux États-unis ?

On ne saurait parler de l'esclavage sans reconnaître en même temps que son institution chez un peuple est tout à la fois une tache et un malheur.

La plaie existe aux États-Unis, mais on ne saurait l'imputer aux Américains de nos jours, qui l'ont reçue de leurs aïeux. Déjà même une partie de l'Union est parvenue à s'affranchir de ce fléau. Tous les États de la Nouvelle-Angleterre, New York, la Pennsylvanie, n'ont plus d'esclaves [1]. Maintenant l'abolition de l'esclavage pourra-t-elle s'opérer dans le Sud, de même qu'elle a eu lieu dans le Nord ?

Avant d'entrer dans l'examen de cette grande question commençons par reconnaître qu'il existe aux États-Unis une tendance générale de l'opinion vers l'affranchissement de la race noire.

Plusieurs causes morales concourent pour produire cet effet.

D'abord, les croyances religieuses qui, aux États-Unis sont universellement répandues.

Plusieurs sectes y montrent un zèle ardent pour la cause de la liberté humaine ; ces efforts des hommes religieux sont continus et infatigables, et leur influence, presque inaperçue, se fait cependant sentir. À ce sujet, on se demande si l'esclavage peut avoir une très longue durée au sein d'une société de chrétiens. Le christianisme, c'est l'égalité morale de l'homme. Ce principe admis, il est aussi difficile de ne pas arriver à l'égalité sociale, qu'il paraît impossible, l'égalité sociale existant, de n'être pas conduit à l'égalité politique. Les législateurs de la Caroline du Sud sentirent bien toute la portée du principe moral dont le christianisme renferme le germe ; car, dans l'un des premiers articles du code qui organise l'esclavage, ils ont eu soin de déclarer, en termes formels, que l'esclave qui recevra le baptême ne deviendra pas libre par

1 V. table statistique à la suite de la note.

ce seul fait [1].

On ne peut pas non plus contester que le progrès de la civilisation ne nuise chaque jour à l'esclavage. À cet égard, l'Europe même influe sur l'Amérique. L'Américain, dont l'orgueil ne veut reconnaître aucune supériorité, souffre cruellement de la tache que l'esclavage imprime à son pays dans l'opinion des autres peuples.

Enfin, il est une cause morale plus puissante peut-être que toute autre sur la société américaine pour l'exciter à l'affranchissement des noirs, c'est l'opinion qui de plus en plus se répand que les États où l'esclavage a été aboli sont plus riches et plus prospères que ceux où il est encore en vigueur, et cette opinion a pour base un fait réel dont enfin on se rend compte ; dans les États à esclaves, les hommes libres ne travaillent pas, parce que le travail, étant l'attribut de l'esclave, est avili à leurs yeux. Ainsi, dans ces États, les blancs sont oisifs à côté des noirs qui seuls travaillent. En d'autres termes, la portion de la population la plus intelligente, la plus énergique, la plus capable d'enrichir le pays, demeure inerte et improductive, tandis que le travail de production est l'œuvre d'une autre portion de la population grossière, ignorante, et qui fait son travail sans cœur, parce qu'elle n'y a point d'intérêt.

J'ai plus d'une fois entendu les habitants du Sud, possesseurs d'esclaves, déplorer eux-mêmes, par ce motif, l'existence de l'esclavage, et faire des vœux pour sa destruction.

On ne peut donc nier qu'aux États-Unis l'opinion publique ne tende vers l'abolition complète de l'esclavage.

Mais cette abolition est-elle possible ? et comment pourrait-elle s'opérer ? Ici je dois jeter un coup d'œil sur les diverses objections qui se présentent.

Première objection. – D'abord, il est des personnes qui font de l'esclavage des nègres une question de fait et non de principe. La race africaine, disent-ils, est inférieure à la race européenne : les noirs sont donc par leur nature même destinés à servir les blancs.

Je ne discuterai pas ici la question de supériorité des blancs sur les nègres. C'est un point sur lequel beaucoup de bons esprits sont partagés ; il me faudrait, pour l'approfondir, plus de lumières que je n'en possède sur ce sujet. Je ne présenterai donc que de courtes observations à cet égard.

1 Lois de la Caroline du Sud, Brevard's Digest, t. II, v° Slaves, § 3, p. 229.

En général, on tranche la question de supériorité à l'aide d'un seul fait : on met en présence un blanc et un nègre, et l'on dit ! « Le premier est plus intelligent que le second. » Mais il y a ici une première source d'erreur ; c'est la confusion qu'on fait de la race et de l'individu. Je suppose constant le fait de supériorité intellectuelle de l'Européen de nos jours : la difficulté ne sera pas résolue.

En effet, ne se peut-il pas qu'il y ait chez le nègre une intelligence égale dans son principe à celle du blanc, et qui ait dégénéré par des causes accidentelles ? Lorsque, par suite d'un certain état social, la population noire est soumise pendant plusieurs siècles à une condition dégradante transmise d'âge en âge, à une vie toute matérielle et destructive de l'intelligence humaine, ne doit-il pas résulter, pour les générations qui se succèdent, une altération progressive des facultés morales, qui, arrivée à un certain degré, prend le caractère d'une organisation spéciale, et est considérée comme l'état naturel du nègre, quoiqu'elle n'en soit qu'une déviation ? Cette question, que je ne fais qu'indiquer, est traitée avec de grands détails dans un ouvrage en deux volumes, intitulé : *Natural and physical history of man, by Richard.*

Après avoir indiqué l'erreur dans laquelle on peut tomber en assimilant deux races qui marchent depuis une longue suite de siècles dans des voies opposées, l'une vers la perfection morale, l'autre vers l'abrutissement, j'ajouterai que la comparaison des individus entre eux n'est guère moins défectueuse. Comment, en effet, demander au nègre, dont rien, depuis qu'il existe, n'a éveillé l'intelligence, le même développement de facilités qui, chez le blanc, est le fruit d'une éducation libérale et précoce ?

Du reste, cette question recevra une grande lumière de l'expérience qui se fait en ce moment dans les États américains où l'esclavage est aboli. Il existe à Boston, à New York et à Philadelphie des écoles publiques pour les enfants des noirs, fondées sur les mêmes principes que celles des blancs ; et j'ai trouvé partout cette opinion, que les enfants de couleur montrent une aptitude au travail et une capacité égales à celles des enfants blancs. On a cru longtemps, aux États-Unis, que les nègres n'avaient pas même l'esprit suffisant pour faire le négoce ; cependant il existe en ce moment, dans les États libres du Nord, un grand nombre de gens de couleur qui ont fondé eux-mêmes de grandes fortunes commerciales. Longtemps même on pensa que le nègre était destiné par le Créateur à courber incessamment son front sur le sol, et on le croyait dépourvu de l'intelligence et de l'adresse qui sont nécessaires pour les arts mécaniques. Mais un riche industriel du Kentucky me disait un jour que c'était une erreur reconnue, et que les enfants nègres auxquels on apprend des métiers travaillent tout aussi bien que les blancs.

La question de supériorité des blancs sur les nègres n'est donc pas encore pure de tout nuage. Du reste, alors même que cette supériorité serait incontestable, en résulterait-il la conséquence qu'on en tire ? Faudrait-il, parce qu'on reconnaîtrait à l'homme d'Europe un degré d'intelligence de plus qu'à l'Africain, en conclure que le second est destiné par la nature à servir le premier ? mais où mènerait une pareille théorie ?

Il y a aussi parmi les blancs des intelligences inégales : tout être moins éclairé sera-t-il l'esclave de celui qui aura plus de lumières ? Et qui déterminera le degré des intelligences ?... Non, la valeur morale de l'homme n'est pas tout entière dans l'esprit ; elle est surtout dans l'âme. Après avoir prouvé que le nègre comprend moins bien que le blanc, il faudrait encore établir qu'il sent moins vivement que celui-ci ; qu'il est moins capable de générosité, de sacrifices, de vertu.

Une pareille théorie ne soutient pas l'examen. Si on l'applique aux blancs entre eux, elle semble ridicule ; restreinte aux nègres, elle est plus odieuse, parce qu'elle comprend toute une race d'hommes qu'elle atteint en masse de la plus affreuse des misères.

Il faut donc écarter cette première objection.

Seconde objection. – Mais d'autres disent : « Nous avons besoin de nègres pour cultiver nos terres ; les hommes d'Afrique peuvent seuls, sous un soleil brûlant, se livrer, sans péril, aux rudes travaux de la culture ; puisque nous ne pouvons nous passer d'esclaves, il faut bien conserver l'esclavage. »

Ce langage est celui du planteur américain qui, comme on le voit, réduit la question à celle de son intérêt personnel. À cet intérêt se mêlerait, il est vrai, celui de la prospérité même du pays, s'il était exact de dire que les États du Sud ne peuvent être cultivés que par des nègres.

Sur ce point il existe, dans le Sud des États-Unis, une grande divergence d'opinion. Il est bien certain qu'à mesure que les blancs se rapprochent du tropique, les travaux exécutés par eux sous le soleil d'été deviennent dangereux. Mais quelle est l'étendue de ce péril ? L'habitude le ferait-elle disparaître ? À quel degré de latitude commence-t-il ? est-ce à la Virginie ou à la Louisiane ? au 4e ou au 31e degré ?

Telles sont les questions en litige qui reçoivent en Amérique bien des solutions contradictoires. En parcourant les États du Sud, j'ai souvent entendu dire que si l'esclavage des noirs était aboli, c'en était fait de la richesse agricole des contrées méridionales.

Cependant il se passe aujourd'hui même dans le Maryland un fait qui est propre à ébranler la foi trop grande qu'on ajouterait à de pareilles assertions.

Le Maryland, État à esclaves, est situé entre les 38e et 39e degrés de latitude ; il tient le milieu entre les États du Nord, où il n'existe que des hommes libres, et ceux du Sud, où l'esclavage est en vigueur. Or c'était, il y a peu d'années encore, une opinion universelle dans le Maryland que le travail des nègres y était indispensable à la culture du sol ; et l'on eût étouffé la voix de quiconque eût exprimé un sentiment contraire. Cependant, à l'époque où je traversai ce pays (octobre 1831) l'opinion avait déjà entièrement changé sur ce point. Je ne puis mieux faire connaître cette révolution dans l'esprit public qu'en rapportant textuellement ce que me disait à Baltimore un homme d'un caractère élevé, et qui tient un rang distingué dans la société américaine.

« Il n'est, me disait-il, personne dans le Maryland qui ne désire maintenant l'abolition de l'esclavage aussi franchement qu'il en voulait jadis le maintien.

« Nous avons reconnu que les blancs peuvent se livrer sans aucun inconvénient aux travaux agricoles, qu'on croyait ne pouvoir être faits que par des nègres.

« Cette expérience ayant eu lieu, un grand nombre d'ouvriers libres et de cultivateurs de couleur blanche se sont établis dans le Maryland, et alors nous sommes arrivés à une autre démonstration non moins importante : c'est qu'aussitôt qu'il y a concurrence de travaux entre des esclaves et des hommes libres, la ruine de celui qui emploie des esclaves est assurée. Le cultivateur qui travaille pour lui, ou l'ouvrier libre qui travaille pour un autre, moyennant salaire, produisent moitié plus que l'esclave travaillant pour son maître sans intérêt personnel. Il en résulte que les valeurs créées par un travail libre se vendent moitié moins cher. Ainsi telle denrée qui valait deux dollars lorsqu'il n'y avait parmi nous d'autres travailleurs que des esclaves, ne coûte actuellement qu'un seul dollar. Cependant celui qui la produit avec des esclaves est obligé de la donner au même prix, et alors il est en perte ; il gagne moitié moins que précédemment, et cependant ses frais sont toujours les mêmes ; c'est-à-dire qu'il est toujours forcé de nourrir ses nègres, leurs familles, de les entretenir dans leur enfance, dans leur vieillesse, durant leurs maladies ; enfin, il a toujours des esclaves travaillant moins que des hommes libres. » [1]

Je ne saurais non plus quitter ce sujet sans rappeler ici ce que me disait de l'esclavage des noirs un homme justement célèbre en Amérique, Charles Caroll, celui des signataires de la déclaration d'indépendance qui a joui le plus longtemps de son oeuvre glorieuse [2].

« C'est une idée fausse, me disait-il, de croire que les nègres sont nécessaires à la culture des terres pour certaines exploitations, telles que celles du sucre, du riz et du tabac. J'ai la conviction que les blancs s'y habitueraient facilement, s'ils l'entreprenaient. Peut-être, dans les premiers temps, souffriraient-ils du changement apporté à leurs habitudes ; mais bientôt ils surmonteraient cet obstacle, et, une fois accoutumés au climat et aux travaux des noirs, ils en feraient deux fois plus que les esclaves. »

Lorsque M. Charles Caroll me tenait ce langage, il habitait une terre sur laquelle il y avait trois cents noirs.

Je ne conclurai point de tout ceci que l'objection élevée contre le travail des blancs dans le Sud soit entièrement dénuée de fondement ; mais enfin n'est-il pas permis de penser que plusieurs États du Sud qui, jusqu'à ce jour, ont considéré l'esclavage comme une nécessité, viendront à reconnaître leur erreur, ainsi que le fait aujourd'hui le Maryland ? Chaque jour les communications des États entre eux deviennent plus faciles et plus fréquentes. La révolution morale qui

1 Il n'existe dans le Maryland qu'une seule branche de culture pour laquelle on peut encore sans préjudice employer les esclaves, c'est celle du tabac. Cette culture, qui exige une infinité de soins minutieux, réclame un nombre immense de bras : des femmes, des enfants suffisent pour cet objet ; le point important, c'est d'en avoir un grand nombre, et les familles de nègres, en général si nombreuses, remplissent cette condition. Du reste, les nègres sont encore utiles pour cette culture, mais non indispensables ; la culture du tabac serait également bien faite par les blancs. On peut dire seulement que, faite par des esclaves, elle procure encore un bénéfice, tandis qu'elle a cessé d'être profitable appliquée aux autres industries agricoles.

2 J'ai vu M. Charles Caroll à la fin de 1831, et l'année suivante il n'était plus. Il est mort le 10 novembre 1832, âgé de 96 ans.

s'est faite à Baltimore ne s'étendra-t-elle point dans le Sud ? Les États du Midi, autrefois purement agricoles, commencent à devenir industriels ; les manufactures établies dans le Sud auront besoin de soutenir la concurrence avec celles du Nord, c'est-à-dire de produire à aussi bon marché que ces dernières ; elles seront dès lors dans l'impossibilité de se servir longtemps d'ouvriers esclaves, puisqu'il est démontré que ceux-ci ne sauraient concourir utilement avec des ouvriers libres. Partout où se montre l'ouvrier libre, l'esclavage, tombe. Enfin, ce qui demeure bien prouvé, c'est que (économiquement parlant) l'esclavage est nuisible lorsqu'il n'est pas nécessaire, et qu'il a été jugé tel par ceux qui auparavant l'avaient cru indispensable. Mais il se présente contre l'abolition de l'esclavage des objections bien autrement graves que celle du plus ou moins d'utilité dont le travail des nègres peut être pour les blancs.

Troisième objection. – Supposez le principe de l'abolition admis, quel sera le moyen d'exécution ?

Ici deux systèmes se présentent : affranchir dès à présent tous les esclaves ; ou bien abolir seulement en principe l'esclavage, et déclarer libres les enfants à naître des nègres. Dans le premier cas, l'esclavage disparaît aussitôt, et, le jour où la loi est rendue, il n'y a plus dans la société américaine que des hommes libres. Dans le second, le présent est conservé ; ceux qui sont esclaves restent tels ; l'avenir seul est atteint ; on travaille pour les générations suivantes.

Ces deux systèmes, assez simples l'un et l'autre dans leur théorie, rencontrent dans l'exécution des difficultés qui leur sont communes.

D'abord, pour déclarer libres les esclaves ou leurs descendants, l'équité exige que le gouvernement en paie le prix à leurs possesseurs : l'indemnité est la première condition de l'affranchissement, puisque l'esclave est la propriété du maître.

Maintenant, comment opérer ce rachat ?

Le gouvernement américain se trouve, dit-on, pour l'effectuer, dans la situation la plus favorable ; car la dette publique des États-Unis est éteinte : or, les revenus du gouvernement fédéral sont annuellement de cent cinquante-neuf millions de francs. Sur cette somme, soixante-quatorze millions sont absorbés par les dépenses de l'administration fédérale ; restent donc quatre-vingt-cinq millions qui, précédemment, étaient consacrés à l'extinction de la dette publique, et qui, maintenant, pourraient être employés au rachat des nègres esclaves [1].

J'ai souvent entendu proposer ce moyen pour parvenir à l'affranchissement général ; mais ici combien d'obstacles se présentent ! D'abord le point de départ est vicieux ; en effet, les États-Unis n'ont, il est vrai, plus de dette publique à payer ; mais en même temps qu'ils se sont libérés, ils ont réduit considérablement l'impôt qui était la source de leurs revenus. Il est donc inexact de dire que le gouvernement fédéral reçoive annuellement quatre-vingt-cinq millions, qu'il pourrait appliquer au rachat des nègres.

Mais supposons qu'en effet cette somme est à sa disposition, et voyons s'il est possible d'espérer qu'il en fera l'usage qu'on propose.

Il y avait aux États-Unis, lors du dernier recensement de la population, fait en 1830, deux millions neuf mille esclaves ; or, en supposant qu'il faille réduire à cent dollars la valeur moyenne de chaque nègre, à raison des femmes, des enfants et des vieillards, le rachat fait à ce prix de deux millions neuf mille esclaves coûterait plus d'un milliard de francs [2]. À cette somme il faut ajouter le prix de deux cent mille esclaves au moins nés depuis 1830 [3], dont le rachat ajouterait une somme de cent onze millions de francs au milliard précédent.

En supposant que le gouvernement fédéral pût et voulût appliquer annuellement au rachat des nègres une somme annuelle de quatre-vingt-cinq millions, il ne pourrait, avec cette somme, racheter chaque année que cent soixante mille esclaves ; il faudrait donc l'application de la même somme au même objet pendant quatorze années pour racheter la totalité des esclaves existants aujourd'hui. Mais ce n'est pas tout. Ces deux millions neuf mille esclaves existant en ce moment se multiplient chaque jour, et, en supposant que leur accroissement annuel soit proportionné dans l'avenir à ce qu'il a été jusqu'à ce jour, il augmentera annuellement d'environ soixante mille : quarante-sept millions de francs seront donc absorbés chaque année, non pas pour diminuer le nombre des esclaves, mais seulement pour empêcher leur augmentation ; or, ces quarante-sept millions font plus de la moitié de la somme destinée au rachat.

1 V. *National calendar*, 1833. V° Public revenues and expenditures.

2 200,900,000 dollars ou 1,064,770,000 fr.

3 Je dis 200,000 au moins, car on peut voir à la table statistique que la population esclave dans toute l'Union s'accroît de 30 p. 100 tous les dix ans. Or, il s'est écoulé déjà quatre années depuis le recensement qui a constaté le nombre de 2,009,000.

On voit que l'étendue et la durée du sacrifice pécuniaire que le gouvernement des États-Unis aurait à s'imposer ne peuvent se comparer qu'à son peu d'efficacité. Croit-on que le gouvernement américain entreprenne jamais une semblable tâche à l'aide d'un pareil moyen ?

Je ne sais si un peuple qui se gouverne lui-même fera jamais un sacrifice aussi énorme sans une nécessité urgente. Les masses, habiles et puissantes pour guérir les maux présents qu'elles sentent, ont peu de prévoyance pour les malheurs à venir. L'esclavage, qui peut, à la vérité, devenir un jour, pour toute l'Union, une cause de trouble et d'ébranlement, n'affecte actuellement et d'une manière sensible qu'une partie des États-Unis, le Sud ; or, comment admettre que les pays du Nord qui, en ce moment, ne souffrent point de l'esclavage, iront, dans l'intérêt des contrées méridionales, et par une vague prévision de périls incertains et à venir, consacrer au rachat des esclaves du Sud des sommes considérables dont l'emploi, fait au profit de tous, peut leur procurer des avantages actuels et immédiats. Je crois qu'espérer du gouvernement fédéral des États-Unis un pareil sacrifice, c'est méconnaître les règles de l'intérêt personnel, et ne tenir aucun compte ni du caractère américain, ni des principes d'après lesquels procède la démocratie.

Mais l'obstacle qui résulte du prix exorbitant du rachat n'est pas le seul.

Supposons que cette difficulté soit vaincue.

Quatrième objection. – Les nègres étant affranchis que deviendront-ils ? se bornera-t-on à briser leurs fers ? les laissera-t-on libres à côté de leurs maîtres ? Mais si les esclaves et les tyrans de la veille se trouvent face à face avec des forces à peu près égales, ne doit-on pas craindre de funestes collisions ?

On voit que ce n'est pas assez de racheter les nègres, mais qu'il faut encore, après leur affranchissement, trouver un moyen de les faire disparaître de la société où ils étaient esclaves.

À cet égard deux systèmes ont été proposés.

Le premier est celui de Jefferson [1], qui voudrait qu'après avoir aboli l'esclavage on assignât aux nègres une portion du territoire américain, où ils vivraient séparés des blancs.

On est frappé tout d'abord de ce qu'un pareil système renferme de vicieux et d'impolitique. Sa conséquence immédiate serait d'établir sur le sol des États-Unis deux sociétés distinctes, composées de deux races

1 Notes sur la Virginie, p. 119.

qui se haïssent secrètement et dont l'inimitié serait désormais avouée ; ce serait créer une nation voisine et ennemie pour les États-Unis, qui ont le bonheur de n'avoir ni ennemis ni voisins.

Mais, depuis que Jefferson a indiqué ce mode étrange de séparer les nègres des blancs, un autre moyen a été trouvé auquel on ne peut reprocher les mêmes inconvénients.

Une colonie de nègres affranchis a été fondée à Liberia sur la côte d'Afrique (6e degré de latitude nord). [1]

Des sociétés philanthropiques se sont formées pour l'établissement, la surveillance et l'entretien de cette colonie qui déjà prospère. Au commencement de l'année 1834, elle contenait trois mille habitants, tous nègres libres et affranchis, émigrés des États-Unis.

Certes, si l'affranchissement universel des noirs était possible et qu'on pût les transporter tous à Liberia, ce serait un bien sans aucun mélange de mal. Mais le transport des affranchis, d'Amérique en Afrique, pourra-t-il jamais s'exécuter sur un vaste plan ? Outre les frais de rachat que je suppose couverts, ceux de transport seraient seuls considérables ; on a reconnu que, pour chaque nègre ainsi transporté, il en coûte 30 dollars (160 fr.), ce qui pour 2 millions de nègres fait une somme de 318 millions de francs à ajouter aux 1,200 millions précédents. Ainsi à mesure qu'on pénètre dans le fond de la question on marche d'obstacle en obstacle.

Maintenant je suppose encore résolues ces premières difficultés ; j'admets que d'une part le gouvernement de l'Union serait prêt à faire, pour l'affranchissement des nègres du Sud, l'immense sacrifice que j'ai indiqué, sans que les États du Nord, peu intéressés, quant à présent, dans la question, s'y opposassent ; j'admets encore qu'il existe un moyen pratique de transporter la population affranchie hors du territoire américain ; ces obstacles levés, il resterait encore à vaincre le plus grave de tous ; je veux parler de la volonté des États du Sud, au sein desquels sont les esclaves.

Cinquième objection. – D'après la constitution américaine, l'abolition de l'esclavage dans les États du Sud ne pourrait se faire que par un acte émané de la souveraineté de ces États, ou du moins faudrait-il, si l'affranchissement des noirs était tenté par le gouvernement fédéral,

---

1 V. sur l'origine et les progrès de cette colonie, les rapports annuels de la société de colonisation.

que les États particuliers intéressés y consentissent. [1]

Or, j'ignore ce que pourront penser un jour et faire les États du Sud ; mais il me parait indubitable que, dans l'état actuel des esprits et des intérêts, tous seraient opposés à l'affranchissement des nègres ; même avec la condition de l'indemnité préalable.

Il est certain d'abord que la transition subite de l'état de servitude des noirs à celui de liberté serait pour les possesseurs d'esclaves un moment de crise dangereuse.

Vainement on objecte que les nègres recevant la liberté n'ont plus de griefs contre la société, ni contre leurs maîtres, je réponds qu'ils ont des souvenirs de tyrannie, et que le sort commun des opprimés est de se soumettre pendant qu'ils sont faibles, et de se venger quand ils deviennent forts ; or, l'esclave n'est fort que le jour où il devient libre.

Il n'est pas vraisemblable que les Américains habitants des États à esclaves se soumettent de leur plein gré aux chances périlleuses qu'entraînerait l'affranchissement des nègres, dans la vue d'épargner à leurs arrière-neveux les dangers d'une lutte entre les deux races.

Ils le feront d'autant moins que, outre le péril attaché à cette mesure, leurs intérêts matériels en seraient lésés. Toutes les richesses, toutes les fortunes des États du Sud, reposent, quant à présent, sur le travail des esclaves ; une indemnité pécuniaire, quelque large qu'on la suppose, ne remplacerait point, pour le maître, les esclaves perdus ; elle placerait entre ses mains un capital dont il ne saurait que faire. Plus tard sans doute de nouvelles entreprises, de nouveaux modes d'exploitations, se formeraient ; mais la suppression des esclaves serait, pour la génération contemporaine, la source d'une immense perturbation dans les intérêts matériels.

On se demande s'il est croyable qu'une génération entière se soumette à une pareille ruine pour le plus grand bien des générations futures. – Non, il est douteux même qu'elle se l'imposât en présence de dangers actuels. Rien n'est plus difficile à concevoir que l'abandon fait par une

---

1 V. Constitution des États-Unis. Les pouvoirs du congrès sont limités aux cas énoncés dans la constitution. Parmi ces cas énumérés dans la section 8, ne se trouve point le droit d'abolir l'esclavage, dans les États où il est établi ; plusieurs articles de la constitution reconnaissent même formellement la servitude, entre autres le § 3 de la section 2, art. 4. Enfin, l'art. 10 du supplément à la constitution dit que tous les pouvoirs qui ne sont pas expressément attribués au gouvernement général des États-Unis sont réservés aux états particuliers.

grande masse d'hommes de leurs intérêts matériels, dans la vue d'éviter un péril. Le péril présent n'est encore qu'un malheur à venir : le sacrifice serait un malheur présent.

Mais, dit-on, ces objections sont évitées en grande partie, si, en déclarant libres les enfants à naître des nègres, on maintient dans la servitude les esclaves nés avant l'acte d'abolition. Dans cette hypothèse, ceux qui abolissent l'esclavage conservent leurs esclaves, et la génération qui souffre de l'affranchissement n'a point connu un état meilleur.

Ce système affaiblit sans doute les objections, mais il ne les détruit pas entièrement. N'est-ce pas jeter parmi les esclaves un principe d'insurrection que de déclarer libres les enfants à naître, tout en maintenant les pères dans la servitude ? On s'efforce à grand'peine de persuader au nègre esclave qu'il n'est pas l'égal du blanc, et que cette inégalité est la source de son esclavage ; que deviendra cette fiction en présence d'une réalité contraire ? comment le nègre esclave obéira-t-il à côté de son enfant, investi du droit de résister ?

C'est d'ailleurs attribuer aux Américains du Sud un égoïsme exagéré, que de supposer qu'en conservant intacts leurs droits, ils anéantiront ceux de leurs enfants. Autant il serait surprenant qu'ils fissent un grand sacrifice dans l'intérêt de générations futures et éloignées, autant il faudrait s'étonner qu'ils sacrifiassent à leur propre intérêt celui de leurs descendants immédiats ; car le sentiment paternel est presque de l'égoïsme. On est donc sûr de trouver dans les pères autant de répugnance à prendre une mesure ruineuse pour les enfants, qu'à faire un acte qui les ruine eux-mêmes.

Ici cependant l'on m'oppose l'exemple des États du Nord de l'Union qui ont aboli l'esclavage pour l'avenir, c'est-à-dire pour les enfants à naître, en laissant esclaves tous ceux qui l'étaient avant la loi ; et l'on demande pourquoi les États du Sud ne feraient pas de même.

À cet égard, la réponse semble facile. D'abord il est constant que l'esclavage n'a jamais été établi dans le Nord sur une grande échelle. Lorsque la Pennsylvanie, New York et les autres États du Nord, ont aboli l'esclavage, il n'y avait dans leur sein qu'un nombre minime d'esclaves. Pour ne citer qu'un exemple, New York a aboli l'esclavage en 1799, et, à cette époque, il n'y avait que trois esclaves sur cent habitants : on pouvait affranchir les nègres, ou déclarer libres les enfants à naître, sans redouter aucune conséquence fâcheuse d'un principe de liberté jeté subitement parmi des esclaves. Les possesseurs de nègres ne formaient qu'une fraction imperceptible de la population ; alors l'intérêt presque universel était qu'il n'y eût plus d'esclaves, afin que rien ne déshonorât le travail, source de la richesse. En abolissant la servitude des noirs pour l'avenir, les États du Nord n'ont fait aucun sacrifice ; la majorité, qui trouvait son profit à cette abolition, a imposé la loi au petit nombre, dont l'intérêt était contraire.

Maintenant, comment comparer aux États du Nord ceux du Sud, où les esclaves sont égaux, quelquefois même supérieurs en nombre aux hommes libres [1], et où, d'un autre côté, la majorité, pour ne pas dire la totalité des habitants, est intéressée au maintien de l'esclavage ?

On voit que la dissemblance est, quant à présent, complète mais n'est-il pas permis d'espérer dans l'avenir quelque changement dans la situation des États du Sud, et ne peut-on pas admettre qu'intéressés aujourd'hui à conserver l'esclavage, ils aient un jour intérêt à l'abolir ? J'ai la ferme persuasion que tôt ou tard cette abolition aura lieu, et j'ai dit plus haut les motifs de ma conviction ; mais je crois également que l'esclavage durera longtemps encore dans le Sud ; et, à cet égard, il me parait utile de résumer les différences matérielles qui rendent impossible toute comparaison entre l'avenir du Sud et ce qui s'est passé dans le Nord.

Il est incontestable que le froid des États du Nord est contraire à la race africaine, tandis que la chaleur des pays du Sud lui est favorable ; dans les premiers elle languit et décroît, tandis qu'elle prospère et multiplie dans les seconds.

Ainsi la population noire, qui tendait naturellement à diminuer dans les États où l'esclavage est aboli, trouve, au contraire, dans le climat des pays méridionaux, où sont aujourd'hui les esclaves, une cause d'accroissement.

Dans le Nord, l'esclavage était évidemment nuisible au plus grand nombre ; les habitants du Sud sont encore dans le doute s'il ne leur est pas nécessaire. L'esclavage dans le Nord n'a jamais été qu'une superfluité ; il est, au moins jusqu'à présent, pour le Sud, une utilité. Il était, pour les hommes du Nord, un accessoire ; il se rattache, dans le Sud, aux mœurs, aux habitudes et à tous les intérêts. En le supprimant, les États libres n'ont eu qu'une loi à faire ; pour l'abolir, les États à esclaves auraient à changer tout un état social.

1 V. à la fin de la note la table statistique.

L'activité, le goût des hommes du Nord pour le travail, le zèle religieux des presbytériens de la Nouvelle-Angleterre, le rigorisme des quakers de la Pennsylvanie, et aussi une civilisation très avancée, tout dans les États septentrionaux tendait à repousser l'esclavage. Il n'en est point de même dans le Sud ; les États méridionaux ont des croyances, mais non des passions religieuses ; plusieurs d'entre eux, tels qu'Alabama, Mississipi, la Géorgie, sont à demi barbares, et leurs habitants sont, comme tous les hommes du Midi, portés par le climat à l'indolence et à l'oisiveté. Ainsi l'esclavage n'est, jusqu'à présent, combattu dans le Sud par aucune des causes qui, dans le Nord, ont amené sa ruine.

Les États du Sud sont donc loin encore de l'affranchissement des nègres.

Cependant, tout en conservant le présent, ils sont effrayés de l'avenir. L'augmentation progressive du nombre des esclaves dans leur sein est un fait bien propre à les alarmer ; déjà, dans la Caroline du Sud et dans la Louisiane, le nombre des noirs est supérieur à celui des blancs [1], et la cause de l'augmentation est plus grave encore, peut-être, que le fait même ; la traite des noirs avec les pays étrangers étant prohibée dans toute l'Union, non-seulement par le gouvernement fédéral, mais encore par tous les états particuliers, il s'ensuit que l'augmentation du nombre des esclaves ne peut résulter que des naissances ; or, le nombre des blancs ne croissant point, dans les États du Sud, dans la même proportion que celui même des nègres, il est manifeste que, dans un temps donné, la population noire y sera de beaucoup supérieure en nombre à la population blanche. [2]

Tout en voyant le péril qui se prépare, les États du Sud de l'Union américaine ne font rien pour le conjurer ; chacun d'eux combat ou favorise l'accroissement du nombre des esclaves, selon qu'il est intéressé actuellement à en posséder plus ou moins. Dans le Maryland, dans le district de Colombie, dans la Virginie, où commence à pénétrer

---

1 Table statistique à la fin de l'Appendice.

2 À la vérité, les États du Sud, tels que la Louisiane, la Caroline du Sud, le Mississipi, où se fait remarquer le plus grand accroissement des noirs, achètent des esclaves dans les États voisins, Tennessee, Kentucky, Virginie, Maryland. C'est une cause d'augmentation indépendante de la multiplication résultant des naissances. Mais ce qui prouve que cette source d'accroissement n'est point la seule, c'est que, dans les États voisins, le nombre des esclaves augmente aussi ; et ceux même où il diminue, tels que la Virginie, le Maryland, etc., ne le voient point décroître dans la proportion où il augmente ailleurs. V. Table statistique.

le travail des hommes libres, on affranchit beaucoup d'esclaves et on en vend autant qu'on peut aux États les plus méridionaux. La Louisiane, la Caroline du Sud, le Mississipi, la Floride, qui trouvent, jusqu'à ce jour, un immense profit dans l'exploitation de leurs terres par les esclaves, n'en affranchissent point et s'efforcent d'en acquérir sans cesse de nouveaux. Il arrive fréquemment que, effrayés de l'avenir, ces États font des lois pour défendre l'achat de nègres dans les autres pays de l'Union. Comme je traversais la Louisiane (1832), la législature venait de rendre un décret pour interdire tout achat de nègres dans les États limitrophes ; mais, en général, ces lois ne sont point exécutées. Souvent les législateurs sont les premiers à y contrevenir ; leur intérêt privé de propriétaire leur fait acheter des esclaves, dont ils ont défendu le commerce dans un intérêt général.

En résumé, quand on considère le mouvement intellectuel qui agite le monde ; la réprobation qui flétrit l'esclavage dans l'opinion de tous les peuples ; les conquêtes rapides qu'ont déjà faites, aux États-Unis, les idées de liberté sur la servitude des noirs ; les progrès de l'affranchissement qui, sans cesse, gagne du Nord au Sud ; la nécessité où seront tôt ou tard les États méridionaux de substituer le travail libre au travail des esclaves, sous peine d'être inférieurs aux États du Nord ; en présence de tous ces faits, il est impossible de ne pas prévoir une époque plus ou moins rapprochée, à laquelle l'esclavage disparaîtra tout à fait de l'Amérique du Nord.

Mais comment s'opérera cet affranchissement ? quels en seront les moyens et les conséquences ? quel sera le sort des maîtres et des affranchis ? c'est ce que personne n'ose déterminer à l'avance.

Il y a en Amérique un fait plus grave peut-être que l'esclavage ; c'est la race même des esclaves. La société américaine, avec ses nègres, se trouve dans une situation toute différente des sociétés antiques qui eurent des esclaves. La couleur des esclaves américains change toutes les conséquences de l'affranchissement. L'affranchi blanc, n'avait presque plus rien de l'esclave. L'affranchi noir n'a presque rien de l'homme libre ; vainement les noirs reçoivent la liberté ; ils demeurent esclaves dans l'opinion. Les mœurs sont plus puissantes que les lois ; le nègre esclave passait pour un être inférieur ou dégradé ; la dégradation de l'esclave reste à l'affranchi. La couleur noire perpétue le souvenir de la servitude et semble former un obstacle éternel au mélange des deux races.

Gustave de Beaumont

Ces préjugés et ces répugnances sont tels que dans les États du Nord les plus éclairés, l'antipathie qui sépare une race de l'autre, demeure toujours la même, et, ce qui est digne de remarque, c'est que plusieurs de ces États consacrent dans leurs lois l'infériorité des noirs.

On conçoit aisément que, dans les États à esclaves, les nègres affranchis ne soient pas traités entièrement comme les hommes libres de couleur blanche ; ainsi on lira sans étonnement cet article d'une loi de la Louisiane, qui porte :

« Les gens de couleur libres ne doivent jamais insulter ni frapper les blancs, ni prétendre s'égaler à eux ; au contraire, ils doivent leur céder le pas partout, et ne leur parler ou leur répondre qu'avec respect, sous peine d'être punis de prison, suivant la gravité des cas. » ⊠

On ne sera pas plus surpris de voir prohibé dans les États à esclaves tout mariage entre des personnes blanches et gens de couleur libres ou esclaves. [1]

Mais ce qui paraîtra peut-être plus extraordinaire, c'est que, même dans les États du Nord, le mariage entre blancs et personnes de couleur ait été pendant longtemps interdit par la loi même. Ainsi, la loi de Massachusetts déclarait nul un pareil mariage et prononçait une amende contre le magistrat qui passait l'acte. [2] Cette loi n'a été abolie qu'en 1830.

Du reste, lorsque la défense n'est pas dans la loi, elle est toujours la même dans les mœurs ; une barrière d'airain est toujours interposée entre les blancs et les noirs.

Quoique vivant sur le même sol et dans les mêmes cités, les deux populations ont une existence civile distincte. Chacune a ses écoles, ses églises, ses cimetières. Dans tous les lieux publics où il est nécessaire que toutes deux soient présentes en même temps, elles ne se confondent point ; des places distinctes leur sont assignées. Elles sont ainsi classées dans les salles des tribunaux, dans les hospices, dans les prisons. La liberté dont jouissent les nègres n'est pour eux la source d'aucun des bienfaits que la société procure. Le même préjugé qui les couvre de mépris leur interdit la plupart des professions. On ne saurait se faire une idée exacte des difficultés que doit vaincre un nègre pour faire sa fortune aux États-Unis ; il rencontre partout des obstacles et nulle part

1 V. Statute laws of Tennessee, t. I, p. 220.

2 V. General laws of Massachusetts, t. I, p. 259.

des appuis. Aussi la domesticité est-elle la condition du plus grand nombre des nègres libres.

Dans la vie politique, la séparation est encore plus profonde. Quoique admissibles en principe aux emplois publics, ils n'en possèdent aucun ; il n'y a pas d'exemple d'un nègre ou d'un mulâtre remplissant aux États-Unis une fonction publique. Les lois des États du Nord reconnaissent en général aux gens de couleur libres des droits politiques pareils à ceux des blancs ; mais nulle part on ne leur permet d'en jouir. Les gens de couleur libres de Philadelphie ayant voulu, il y a quelque temps, exercer leurs droits politiques à l'occasion d'une élection, furent repoussés avec violence de la salle où ils venaient pour déposer leurs suffrages, et il leur fallut renoncer à l'exercice d'un droit dont le principe ne leur était pas contesté. Depuis ce temps, ils n'ont point renouvelé cette prétention si légitime. Il est triste de le dire, mais le seul parti qu'ait à prendre la population noire ainsi opprimée, c'est de se soumettre et de souffrir la tyrannie sans murmure. Dans ces derniers temps, des hommes animés de l'intention la plus pure et des sentiments les plus philanthropiques ont tenté d'arriver à la fusion des noirs avec les blancs, par le moyen des mariages mutuels. Mais ces essais ont soulevé toutes les susceptibilités de l'orgueil américain et abouti à deux insurrections dont New York et Philadelphie furent le théâtre au mois de juillet 1834. Toutes les fois que les nègres affranchis manifestent l'intention directe ou indirecte de s'égaler aux blancs, ceux-ci se soulèvent aussitôt en masse pour réprimer une tentative aussi audacieuse. Ces faits se passent pourtant dans les États les plus éclairés, les plus religieux de l'Union, et où depuis longtemps l'esclavage est aboli. Qui douterait maintenant que la barrière qui sépare les deux races ne soit insurmontable ?

En général, les nègres libres du Nord supportent patiemment leur misère : mais croit-on qu'ils se soumissent à tant d'humiliations et à tant d'injustices s'ils étaient plus nombreux ? Ils ne forment dans les États du Nord qu'une minorité imperceptible. Qu'arriverait-il, s'ils étaient, comme dans le Sud, en nombre supérieur aux blancs ? Ce qui de nos jours se passe dans le Nord peut faire pressentir l'avenir du Sud. S'il est vrai que les tentatives généreuses faites pour transporter d'Amérique en Afrique les nègres affranchis ne puissent jamais conduire qu'à des résultats partiels, il est malheureusement trop certain qu'un jour les États du Sud de l'Union recèleront dans leur sein deux races ennemies, distinctes par la couleur, séparées par un préjugé invincible, et dont l'une rendra à l'autre la haine pour le mépris. C'est là, il faut le reconnaître, la grande plaie de la société américaine.

Comment se résoudra ce grand problème politique ? Faut-il prévoir dans l'avenir une crise d'extermination ? Dans quel temps ? Quelles seront les victimes ? Les blancs du Sud étant en possession des forces que donnent la civilisation et l'habitude de la puissance, et certains d'ailleurs de trouver un appui dans les États du Nord, où la race noire s'éteint, faut-il en conclure que les nègres succomberont dans la lutte, si une lutte s'engage ? Personne ne peut répondre à ces questions. On voit se former l'orage, on l'entend gronder dans le lointain ; mais nul ne peut dire sur qui tombera la foudre.

Tableaux comparatifs de la population libre et de la population esclave aux États-unis depuis 1790 jusqu'en 1830.

Nº 1 – 1790

Nom des États	Population libre en 1790	Population esclave en 1790	Proportion des esclaves à la population libre.
Maine	96,549	«	«
New Hampshire	181,855	158	11 1/2 sur mille
Vermont	85,542	17	2 s. 10,000
Massachusetts	378,787	«	«
Rhode-Island	67,825	952	13 s. mille
Connecticut	235,187	2,759	12 s. mille
New York	318,796	21,324	7 s. 100
New Jersey	172,716	11,423	6 s. 100
Pensylvanie	430,136	3,737	9 s. mille
Delaware	50,207	8,887	15 s. 100
Maryland	216,092	103,036	32 s. 100
Virginie	454,183	293,427	38 s. 100
Caroline du Nord	293,379	100,572	26 s. 100
Caroline du Sud	141,979	107,094	43 s. 100
Géorgie	53,284	29,264	35 s. 100
Alabama	«	«	«
Mississipi	«	«	«
Louisiane	«	«	«
Tennessee	«	«	«
Kentucky	61,847	11,830	26 s. 100
Ohio	«	«	«
Indiana	«	«	«

Illinois	«	«	«
Missouri	«	«	«
Dist. de Colombie	«	«	«
Floride	«	«	«
Michigan	«	«	«
Arkansas	«	«	«
TOTAL	3,231,429 [1]	697,807	

OBSERVATIONS :

En 1790, les États qui ont le plus d'esclaves sont :

1. - Caroline du Sud	43 escl. sur 100 hab.
2. - Virginie	38 escl. sur 100 hab.
3. - Géorgie	35 escl. sur 100 hab.
4. - Maryland	32 escl. sur 100 hab.
5. - Caroline du Nord	26 escl. sur 100 hab.
6. - Kentucky	26 escl. sur 100 hab.

Déjà, en 1790, il n'y a plus d'esclaves dans le Massachusetts, dans le Maine ; et l'on n'en compte plus que 7 sur 100 dans l'État de New York, et 9 sur 1,000 dans la Pennsylvanie. À l'égard des États du Sud, où l'on n'en voit point figurer, leur absence tient à deux causes : la première, pour quelques-uns, c'est le défaut de documents statistiques, par exemple, pour la Louisiane, qui alors ne faisait pas partie des États-Unis ; la seconde pour certains autres, c'est le manque d'habitants, comme pour Missouri, Arkansas, etc.

C'est ici le lieu de faire observer qu'à cette époque l'esclavage, qui s'éteint dans le Nord, n'est pas encore né dans quelques pays du Sud. On le verra bientôt paraître et se développer dans ces derniers, tandis qu'il a disparu dans les autres pour n'y plus revenir.

Nº 2 – 1800

Nom des États	Population libre en 1800 [2]	Population esclave en 1800 [3]	Proportion des esclaves à la population libre.
Maine	151,719	«	«
New Hampshire	183,850	8	4 sur 100,000
Vermont	154,465	«	«
Massachusetts	422,845	«	«
Rhode-Island	68,741	381	5 s. 1,000
Connecticut	250,051	951	3 s. 1,000

New York	565,707	20,343	3 s. 1,000
New Jersey	198,727	12,422	6 s. 100
Pensylvanie	600,839	1,706	3 s. 1,000
Delaware	58,120	6,153	10 s. 100
Maryland	240,189	105,635	30 s. 100
Virginie	534,404	345,796	37 s. 100
Caroline du Nord	344,807	133,296	28 s. 100
Caroline du Sud	199,440	146,151	43 s. 100
Géorgie	103,282	59,404	36 s. 100
Alabama	5,361	3,489	37 s. 100
Mississipi	«	«	«
Louisiane	«	«	«
Tennessee	92,118	13,584	13 s. 100
Kentucky	216,925	40,348	18 s. 100
Ohio	45,365	«	«
Indiana	4,516	135	3 s. 100
Illinois	215	«	«
Missouri	«	«	«
Dist. de Colombie	10,849	3,244	22 s. 100
Floride	«	«	«
Michigan	551	«	«
Arkansas	«	«	«
TOTAL	4,412,884[4]	893,041	

OBSERVATIONS :

Classement des États qui ont le plus d'esclaves.

1. -Caroline du Sud	43escl. sur 100 hab.
2. -Virginie et Alabama	37 escl. sur 100 hab.
3. -Géorgie	36 escl. sur 100 hab.
4. -Maryland	30 escl. sur 100 hab.
5. -Caroline du Nord	28 escl. sur 100 hab.
6. -Dist. de Colombie	22 escl. sur 100 hab.
7. -Tennessee	13 escl. sur 100 hab.
8. -Delaware	10 escl. sur 100 hab.
9. -New Jersey	6 escl. sur 100 hab.
10. -New York	3 escl. sur 100 hab.
11. -Indiana	3 escl. sur 100 hab.
12. -Kentucky	2 escl. sur 100 hab.

Progression du nombre des esclaves dans les différents États :

La Caroline du Nord de 1790 à 1800, a gagné 2 esclaves sur 100 habitants. La Géorgie 1 sur 100 habitants.

Le nombre des esclaves est stationnaire dans la Caroline du Sud et dans le New Jersey.

Il est en déclin dans les États suivants :

Le Kentucky en a perdu 8 sur 100 habitants,

Le Delaware 5 sur 100 habitants,

L'État de New York 4 sur 100 habitants,

Le Maryland 2 sur 100 habitants,

La Virginie 1 sur 100 habitants.

NOTA. On voit paraître des esclaves dans trois nouveaux États, Alabama, Tennessee et Indiana ; mais on ne peut faire à leur égard aucune observation, attendu que le chiffre de population de 1790 est inconnu.

Nº 3 – 1810

Nom des États	Population libre en 1810 [5]	Population esclave en 1810 [6]	Proportion des esclaves à la population libre.
Maine	228,705	«	«
New Hampshire	214,460	«	«
Vermont	217,895	«	«
Massachusetts	472,040	«	«
Rhode-Island	76,828	103	13 s. 10,000
Connecticut	261,632	310	11 s. 10,000
New York	944,032	15,017	15 s. 1,000
New Jersey	238,706	10,851	4 s. 100
Pensylvanie	809,296	795	10 s. 10,000
Delaware	68,497	4,177	6 s. 100
Maryland	273,044	111,502	29 s. 100

Virginie	582,104	392,518	40 s. 100
Caroline du Nord	386,676	168,824	30 s. 100
Caroline du Sud	318,750	196,365	47 s. 100
Géorgie	147,215	105,218	41 s. 100
Alabama et Mississipi	23,270	17,088	42 s. 100
Louisiane	41,296	34,660	45 s. 100
Tennessee	217,192	44,535	17 s. 100
Kentucky	325,950	80,561	19 s. 100
Ohio	230,760	«	«
Indiana	24,283	237	9 s. 1,000
Illinois	12,114	168	13 s. 1,000
Missouri	16,772	3,011	15 s. 100
Dist. de Colombie	18,628	5,395	22 s. 100
Floride	«	«	«
Michigan	4,762	«	«
Arkansas	1,062	«	«
TOTAL	6,048,850 [7]	1,191,394	

OBSERVATIONS :

Classement des États qui ont le plus d'esclaves.

1. -Caroline du Sud	47 escl. sur 100 hab.
2. -Louisiane	45 escl. sur 100 hab.
3. -Alabama, Mississipi	42 escl. sur 100 hab.
4. -Géorgie	41 escl. sur 100 hab.
5. -Virginie	40 escl. sur 100 hab.
6. -Caroline du Nord	30 escl. sur 100 hab.
7. -Maryland	29 escl. sur 100 hab.
8. -Dist. de Colombie	22 escl. sur 100 hab.
9. -Kentucky	19 escl. sur 100 hab.

10. -Tennessee	17 escl. sur 100 hab.
11. -Missouri	15 escl. sur 100 hab.
12. -Illinois	13 escl. sur 100 hab.
13. -Delaware	6 escl. sur 100 hab.
14. -New Jersey	4 escl. sur 100 hab.

De 1800 à 1810, la Géorgie, Alabama et Mississipi ont gagné 5 esclaves sur 100 habitants,

La Caroline du Sud et le Tennessee 4 sur 100 habitants,

La Virginie, 3 sur 100 habitants,

La Caroline du Nord 2 sur 100 habitants,

Le Kentucky 1 sur 100 habitants.

Le nombre des esclaves est stationnaire dans le district de Colombie.

Il décroît dans les États suivants :

Le Delaware en a perdu 4 sur 100 habitants,

Le New Jersey 2 sur 100 habitants,

Le Maryland 1 sur 100 habitants.

L'esclavage disparaît presque entièrement des États de New York et de Pennsylvanie, où il ne figure plus que pour quelques fractions imperceptibles.

NOTA. À cette période, on voit naître deux nouveaux États, Illinois et Missouri. L'esclavage qui s'établit dans les deux s'éteindra presque aussitôt dans le premier, mais il va s'étendre dans le second. En même temps on voit paraître sur la scène l'État d'Ohio, qui, presqu'à sa naissance, a déjà 230,760 habitants et pas un esclave. La loi de l'État a dès l'origine proscrit l'esclavage. Le Missouri, qui pouvait aisément se passer d'esclaves, regrettera longtemps de n'avoir pas imité l'Ohio.

N° 4 – 1820

Nom des États	Population libre en 1820 [8]	Population esclave en 1820 [9]	Proportion des esclaves à la population libre.
Maine	208,335	«	«
New Hampshire	244,161	«	«
Vermont	235,764	«	«
Massachusetts	528,287	«	«

Rhode-Island	83,011	48	5 sur 10,000
Connecticut	275,151	97	1 s. 10,000
New York	1,362,724	10,088	7 s. 1,000
New Jersey	270,018	7,557	3 s. 100
Pensylvanie	1,049,102	211	2 s. 10,000
Delaware	68,240	4,509	6 s. 100
Maryland	299,952	107,398	26 s. 100
Virginie	640,213	425,153	39 s. 100
Caroline du Nord	433,812	205,017	32 s. 100
Caroline du Sud	244,266	258,475	51 s. 100
Géorgie	201,333	149,656	44 s. 100
Alabama et Mississipi	126,656	76,693	37 s. 100
Louisiane	84,343	69,064	45 s. 100
Tennessee	340,696	80,107	19 s. 100
Kentucky	437,585	126,732	22 s. 100
Ohio	564,317	«	«
Indiana	146,988	190	12 s. 10,000
Illinois	55,211	917	16 s. 1,000
Missouri	26,662	10,222	15 s. 100
Dist. de Colombie	56,164	6,377	19 s. 100
Floride	«	«	«
Michigan	«	«	«

Arkansas	12,656	1,617	11 s. 100
TOTAL	8,100,067 [10]	1,538,064	

OBSERVATIONS :

Classement des États qui ont le plus d'esclaves.

1. - Caroline du Sud	51 escl. sur 100 hab.
2. - Louisiane	45 escl. sur 100 hab.
3. - Géorgie	44 escl. sur 100 hab.
4. - Virginie	39 escl. sur 100 hab.
5. - Alabama, Mississipi	37 escl. sur 100 hab.
6. - Caroline du Nord	32 escl. sur 100 hab.
7. - Maryland	26 escl. sur 100 hab.
8. - Kentucky	22 escl. sur 100 hab.
9. - Tennessee, Dist. de Colombie	17 escl. sur 100 hab.
10. - Missouri	15 escl. sur 100 hab.
11. - Arkansas	11 escl. sur 100 hab.
12. - Delaware	6 escl. sur 100 hab.
13. - New Jersey	3 escl. sur 100 hab.
14. - Illinois	16 escl. sur mille hab.

De 1810 à 1820, la Caroline du Sud a gagné 4 esclaves sur 100 habitants,

La Géorgie et le Kentucky 3 sur 100 habitants,

La Caroline du Nord et le Tennessee 2 sur 100 habitants.

Le nombre des esclaves est stationnaire dans la Louisiane, le Missouri et le Delaware.

Le nombre des esclaves décroît dans les États suivants :

Alabama et Mississipi en ont perdu 5 sur 100 habitants,

Le Maryland et le D. de Colombie 3 sur 100 habitants,

La Virginie et le New Jersey 1 sur 100 habitants.

Il apparaît dans l'État naissant d'Arkansas.

N° 5 – 1830

Nom des États	Population libre en 1830 [11]	Population esclave en 1830 [12]	Proportion des esclaves à la population libre.
Maine	399,955	2	1 sur 200,000

New Hampshire	269,328	3	1 s. 100,000
Vermont	280,652	«	«
Massachusetts	610,408	1	1 s. 600,000
Rhode-Island	97,199	17	1 s. 10,000
Connecticut	297,650	25	8 s. 10,000
New York	1,918,533	75	3 s. 100,000
New Jersey	318,569	2,254	7 s. 1,000
Pensylvanie	1,347,830	403	3 s. 10,000
Delaware	73,456	3,292	4 s. 100
Maryland	344,046	102,046	23 s. 100
Virginie	741,654	469,654	38 s. 100
Caroline du Nord	492,386	245,601	33 s. 100
Caroline du Sud	265,784	315,401	54 s. 100
Géorgie	299,292	217,531	42 s. 100
Alabama	191,978	117,549	37 s. 100
Mississipi	70,062	65,659	48 s. 100
Louisiane	106,151	109,588	51 s. 100
Tennessee	540,301	141,603	20 s. 100
Kentucky	522,704	165,213	24 s. 100
Ohio	937,903	«	«
Indiana	343,031	«	«
Illinois	157,455	«	« [13]
Missouri	115,364	25,081	17 s. 100
Dist. de Colombie	33,715	6,119	15 s. 100
Floride	19,229	15,501	44 s. 100
Michigan	31,607	32	1 s. 1,000
Arkansas	25,812	4,576	14 s. 100
TOTAL	10,856,988 [14]	2,009,031	

OBSERVATIONS :

Classement des États qui ont le plus d'esclaves.

1. - Caroline du Sud	54escl. sur 100 hab.
2. - Louisiane	51escl. sur 100 hab.
3. - Mississipi	48escl. sur 100 hab.
4. - Floride	44escl. sur 100 hab.
5. - Géorgie	42escl. sur 100 hab.
6. - Virginie	38escl. sur 100 hab.
7. - Alabama	37escl. sur 100 hab.
8. - Caroline du Nord	33escl. sur 100 hab.
9. - Kentucky	24escl. sur 100 hab.
10. - Maryland	23escl. sur 100 hab.
11. - Tennessee	20escl. sur 100 hab.
12. - Missouri	17escl. sur 100 hab.
13. - Dist. de Colombie	15escl. sur 100 hab.
14. - Arkansas Terr.	14escl. sur 100 hab.
15. - Delaware	4escl. sur 100 hab.
16. - New Jersey	7escl. sur mille hab.

De 1820 à 1830, le Mississipi a gagné 11 esclaves sur 100 habitants,

La Louisiane 6 sur 100 habitants,

La Caroline du Sud et Arkansas 3 sur 100 habitants,

Le Kentucky et le Missouri 2 sur 100 habitants,

La Caroline du Nord et le Tennessee 1 sur 100 habitants.

Le nombre des esclaves est stationnaire dans Alabama.

Il décroît dans les États suivants :

Le district de Colombie en a perdu 4 sur 100 habitants,

Le Maryland 3 sur 100 habitants,

La Géorgie et le Delaware 2 sur 100 habitants,

La Virginie 1 sur 100 habitants.

Pour la première fois nous possédons sur la Floride un chiffre statistique qui nous donne pour cet État, 44 esclaves sur 100 habitants.

En parcourant les divers tableaux qui précèdent, on voit l'esclavage faire d'inutiles efforts pour s'établir dans le Nord. Il décroît rapidement dans tous les États situés au-dessus du 40e degré de latitude. Dans les États situés entre le 40e et le 36e degré de latitude, il est presque stationnaire ; cependant là encore il est en déclin. Il se développe au contraire et s'accroît rapidement dans la plupart des États situés entre le 34e et le 30e degré. Déjà dans la Caroline du Sud et dans la Louisiane le nombre des esclaves surpasse celui des hommes libres.

Deuxième partie :
Note sur le mouvement religieux aux États-Unis

J'ai souvent, dans le cours de cet ouvrage, parlé des différentes sectes religieuses qui existent aux États-Unis. Tantôt j'ai signalé les sentiments qui animent les congrégations entre elles, tantôt j'ai fait allusion à leur grand nombre ; une autre fois, j'ai essayé de montrer l'influence des idées religieuses sur le maintien des institutions politiques.

Afin de mettre davantage en lumière les divers points de vue que j'ai présentés, je crois devoir placer sous les yeux du lecteur une esquisse fort abrégée du mouvement religieux aux États-Unis.

Les principales sectes religieuses établies dans l'Amérique du Nord sont celles des méthodistes, anabaptistes, catholiques, presbytériens, épiscopaux, quakers ou amis, universalistes, congrégationalistes, unitaires, réformés hollandais, réformés allemands, moraves, luthériens, évangélistes, etc. Les anabaptistes se divisent eux-mêmes en calvinistes ou associés, mennonites, émancipateurs, tunkers, etc. La congrégation protestante la plus nombreuse est celle des méthodistes ; elle comptait cinq cent cinquante mille membres au commencement de l'année 1834. On ne possède point le chiffre exact des membres des autres communions.

J'examinerai d'abord les rapports des différents cultes entre eux, et en second lieu les rapports de tous les cultes avec l'État.

§ I. Rapport des cultes entre eux.

À cet égard, il faut d'abord, dans les sectes religieuses, distinguer les membres de la congrégation de ses ministres.

On voit en général régner parmi les membres des diverses communions une harmonie parfaite ; la bienveillance mutuelle qu'ont les Américains entre eux n'est point altérée par la divergence des croyances religieuses. La prospérité d'une congrégation, l'éloquence d'un prédicateur, inspirent bien aux autres communautés qui sont moins heureuses, ou dont les orateurs sont moins brillants, quelques sentiments de jalousie ; mais ces impressions sont éphémères, et ne laissent après elles aucune amertume : la rivalité ne va point jusqu'à la haine.

À l'égard des ministres de cultes opposés, ce serait trop que de dire qu'ils sont hostiles les uns aux autres ; mais on peut avancer du moins qu'il existe entre eux des rapports peu bienveillants ; la raison principale en est que le plus ou le moins de succès de leurs églises n'est pas seulement pour eux une question d'amour-propre, mais que c'est aussi une question d'intérêt. En général, les émoluments du ministre sont plus ou moins considérables, selon l'importance de la société qu'il dirige. Je parle ici seulement des cultes protestants qui forment, en Amérique, la religion du plus grand nombre. Les ministres protestants ne constituent point un clergé soumis à des règles hiérarchiques et à la surveillance d'un pouvoir supérieur ; la seule autorité dont ils dépendent est celle de la communauté qui les a élus ; or rien ne gêne dans ses choix la congrégation qui cherche un ministre. Elle peut adopter qui il lui plaît. Le candidat n'a besoin de prendre aucun degré en théologie, ni de subir aucun examen, ni de se livrer à aucune étude spéciale pour acquérir l'aptitude aux fonctions ecclésiastiques : tel est le droit. En fait, on soumet à une sorte d'épreuve presque tous ceux qui prétendent à exercer le saint ministère. Il existe dans toutes les grandes villes une réunion de personnes éclairées dont la mission est d'examiner les aspirants. Celui qui se présente prononce un sermon, et l'assemblée lui délivre un certificat analogue à son succès ; en général, il obtient ce certificat dans les termes les plus favorables. Muni de cette pièce, il s'offre une congrégation religieuse qui a besoin de ministre, et qui aussitôt l'admet en cette qualité ; quelquefois même on ne lui demande aucune justification ; il annonce une grande piété et un zèle ardent pour la religion, lève les yeux au ciel en se frappant la poitrine, et, sur ces démonstrations qui ne sont pas toujours sincères, la réunion des particuliers qui veulent avoir un prédicateur le déclarent *ministre*.

Cette facilité d'arriver au sacerdoce parmi les Américains imprime au ministère protestant un cachet particulier ; il en résulte que tout individu peut, sans aucune préparation ni étude préalable, se faire homme d'église. Le ministère religieux devient une carrière dans laquelle on entre à tout âge, dans toute position et selon les circonstances. Tel que vous voyez à la tête d'une congrégation respectable a commencé par être marchand ; son commerce étant tombé, il s'est fait ministre ; cet autre a débuté par le sacerdoce, mais dès qu'il a eu quelque somme d'argent à sa disposition, il a laissé la chaire pour le négoce. Aux yeux d'un grand nombre, le ministère religieux est une véritable carrière industrielle.

Le ministre protestant n'offre aucun trait de ressemblance avec le curé catholique. En général, celui-ci se marie à sa paroisse ; sa vie tout entière se passe au milieu des mêmes personnes, sur lesquelles il exerce non-seulement l'influence de son caractère sacré, mais encore l'ascendant de ses vertus ; il ne fait point un métier : il accomplit un devoir. – L'existence du ministre protestant est au contraire essentiellement mobile : rien ne l'enchaîne dans une congrégation, dès que son intérêt l'appelle dans une autre ; il appartient de droit à la communauté qui le paie le mieux. Comme je traversais le Canada, où la religion catholique est dominante, on me cita l'exemple d'un curé qui, ne voulant point se séparer de ses paroissiens, venait de refuser l'épiscopat ; plus d'un ministre méthodiste on anabaptiste abandonnerait bientôt son église s'il y avait cent dollars de plus à gagner dans une autre. Rien n'est plus rare que de voir un ministre protestant à cheveux blancs. Le but principal que poursuit l'Américain dans le sacerdoce, c'est son bien-être, celui de sa femme, de ses enfants : quand il a matériellement amélioré sa condition, le but est atteint ; il se retire des affaires. L'âge arrivant, il se repose.

La conséquence de ces faits est facile à déduire. Les rapports qu'ont entre eux les ministres des différentes sectes protestantes sont pareils aux relations qu'entretiennent des gens de professions semblables. Ils ne cherchent pas à se nuire mutuellement, parce que c'est un principe utile à tous, que chacun doit exercer librement son industrie ; mais ils soutiennent une véritable concurrence, et il en résulte des froissements d'intérêts privés qui, nécessairement, suscitent dans l'âme de ceux qui les éprouvent des sentiments peu chrétiens. Le lecteur comprendra facilement que je n'entends point appliquer à tous les ministres protestants d'Amérique le caractère industriel que je viens de peindre ici ; j'en ai rencontré plusieurs dont la foi sincère et le zèle ardent ne pouvaient se comparer qu'à leur charité, et à leur désintéressement des choses temporelles ; mais je présente ici des traits applicables au plus grand nombre.

J'ai dit qu'on voit régner entre tous les membres des diverses congrégations religieuses une grande bienveillance, et que les petites passions que font naître le succès de l'une, la décadence de l'autre, se réduisent à quelques mouvements d'amour-propre satisfait ou mécontent, sans jamais s'élever jusqu'à la haine. Il existe cependant deux exceptions à ce fait général.

La première est le sentiment des protestants, et notamment des presbytériens envers les catholiques.

Au milieu des sectes innombrables qui existent aux États Unis, le catholicisme est le seul culte dont le principe soit contraire à celui des autres. Il prend son point de départ dans l'autorité ; les autres procèdent de la raison. Le catholicisme est le même en Amérique que partout ; il reconnaît entièrement la suprématie de la cour de Rome, non-seulement pour ce qui intéresse les dogmes de la foi, mais encore pour tout ce qui concerne l'administration de l'Église. Les États-Unis sont divisés en onze diocèses, pour chacun desquels il y a un évêque [1].

Lorsqu'un évêché est vacant, le clergé se rassemble, choisit des candidats, et transmet leurs noms au pape, qui a la complète liberté d'élection. Il pourrait nommer le dernier sur la liste ; en général, il choisit celui qu'on présente en premier ordre, mais il n'est pas sans exemple qu'il ait agi autrement. Ce sont les évêques qui nomment les curés ; et la communauté des fidèles ne prend aucune part à ces élections.

L'État ne se mêlant en rien des affaires religieuses, tous les membres de la société catholique contribuent selon leur fortune au soutien du clergé et aux besoins du culte. Le moyen généralement employé pour subvenir à ces dépenses est de faire payer une rétribution assez considérable à tous ceux qui, dans l'enceinte de l'église, occupent les bancs. [2]

De pareils frais ne pouvant être supportés que par les riches, les pauvres sont admis gratis dans l'église, où ils occupent des places qui leur sont réservées. Quand les fonds provenant de la location des bancs ne suffisent pas, on a recours à des taxes extraordinaires que la communauté catholique n'hésite jamais à s'imposer.

L'unité du catholicisme, le principe de l'autorité dont il procède, l'immobilité de ses doctrines au milieu des sectes protestantes qui se divisent, et de leurs théories qui sont contraires entre elles, quoique partant d'un principe commun, qui est le droit de discussion et d'examen ; toutes ces causes tendent à exciter parmi les protestants

1 Les chefs-lieux de ces diocèses sont Boston, New York, Philadelphie, Baltimore, Charleston, Mobile, la Nouvelle-Orléans, Bardstown, Cincinnati, Saint-Louis, Détroit.

2 Il y a dans la cathédrale de Baltimore des bancs qui se sont vendus jusqu'à 1,500 dollars (8,000 francs). Le prix le plus ordinaire d'un banc est de 500 à 1,000 francs. Outre le paiement primitif de cette somme, le propriétaire du banc paie annuellement une somme, soit de 20, soit de 30 ou de 40 dollars, pour la conservation de son droit. On considère dans la société la possession de ces bancs comme une distinction ; on se les dispute, et les familles font de grands sacrifices pécuniaires pour les acheter.

quelques sentiments hostiles envers les catholiques.

La religion catholique a encore un caractère qui lui est propre, et qui vient aggraver ces dispositions ennemies ; je veux parler du prosélytisme.

Dans le Maryland, les principaux collèges d'éducation sont entre les mains de prêtres ou de religieuses catholiques, et la plupart des élèves sont protestants. Les directeurs de ces établissements apportent sans doute une grande réserve dans leurs moyens d'influence sur l'esprit des élèves ; mais cette influence est inévitable. Elle est encore plus sûrement exercée dans les institutions de jeunes filles.

Le clergé catholique ne s'oppose jamais au mariage des catholiques avec des protestants. On a remarqué en Amérique que les premiers n'abandonnent jamais leur religion pour prendre celle de leur femme protestante, et il n'est pas rare que les protestants mariés à des femmes catholiques adoptent la religion de celles-ci. Dans tous les cas, lorsque la femme est catholique, les enfants le sont aussi, parce que c'est la femme qui élève les enfants. Partout, aux États-Unis, le culte catholique fait les mêmes efforts pour se propager. Il se trouve par là en opposition directe de principes avec certaines sectes qui considèrent le prosélytisme comme affectant la liberté de conscience (par exemple les quakers), et il est l'adversaire de toutes.

Le catholicisme attire à lui des partisans, non-seulement par le zèle de ses ministres, mais encore par la nature même de sa doctrine. Il convient tout à la fois aux esprits supérieurs qui vont se reposer de leurs doutes au sein de l'autorité, et aux intelligences communes incapables de se choisir des croyances, et qui n'auront jamais de principes si on ne leur donne une religion toute faite. Le catholicisme semble, par cette seule raison, le meilleur culte du plus grand nombre. À la différence des congrégations protestantes, qui forment comme des sociétés choisies, et dont les membres sont en général de même rang et de même position sociale, les églises catholiques reçoivent indistinctement des personnes de toutes classes et de toutes conditions. Dans leur sein le pauvre est l'égal du riche, l'esclave du maître, le nègre du blanc ; c'est la religion des masses.

On peut ajouter à toutes ces causes un fait qui doit nécessairement influer sur la destinée du catholicisme aux États-Unis : c'est la moralité du clergé catholique dans ce pays. Je ne puis m'empêcher, à ce sujet, de rapporter les propres paroles d'un écrivain anglais, que j'ai déjà eu l'occasion de citer. Voici dans quels termes le colonel Hamilton, qui est protestant, parle du clergé catholique des États-Unis : « Tout ce que j'ai appris, dit-il, du zèle des prêtres catholiques dans ce pays est vraiment exemplaire. Jamais ces ministres saints n'oublient que l'être le plus hideux dans sa forme contient une âme qui l'ennoblit, aussi précieuse à leurs yeux que celle du souverain pontife auquel ils obéissent… Se dépouillant de tout orgueil de caste, ils se mêlent aux esclaves, et comprennent mieux leurs devoirs envers les malheureux que tous les autres ministres chrétiens. Je ne suis pas catholique ; mais aucun préjugé ne m'empêchera de rendre justice à des prêtres, dont le zèle n'est excité par aucun intérêt temporel ; qui passent leur vie dans l'humilité, sans autre souci que de répandre les vérités de la religion, et de consoler toutes les misères de l'humanité. » ⊠

Il paraît bien constant qu'aux États-Unis le catholicisme est en progrès, et que sans cesse il grossit ses rangs, tandis que les autres communions tendent à se diviser. Aussi est-il vrai de dire que, si les sectes protestantes se jalousent entre elles, toutes haïssent le catholicisme, leur ennemi commun. Les presbytériens sont ceux dont l'inimitié est la plus profonde ; ils ont des passions plus ardentes que tous les autres protestants, parce qu'ils ont une foi plus vive ; et le prosélytisme des catholiques les irrite davantage, non qu'ils en blâment la théorie comme les quakers, mais parce qu'ils le pratiquent eux-mêmes

Un événement grave, et dont le lecteur me pardonnera sans doute de lui rapporter ici les détails, est venu récemment constater la puissance des haines religieuses dont je viens de parler.

Il existe à une lieue de Boston, dans un village nommé Charlestown, un couvent de religieuses catholiques dites *Ursulines*. Cet établissement, consacré à l'éducation de la jeune personne, jouit d'une grande réputation dans le Massachusetts, et la plupart des jeunes filles qui s'y font admettre sont protestantes. Les parents, chez lesquels la voix du sang est souvent plus puissante que l'esprit de parti, font taire leurs passions religieuses, et placent leurs enfants dans une institution où ils croient trouver plus de garanties qu'en aucune autre pour l'instruction et les bonnes mœurs. Cependant la population du Massachusetts, foyer du puritanisme, est en masse hostile aux catholiques, et voit avec inquiétude et jalousie qu'on accorde à ceux-ci plus de confiance que n'obtiennent les institutions protestantes.

Au mois d'août dernier, des personnes malveillantes firent courir dans le public le bruit qu'une jeune religieuse s'était échappée du couvent dont il s'agit ; que les supérieures de la maison, à l'aide de manœuvres frauduleuses, étaient parvenues à l'y faire rentrer ; et qu'ensuite la jeune fille avait disparu sans qu'on sût ce qu'elle était devenue.

Ce récit était une pure fiction. Il était bien vrai que, quelques jours auparavant, l'une des pensionnaires de l'établissement l'avait abandonné furtivement ; mais elle y avait été ramenée par l'évêque de Boston, sans qu'aucune contrainte ni physique ni morale lui fût imposée. On l'avait laissée entièrement libre de sortir du couvent si, après son retour, elle persistait dans son premier dessein ; et, profitant de cette liberté, elle avait en effet quitté l'établissement.

Cependant le peuple accepte facilement les faits qui sont selon ses passions. Le 11 août 1834, vers onze heures du soir, à un signal convenu, une troupe d'hommes masqués, ou le visage teint de noir, fondent sur le couvent des Ursulines, forcent les portes, chassent violemment tous ses habitants, religieuses ou jeunes filles, les jettent nues hors de leur demeure, et mettent le feu à l'édifice, qui, en quelques heures, est complètement détruit par les flammes. [1]

J'ai dit qu'il existe deux exceptions au principe de bienveillance mutuelle qu'entretiennent les membres des différentes sectes aux États-Unis. Je viens d'exposer la première, qui est l'hostilité des protestants contre les catholiques ; la seconde est l'hostilité de toutes les sectes chrétiennes contre les unitaires.

Les unitaires sont les philosophes des États-Unis. Tout le monde, en Amérique, est forcé par l'opinion de tenir à un culte : l'unitairianisme est en général la religion de ceux qui n'en ont point. En France, la philosophie du dix-huitième siècle attaqua, masque levé, la religion et ses ministres. En Amérique, elle travaille au même oeuvre, mais elle est obligée de cacher sa tendance sous un voile religieux. C'est la doctrine unitairienne lui sert de manteau. Voici quels sont les points principaux de cette doctrine aux États-Unis.

Les unitaires croient :

1° À un Dieu en une seule personne, et non en trois ;

2° Que la Bible n'est pas directement émanée de Dieu, mais l'œuvre d'un homme rendant compte de la révélation ;

3° Que Jésus-Christ n'est point un Dieu, mais l'agent d'un Dieu ;

1 V. tous les journaux américains d'août 1834.

4° Qu'il n'y a point de Saint-Esprit ;

5° Que Jésus-Christ est venu sur la terre, non pour expier par sa mort les péchés des hommes, mais pour donner à ceux-ci l'exemple de la vertu ;

6° Que l'homme n'a point de *tache originelle* ; que c'est un être né bon, n'ayant d'autre chose à faire que de se perfectionner ;

7° Que le méchant ne sera point éternellement malheureux ;

8° Que, pour parvenir à une vie perpétuellement heureuse, les hommes ne doivent fonder aucune espérance sur Jésus-Christ, mais compter seulement sur leurs bonnes oeuvres ;

9° Que la célébration du dimanche n'est point nécessaire, etc., etc.

Cette doctrine, qui renverse de fond en comble le christianisme, n'est d'ailleurs qu'une conséquence du protestantisme, qui, repoussant le principe de l'autorité, veut que chaque croyance soit soumise à l'examen de la raison. Les presbytériens sont donc peu logiques lorsqu'ils reprochent aux unitaires de ne pas croire certaines choses, puisque eux-mêmes se sont attribués le droit de repousser certaines croyances. Les presbytériens voudraient soutenir l'édifice qu'ils ont ébranlé ; les unitaires pensent qu'il est plus rationnel que la chute suive la commotion. Toutes les sectes dissidentes, qui contestent quelques dogmes, sont d'accord sur le plus grand nombre ; mais l'Église unitaire n'en reconnaît aucun. – À vrai dire, l'unitairianisme n'est point un culte, c'est une philosophie ; il forme l'anneau de jonction entre le protestantisme et la religion naturelle. C'est le dernier point d'arrêt de la raison humaine qui, partie du catholicisme, placée à la base de la religion chrétienne, monte, par tous les degrés du protestantisme, jusqu'aux sommets de la philosophie, où, étant arrivée, elle se meut dans l'espace au risque de s'y perdre.

La secte des unitaires, connus en Europe sous le nom de *Sociniens*, ne s'est introduite aux États-Unis que depuis vingt ou vingt-cinq ans. Boston en a été le berceau, et c'est dans cette ville qu'elle se développe aujourd'hui sous l'influence du révérend docteur Channing, le prédicateur le plus éloquent, et l'un des écrivains les plus remarquables des États-Unis. – La doctrine unitaire fait chaque jour des progrès dans les grandes cités, où l'esprit philosophique pénètre d'abord. Mais elle s'étend peu jusqu'à ce jour dans les campagnes, dont les habitants montrent, en général, beaucoup de zèle religieux.

Les presbytériens sont les adversaires les plus ardents des unitaires. Voici comment s'exprime, sur le compte de ces derniers, un ouvrage périodique publié à Boston par les presbytériens. L'auteur signale les nombreuses différences qui distinguent les unitaires des autres protestants, et il ajoute : « Aussi longtemps que ces divergences subsisteront, il ne saurait exister aucune union vraiment chrétienne entre leur culte et le nôtre, et il n'est point à désirer qu'on fasse aucun effort pour amener entre eux et nous un rapprochement qui ne serait qu'extérieur. Au fond, ce sont deux religions séparées l'une de l'autre. Il est bon que la séparation demeure aussi dans la forme ; elles ne sauraient marcher ensemble : il vaut mieux que chacune procède dans sa voie. Une scission complète, plus parfaite, s'il se peut, que celle qui existe déjà, au lieu d'accroître les difficultés, servira, dans l'état actuel des choses, à les prévenir, et, loin de nuire à aucune des parties, tournera au profit des deux. » ⊠

Voici comment un presbytérien m'expliquait un jour l'animosité de sa secte contre les unitaires : « Les différents cultes se tolèrent mutuellement, me disait-il, parce que, bien que divergents entre eux, ils ont une base commune, la divinité de Jésus-Christ... mais les unitaires, en niant la divinité du Christ et tous les dogmes généralement adoptés, ont fait du christianisme une philosophie : or, la religion et la philosophie ne peuvent s'accorder ensemble ; celle-ci est ennemie de toutes les croyances ; elle s'en prend, non à une partie du culte, mais au culte tout entier ; c'est, entre elle et la religion, une question de vie et de mort. » On comprend maintenant le sentiment hostile dont sont animées toutes les sectes religieuses envers les unitaires. Les catholiques sont peut-être, de tous les chrétiens des États-Unis, ceux qui s'affligent le moins du progrès du socialisme : ils pensent qu'on finira par ne voir en Amérique que deux religions, le catholicisme, c'est-à-dire le christianisme basé sur l'autorité, et le déisme, c'est-à-dire la religion naturelle fondée sur la raison. Ils croient en outre qu'un culte extérieur étant nécessaire, et la religion naturelle n'en comportant aucun, tous ceux qui seront sortis du christianisme pour entrer dans la philosophie, reviendront à la religion chrétienne par le catholicisme.

On voit que l'inimitié des sectes protestantes contre les unitaires, et leur haine contre les catholiques, ont des causes tout opposées : elles reprochent à ceux-ci de tout croire, à ceux-là de ne croire rien ; aux uns de proscrire le droit d'examen, aux autres d'en abuser.

Entre ces deux points extrêmes, le catholicisme et l'unitairianisme, il existe un espace immense occupé par une multitude d'autres sectes : mille degrés intermédiaires se montrent entre l'autorité et la raison, entre la foi et le doute ; mille tentatives de la pensée toujours élancée vers l'inconnu, mille essais de l'orgueil qui ne se résigne point à ignorer. Tous ces degrés, l'esprit humain les parcourt, poussé quelquefois par les plus nobles passions ; tantôt précipité dans l'erreur par l'amour du vrai, tantôt dans la folie par les conseils de la raison.

Ce serait un spectacle plein d'enseignements philosophiques que le tableau de tous ces égarements et de toutes ces infirmités de l'intelligence humaine, qui s'agite incessamment dans un cercle où elle ne trouve jamais le point d'arrêt qu'elle cherche. On ne verrait pas sans étonnement et sans pitié se dérouler les anneaux de la longue chaîne qui lie les unes aux autres toutes ces aberrations.

Quoiqu'il n'entre point dans mon plan de faire cette peinture, je ne puis m'empêcher de présenter ici les traits principaux d'une secte protestante, dont les doctrines m'ont paru les plus bizarres, pour ne pas dire les plus absurdes. Ces observations ne sortiront point de mon sujet ; car on conçoit aisément l'influence qu'ont les principes et les doctrines d'une secte sur ses rapports avec les autres congrégations.

Il existe aux États-Unis une communion de protestants appelés quakers *shakers,* c'est-à-dire trembleurs. Cette secte, fondée dans le siècle dernier par une femme nommée Anne Lee, se compose moitié d'hommes, moitié de femmes, vivant ensemble sous le même toit, on ne sait trop pour quelle raison, car les uns et les autres ont fait voeu de célibat.

Leur association est établie sur le principe de la communauté des biens : chacun travaille dans l'intérêt de tous. Les hommes cultivent des terres appartenant à l'établissement, et dont les produits font vivre les membres de la société ; les femmes se livrent aux soins que leur sexe comporte.

Ceux qui n'ont rien mis dans la communauté en retirent le même avantage que les sociétaires dont l'apport a été le plus considérable. Du reste, l'association semble profiter à tous. Chacun retire d'elle un grand bien-être matériel, la vie commune étant beaucoup moins chère que la vie individuelle.

Voici maintenant quelle est leur doctrine religieuse,

« L'examen attentif des livres saints prouve, disent-ils, que la venue d'un second Messie a été annoncée, et que ce second Messie a dû paraître dans l'année 1761. Ce Messie, c'est Anne Lee (fondatrice de la secte) ; vous êtes obligé de le reconnaître, car vous ne pouvez nier la vérité annoncée par les livres sacrés. Or, nous disons que le Messie annoncé pour l'an 1761 est Anne Lee. Prouvez-nous que c'est un autre, autrement il faudra bien reconnaître que notre religion est la seule vraie.

« Nous avons adopté le célibat des hommes et des femmes parce que Anne Lee est venue annoncer à la terre que le monde est si corrompu, qu'il doit finir, et c'est entrer dans les vues de la Providence que de coopérer à ce résultat. »

Ayant souvent entendu tourner en dérision les cérémonies qui constituent le culte extérieur des quakers *trembleurs*, j'ai voulu les voir de mes propres yeux.

Non loin d'Albany, à Niskayuma, se trouve une congrégation de shakers, que j'ai visités un jour de fête religieuse.

L'établissement est isolé au milieu d'une forêt, et ses abords présentent l'aspect le plus sauvage ; cependant il est peu distant de la ville, et toutes les fois qu'une cérémonie des *trembleurs* est annoncée, le désert et ses environs se peuplent d'une foule de curieux américains ou étrangers, attirés par la renommée de ces singuliers solitaires.

Une portion de la salle où se célèbre leur culte est destinée au public ; l'autre partie, plus élevée, forme une espèce de théâtre sur lequel se passe la cérémonie. Je venais de prendre place parmi les spectateurs fort nombreux, lorsque je vois paraître sur la scène des femmes, les unes vieilles, les autres jeunes, et d'autres tout à fait enfants. Elles étaient vêtues de blanc et portaient un costume uniforme : un petit chapeau gris à bords échancrés couvrait leur tête. Elles s'avancent à pas comptés à la suite les unes des autres, s'asseyent à la droite des spectateurs, étendent un mouchoir blanc sur leurs genoux, et y posent leurs mains avec des mouvements d'une extrême précision : alors elles se tiennent immobiles.

En ce moment paraissent les hommes en uniforme violet et la tête couverte d'un grand chapeau à larges bords. Ils défilent gravement et vont s'asseoir en face des femmes. Après une pause silencieuse de quelques instants, hommes et femmes se lèvent et se regardent face à face pendant cinq minutes, sans rien dire : puis, l'un des shakers sort des rangs, prend la parole, et, s'adressant au public, il explique l'objet de la cérémonie, qui est, dit-il, de glorifier le Seigneur, et il termine en invitant les spectateurs a ne pas rire de ce qu'ils vont voir et entendre.

À peine a-t-il achevé de parler que tous entonnent un hymne religieux avec des voix discordantes, et, tout en chantant, balancent leurs corps, secouent leurs mains, agitent leurs bras de la façon la plus étrange. Ces exercices durent environ une heure : pendant tout ce temps, ils se reproduisent sous la même forme avec quelques modifications.

Le lecteur sait que ces cris, ces balancements ont pour objet la gloire de Dieu, et que tous ces mouvements du corps sont excités par l'enthousiasme religieux. Or, en s'agitant, en chantant, les shakers s'échauffent de plus en plus ; leur exaltation s'accroît et se manifeste avec plus d'énergie... Alors on les voit danser pêle-mêle au milieu de clameurs violentes et de gestes désordonnés. Tantôt une douzaine d'hommes rangés en file et un même nombre de femmes paraissent diriger tous les autres : ils tiennent leurs mains levées à hauteur de la poitrine et les secouent sans relâche. Une autre fois on voit immobiles au milieu de la scène quinze ou vingt quakers autour desquels tous les autres dansent et chantent avec une incroyable ardeur : c'est le plus haut degré de l'inspiration.

Tout cela se fait gravement et avec une bonne foi au moins apparente. Sur plusieurs de ces têtes si follement agitées se montrent des cheveux blancs. Rien dans cette cérémonie burlesque ne fait rire, parce que tout fait pitié.

Tout à coup les cris cessent, les mouvements s'arrêtent ; au milieu d'un silence profond un vieillard paraît, et s'adressant aux spectateurs, il leur dit : « Un intérêt mondain, une vaine curiosité vous ont attirés en ce lieu ; puissiez-vous en rapporter de salutaires impressions ! Qui de vous peut se dire aussi heureux que nous le sommes ? Le bonheur n'est ni dans la richesse, ni dans les plaisirs des sens ; il consiste surtout dans la raison. Tout le monde s'agite vainement à la recherche de la vérité ; nous seuls l'avons trouvée sur terre. »

J'ai quelquefois entendu révoquer en doute la pureté des mœurs des *shakers* et soutenir qu'alors même que tous les hommes et toutes les femmes de l'univers se dévoueraient au *célibat* des *trembleurs*, le monde ne finirait pas ; mais le plus communément on n'attaque point les shakers sous ce rapport ; on leur fait un autre reproche qui me paraît plus fondé : on prétend que les chefs de la société manquent de bonne foi. Comme on entre dans l'association avec ou sans fortune, le grand profit est pour ceux qui n'apportent rien : les riches sont les dupes.

On ne voit pas, du reste, bien clairement la cause qui peut pousser dans cette congrégation une personne de bonne foi. Le quaker shaker n'abandonne point complètement le monde ; il entretient avec ses semblables tous les rapports utiles à son bien-être.

Je comprends le trappiste, fuyant la société des hommes, se vouant à la solitude, en passant sa vie à creuser son tombeau. La récompense morale est dans la grandeur même du sacrifice ; mais quel est le mérite du solitaire, prenant au monde une partie de ses avantages, et repoussant l'autre, on ne sait pourquoi ?

S'il était possible de lire au fond des cœurs, on verrait peut-être que la vanité est le principal mobile des *trembleurs*. La bizarrerie même de leur culte n'est-elle pas précisément ce qui les y attache ? La plupart des shakers sont d'assez médiocres gens ; tous cependant ont une scène et un public : sans leur absurdité, qui parlerait d'eux ? Les formes sous lesquelles se produit l'orgueil des hommes sont infinies.

Quoi qu'il en soit, on ne peut s'empêcher, en présence d'un pareil spectacle, de déplorer la misère de l'homme et la faiblesse de sa raison.

Il n'est pas rare que les autres sectes protestantes tournent en dérision le culte des shakers.

Mais la communauté des trembleurs est-elle donc la seule qui soit tombée dans de tristes écarts ?

La secte des quakers proprement dite a mieux compris qu'aucune autre ce qu'il y a de moral dans l'homme. Nulle n'a poussé plus loin qu'elle la pratique de la liberté civile et religieuse et de l'égalité des hommes entre eux. La Pennsylvanie lui doit l'austérité et la simplicité de ses mœurs, et, quoique la société des quakers y soit en décadence, ce pays en ressentira longtemps encore la salutaire influence. Cependant est-il rien de plus absurde et de plus contraire à la nature que l'un des principaux dogmes de cette communauté ?

L'Évangile dit que celui qui reçoit un soufflet sur une joue doit tendre l'autre ; le christianisme recommande la paix et la douceur ; et les quakers concluent de là qu'on ne doit résister à aucune violence, même pour défendre sa vie. Je demandais une fois à un quaker s'il repousserait par la force un assassin qui en voudrait à ses jours, il ne m'a pas répondu :

la théorie de sa secte est qu'il ne devrait pas opposer à une telle attaque une pareille résistance.

Ainsi, voilà toute une population éclairée et sage qu'une interprétation erronée de la parole de Dieu conduit à la violation de la première et de la plus sacrée de toutes les lois de la nature, qui est la conservation de soi-même.

N'est-il pas triste de voir s'égarer ainsi l'intelligence de l'homme, tantôt dans le doute des sociniens, tantôt dans la doctrine ridicule des trembleurs, une autre fois dans la théorie absurde des quakers ? comme si l'homme ne pouvait user de sa raison qu'à la condition de faire en même temps acte d'impuissance ou de folie.

Je ne poursuivrai point l'examen des divergences que présentent les sectes protestantes ; qu'il me suffise de faire observer, à ce sujet, que toutes ces sectes, dont les doctrines varient à l'infini, depuis la communauté des quakers, dont la théorie laisse mourir l'homme sans défense, jusqu'à la congrégation des shakers, dont les principes amèneraient la fin du monde, toutes ont un point commun, où elles se trouvent parfaitement unies. Ce point, c'est la pureté de la morale que chacune professe.

Le presbytérianisme, dont je viens de signaler les passions haineuses, est peut-être de toutes les communautés protestantes la plus féconde en bonnes oeuvres. Le fanatisme qui fait les crimes engendre aussi les vertus.

On a souvent ridiculisé la congrégation des méthodistes, dont les prédicateurs ambulants font retentir les forêts américaines de leurs cris enthousiastes et de leurs hurlements inspirés ; mais leur zèle, plus ardent qu'éclairé, est toujours sincère. Ne parcourent-ils pas, au risque de leur vie, les contrées les plus sauvages pour y porter la parole évangélique ? Que deviendraient, sans ces pieux pèlerins, les habitants des États de l'Ouest, dont les demeures éparses çà et là sont éloignées de toute église ? Les méthodistes qui parcourent le désert sont encore les meilleurs messagers de civilisation, et les plus sûrs consolateurs de l'infortune.

Tous ces cultes sont fondés sur une morale pure, parce que tous sont chrétiens ; ils sont divisés par des doctrines opposées, mais ils ont entre eux un lien puissant, c'est celui de la vertu.

§ II. Rapports des cultes avec l'État.

Nulle part la séparation de l'Église et de l'État n'est mieux établie que dans l'Amérique du Nord. Jamais l'État n'intervient dans l'Église, ni l'Église dans l'État.

Toutes les constitutions américaines proclament la liberté de conscience, la liberté et l'égalité de tous les cultes.

« Tous les hommes, dit la loi de Pennsylvanie, ont reçu de la nature le droit imprescriptible d'adorer le Tout-Puissant selon les inspirations de leur conscience, et nul ne peut légalement être contraint de suivre, instituer ou soutenir contre son gré aucun culte ou ministère religieux. Nulle autorité humaine ne peut, dans aucun cas, intervenir dans les questions de conscience et contrôler les pouvoirs de l'âme. » ⊠

« Au nombre des droits naturels, dit la loi d'un autre État, quelques-uns sont inaliénables de leur nature, parce que rien n'en peut être l'équivalent. De ce nombre sont les droits de conscience. » ⊠

Ainsi il n'existe aux États-Unis ni religion de l'État, ni religion déclarée celle de la majorité, ni prééminence d'un culte sur un autre. L'État est étranger à tous les cultes. Chaque congrégation religieuse se gouverne comme il lui plaît, nomme ses ministres, lève des taxes parmi ses membres, règle ses dépenses, sans rendre aucun compte à l'autorité politique, qui ne lui en demande point.

Dans un grand nombre d'États, les ministres des cultes, à quelque secte qu'ils appartiennent, sont déclarés incapables par la loi de remplir aucune fonction civile ou militaire. « Attendu, porte la constitution de New York, que les ministres de l'Évangile sont, par état, dévoués au service de Dieu et au soin des âmes, et que rien ne doit les détourner des importants devoirs de leur ministère. » [1]

La vie politique est donc entièrement interdite aux ministres de l'Église. On conçoit dès lors que le pouvoir ne trouve pas plus d'appui dans les ministres d'une secte que dans ceux d'une autre congrégation.

Je viens d'exposer les principes généraux ; il me faut maintenant indiquer ici quelques exceptions.

La constitution du Massachusetts proclame la liberté des cultes, en ce sens qu'elle n'en veut persécuter aucun ; mais elle ne reconnaît dans

1 V. Constitution de New York, art. 7, § 4.

l'État que des chrétiens, et ne protége que des protestants. [1]

Aux termes de cette constitution, les communes qui ne pourvoient pas d'une manière convenable aux frais et à l'entretien de leur culte *protestant,* peuvent être contraintes de le faire par une injonction de la législature. [2] L'impôt recueilli en conséquence de cette mesure peut être appliqué par chacun au soutien de la secte à laquelle il appartient ; mais nul ne pourrait se dispenser de le payer, sous le prétexte qu'il ne pratique aucun culte. [3]

La constitution du Maryland déclare aussi que tous les cultes sont libres, et que nul n'est forcé de contribuer à l'entretien d'une église particulière. Cependant elle confère à la législature le droit d'établir, selon les circonstances, une taxe générale pour le soutien de la religion chrétienne. [4]

La constitution du Vermont ne reconnaît que des cultes chrétiens, et porte textuellement que toute congrégation de chrétiens devra célébrer le sabbat ou jour du Seigneur, et observer le culte religieux qui lui semblera le plus agréable à la volonté de Dieu, manifestée par la révélation. [5]

Quelquefois les constitutions américaines prêtent aux cultes religieux une assistance indirecte : c'est ainsi que la loi du Maryland déclare que, pour être admissible aux fonctions publiques, il faut être chrétien. [6] Dans le New Jersey, il faut être protestant. [7] La constitution de Pennsylvanie exige qu'on croie à l'existence de Dieu et à une vie future de châtiments ou de récompenses. [8]

Les dispositions que je viens de signaler sont les seules protections légales qui, aux États-Unis, soient données par l'État à un culte religieux.

À part ces deux exceptions, il n'existe aucun contact entre l'État et l'Église, si ce n'est que toute congrégation religieuse reçoit, à sa naissance, la sanction de la législature, qu'on appelle en anglais

1 V. Constitution du Massachusetts, art. 2 et 3, 1er, 2e et 4e alinéa.

2 V. ibid., art. 3, 1er et 2e alinéa.

3 V. ibid., art. 3e, 4e alinéa.

4 V. Constitution du Maryland, art. 33.

5 V. Constitution du Vermont, art. 3.

6 V. Constitution du Maryland, art. 35.

7 Constitution du New Jersey, art. 18. Cet article porte que tous *protestants,* de quelque dénomination que ce soit, sont admissibles aux emplois et fonctions publiques. Nommer les uns, c'est exclure les autres.

8 Constitution de Pennsylvanie, art. 4.

l'incorporation. Ce n'est pas là précisément une autorisation légale, car le pouvoir d'autoriser l'existence des associations et congrégations religieuses entraînerait le droit de les défendre, et ce droit n'appartient point aux législatures des États américains ; à vrai dire, l'*incorporation* n'est point établie dans l'intérêt de l'État, mais, bien dans celui de l'association qui se forme : elle a pour effet d'investir la congrégation du droit d'ester en justice, de posséder à titre de propriétaire, de donner et de recevoir, etc. ; elle confère la vie civile à une société qui pourra agir comme individu, et qui, auparavant, n'avait d'action que par chacun de ses membres.

Quel que soit le plus ou le moins de faveur accordée par les lois de quelques États à telle ou telle secte religieuse, on peut dire du moins dans les termes les plus généraux et les plus absolus, que, dans l'Amérique du Nord, il n'existe point de clergé, formant un corps constitué politiquement, et reconnu tel par l'État ou par la puissance des mœurs.

Mais si les ministres du culte sont tout à fait étrangers au gouvernement de l'État, il n'en est point ainsi de la religion.

La religion, en Amérique, n'est pas seulement une institution morale, c'est aussi une institution politique. Toutes les constitutions américaines recommandent aux citoyens l'exercice d'un culte religieux comme la double sauvegarde des bonnes mœurs et des libertés publiques. Aux États-Unis, la loi n'est jamais athée. Voici comment s'exprime à ce sujet la constitution du Massachusetts : « C'est le droit et aussi le devoir de tout homme en société d'adorer publiquement et à des époques déterminées l'Être Suprême, le créateur de toutes choses, tout-puissant et souverainement bon… Comme le bonheur d'un peuple, le bon ordre et le maintien du pouvoir civil dans un pays dépendent essentiellement de la piété, de la religion et de la morale, et comme la religion, la morale et la piété ne peuvent se répandre au sein d'un peuple qu'au moyen de l'institution d'un culte extérieur adressé à la Divinité, et à l'aide d'établissements publics moraux et religieux ; par ces raisons, le peuple de cette république, jaloux d'accroître la somme de son bien-être et d'assurer la conservation de son gouvernement… » Suivent les dispositions en faveur de la religion… [1]

La constitution du New-Hampshire contient un préambule religieux

1 Art. 2 et 3 de la Constitution de Massachusetts,

de la même nature. [1]

Celle de l'Ohio proclame la religion, la morale et l'instruction, indispensables à un bon gouverneur et au bien-être des hommes. [2]

Ces principes religieux, écrits en tête des constitutions américaines, se retrouvent dans toutes les lois ; on les rencontre dans tous les actes du gouvernement, dans les proclamations des fonctionnaires publics, en un mot dans tous les rapports des gouvernants avec les gouvernés. Il n'est pas en Amérique une solennité politique qui ne commence par une pieuse invocation. J'ai vu une séance du Sénat à Washington s'ouvrir par une prière ; et la fête anniversaire de la déclaration d'indépendance consiste, aux États-Unis, dans une cérémonie toute religieuse.

Je viens de montrer comment la loi, qui ne reconnaît ni l'empire, ni l'existence même d'un clergé, consacre le pouvoir de la religion.

J'ajouterai que les sectes religieuses, qui demeurent étrangères aux mouvements des partis, sont loin de se montrer indifférentes aux intérêts politiques et au gouvernement du pays ; toutes prennent un intérêt très vif au maintien des institutions américaines ; elles protègent ces institutions par la voix de leurs ministres dans la chaire sacrée et au sein même des assemblées politiques. La religion chrétienne est toujours, en Amérique, au service de la liberté.

C'est un principe du législateur des États-Unis que, pour être bon citoyen, il faut être religieux ; et c'est une règle non moins bien établie que, pour remplir ses devoirs envers Dieu, il faut être bon citoyen. À cet égard toutes les sectes rivalisent de zèle et de dévouement ; le catholicisme, comme les communions protestantes, vit en très bonne harmonie avec les institutions américaines ; il se développe et grandit sous ce régime d'égalité : il a le bonheur, dans ce pays, de n'être ni le protecteur du gouvernement, ni le protégé de l'État.

Il n'existe en Amérique qu'une seule congrégation qui soit hostile aux lois du pays, c'est celle des quakers.

Le même principe qui les empêche de résister individuellement à la violence d'un agresseur les conduit à penser que la société n'a point le droit de repousser par la force les attaques d'un ennemi ; jamais théorie si insociale n'est sortie d'une secte si morale et si pure ! quoi qu'il en soit, les quakers refusent de faire partie de l'armée et même de la milice

1 Constitution de New Hampshire, art, 4, 5 et 6.

2 V. Constitution de l'Ohio, art. 8, § 3.

américaine. – « Ainsi, disais-je un jour à un quaker de Philadelphie, une nation attaquée par un autre peuple qui en veut à son existence n'a pas le droit de se défendre ! » – « Non, me répondit le quaker ; la guerre, la résistance, la violence, sont contraires à l'esprit de l'Évangile. Quand nous trouvons dans les livres saints un principe, nous ne nous bornons pas à l'admirer, nous le mettons en pratique. Le Christ commande aux hommes de vivre en paix, c'est donc désobéir à ses lois que de faire la guerre. Notre conviction à cet égard est telle, que jamais nous ne porterons les armes, quelle que soit la puissance humaine qui veuille nous y contraindre. En 1812, lorsque l'Angleterre et les États-Unis entrèrent en guerre, un grand nombre de quakers de Philadelphie furent désignés pour marcher contre l'ennemi, mais tous refusèrent en se fondant sur les principes de leur religion. On les traduisit devant les tribunaux, qui les condamnèrent à de fortes amendes ; ils ne les payèrent pas. Alors on saisit et on vendit leurs biens ; ceux qui n'en avaient pas furent jetés en prison. Nous aurions à notre disposition tous les trésors de l'univers, que jamais nous ne voudrions acquitter l'amende portée contre nous en pareil cas. Le paiement serait une sorte d'acquiescement ; quand on nous traîne en prison, c'est une violence à laquelle nous cédons, et qui n'entraîne de notre part aucune adhésion de nos volontés. » Je ne discuterai pas ce raisonnement, dont le vice est trop facile à saisir. Ainsi l'autorité demande aux citoyens de s'armer pour la défense du pays, et voilà toute une secte religieuse qui résiste au pouvoir, parce que l'Évangile a recommandé la paix et la douceur ; de sorte qu'un précepte sublime, enseigné par Dieu, devient, entre les mains de l'homme, la source d'un crime, car il tue le patriotisme.

Ici, du reste, je dois faire observer que les quakers ne sont pas hostiles aux institutions américaines, au gouvernement républicain des États-Unis ; nulle secte, au contraire, n'est plus démocratique que la leur ; mais ils sont hostiles à toute société, parce que la première loi de tout être existant, individu ou corps social, est de se conserver, partant de se défendre.

Je viens d'exposer les rapports des cultes avec l'État selon les lois américaines... Mais, sur cette matière, les lois sont bien moins puissantes que les mœurs.

Si, dans tous les États américains, la constitution n'impose pas les croyances religieuses et la pratique d'un culte comme condition des privilèges politiques, il n'en est pas un seul où l'opinion publique et les mœurs des habitants ne prescrivent impérieusement l'obligation de ces croyances. En général, quiconque tient à l'une des sectes religieuses, dont le nombre aux États-Unis est immense, jouit en paix de tous ses droits sociaux et politiques. Mais l'homme qui dirait n'avoir ni culte ni croyance religieuse serait non-seulement exclus en fait de tous emplois civils et de toutes fonctions électives gratuites ou salariées, mais encore il serait l'objet d'une persécution morale de tous les instants ; nul ne voudrait entretenir avec lui des rapports de société, encore moins contracter des liens de famille ; on refuserait de lui vendre et de lui acheter : on ne croit pas, aux États-Unis, qu'un homme sans religion puisse être un honnête homme.

J'indiquais tout à l'heure les atteintes portées à la liberté religieuse par les lois de quelques États. Je dois ajouter, en finissant, que ces violations disparaissent chaque jour des lois et des mœurs américaines. Il ne faut pas oublier que la Nouvelle-Angleterre, foyer du puritanisme, fut longtemps religieuse jusqu'au fanatisme, et, si l'on songe que la loi politique de ce pays punissait jadis de mort les mécréants, c'est-à-dire ceux qui n'étaient pas presbytériens, on reconnaîtra quels progrès le Massachusetts et les autres États du Nord ont faits dans la tolérance et dans la liberté.

Troisième partie :
Note sur l'État ancien et sur la condition présente des tribus indiennes de l'Amérique du nord.

Les Européens ont soumis ou détruit la plupart des peuples du Nouveau-Monde. Mais, parmi ces nations sauvages ou à demi civilisées, il en est plusieurs qui ont échappé jusqu'à présent à l'asservissement ou à la mort ; les blancs ne sont pas encore arrivés jusqu'à elles, ou elles ont reculé devant eux. Presque toutes les peuplades de l'Amérique du Nord sont dans ce cas.

Mais sur celles-là même l'influence des Européens s'est exercée ; les blancs, qui n'ont pu encore les réduire à l'obéissance ou les faire disparaître, ont eu le pouvoir de changer leurs coutumes, d'altérer leurs mœurs et de bouleverser leur état politique tout entier.

Il y a longtemps qu'on a remarqué cet effet extraordinaire produit sur les tribus indiennes par le voisinage des Européens. Mais personne jusqu'à présent n'a essayé d'en connaître toute l'étendue, pas plus que d'en rechercher les causes cachées. Le but de cette note est de fournir des lumières sur ce point.

Les changements que subissent les nations s'opèrent graduellement à mesure que les générations se succèdent ; il est donc très difficile de suivre dans la vie d'un peuple, et année par année, l'histoire de ses transformations successives. Mais si vous examinez ce même peuple à deux époques éloignées l'une de l'autre, les différences, frappent aussitôt tous les regards. Partant de cette donnée, j'ai pensé qu'au lieu de m'abandonner au cours des temps, et de suivre pas à pas la trace de tous les changements qui se sont opérés peu à peu dans l'état social et politique des indigènes, j'arriverais par un procédé plus rapide à un résultat plus concluant, si je pouvais faire connaître ce qu'étaient les indiens il y a deux cents ans et ce qu'ils sont de nos jours. Pour m'éclairer sur le premier point, j'ai consulté les auteurs anglais et français qui m'ont paru contenir le plus de lumières : le capitaine John Smith et Beverley pour la Virginie ; John Lawson pour les Carolines ; William Smith pour l'État de New York ; pour la Louisiane, Dupratz ; Lahontan et Charlevoix pour le Canada.

Quant à l'état actuel, j'ai puisé mes notions dans des voyages faits par ordre du gouvernement américain, dans des rapports officiels présentés au congrès, dans des récits de témoins oculaires, dans mes propres observations enfin. Car, j'ai vu de près plusieurs des nations infortunées que je vais essayer de faire connaître, et j'ai pu m'assurer par moi-même de la vérité des couleurs dont on se sert pour les peindre.

§ I. État ancien.

Je vais parler de nations qui, bien que peu nombreuses, occupaient un espace presque aussi grand que la moitié de l'Europe. On remarquait entre elles, à l'époque où je veux reporter l'attention du lecteur, des ressemblances et des différences qu'il faut signaler.

Tous les peuples qui habitaient les côtes orientales de l'Amérique du Nord au moment où les Européens entrèrent en contact avec elles avaient un état social analogue ; toutes vivaient particulièrement de la chasse. L'agriculture ne leur était cependant point inconnue, mais aucun d'eux n'était encore arrivé à tirer des fruits de la terre son unique ni même son principal moyen de subsistance. Toutes les relations s'accordent sur ce point. Autour de la cabane du chef de famille se trouvaient quelques champs de maïs que cultivaient ses femmes et ses enfants. Chaque année le propriétaire quittait cette résidence et partait, soit seul, soit accompagné des siens, pour se rendre dans une région souvent éloignée, où il se livrait pendant plusieurs mois au soin de la chasse.

« En mars et avril, dit le capitaine Smith [1], qui écrivait en 1606, parlant des Indiens de la Virginie, ils se nourrissent principalement de leur pêche. ils mangent des dindons sauvages, des écureuils. En juin, ils plantent leur maïs, vivant principalement de glands, de noisettes et de poissons ; pour améliorer ce régime, ils ont soin de se diviser en petites troupes, se nourrissent de poissons, de bêtes sauvages, de crabes, d'huîtres, de tortues. À l'époque de leur chasse, ils quittent leurs habitations, et se forment en troupes comme les Tartares ; ils se rendent avec leur famille dans les lieux les plus déserts, à la source des rivières où le gibier est abondant. Ils sont en général au nombre de deux ou trois cents. »

Tous les auteurs qui ont parlé des Indiens du Nord tiennent un langage analogue.

1 The general History of Virginia and New-England, by captain John Smith, imprimée à Londres en 1627.

Tous les peuples dont je parle étaient donc cultivateurs par hasard et par exception, mais, en examinant l'ensemble de leurs habitudes, on peut dire qu'ils formaient des nations de chasseurs ; toutes les remarques qu'on peut faire sur les peuples chasseurs leur étaient applicables.

Chez eux, l'esprit national avait pour objet bien plus les hommes que la terre. Le patriotisme s'attachait aux coutumes, aux traditions, peu au sol, ou plutôt il ne se liait au sol que par des souvenirs. Le sauvage tenait à la contrée qui l'avait vu naître, par la mémoire de ses pères qui y avaient vécu, par l'idée de leurs os vénérables qui y reposaient encore. Tant qu'une nation indienne habitait son territoire, elle environnait les ossements de ses aïeux de respects extraordinaires. Lorsqu'elle était obligée d'émigrer, elle ne manquait point de les recueillir avec soin ; elle les renfermait dans des peaux ; et, après les avoir chargés sur leurs épaules, les hommes s'éloignaient sans regrets : ils emportaient avec eux toute la patrie. « Dans chaque village, dit Lawson [1], en parlant des Indiens, page 182, on rencontre une belle cabane qui est élevée aux dépens du public et entretenue avec un grand soin. Elle renferme les corps des principaux d'entre les Indiens qui sont morts depuis plusieurs siècles, et qu'on a revêtus de leurs plus beaux habits. Les Indiens révèrent et adorent ce monument, et ils aimeraient mieux tout perdre que de le voir profaner. »

Lorsqu'une tribu indienne quitte son pays pour aller vivre dans un autre, elle ne manque jamais d'emporter avec elle ces ossements. « De nos jours encore, où l'amour de la patrie s'éteint chez les Indiens comme tout le reste, la première réponse que fait un Indien aux demandes que lui font les blancs pour acheter ses terres, disent MM. Clark et Lewis dans leur rapport officiel au gouvernement fédéral, est celle-ci : – « Nous ne vendrons pas le lieu où repose la cendre de nos aïeux. »

L'esprit de propriété, qui fait que le cultivateur prend en quelque sorte racine dans les mêmes champs qui portent ses moissons, cet esprit n'existait chez aucune des nations de l'Amérique du Nord au moment de la découverte. Aussi les voit-on changer de lieu avec une facilité que nous ne pouvons concevoir.

Les Européens n'ont, pour ainsi dire, point rencontré de peuplades sauvages dans l'Amérique du Nord, qui se prétendit originaire du lieu qu'elle occupait au moment de la découverte. Les Natchez croyaient que leurs pères étaient venus du Mexique ; les Iroquois se souvenaient

1 V. History of Carolina, by John Lawson, imprimée à Londres en 1718.

d'avoir jadis traversé le Mississipi. On voit, dans Lahontan et dans Charlevoix, que la plupart des tribus indiennes qui se trouvaient originairement placées aux environs du territoire occupé par la confédération iroquoise, avaient cru devoir transporter leur domicile au-delà vers le nord et l'ouest.

C'est à cette cause qu'il faut attribuer la facilité qu'ont trouvée et que trouvent encore les Européens à se fixer sur le territoire de ces sauvages. L'intérêt particulier n'en défend aucune partie, et le corps de la nation ne découvre pas du premier abord quel tort peut lui causer un petit nombre d'étrangers qui viennent s'établir au milieu de champs déserts, et qui parviennent à tirer de la terre une subsistance que les Indiens eux-mêmes ne cherchent pas à obtenir. C'est ce qui faisait dire à M. Bell, dans un rapport au congrès le 4 février 1830 (documents législatifs, no 227) : « Avant l'arrivée des Européens, il ne paraît pas que les sauvages eussent conçu l'idée que la terre pouvait être l'objet d'un marché. » Et, si l'on parcourt l'histoire de nos premiers établissements, on découvre que les naturels n'ont, pour ainsi dire, jamais considéré les Européens comme des spoliateurs, quand ils s'étaient assurés que ces derniers ne venaient point avec des intentions hostiles.

Cet état social produisait chez toutes les nations sauvages qui l'avaient adopté des conséquences analogues. Les Indiens, ne connaissant point la richesse immobilière, ne tirant de la terre qu'une faible partie de leur subsistance, pouvaient abandonner le travail pénible de la culture aux femmes et aux enfants, et réserver aux hommes les travaux mêlés de plaisirs, qui sont le propre de la chasse.

»Les hommes, dit John Smith en parlant des Indiens de la Nouvelle-Angleterre, sont principalement occupés de la chasse. » (page 240)

Le même auteur dit, en parlant des Indiens de la Virginie : « Les hommes consacrent leur temps à la pêche, la chasse, la guerre et autres exercices virils, regardant comme une honte d'être vus s'occupant des soins propres aux femmes ; d'où il arrive que les femmes sont souvent surchargées de travaux, et les hommes oisifs. Les femmes et les enfants sont exclusivement chargés de faire les nattes, les paniers, préparent les aliments, plantent le maïs, le récoltent. »

« Les femmes des Iroquois, dit William Smith, page 78, cultivent les champs, les hommes vont à la chasse. » – « Les Indiens ne travaillent jamais, » dit Lawson, à propos des indigènes de la Caroline (page 174).

De là une liaison intime que le temps n'a pu détruire, entre les idées de travail sédentaire, et particulièrement de la culture de la terre, et les idées de faiblesse, de dépendance, d'obéissance, d'infériorité. Aussi les premiers Européens qui abordèrent sur les côtes de l'Amérique du Nord trouvèrent-ils établie chez tous les sauvages cette opinion, que le travail de la terre doit être abandonné aux femmes, aux enfants, aux esclaves, et que la chasse et la guerre sont les seuls soins dignes d'un homme ; opinion qui, se retrouvant en même temps chez un si grand nombre de nations diverses, ne pouvait prendre naissance que dans un état social commun à toutes. N'étant pas attaché à un lieu plus qu'à un autre par la possession et la culture de la terre, errant une partie de l'année à la suite des bêtes sauvages, dont il cherchait à faire sa proie, l'Indien de l'Amérique du Nord ne pouvait point recueillir tranquillement le résultat des expériences individuelles, lier entre elles les conséquences de faits analogues et en faire un corps de principes et d'idées générales, en un mot créer ce qu'on appelle les sciences. Son genre de vie ne permettait point à un même homme de donner à aucune entreprise un grand degré de réflexion et de suite : il s'opposait à plus forte raison à ce que plusieurs générations s'occupassent des mêmes objets, et se transmissent les unes aux autres le résultat de leurs recherches. L'humanité était déjà vieille, l'homme était toujours jeune, et la civilisation n'avait pas plus de domicile fixe que le chasseur. Toutes les nations indiennes devaient donc présenter le spectacle de peuples encore peu avancés dans la voie du progrès intellectuel ; non parce qu'elles habitaient l'Amérique au lieu de l'Europe, ou parce qu'elles étaient rouges et non blanches ; mais par la raison que toutes avaient adopté un état social qui ne permet à la civilisation que de certains développements. Aucune des nations du continent de l'Amérique du Nord n'avait inventé l'écriture, quoique plusieurs eussent des hiéroglyphes qui, jusqu'à un certain point, pouvaient en tenir lieu.

« Ces Indiens, dit Beverley [1] (ceux de la Virginie), n'ont aucune sorte de lettres ; mais quand ils ont quelque chose à se communiquer, ils y emploient une espèce d'hiéroglyphes, ou de figures représentant des oiseaux, des bêtes, ou autres choses propres à faire comprendre leurs différentes pensées. » Lahontan dit la même chose des Iroquois : il donne même le modèle du récit d'une expédition, exprimée de cette sorte. Voyez tome II, page 191.

---

1 Histoire de la Virginie, par Beverley, de 1583 à 1700. V. p. 258.

Aucune de ces nations n'avait découvert les métaux, ni le secret de les travailler. « Avant l'arrivée des Anglais, dit Beverley en parlant des sauvages de la Virginie, les Indiens ne connaissaient ni le fer ni l'acier. »

La même remarque est applicable à tous les indigènes du continent. Les sciences les plus nécessaires, l'art d'élever des maisons, de faire des canots, de fabriquer des vêtements, n'avaient point dépassé parmi eux les limites que peuvent atteindre l'industrie et les efforts d'un homme isolé ou d'une génération.

« Les Indiens, dit en 1606 le capitaine John Smith, p. 30, ont pour vêtement des peaux de bêtes qu'ils portent avec le poil durant l'hiver, et dépouillées de poil pendant l'été : les principaux d'entre eux s'enveloppent de longs manteaux de peaux qui, pour la forme, ressemblent aux manteaux irlandais. Ces manteaux sont souvent brodés avec des grains de cuivre ; plusieurs sont peints. Les maisons de ces sauvages sont bâties en manière de berceaux : elles sont composées de jeunes arbres pliés et attachés ensemble : on les recouvre si soigneusement avec des nattes et de l'écorce d'arbre, que ni le vent ni la pluie ne sauraient y entrer ; mais il y règne une grande fumée. Leurs bâtiments publics étaient faits avec plus de grandeur et plus d'art. Le même Smith parle, page 37, d'une maison destinée à contenir le trésor du roi. La longueur de ce palais est de cinquante à soixante aunes (yards). De grossières statues occupent ses quatre coins. « Les maisons des Iroquois, dit William Smith, page 78, consistent en quelques pieux fichés en terre, et couverts d'écorce d'arbres, au haut desquels on laisse une ouverture pour donner passage à la fumée. Partout où il se trouve un nombre considérable de ces huttes, ils bâtissent un fort carré, sans bastions, et simplement entouré de palissades. »

Les sentiments n'ont pas besoin pour se développer du même travail successif que les idées. L'état social des chasseurs exerce cependant une influence sinon pareille, du moins aussi inévitables sur l'âme des hommes qui l'ont admis que sur leur esprit.

Il est certaines affections qui, pour recevoir tout leur développement, demandent de l'oisiveté, du temps, de la tranquillité, l'usage du superflu, l'habitude d'une vie intellectuelle. Celles-là étaient à peu près inconnues à des peuples chasseurs comme les Américains du Nord.

L'amour, cette passion exclusive, rêveuse, enthousiaste, sensuelle et immatérielle tout à la fois, cette passion qui joue un si grand rôle dans la vie des hommes policés, ne venait presque jamais troubler l'existence du sauvage. « Les Indiens dit Lahontan, t. II, p. 131, n'ont jamais connu ce que nous appelons l'amour ; ils aiment si tranquillement qu'on pourrait appeler leur amour une simple bienveillance. Ils ne sont point susceptibles de jalousie. » – « Les sauvages, dit-il encore, n'aiment que la guerre et la chasse, ils ne se marient qu'à trente ans, parce qu'ils croient que le commerce des femmes les énerve de telle sorte, qu'ils n'ont plus la même force pour faire de longues courses et courir après leurs ennemis. »

Il existe d'autres sentiments, au contraire, qui sont si naturels au cœur humain, qu'on les retrouve toujours quelle que soit la position que l'homme occupe. Ces derniers se montrent d'autant plus énergiques qu'ils sont en plus petit nombre ; d'autant plus violents que l'esprit, moins rempli et plus inculte, ne paralyse pas par le doute les mouvements du cœur et l'action de la volonté. Ces sentiments avaient acquis chez les Américains du Nord un degré d'intensité inconnu aux nations civilisées de l'ancien monde. La colère, la vengeance, l'orgueil, le patriotisme, se montrent là sous des formes terribles qu'ils n'avaient point revêtues ailleurs.

L'état social faisait également naître chez les tribus indiennes un certain nombre de vices et de vertus qu'on retrouvait à un degré plus ou moins grand chez tous les peuples qui habitaient alors le littoral du continent.

Les Indiens de l'Amérique du Nord possédaient peu de biens, et, ce qui est remarquable, ne connaissaient aucun de ces biens précieux au moyen desquels on acquiert tous les autres. Il était donc rare de rencontrer chez eux ces passions viles que fait naître la cupidité ! Le vol y était presque inconnu ! « Le vol, dit Lawson, p. 178, est chose extrêmement rare parmi les Indiens. » « Les sauvages, dit Lahontan, t. II, p. 133, n'ayant ni *tien* ni *mien*, ni supériorité ni subordination, les voleurs, les ennemis particuliers ne sont pas à craindre parmi eux, ce qui fait que leurs cabanes sont toujours ouvertes la nuit et le jour. »

C'était bien moins l'ambition qui allumait la guerre au sein des tribus indiennes que la colère et la vengeance. « Il est rare, dit John Smith, que les Indiens fassent la guerre pour obtenir des terres ou acquérir des biens. »

Les sauvages étaient prompts à se secourir mutuellement dans le besoin, parce qu'ils étaient tous égaux entre eux, exposés aux mêmes misères.

« Ces Indiens, dit Lawson, p. 235, sont meilleurs pour nous que nous pour eux : ils nous fournissent des vivres quand nous nous trouvons dans leurs pays, tandis que nous les laissons mourir de faim à notre porte. »

« Les Indiens, dit le même auteur, p. 178, sont très charitables les uns envers les autres. Lorsque l'un d'eux a éprouvé quelque grande perte, on fait un festin, après lequel un des convives, prenant la parole, fait connaître à l'assemblée que, la maison d'un tel ayant pris feu, toutes ses propriétés ont été détruites. Quand ce discours est terminé, chacun des assistants se hâte d'offrir à celui qui a souffert un certain nombre de présents. La même assistance est accordée à celui qui a besoin de bâtir une cabane ou de fabriquer un canot. »

Parmi eux l'hospitalité était en grand honneur, et ils ne manquaient point de l'exercer. « Les sauvages reçoivent volontiers les étrangers, » dit William Smith, p. 80, en parlant des Iroquois. « Lorsqu'un étranger s'approche d'un village, dit Beverley, p. 256, le chef va au devant de lui et le prie de s'asseoir sur des nattes qu'on a soin d'apporter. On fume, on discourt quelque temps ; on entre ensuite dans le village : là on lave les pieds à l'étranger et on lui donne un repas ; si l'étranger est un homme de grande distinction, on choisit deux jeunes filles pour partager sa couche. Ces dernières croiraient manquer à l'hospitalité si elles opposaient la moindre résistance aux désirs de leur hôte, et elles ne se croient nullement déshonorées en y cédant. »

Aucune des peuplades de l'Amérique du Nord ne menant une existence sédentaire, toutes ignoraient l'art de donner par l'écriture une forme certaine et durable à la pensée. On ne connaissait point parmi elles ce que nous appelons la loi. Non-seulement elles n'avaient point de législation écrite, mais les rapports des hommes entre eux n'y étaient soumis à aucune règle uniforme et stable, émanée de la volonté législative de la société.

Ces sauvages n'étaient pourtant point aussi barbares qu'on le pourrait croire. Lorsque la souveraineté nationale ne s'exprime pas par les lois, elle s'exerce indirectement par les mœurs. Quand les mœurs sont bien établies, on voit se former une sorte de civilisation au milieu de la barbarie, et la société se fonder parmi des hommes chez lesquels, au premier abord, on eût dit que le lien social n'existait pas.

J'ai déjà indiqué le respect des Indiens pour les étrangers, leur hospitalité, leurs coutumes bienfaisantes. J'ai fait remarquer le culte patriotique qu'ils rendaient aux dépouilles de leurs aïeux. Ce n'était point le seul usage qui liât entre elles les générations en dépit des habitudes errantes et de l'ignorance de ces peuples.

« Les indiens de la Virginie, dit John Smith, p. 35, ont coutume d'élever des espèces d'autels de pierre dans les lieux où quelque grand événement est survenu. Lorsque vous rencontrez quelqu'une de ces pierres, ils ne manquent point de vous raconter à quelle occasion elle a été placée en cet endroit, et ils ont soin de faire passer la connaissance de ces mêmes faits d'âge en âge.

« Lorsqu'un Indien des Carolines vient de mourir, dit Lawson, p. 180, après que l'enterrement a eu lieu, le médecin ou le prêtre commence à faire l'éloge du mort ; ils disent combien il était brave, fort et adroit ; ils racontent quel nombre d'ennemis il a tués ou ramenés captifs ; ils assurent que c'était un grand chasseur, qu'il aimait avec ardeur son pays ; ils passent ensuite à l'énumération de ses richesses ; ils disent combien le mort avait de femmes et d'enfants, quelles étaient ses armes... Après avoir ainsi célébré les louanges de celui qui n'est plus, l'orateur s'adresse à l'assemblée : « C'est à vous, dit-il, de remplacer celui que nous avons perdu en imitant ses exemples ; en agissant ainsi, vous êtes assurés d'aller le rejoindre dans la patrie des âmes où vous trouverez des daims toujours en abondance, des compagnes toujours belles et jeunes, où la faim, le froid, la fatigue, ne vous atteindront jamais ». Ayant ainsi parlé, il raconte quelques histoires qui se conservent d'une manière traditionnelle dans la nation ; il rappelle que, dans telle année, la guerre s'alluma et que ses compatriotes furent victorieux, il nomme les chefs qui se distinguèrent alors.

Si les pouvoirs politiques étaient souvent débiles parmi les Indiens, l'âge et les liens du sang exerçaient un salutaire contrôle sur les actions des hommes. Tous les anciens auteurs qui ont écrit sur l'Amérique du Nord nous parlent de l'influence qu'obtenait la vieillesse. Le père de famille jouissait alors d'une grande autorité.

Parlant de l'éducation des Indiens, Dupratz dit, t. II, p. 312 : « Comme dès leur plus tendre enfance on les menace du vieillard s'ils sont mutins ou s'ils font quelque malice, ce qui est rare, ils le craignent et le respectent plus que tout autre. Ce vieillard est le plus vieux de la famille, assez souvent le bisaïeul ou trisaïeul, car ces naturels vivent longtemps, et, quoiqu'ils n'aient des cheveux gris que quand ils sont bisaïeuls, on en a vu qui étaient tout-à-fait gris se lasser de vivre ne pouvant plus se tenir sur leurs jambes sans avoir d'autre maladie ni infirmité que la vieillesse, en sorte qu'il fallait les porter hors de la cabane pour prendre l'air ou pour ce qui leur était d'autre nécessité, secours qui ne sont jamais refusés à ces vieillards. Le respect que l'on a pour eux est si grand dans leur famille qu'ils sont regardés comme juges : leurs conseils sont des arrêts. Un vieillard, chef d'une famille, est appelé père par tous les enfants de la même cabane, soit par ses neveux et arrière neveux. Les naturels disent souvent qu'un tel est leur père : c'est le chef de la famille ; et, quand ils veulent parler de leur propre père, ils disent qu'un tel est leur vrai père. » Voir l'*Histoire de la Louisiane*, par Dupratz.

Les Indiens avaient encore plusieurs coutumes qui tempéraient les maux de la guerre, et resserraient le champ ouvert à la violence. On voit dans Beverley que les Indiens de la Virginie accompagnaient un traité d'un certain nombre de cérémonies propres à graver dans tous les esprits le souvenir de l'engagement mutuel qui était pris, et à le rendre plus sacré. Tous les écrivains que j'ai déjà cités parlent de ce symbole mystérieux de la concorde et de l'amitié, le calumet, qui, dans tous les déserts de l'Amérique du Nord, servait d'introduction à l'étranger et même de sauvegarde aux ennemis. Lahontan, faisant un voyage de découvertes chez les nations établies sur les confluents du Mississipi, avait attaché le calumet à la proue de son canot, et il voguait paisiblement parmi les peuples sauvages qui couvraient la rive de ces fleuves.

Chez tous les Indiens, le sort réservé aux femmes était à peu près le même. La femme était bien plus la servante que la compagne de l'homme. La société n'avait point donné au mariage le caractère durable et sacré dont la plupart des peuples policés et sédentaires l'ont revêtu. La polygamie était permise ou tolérée par les usages de presque tous les Indiens. Chez tous, la femme occupait la position d'un être inférieur. « Les femmes, dit John Smith, page 240, sont tenues en esclavage. Lorsque Powahatan, l'un des rois du Sud, est à table, ses femmes le servent : l'une lui apporte de l'eau pour laver ses mains, une autre les essuie avec un paquet de plumes, en guise de serviette (V. p. 38). Powahatan, ajoute le même auteur, a autant de femmes qu'il en désire. » « À la moindre querelle, dit Lawson, ces Indiens peuvent renvoyer leur femme, et en prendre une autre. » (V. p. 35).

Quant aux mœurs proprement dites, il est difficile de se faire une idée exacte de ce qu'elles étaient chez ces peuples, à l'époque dont nous parlons.

Lawson prétend, page 35, que de son temps (1700) il régnait une grande corruption parmi les femmes indiennes. Beverley, qui écrivait à la même époque, croit à la vertu de ces mêmes sauvages, et assure que parmi elles l'infidélité conjugale passait pour un crime irrémissible. (V. p. 235) William Smith a entendu dire que les Iroquoises étaient fort dissolues ; et Lahontan, tout en reconnaissant que ces Indiennes se livrent facilement avant d'avoir pris un époux, assure qu'elles respectent avec le plus grand scrupule le lien du mariage, quand une fois elles l'ont formé (V. p. 80).

Au milieu de toutes les superstitions que pratiquaient ces sauvages, il est facile de reconnaître un certain nombre d'idées simples et vraies, qui se trouvaient chez les différentes peuplades du continent. Les Indiens reconnaissaient un Être suprême, immatériel, qu'ils appelaient le Grand-Esprit ; ils le croyaient tout puissant, éternel, créateur de toutes choses, auteur de tout bien. À côté de ce Dieu, ils plaçaient un pouvoir malfaisant auquel une partie de la destinée des hommes était abandonnée, et ils lui adressaient des prières, qu'inspirait la peur et non l'amour.

« Il existe dans les cieux, disaient les Indiens de la Virginie à Beverley (p. 272), un Dieu bienfaisant, dont les bénignes influences se répandent sur la terre. Son excellence est inconcevable ; il possède tout le bonheur possible : sa durée est éternelle, ses perfections sans bornes ; il jouit d'une tranquillité et d'une indolence éternelles. Je leur demandai alors, ajoute Beverley, pourquoi ils adoraient le diable, au lieu de s'adresser à ce Dieu. Ils répondirent qu'à la vérité Dieu était le dispensateur de tous les biens, mais qu'il les répandait indifféremment sur tous les hommes ; que Dieu ne s'embarrasse point d'eux, et ne se met point en peine de ce qu'ils ont, mais qu'il les abandonne à leur libre arbitre, et leur permet de se procurer le plus qu'ils peuvent des biens qui découlent de sa libéralité ; qu'il était par conséquent inutile de le craindre et de l'adorer ; au lieu que, s'ils n'apaisaient pas le méchant esprit, il leur enlèverait tous ces biens que Dieu leur avait donnés, et leur enverrait la guerre, la peste, la famine ; car ce méchant esprit est toujours occupé des affaires des hommes. »

Les mêmes notions confuses se trouvent plus ou moins chez tous les peuples du continent. Tous ces sauvages reconnaissaient l'immortalité de l'âme ; tous admettaient le dogme social des peines et des récompenses dans l'autre monde ; mais, chez aucun de ces peuples, l'imagination n'était allée au-delà d'un paradis et d'un enfer tout matériels.

« Les Indiens, dit Lawson, page 180, croient que les hommes vertueux iront, après la mort, dans le pays des esprits ; que là ils n'éprouveront ni faim, ni froid, ni fatigue ; qu'ils auront toujours à leur disposition de jeunes et belles vierges, et que le gibier y sera inépuisable : les méchants, au contraire, ceux qui pendant leur vie se sont montrés paresseux, voleurs, lâches, mauvais chasseurs, les hommes qui ont mené une existence inutile à la nation, ceux-là ne trouveront, dans l'autre monde, que la faim, l'inquiétude, le froid ; ils ne rencontreront que de vieilles femmes et des serpents, et ne se nourriront que de mets infects. »

« Les Indiens, dit Beverley, page 274, ont un paradis et un enfer tout matériels : d'un côté, un beau climat, du gibier, de belles jeunes filles ; de l'autre, des marais puants, des serpents et de vieilles femmes. »

Les remarques que je viens de faire sont applicables, comme on a pu l'apercevoir, à toutes les nations indiennes que rencontrèrent les Européens en arrivant sur les rivages de l'Amérique du Nord. Il existait cependant entre ces peuples des différences qu'il s'agit maintenant de signaler.

Les plus saillantes se rapportent à la forme du gouvernement : on voyait alors dans le Nouveau Monde, et au sein d'un état social barbare, un spectacle analogue à celui qui s'était présenté dans l'autre hémisphère, chez des peuples dont l'état social était différent, et la civilisation avancée. Au nord du continent régnait la liberté ; au sud, la servitude, si l'on doit appeler servitude l'espèce de sujétion incomplète à laquelle on peut soumettre un peuple chasseur. Au midi, on avait perfectionné l'art de gouverner des sujets ; au nord, la science de se gouverner soi-même. Les Européens trouvèrent établis dans la Géorgie, la Caroline et la Virginie, au sein des petits peuples qui habitaient cette partie du continent, des monarchies héréditaires. Ils y trouvèrent des pouvoirs politiques qui, se combinant avec art à des autorités religieuses, formaient des théocraties absolues.

« Quoique ces Indiens, dit John Smith, page 37, en parlant des

Virginiens, soient très barbares, ils ont cependant un gouvernement ; et ces peuples, par l'obéissance qu'ils témoignent à leurs magistrats, se montrent supérieurs à beaucoup de nations civilisées. La forme de leur société est monarchique : un seul commande. Sous lui se trouvent un grand nombre de gouverneurs. Leur chef actuel se nomme Powahatan ; il tient une partie de ses domaines par succession. Toutes les nuits on pose des sentinelles autour de sa demeure. Il a un trésor composé de peaux, de grains de verre… Sa volonté fait loi et doit être obéie. Ses sujets ne l'estiment pas seulement un roi, mais un demi-dieu. Les chefs intérieurs, qu'on nomme Werowances, sont tenus de gouverner d'après la coutume. Tous les Indiens paient à Powahatan un tribut de peaux, de dindons sauvages et de maïs. » Smith raconte en ces termes une audience solennelle qu'il reçut de Powahatan : « Le roi était assis, dit-il, sur un lit de nattes, ayant à côté de lui un coussin de cuir brodé d'une manière sauvage, avec des perles et des grains blancs. Il portait une robe de peau aussi large qu'un manteau irlandais. Près de lui, et à ses pieds, était assise une belle jeune femme. De chaque côté de la cabane étaient placées vingt de ses concubines ; elles avaient la tête et les épaules peintes en rouge, et portaient des colliers autour du cou. Devant ces femmes étaient assis les principaux de la nation ; quatre ou cinq cents personnes étaient derrière eux. Il avait été commandé, sous peine de mort, de nous traiter avec respect. » Du reste, ce même prince, qui disposait d'une manière si absolue de ses sujets, et qui aimait à se montrer entouré d'une grandeur si sauvage ; ce même homme, dit John Smith, pourvoyait lui-même à ses besoins, faisait ses vêtements, fabriquait son arc et ses flèches, allait à la pêche et à la chasse comme le moindre de ses compatriotes. Ces contrastes se rencontreront toujours chez les peuples qui, sans avoir admis la propriété foncière, se seront soumis à l'autorité absolue d'un chef.

« Les Indiens, dit Beverley, page 239, forment des communautés entre eux. Cinquante et jusqu'à cinq cents familles se réunissent dans une ville, et chacune de ces villes est un royaume. Quelquefois un seul roi possède plusieurs villes ; mais, en pareil cas, il y a toujours un vice-roi dans chacune d'elles. Ce dernier est en même temps le gouverneur, le juge et le chancelier. Il paie tribut au roi. »

« Ces Indiens ont deux titres d'honneur, dit le même Beverley ; ils appellent *cocharouse* celui qui prend part aux affaires civiles, et *werowance* le chef militaire. »

J'ai dit que, parmi les Indiens du Sud, la religion se mêlait au pouvoir et l'appuyait. C'est là un fait qui se retrouve chez tous les peuples méridionaux, qu'ils soient civilisés ou barbares. Chez les sauvages dont je parle, les formes du culte étaient infiniment plus arrêtées qu'au Nord. Ils avaient des autels, des temples, des cérémonies annuelles, un corps de prêtres séparé du reste de la population. En étudiant les auteurs que j'ai déjà cités, on voit que, dans cette partie du continent, le pouvoir politique et la religion se mêlaient sans cesse et confondaient leurs intérêts. « Ils estiment ce lieu si saint, dit John Smith, page 35, en parlant d'un temple, que les rois et les prêtres osent seuls y entrer. »

« Les Indiens embaument leurs rois, dit Beverley, page 396, et les conservent dans un temple où un prêtre doit se trouver jour et nuit. » « Ces sauvages, dit encore le même auteur, page 288, ne font jamais une entreprise sans consulter leurs prêtres. »

Il paraît que le pouvoir politique de ce clergé sauvage s'établissait principalement au moyen d'une sorte d'initiation dont John Smith et Beverley parlent également, quoique en termes un peu différents. « Tous les quinze ou seize ans dit ce dernier, page 284, le gouverneur de la ville fait choix d'un certain nombre de jeunes gens qui sont l'élite de la population. Les prêtres les conduisent dans les bois, où on les tient pendant plusieurs mois de suite. Là on leur impose un régime très sévère, et on leur fait boire une décoction de plantes qui les prive pendant quelque temps de leur raison. Lorsqu'ils reviennent à leur état naturel, ils ont oublié ou feignent d'avoir oublié tout ce qu'ils avaient su précédemment, et il faut recommencer leur éducation. Beaucoup meurent dans cette épreuve. Les Indiens prétendent qu'ils emploient ce moyen violent pour délivrer la jeunesse des mauvaises impressions de l'enfance. Ils soutiennent qu'ensuite ils sont plus en état d'administrer équitablement la justice, sans avoir aucun égard à l'amitié et au parentage. »

Mais c'est au sein de la grande nation des Natchez que l'autorité civile et le pouvoir religieux s'étaient le mieux unis et avaient combiné le plus savamment leurs efforts.

Le gouvernement des Natchez était tout à la fois despotique et théocratique.

« Ces peuples, dit Dupratz, sont élevés dans une si parfaite soumission à leur souverain, que l'autorité qu'ils exercent sur eux est un véritable despotisme qui ne peut être comparé qu'à celui des premiers empereurs ottomans ; il est, comme eux, maître absolu des biens et de la vie des sujets ; il en dispose à son gré ; sa volonté est sa raison. » (V. t. II, p. 352.)

Ce despotisme procédait, suivant la tradition des Natchez, d'une source toute divine. Je ne puis mieux faire que de rapporter les termes dans lesquels un chef de la nation des Natchez racontait à Dupratz cette origine : « Il y a un très-grand nombre d'années qu'il parut parmi nous un homme avec sa femme qui descendit du soleil. Ce n'est pas que nous crussions qu'il était fils du soleil, ni que le soleil eût une femme dont il naquit des enfants ; mais lorsqu'on les vit l'un et l'autre, ils étaient encore si brillants que l'on n'eut point de peine à croire qu'ils venaient du soleil. Cet homme nous dit qu'ayant vu là-haut que nous ne nous gouvernions pas bien, que nous n'avions pas de maître, que chacun de nous se croyait assez d'esprit pour gouverner les autres dans le temps qu'il ne pouvait pas se conduire lui-même, il avait pris le parti de descendre pour nous apprendre à mieux vivre… Les vieillards s'assemblèrent et résolurent entre eux que, puisque cet homme avait tant d'esprit que de leur enseigner ce qui était bon à faire, il fallait le reconnaître pour souverain. » (V. Dupratz, p. 333.)

Cet homme supposé descendu du soleil, étant reconnu souverain, commença par établir dans sa famille l'hérédité de la puissance. (V. Dupratz, p. 334.) Il ordonna ensuite qu'on bâtît un temple dans lequel les seuls princes et princesses (c'est-à-dire les soleils et soleilles) auraient droit d'entrer pour parler à l'esprit ; que dans ce temple on conservât éternellement un feu qu'il avait fait descendre du soleil ; et que l'on choisît dans la nation huit hommes sages pour le garder et l'entretenir nuit et jour. La négligence dans l'accomplissement de ce devoir, fut punie de mort. (V. *ibid*, p. 335.) On voit dans le même auteur que les fêtes de ces Indiens étaient tout à la fois politiques et religieuses, et que leurs chefs ou soleils y remplissaient une sorte de sacerdoce.

Tandis que les Indiens du Sud se soumettaient au pouvoir divin et absolu du prince, il régnait au Nord une liberté presque sans limites. Les Européens rencontrèrent dans cette partie du continent des peuples qui avaient en tout ou en partie des formes républicaines. Chez eux la nation, ou du moins l'élite de ses membres, étaient consultés pour toutes les grandes entreprises. Le pouvoir des chefs y était borné et descendait rarement de père en fils. On peut dire que la société s'y gouvernait elle-même. Parmi les nations du Nord, je ne citerai que celle des Iroquois ; c'était sans contredit le peuple le plus remarquable du continent. Les Iroquois étaient au septentrion ce que les Natchez étaient au Sud. Comme eux ils avaient perfectionné et complété le système politique admis et pratiqué imparfaitement par les tribus environnantes.

L'état social des Iroquois était le même que celui de toutes les nations du continent ; comme celles-ci, ils formaient un peuple de chasseurs ; comme elles, ils ignoraient les sciences et les arts ; ainsi qu'elles, ils étaient gouvernés par les coutumes, par les mœurs, et non par les lois ; ils présentaient donc les traits principaux de la civilisation indienne, mais ils lui avaient pris tout ce qu'elle peut présenter de remarquable ; sans se rapprocher en rien des Européens, ils différaient des autres nations du continent américain ; ils ne ressemblaient à aucun peuple du monde.

J'ai dit que les Iroquois formaient un peuple chasseur ; cependant leur vie était moins nomade que celle des autres Indiens de l'Amérique du Nord ; leurs villages se composaient de cabanes plus solides et mieux faites que celles que les Européens avaient rencontrées dans cette partie du Nouveau-Monde. « Les peuples auxquels nous avons donné le nom d'Iroquois, dit Charlevoix, p. 421, t. I, s'appellent, en langue indienne, *Agonnousionni,* c'est-à-dire *faiseurs de cabanes,* parce qu'ils les bâtissent beaucoup plus solides que la plupart des sauvages. » Le grand nombre des esclaves qu'ils avaient fait à la guerre leur permettait de mettre en culture plus de terre que leurs voisins ; la fertilité de leur sol leur fournissait d'abondantes moissons ; et ils apprirent bientôt des Européens l'art d'élever des troupeaux. « Arrivés dans le pays des Iroquois, dit Lahontan, p. 101, v. I, nous fûmes occupés pendant cinq ou six jours, autour des villages, à couper le blé d'Inde dans les champs. Nous trouvâmes dans les villages des chevaux, des bœufs, de la volaille et quantité de cochons. »

Quoiqu'ils n'eussent pas renoncé à leurs habitudes de chasseurs, les Iroquois étaient donc les peuples les plus sédentaires du continent ; aussi leurs coutumes étaient-elles plus fixes et leur théorie sociale plus savante.

Les peuples auxquels les Français donnèrent le nom d'Iroquois formaient une confédération de six nations distinctes ; chacune de ces peuplades veillait à ses propres affaires ; tous les ans, les députés nommés par chacune d'elles se réunissaient dans un même lieu et arrêtaient les entreprises communes. Chacune de ces petites républiques formait une démocratie à la tête de laquelle se trouvaient naturellement placés ceux que leur âge et leurs exploits distinguaient de leurs concitoyens.

« Les Iroquois, dit Lahontan, p. 50, v. I, composent cinq nations, à peu près comme les Suisses, sous des noms différents, quoique de même nation, et liés des mêmes intérêts. Ils appellent les cinq villages les cinq cabanes qui, tous les ans, s'envoient réciproquement des députés pour faire le festin d'union et fumer le grand calumet des Cinq Nations. » – C'est de ce même peuple que William Smith dit : « Quoiqu'on ne doive point attendre de police régulière pour le maintien de l'harmonie au dedans, et la défense de l'État contre les attaques du dehors, du peuple dont je parle, il y en a cependant peut-être plus qu'on ne pense... Toutes leurs affaires, relatives tant à la paix qu'à la guerre, sont régies par leurs *sachems* ou chefs. Tout homme qui se signale par ses exploits et par son zèle pour le bien public est sûr d'être estimé de ses compatriotes, de primer dans les conseils, et d'exécuter le plan concerté pour l'avantage de sa patrie : quiconque possède ces qualités devient sachem sans autre cérémonie. Comme il n'y a point d'autre voie pour parvenir à cette dignité, elle cesse dès qu'on ralentit son zèle et son activité pour le bien public. Quelques-uns l'ont crue héréditaire, mais sans aucun fondement : il est vrai qu'on respecte un fils en faveur des services de son père, mais s'il n'a aucun mérite personnel, il n'a jamais part au gouvernement, et il serait disgracié pour toujours s'il voulait s'en mêler. Les enfants de ceux qui se sont distingués par leur patriotisme, excités par la considération de leur naissance et par les principes de vertu qu'on a soin de leur inspirer, imitent les exploits de leurs pères et parviennent aux mêmes honneurs, et c'est ce qui a donné lieu de croire que le titre et le pouvoir de sachem étaient héréditaires. Chacune de ces républiques a ses chefs particuliers qui écoutent et décident les différends qui s'élèvent en plein conseil, et, quoiqu'ils n'aient point d'officiers pour faire exécuter leurs ordres, on ne laisse pas que d'obéir à leurs décrets, de peur de s'attirer le mépris public... La condition de ce peuple le met à l'abri des factions qui ne sont que trop ordinaires dans les gouvernements populaires. Comment un homme formerait-il un parti, puisqu'il n'a ni honneurs, ni richesses, ni autorité à accorder ? Toutes les affaires qui concernent l'intérêt public sont réglées dans l'assemblée générale des chefs de chaque nation, laquelle se tient ordinairement à Onondaga, qui est le centre du pays, Ils peuvent agir séparément dans les cas improvisés ; mais la ligue n'a lieu qu'autant que le peuple y consent. » ⊠

L'organisation fédérative qu'avaient adoptée les Iroquois, le gouvernement régulier et libre auquel ils s'étaient soumis, leur assuraient de grands avantages sur leurs voisins. Leurs sauvages vertus, leurs vices même, leur donnaient une prépondérance plus grande encore.

Nous avons vu que les Indiens considéraient en général la chasse et la guerre comme les seuls travaux dignes d'un homme ; les Iroquois étaient plus imbus qu'aucun autre peuple de cette opinion. « Il n'y a peut-être pas de nation au monde, dit William Smith, page 74, qui connaisse mieux que ces Indiens la vraie gloire militaire. Les Cinq-Nations, dit-il ailleurs, sont entièrement dévouées à la guerre : il n'y a rien qu'on ne mette en usage pour animer le courage du peuple. Nulle part les mœurs héroïques ne se montraient plus en relief que chez ces barbares. « Lorsqu'un parti revient de la guerre, dit Smith, page 82, un jour avant de rentrer au village, deux hérauts s'avancent, et, lorsqu'ils sont à portée de se faire entendre, ils jettent un cri dont la modulation annonce que la nouvelle est bonne ou mauvaise : dans le premier cas, le village s'assemble et l'on prépare un festin aux conquérants, lesquels arrivent sur ces entrefaites : ils sont précédés d'un homme qui porte, au bout d'une longue perche, un arc sur lequel sont étendus les crânes des ennemis qu'ils ont tués. Les parents des vainqueurs, leurs femmes, leurs enfants, les entourent et leur témoignent toutes sortes de respects. Les compliments finis, un des guerriers fait le récit de ce qui s'est passé : tous l'écoutent avec la plus grande attention, et ce récit est terminé par une danse sauvage. »

« Une troupe d'Iroquois descendait le Mississipi pour aller faire la guerre à l'un des peuples qui habitent le long des rives de ce fleuve, dit Lahontan, page 168, volume 1er ; une troupe de Nadouessi qui remontait le même fleuve pour aller à la chasse rencontra ces Iroquois près d'une petite île qui a été nommée depuis, à cause de l'événement, l'Ile-aux-Rencontres. Les deux peuples ne s'étaient jamais vus. Qui êtes-vous ? crièrent les Iroquois. – Nadouessi, répondirent les autres. – Où allez-vous ? repartirent les Iroquois. – À la chasse aux bœufs, dirent les Nadouessi : mais, vous, quel est votre but ? – Nous, nous allons à la chasse des hommes, répondirent fièrement les Iroquois. – Eh bien ! reprirent les Nadouessi, nous sommes des hommes, n'allez pas plus loin. Sur ce défi les deux partis débarquèrent chacun d'un côté de l'île et donnèrent tête baissée l'un dans l'autre. »

Tous les peuples chasseurs puisent dans leurs habitudes de chaque jour un goût prononcé pour l'indépendance ; mais les Européens n'ont jamais rencontré dans le Nouveau Monde un amour plus fier pour la liberté que n'en témoignèrent ces sauvages.

« Les Iroquois, dit Lahontan, page 31, volume I, se moquent des menaces de nos rois et de nos gouverneurs, ne connaissent en aucune manière le terme de *dépendance* : ils ne peuvent même pas supporter ce terrible mot. Ils se regardent comme des souverains qui ne relèvent d'autre maître que de Dieu seul, qu'ils nomment le Grand-Esprit. »

– En 1684, un envoyé du gouverneur de la province de New York ayant dit, dans un discours aux iroquois, qu'il représentait leur prince légitime, leur orateur répondit : *Ononthio* (le Français) est mon père ; *Corlar* (Anglais) est mon frère, et cela parce que je l'ai bien voulu : ni l'un ni l'autre n'est mon maître ; celui qui a fait le monde m'a donné la terre que j'occupe ; je suis libre. J'ai du respect pour tous deux ; mais nul n'a le droit de me commander. (Charlevoix, vol. II, page 317.)

La même année, les Français ayant voulu empêcher les Iroquois de trafiquer avec les Anglais, les Indiens répondirent par l'organe de leur orateur : Nous sommes nés libres ; nous ne dépendons ni d'*Ononthio* ni de *Corlar* ; nous pouvons aller où bon nous semble, mener avec nous qui nous voulons, acheter et vendre ce qu'il nous plaît. Si vos alliés sont vos esclaves, traitez-les comme tels. (William Smith, page 170.)

Vivant au milieu d'un loisir aristocratique ou livré aux travaux mêlés de gloire qu'exigent la chasse et la guerre, le sauvage conçoit une idée superbe de lui-même ; mais il ne montra jamais d'orgueil plus intraitable que ces Indiens demi nus sous leur cabane d'écorce et dans la misère de leurs bois. « En 1682, le gouverneur-général du Canada ayant voulu traiter de la paix avec les Iroquois, dit Charlevoix, volume II, page 281, ceux-ci lui firent dire qu'ils exigeaient qu'il vînt en faire lui-même la négociation dans leur pays. »

L'amour de la vengeance est un vice qui semble inhérent à la nature sauvage ; mais les Iroquois portèrent cette passion à des excès jusque-là inconnus dans l'histoire des hommes.

Presque toutes les nations indiennes de l'Amérique du Nord avaient l'habitude de brûler leurs prisonniers de guerre ; mais les Indiens dont je parle poussèrent en ces occasions la barbarie jusqu'à des raffinements que l'imagination peut à peine concevoir.

En l'année 1689, les Iroquois, ayant appris que les Français s'étaient emparés de leurs ambassadeurs, et en avaient tué par trahison plusieurs, se rendirent, au nombre de douze cents dans l'île de MontRéal, et s'y livrèrent à des cruautés effroyables : ils ouvrirent le sein des femmes enceintes pour en arracher le fruit qu'elles portaient ; ils mirent des enfants tout vivants à la broche et contraignirent les mères de les tourner pour les faire rôtir ; ils inventèrent quantité d'autres supplices inouïs, et deux cents personnes de tout âge et de tout sexe périrent ainsi, en moins d'une heure, dans les plus affreux tourments. (Charlevoix, page 404.)

Lorsqu'un prisonnier est livré à une femme qui a perdu l'un des siens à la guerre, celle-ci, avant d'ordonner le supplice, commence par invoquer l'ombre de celui dont elle veut venger la mort : « Approche-toi, lui dit-elle, tu vas être apaisée ; je te prépare un festin : bois à longs traits de cette boisson qui va être versée pour toi ! reçois le sacrifice que je te fais en immolant ce guerrier ; il sera brûlé et mis dans la chaudière ; on lui appliquera les haches ardentes, on lui enlèvera la chevelure, on boira dans son crâne ; ne fais donc plus de plaintes, tu seras parfaitement satisfaite. » (Charlevoix, page 364.)

En même temps que la nature sauvage est soumise à ces horribles passions qui font descendre les hommes au dernier rang parmi les créatures, quelquefois elle est sujette à d'admirables retours qui semblent élever l'homme au-dessus de lui-même : ces mêmes Iroquois n'étaient pas moins extraordinaires par leur générosité, leur douceur, leur grandeur d'âme et leur courage, que par leurs fureurs ; ils outraient toutes les vertus de la nature sauvage comme ses vices.

En 1787, un certain nombre d'Iroquois furent pris par les Français, qui les traitèrent avec une grande inhumanité. Lahontan, qui raconte ce fait (volume I, page 94), ayant reconnu parmi les captifs un homme qui avait été son hôte, offrit à ce dernier d'apporter des adoucissements à son sort ; mais le sauvage répondit qu'il ne voulait recevoir de nourriture ni de traitement plus doux que ses camarades : Les Cinq Villages nous vengeront, dit-il, et conserveront à jamais un juste ressentiment de la tyrannie qu'on exerce sur nous.

En 1687, le gouverneur du Canada fit passer le père Lamberville dans le pays des Iroquois pour engager ces sauvages à envoyer leurs principaux chefs dans la colonie, afin qu'on pût traiter avec eux. À peine les Indiens furent-ils arrivés au lieu du rendez-vous qu'on les chargea de fers, et on les envoya en France sur les galères. Cependant le père de Lamberville, qui ignorait à quelle trahison on l'avait fait servir d'instrument, était resté parmi les Iroquois. À la première nouvelle que ceux-ci reçurent de ce qui venait de se passer, les anciens le firent appeler, et, après lui avoir exposé le fait avec toute l'énergie dont on est capable dans le premier mouvement d'une juste indignation, lorsqu'il s'attendait à éprouver les plus funestes effets de la fureur qu'il voyait peinte sur tous les visages, un des anciens lui parla en ces termes, que nous avons appris de lui-même, dit Charlevoix : « Toutes sortes de raisons nous autorisent à te traiter en ennemi ; mais nous ne pouvons nous y résoudre. Nous te connaissons trop pour ne pas être persuadés que ton cœur n'a point de part à la trahison que tu nous as faite, et nous ne sommes pas assez injustes pour te punir d'un crime dont nous te croyons innocent, que tu détestes sans doute autant que nous, et dont nous sommes convaincus que tu es au désespoir d'avoir été l'instrument : il n'est pourtant pas à propos que tu restes ici ; tout le monde ne t'y rendrait peut-être pas la même justice que nous ; et, quand une fois notre jeunesse aura chanté la guerre, elle ne verra plus en toi qu'un perfide qui a livré nos chefs à un rude et indigne esclavage, et elle n'écoutera que sa fureur, à laquelle nous ne serions plus les maîtres de te soustraire. » (Charlevoix, vol. II, page 345.)

Nous avons vu avec quelle inhumanité ces sauvages traitaient leurs prisonniers. Parmi ces prisonniers il en est cependant toujours un certain nombre qui sont épargnés, et que la nation adopte : ceux-là n'ont pas moins à se louer de la générosité de leurs vainqueurs que les autres à se plaindre de leur barbarie.

« Dès qu'un prisonnier est adopté, dit Charlevoix, volume I, page 363, on le conduit à la cabane où il doit demeurer, et on commence à lui ôter ses liens ; on fait ensuite chauffer de l'eau pour le laver ou panser ses plaies. On n'omet rien pour lui faire oublier les maux qu'il a soufferts : on lui donne à manger, on l'habille proprement ; en un mot, on ne ferait pas plus pour l'enfant de la maison, ni pour celui que le prisonnier *ressuscite*, c'est ainsi qu'on s'exprime. Quelques jours après on fait un festin pendant lequel on lui donne solennellement le nom de celui qu'il remplace, et dont il acquiert dès lors tous les droits et contracte toutes les obligations. »

Il se joignait même quelquefois aux horreurs des supplices des scènes d'une inconcevable douceur ; mélange inouï que le cœur de ces sauvages extraordinaires pouvait seul comprendre. « Avant d'immoler les prisonniers, dit ce même Charlevoix, volume V, page 364, on leur fait faire la meilleure chère qu'il est possible ; on ne leur parle qu'avec amitié ; on leur donne les noms de fils, de frères ou de neveux, suivant la personne dont ils doivent par leur mort apaiser les mânes ; on leur abandonne même quelquefois des filles pour leur servir de femmes pendant tout le temps qui leur reste à vivre. On passe ensuite des plus tendres caresses aux derniers excès de la fureur.

Tous les peuples chasseurs et guerriers redoutent peu la mort et savent braver la douleur ; mais les Iroquois poussèrent le mépris de la vie à un point, et apportèrent dans les tourments une tranquillité stoïque une sorte d'insouciance héroïque dont l'antiquité elle-même ne nous a laissé aucun modèle. J'ai dit que les Iroquois faisaient souffrir à leurs prisonniers d'horribles tourments ; mais je renonce à peindre ceux qu'on leur faisait endurer à eux-mêmes, et le courage presque surnaturel qu'ils faisaient paraître au milieu des feux allumés pour les consumer. Tous ceux qui ont parlé de ce peuple, Anglais ou Français, s'accordent sur ce point ; tous citent des exemples nombreux à l'appui de leurs paroles.

« En 1696, les Français firent une excursion dans le pays des Iroquois. Les sauvages se retirèrent au fond des bois après avoir incendié leurs villages ; on ne put s'emparer que d'un vieillard âgé, dit-on, de plus de cent ans, qui n'avait pu fuir ou ne l'avait pas voulu ; car il paraît qu'il attendait la mort avec la même intrépidité que ces anciens Romains dans le temps de la prise de Rome par les Gaulois. On l'abandonna aux Indiens nos alliés. Jamais peut-être un homme ne fut traité avec plus de barbarie et ne témoigna plus de fermeté et de grandeur. Ce fut sans doute un spectacle bien singulier de voir plus de quatre cents hommes acharnés autour d'un vieillard décrépit, auquel ils ne purent arracher un soupir, et qui ne cessa, tant qu'il vécut, de reprocher aux Indiens de s'être rendus les esclaves des Français, dont il affecta de parler avec le plus grand mépris. La seule plainte qui sortit de sa bouche fut lorsque, par compassion, quelqu'un lui donna deux ou trois coups de couteau pour l'achever. Tu aurais bien dû, dit-il, ne pas abréger ma vie ; tu aurais eu plus de temps pour apprendre à mourir en homme. » William Smith raconte presque de la même manière le même événement, p. 201

Lahontan raconte, vol. I, p. 234, qu'en 1692, deux Iroquois ayant été pris par les Français et conduits à Québec, on crut devoir par représailles les condamner au feu. Quelques personnes charitables en ayant été instruites le firent savoir aux deux sauvages et firent jeter un couteau dans la prison. L'un des deux prisonniers se le plongea dans le sein et mourut aussitôt ; quelques jeunes Hurons, étant venus chercher l'autre, le conduisirent près de la ville dans un endroit où on avait eu la précaution de faire un grand amas de bois. Il courut à la mort avec plus d'indifférence, dit toujours Lahontan, témoin oculaire, que Socrate n'aurait fait s'il se fût trouvé en pareil cas. Pendant le supplice, il ne cessa de chanter qu'il était guerrier, brave et intrépide ; que le genre de mort le plus cruel ne pourrait jamais ébranler son courage, qu'il n'y aurait pas de tourment capable de lui arracher un cri ; que son camarade avait été un poltron de s'être tué par la crainte des tourments ; et qu'enfin s'il était brûlé, il avait la consolation d'avoir fait le même traitement à beaucoup de Français et de Hurons. Tout ce qu'il disait était vrai, poursuit Lahontan, surtout à l'égard de son courage, car je puis vous jurer avec toute vérité qu'il ne jeta ni larmes ni soupirs ; au contraire, pendant qu'il souffrait les plus terribles tourments qui durèrent l'espace de trois heures, il ne cessa pas un moment de chanter. »

Ce n'est pas seulement leur férocité et leur courage qui rendaient les Iroquois redoutables à leurs voisins ; ils avaient d'autres causes encore de supériorité. De tous les Indiens qui habitaient l'Amérique du Nord, ces sauvages étaient ceux qui mettaient le plus de suite dans leurs desseins et le plus d'astuce dans leur politique. Nul autre peuple ne possédait au même degré l'esprit de conquête et l'éloquence guerrière. Tous les auteurs que j'ai déjà cités parlent avec admiration de cette éloquence sauvage : « Les Iroquois, dit William Smith, p. 87, estiment beaucoup l'éloquence et en font leur principale étude. Rien ne leur plaît tant que la méthode et ne les choque plus qu'un discours irrégulier, parce qu'on a de la peine à s'en ressouvenir. Ils s'énoncent en peu de mots et font un grand usage des métaphores. » « Je ne crois point, dit Charlevoix, vol. I, page 361, que ceux qui ont vu de près ces barbares m'accusent de leur avoir supposé dans leurs discours une élévation, un pathétique et une énergie qu'ils n'ont point… On rencontre encore souvent de nos jours, chez les Indiens, des traces de cette éloquence naturelle et sauvage qui caractérisait leurs pères. » On trouve dans l'ouvrage de M. Schoolcraft, page 245, le récit suivant : « Lorsqu'en 1811 un conseil d'Indiens et d'Américains se tint à Vincennes, dans Indiana (sur le Wabash),

Tecumseh, fameux chef indien, après avoir prononcé un discours plein de feu, ne trouva auprès de lui aucun siège pour s'asseoir. Le général Harrison, qui représentait dans le conseil les États-Unis, s'apercevant de cette circonstance, s'empressa de lui faire porter une chaise en l'invitant à s'asseoir. – Votre père, lui dit l'interprète, vous prie de prendre cette chaise. – Mon père ! répliqua le fier Indien ; le soleil est mon père ; ma mère, c'est la terre, et c'est sur son sein que je me reposerai. – En prononçant ces mots, il s'assit par terre à la manière des Indiens. »

Avec tous ces avantages, il ne faut pas s'étonner de la prépondérance qu'exercèrent longtemps les Iroquois sur toutes les peuplades qui les environnaient. Ils formaient une république toujours en armes comme Sparte et Rome, dont la guerre était le seul plaisir et le seul soin ; qui sacrifiait chaque année, sur les champs de bataille, une partie de sa population, se recrutant sans cesse parmi les prisonniers qu'elle faisait et qu'elle adoptait. Luttant perpétuellement avec toutes les nations sauvages que la fortune avait placées sur leurs frontières, les iroquois ne cessèrent, jusqu'à l'arrivée des Européens, de s'étendre en détruisant tout autour d'eux.

Je viens de peindre l'état politique et social dans lequel se trouvaient les tribus indiennes de l'Amérique du Nord, au moment où les Européens les découvrirent et pendant le demi-siècle qui suivit.

À l'époque dont je parle, aucune des tribus sauvages qui peuplaient le continent n'avait abandonné les habitudes de chasse, et toutes les remarques relatives aux peuples chasseurs leur étaient applicables. La civilisation n'avait fait chez aucune d'elles de très grands pas ; les arts y étaient demeurés très imparfaits ; la société y était toujours dans l'enfance : cependant elle existait déjà. Les traditions, les coutumes, les usages, les mœurs, pliaient au joug social des hommes que leur genre de vie rendait errants et désordonnés, et introduisaient une sorte d'état civilisé au milieu de la barbarie. Tous ces peuples trouvaient aisément à vivre ; tous jouissaient d'une espèce d'abondance sauvage ; nul ne se plaignait de son sort. J'ai montré qu'au sein de ces nations barbares apparaissaient les mêmes phénomènes qu'a présentés partout la race humaine. La plus complète égalité régnait parmi les Indiens. Leur état social était éminemment démocratique, c'est-à-dire qu'il se prêtait également au plus rude despotisme ou à l'entière liberté. Combiné dans le Sud avec une certaine mollesse de corps et d'esprit et une certaine ardeur d'imagination inhérentes au climat, il a donné naissance au gouvernement théocratique des Natchez. Uni dans le Nord à l'activité, à l'énergie inquiète qu'engendre la vigueur des saisons, il a créé la confédération des républiques iroquoises.

Je ferme maintenant le livre de l'histoire ; je laisse cent cinquante ans s'écouler ; et, reportant mes regards vers ces mêmes sauvages dont tout à l'heure je peignais le portrait, je cherche à discerner les changements que leur a fait subir la marche du temps.

§ II. État actuel.

Beverley disait, en 1700, p. 315 : « Les naturels de la Virginie s'éteignent, quoiqu'il y ait encore plusieurs bourgs qui portent leurs noms. »

Aujourd'hui on ne retrouve plus la trace de ces sauvages ; ils sont perdus jusqu'au dernier.

Les Français de la Louisiane ont entièrement détruit la grande nation des Natchez.

En 1831, traversant les cantons de l'État de New York qui avoisinent le lac Ontario, je rencontrai quelques Indiens déguenillés qui, courant le long de la route, demandaient l'aumône aux voyageurs. Je voulus savoir à quelle race appartenaient ces sauvages ; on me répondit que j'avais sous les yeux les derniers des Iroquois.

Le pays que je parcourais alors était en effet la patrie des Six-Nations : on retrouvait à chaque pas les vestiges des anciens maîtres du sol, mais eux-mêmes avaient disparu.

Il est facile d'indiquer en peu de mots les causes diverses auxquelles on doit attribuer cette grande destruction des nations sauvages.

« Ce furent les Anglais, dit Beverley, p. 310, qui apprirent aux sauvages à faire cas des peaux et à les échanger. Avant cette époque, ils estimaient les fourrures pour l'usage. » Beverley dit autre part, p. 230, qu'à l'époque où il écrivait (1700), les sauvages de la Virginie se servaient déjà de la plupart des étoffes d'Europe pour se couvrir pendant l'hiver. « Nous sommes déjà bien loin, disaient MM. Cass et Clark en 1829, dans un rapport officiel, p. 23 (documents législatifs, no 117), du temps où les Indiens pouvaient pourvoir à leur nourriture et à leurs vêtements, sans recourir à l'industrie des hommes civilisés. » Lawson, Beverley, Dupratz, Lahontan et Charlevoix s'accordent à dire que, dès le principe des colonies, il s'est fait un immense commerce, d'eau-de-vie avec les

Indiens.

Quiconque méditera sur le petit nombre des faits que je viens d'exposer, y trouvera les causes de ruine que nous cherchons. Avant l'arrivée des Européens, le sauvage se procure par lui-même tous les objets dont il a besoin ; il n'estime la peau des bêtes que comme fourrure ; ses bois lui suffisent ; il y trouve ce qui est nécessaire à son existence ; il ne désire rien au-delà, il y vit dans une sorte d'abondance, et s'y multiplie.

À partir de l'arrivée des blancs, l'Indien contracte des goûts nouveaux. Il apprend à couvrir sa nudité avec les étoffes d'Europe. Les liqueurs fermentées lui offrent une source de jouissances inconnues, singulièrement appropriées à sa nature grossière. On lui offre des armes meurtrières dont on lui enseigne bientôt à se servir ; et comme sa vie errante et ses habitudes de chasse, les préjugés qui en sont la suite, l'empêchent d'apprendre en même temps à fabriquer ces objets précieux qui lui sont devenus nécessaires, il tombe dans la dépendance des Européens et devient leur tributaire. Mais il est pauvre comme un chasseur : en échange des biens qu'il convoite, il n'a rien à offrir que la peau des bêtes sauvages. Dès lors il faut chasser, non-seulement pour se nourrir, mais pour se procurer ces objets d'un luxe barbare. Le gibier s'épuise, bientôt on ne saurait plus l'atteindre qu'avec des armes à feu ; et il faut le tuer pour pouvoir se procurer ces armes. Le remède augmente le mal ; le mal rend le remède plus difficile à trouver. « On ne peut plus s'emparer de l'ours, du chevreuil ou du castor, disent MM. Clark et Cass, page 24, qu'avec des fusils. » Peu à peu les ressources du sauvage diminuent ; ses besoins augmentent. Des misères inconnues à ses pères l'assiégent alors de toutes parts ; pour s'y soustraire, il fuit ou meurt. Comme il n'a jamais tenu au sol, qu'il n'a laissé dans le pays qu'il habitait aucun monument durable de son existence, sa trace se perd en quelques années : à peine son nom lui survit-il ; c'est comme s'il n'avait jamais été.

Cette destruction était inévitable du moment où les Indiens s'obstinaient à conserver l'état social de chasseurs.

Parmi toutes les tribus sauvages qui couvraient la surface de l'Amérique du Nord, on n'en connaît jusqu'à présent qu'un très petit nombre qui aient essayé de plier leurs mœurs aux habitudes des peuples cultivateurs, de ceux qui produisent en même temps qu'ils consomment : ce sont les Chikassas, les Chactaws, les Creeks, et surtout les Cherokees. Ces quatre nations occupent le Sud des États-Unis ; elles se trouvent placées entre les États de Géorgie, d'Alabama et de Missisipi. On évaluait en 1830 leur population à 75,000 individus. À l'époque de la guerre de l'indépendance, un certain nombre d'Anglo-Américains du Sud, ayant pris parti pour la mère-patrie, fut obligé de s'expatrier et chercha une retraite chez les Indiens dont je parle. Ces Européens y acquirent bientôt une grande influence, s'y marièrent, et importèrent parmi ces sauvages nos idées et nos arts.

En 1830 (le 4 février), M. Bell, rapporteur du comité des affaires indiennes à la chambre des représentants, peignait de cette manière, page 21, l'état dans lequel se trouvaient les Cherokees :

« La population de ce qu'on nomme la nation des Cherokees à l'est du Mississipi, disait-il, peut être estimée à 12,000 âmes à peu près. Sur ce nombre se trouvent environ 250 individus appartenant à la race blanche (hommes ou femmes) qui sont entrés dans des familles indiennes. On y rencontre 1,200 esclaves noirs amenés par les Européens, Le reste se compose d'une race mêlée, et d'Indiens dont le sang est pur. » Le rapporteur ajoute que l'intelligence et la richesse se trouvent concentrées dans la classe des métis. « Quant au reste de la population, dit-il, ceux qui la composent se montrent en tout semblables à leurs frères du désert ; comme eux, ils ont un penchant invincible pour l'indolence, ainsi qu'eux ils sont imprévoyants et font voir la même passion désordonnée pour les liqueurs fortes. »

En admettant que ce tableau soit correct, ce dont on a des raisons de douter, lorsqu'on voit avec quelle ardeur, dans tout le cours du rapport, M. Bell se prononce contre les droits de la race infortunée des indigènes ; en admettant, dis-je, l'exactitude de ce tableau, on est amené à penser que, si cette civilisation imparfaite avait eu le temps de se développer, elle eût fini par porter tous ses fruits.

J'ai dit plus haut, en parlant de l'état ancien, que, bien que les Indiens de l'Amérique du Nord eussent tous adopté le même état social et vécussent en chasseurs, la société politique n'avait pas pris chez tous la même forme. Au Sud, l'autorité publique s'était concentrée dans peu de mains ; au Nord, le peuple entier participait au gouvernement : ces différences se font remarquer encore de nos jours. Maintenant, comme alors, la plupart des nations du Sud obéissent à un seul chef ou à une oligarchie fort absolue ; or, les hommes qui composent ce corps choisi chez les Cherokees et qui exercent cette autorité illimitée, étant civilisés et ayant intérêt à faire pénétrer la lumière dans le sein de la nation à la tête de laquelle ils se trouvent placés, il me paraît incontestable qu'ils y parviendraient tôt ou tard, si on leur laissait le loisir d'achever leur ouvrage ; mais il n'en est point ainsi : les terres sur lesquelles habitent ces malheureux Indiens sont situées dans les limites des États que j'ai cités plus haut ; aujourd'hui ces États les réclament comme leur héritage ; et l'Union favorise l'exécution de leur dessein en offrant aux Indiens qui voudraient quitter le pays de les transporter à ses frais dans une vaste contrée située sur la rive droite du Mississipi (Arkansas), où ils pourront vivre à l'abri de la tyrannie des blancs. La portion la plus civilisée des Indiens refuse de se prêter à ce dessein ; mais la masse de la nation, qui a conservé une partie des habitudes errantes des peuples chasseurs, s'y résout sans peine ; et, conduite de nouveau dans d'immenses déserts, loin du foyer de la civilisation, elle redevient aussi sauvage qu'elle l'était jadis. Ainsi le gouvernement américain détruit chaque jour ce que le gouvernement des Cherokees s'efforçait d'exécuter ; et, tandis que ce dernier attire les sauvages vers la civilisation, l'autre les pousse vers la barbarie. Le résultat de cette lutte n'est pas douteux : il est facile de prévoir qu'à une époque très rapprochée ces Indiens, transportés sur la rive droite du Mississipi, auront quitté la charrue pour reprendre la hache et le mousquet, et chercheront de nouveau leur seule subsistance dans les travaux improductifs du chasseur.

Les tribus de Chikassas, des Chactaws, des Creeks et des Cherokees sont les seules qui aient manifesté quelque propension à embrasser la vie des peuples cultivateurs. Toutes les autres ont conservé avec une étrange ténacité les habitudes de leurs aïeux, et, sans avoir leur esprit et leurs ressources s'obstinent encore à vivre comme eux.

Si l'on embrasse dans un seul point de vue tous les Indiens qui habitent de nos jours l'Amérique du Nord, on découvre donc sans peine que tous ont conservé l'état social qu'ils avaient il y a deux cents ans. Comme leurs pères, ils tirent presque toute leur subsistance de la chasse ; ils mènent à peu de chose près le genre de vie dont, en 1606, le capitaine John Smith faisait le tableau ; cependant d'immenses changements se sont opérés parmi eux. Quels sont ces changements ? quelle en est la cause ?

J'ai dit que les Indiens n'avaient point de lois, qu'ils n'étaient gouvernés que par les traditions, les coutumes, les sentiments, les mœurs ; plus toutes ces choses étaient stables et réglées, plus la société était forte et tranquille.

C'est en changeant les opinions, en altérant les coutumes et en modifiant les mœurs, que les Européens ont produit la révolution dont je parle.

L'approche des Européens a exercé sur les Indiens une influence directe et une autre indirecte, toutes les deux également funestes.

L'Indien, malgré son orgueil, sent au fond de âme que la race blanche a acquis sur la sienne une prépondérance incontestable, et l'exemple des Européens, qu'il méprise, obtient cependant un grand pouvoir sur ses opinions et sur sa conduite : or, le malheur a voulu que les seuls Européens avec lesquels les sauvages entraient habituellement en contact fussent précisément les plus dépravés d'entre les blancs.

J'ai dit qu'il se faisait avec les indigènes un grand commerce de fourrures. Les Européens qui servent de courtiers à ce commerce sont, pour la plupart, des aventuriers sans lumières et sans ressources, qui trouvent dans la liberté désordonnée des bois la compensation des travaux pénibles auxquels ils se vouent. Ces étrangers ne font connaître à l'indigène de l'Amérique que les vices de l'Europe ; et ce qu'il y a de plus déplorable encore, ils le mettent en contact avec ceux des vices de l'Europe qui, ayant le plus d'analogie avec les siens, peuvent le plus aisément se combiner avec eux. Ils ne lui apprennent point la dépravation polie de nos hautes classes ; l'Indien ne la comprendrait pas, et elle serait sans danger pour lui : mais ils lui montrent les hommes civilisés plus violents, plus ennemis de la loi, plus impitoyables, en un mot plus sauvages que lui-même. Cependant ces sauvages d'Europe lui paraissent instruits, riches, puissants. Il se fait alors dans la conscience de l'Indien un trouble incroyable ; il ne sait si les vices qu'il ne comprend que trop bien, et qu'il méprise, ne sont pas les causes premières de cette supériorité qu'il admire, et s'ils ne la produisent pas, du moins ne lui semblent-ils pas un obstacle pour l'acquérir.

Quelque pernicieuse qu'ait été cette action directe des blancs sur le sort des sauvages, leur action indirecte a été plus funeste encore.

J'ai dit comment l'approche des Européens a rendu les Indiens plus misérables qu'ils n'étaient avant cette époque, en diminuant leurs ressources, avait accru leurs besoins ; mais je n'ai pu donner une idée de l'étendue des maux auxquels, de nos jours, ces infortunés sont en proie.

« Parmi les Indiens du nord-ouest particulièrement, disent MM. Clark et Cass dans leur rapport officiel, il n'y a qu'un travail excessif qui puisse fournir à l'Indien de quoi nourrir et vêtir sa famille. Des jours entiers sont employés sans succès à la chasse ; et, pendant cet intervalle, la famille du chasseur doit se nourrir de racines, d'écorces, ou périr. *Beaucoup de ces Indiens meurent chaque hiver de faim.* » [1]

Mais ce sont les Mémoires de Tanner [2] qu'il faut lire, si l'on veut se former une idée des horribles misères auxquelles sont exposés ces sauvages.

Les Indiens avec lesquels vit Tanner sont sans cesse sur le point de mourir de faim. Une succession de hasards soutient leur vie ; chaque hiver quelques-uns d'entre eux succombent. « Le temps était excessivement froid, dit-il en un endroit, page 227, et nos souffrances s'en accrurent. Une jeune femme mourut d'abord de faim ; bientôt après son frère fut saisi du délire qui précède ce genre de mort et succomba.

« Cet homme, dit-il plus loin, page 230, en parlant d'un Ojibbeway, partagea le sort réservé à un si grand nombre de ses compatriotes, il mourut de faim. »

Ce même Tanner nous apprend, page 288, qu'on enseigne, dès leur âge le plus tendre, aux jeunes garçons et aux jeunes filles, à supporter une abstinence rigoureuse. On les y encourage en intéressant leur amour-propre à s'y essayer. « Pouvoir supporter un long jeûne, dit-il, est une distinction fort enviée. » La religion elle-même consacre le jeûne ; c'est dans les rêves d'un homme à jeun que se rencontre l'avenir. De tels usages, de semblables opinions, de pareilles mœurs, parlent d'elles-mêmes et me dispensent d'ajouter rien de plus.

C'est dans ces affreuses misères qu'il faut chercher la cause presque unique des révolutions morales et politiques qui se sont opérées parmi les indigènes de l'Amérique du Nord. C'est en rendant l'Indien mille fois, plus malheureux que ses pères que les Européens l'ont fait autre qu'il n'était.

1 Ces Indiens (les Chipeways), dit Mac-Kenney (Sketches of a Tour to the lakes) sont si imprévoyants, qu'ils passent les trois-quarts de leur vie dans le besoin, et que, chaque année, beaucoup d'entre eux meurent de faim. p. 376.

2 Tanner est un Européen qui a été enlevé à l'âge de sept ans par les Indiens, et qui, après avoir passé trente ans au milieu d'eux, est rentré dans la vie civilisée et a écrit ses mémoires sous le titre de *Tanner's narrative.* On assure que M. Ernest de Blosseville, auteur de l'ouvrage remarquable intitulé *Histoire des colonies pénales de l'Angleterre dans l'Australie,* doit incessamment publier un autre ouvrage fort intéressant sur les tribus indiennes de l'Amérique du Nord, et donner des extraits nombreux des Mémoires de Tanner.

J'ai montré que, si les sauvages ne tenaient point au sol comme le font les cultivateurs, l'amour de la patrie n'était point cependant inconnu à ces peuples barbares ; mais seulement ils le dirigeaient sur moins d'objets. Ce sentiment leur étant plus nécessaire encore qu'aux autres hommes, produisait chez eux, comme partout. ailleurs, d'admirables effets.

Les habitudes de chasse tendent à isoler l'individu de ses semblables, à réduire la société à la famille, et, en arrêtant les communications des hommes, à détruire la civilisation dans son germe. L'attachement que les Indiens portaient à leurs tribus tendait au contraire à rapprocher un grand nombre d'entre eux les uns des autres, et leur permettait de mettre en concurrence le peu de lumières que leur genre de vie leur laissait acquérir. Cet instinct de la patrie ne tendait pas moins à développer le cœur de ces sauvages que leur intelligence ; il substituait une sorte d'égoïsme plus large et plus noble à l'égoïsme étroit que l'intérêt privé fait naître. Nous avons vu de quelles sublimes vertus il a quelquefois été la source. Les Indiens ainsi réunis exerçaient d'ailleurs les uns sur les autres le contrôle de l'opinion publique ; contrôle toujours salutaire, même au sein d'une société ignorante et corrompue ; car la majorité des hommes, quels que soient ses éléments, a toujours le goût de ce qui est honnête et juste.

Aujourd'hui l'esprit national n'existe pour ainsi dire plus parmi les indigènes de l'Amérique ; à peine si l'on en rencontre quelques faibles traces. Des Indiens qui habitaient le vaste espace compris aujourd'hui dans les limites des établissements européens, les uns sont morts de faim et de misère, les autres ont reculé et se sont dispersés au loin, toujours suivis par la civilisation qui les presse. Parmi ces sauvages, restes mutilés d'un peuple autrefois puissant, plusieurs errent au hasard dans les déserts ; réduits à l'individu ou à la famille, ils se croient libres de tous devoirs envers leurs semblables dont ils n'attendent aucun secours ; d'autres se sont incorporés aux nations qu'ils ont trouvées sur leur passage, mais dont ils ne partagent ni les usages, ni les opinions, ni les souvenirs. Chez ces nations elles-mêmes, que le contact des Européens n'a pas encore détruites ou forcées à fuir, le lien social est relâché. La misère a déjà forcé les hommes qui les composent à s'écarter les uns des autres pour trouver plus facilement le moyen de soutenir leur vie ; le besoin a affaibli dans leur cœur ce sentiment de la patrie qui, comme tous les autres sentiments, a besoin, pour se produire d'une manière durable, de se combiner avec une sorte de bien-être. Poursuivis chaque jour par la crainte de mourir de faim et de froid, comment ces infortunés pourraient-ils s'occuper des intérêts généraux de leur pays ? Que devient l'orgueil national chez un misérable qui périt dans les angoisses de la pauvreté ? [1]

La même cause, qui affaiblissait chez les Indiens l'amour de la patrie, a altéré les coutumes, dénaturé tous les sentiments, modifié toutes les opinions.

Nous avons vu quel culte touchant les sauvages qui vivaient il y a deux siècles rendaient aux morts, de quelle vénération superstitieuse ils environnaient leur cendre ; il n'y a rien qui introduise plus de moralité parmi les hommes et prépare mieux à la civilisation que le respect des morts : le souvenir de ceux qui ne sont plus ne manque jamais d'exercer une grande et utile influence sur les actions de ceux qui vivent encore. Les aïeux forment comme une génération d'hommes plus parfaits, plus grands que celle qui nous environne, et en présence de laquelle on est en quelque sorte obligé de mieux vivre. Il n'y a qu'au sein d'une société fixe et paisible que peut régner le respect pour les restes des morts. Les Indiens de nos jours y sont devenus presque étrangers ; beaucoup d'entre eux ont été contraints de fuir le pays qui contenait les os de leurs aïeux et de changer les coutumes que ces derniers leur avaient léguées. Concentrés dans la nécessité du présent et les craintes de l'avenir, le passé et ses souvenirs ont perdu sur eux toute leur puissance. La même cause agit sur les peuplades qui n'ont pas encore quitté leur pays. L'Indien n'a d'ordinaire pour témoin de ses derniers moments que sa famille ; souvent il meurt seul, il succombe loin du village, au milieu des déserts où il lui a fallu s'enfoncer pour rencontrer sa proie. On jette à la hâte quelque peu de terre sur sa dépouille, et chacun s'éloigne sans perdre de temps, afin de trouver les moyens de soutenir une vie toujours précaire.

On a pu voir, dans les citations que j'ai faites précédemment de John Smith, de Lawson et de Beverley, avec quelle bienveillance les Indiens, il y a deux cents ans, recevaient les étrangers, avec quelle charité ils se secouraient les uns les autres.

Ces usages hospitaliers, ces douces vertus tenaient au genre de vie que menaient les sauvages, et on en retrouve encore la trace de nos

1 On voit dans Tanner que les Indiens s'associent dans le but de chasser bien plus que par l'effet d'un esprit national.

jours : il est rare qu'un Indien ferme l'entrée de sa hutte à celui qui demande un abri, et refuse de partager ses faibles ressources avec un plus misérable que lui. Tanner raconte, page 45, qu'étant près de périr de besoin, lui et sa famille, il rencontra un Indien qu'il ne connaissait pas et qui appartenait à une race étrangère. Celui-ci reçut Tanner dans sa cabane et lui fournit tout ce dont il avait besoin. Telle est encore, ajoute Tanner, la coutume des Indiens qui vivent éloignés des blancs. Dans une autre circonstance, une famille ayant perdu son chef, tous les Indiens s'offrirent à aller à la chasse afin de pourvoir à ses besoins. Plus loin, Tanner raconte encore qu'étant parvenu à une très grande distance des Européens, il fit un dépôt de ses fourrures et le laissa dans un lieu où il comptait revenir. « Si les Indiens qui vivent dans cette région éloignée, dit-il, avaient vu ce dépôt, ils ne s'en seraient pas emparés ; les peaux n'ont pas encore assez de prix à leurs yeux. Pour qu'ils se rendent coupables d'un larcin. » (V. p. 65 et 89.)

Cependant il n'en est pas toujours ainsi ; on rencontre souvent, dans les déserts de l'Amérique comme dans nos pays civilisés, un accueil inhospitalier que jadis on n'aurait pas eu à y craindre. Les vols s'y multiplient ; l'excès des besoins enlève peu à peu aux indigènes jusqu'à ces simples et sauvages vertus qui découlaient naturellement de leur état social.

La religion forme le plus grand lien social qu'aient encore découvert les hommes. Les sauvages de nos jours ont conservé, sur l'existence de Dieu et sur l'immortalité de l'âme, quelques-unes des notions qu'avaient leurs pères ; mais ces notions deviennent de plus en plus confuses [1]. Ceci s'explique sans peine ; chez tous les peuples, mais particulièrement chez les peuples incivilisés, le culte forme comme la portion la plus substantielle et la plus durable de la religion.

Les Indiens qui vivaient il y a deux siècles avaient des temples, des

1 Les Dacotas croient qu'après leur mort leurs âmes vont au Tébé, séjour des morts. Pour y arriver, elles ont à passer sur un rocher dont le tranchant est aussi fin que celui d'un couteau. Ceux qui ne peuvent y marcher droit et tombent vont dans la région du mauvais esprit, où ils sont constamment occupés à ramasser du bois et à porter de l'eau, recevant les plus durs traitements d'un maître cruel.
Au contraire, ceux qui passent le rocher sans encombre font un long voyage durant lequel ils parcourent tous les lieux habités par les âmes de ceux qui les ont précédés ; ils y rencontrent des feux près desquels ils se reposent ; enfin ils arrivent à la demeure du grand esprit. Là sont les villages des morts ; là se trouvent des esprits qui leur indiquent la résidence de leurs amis et de leurs parents, auxquels on les réunit. Leur vie se passe doucement et dans le plaisir ; ils chassent le buffle, plantent et recueillent le maïs.

autels, des cérémonies, un corps de prêtres. Les sauvages de nos jours n'ont ni le loisir ni le pouvoir de fonder des monuments, ni de créer des institutions permanentes ; ils ne vivent pas assez longtemps dans le même lieu, ni en assez grand nombre, pour adopter le retour périodique de certaines cérémonies, ni faire le choix de certaines prières. L'homme, d'ailleurs, pour s'occuper des choses de l'autre monde, a besoin de jouir dans celui-ci d'une certaine tranquillité de corps et d'esprit ; or, de nos jours cette tranquillité de corps et d'esprit manque absolument aux sauvages : sous ce rapport comme sous tous les autres, les Indiens sont devenus beaucoup plus barbares que ne l'étaient leurs pères.

La trace de la religion ne se reconnaît plus guère chez eux qu'à des superstitions incohérentes suscitées par le sentiment présent, le besoin du moment. Un Indien est-il malade, il s'imagine qu'on lui a jeté un sort, et il envoie des présents au prétendu sorcier pour obtenir qu'il le laisse vivre [1]. Un Indien a faim, et il prie le grand esprit de lui montrer en songe le lieu où se trouve le gibier. Il compose une image de l'animal qu'il veut tuer, et, après avoir fait des conjurations, il la perce d'un instrument aigu. Les peuples n'ont plus de prêtres, mais des devins, et ils ne s'en servent guère qu'en cas de maladie ou de famine [2].

J'ai dit que le genre de vie que menaient les indigènes de l'Amérique du Nord devait nécessairement les empêcher de faire des progrès considérables dans les arts. Les Indiens dont je parlais dans la première partie de cette note étaient cependant parvenus à élever d'assez grands édifices. Il régnait quelquefois parmi eux un luxe barbare qui attestait de l'aisance et du loisir ; il n'en est plus de même aujourd'hui. « Il n'y a pas bien longtemps encore, disent MM. Clark et Cass, on voyait quelquefois des Indiens porter des robes de castor, mais pareille chose est maintenant inconnue. La valeur échangeable d'un pareil vêtement procurerait au sauvage qui en serait possesseur de quoi habiller toute sa famille. » En voyant les Indiens de nos jours revêtus d'étoffes de laine et pourvus de nos armes, on est tenté de croire au premier abord que la civilisation commence à pénétrer parmi ces barbares ; c'est une erreur : tous ces objets sont de fabrique européenne, ils attestent la perfection de nos arts sans rien apprendre sur les arts des Indiens. Ceux-ci, dans ce qu'ils produisent eux-mêmes, sont inférieurs à leurs aïeux ; en devenant plus nomades et plus pauvres, ils ont perdu le goût

1 V. Tanner, p. 165.
2 V. ibid., 285.

des constructions étendues et durables. Le sauvage établit à la hâte une sorte de tanière, et pourvu qu'elle lui fournisse un asile passager contre la rigueur des saisons, il est content. Je dirai de la culture quelque chose d'analogue : sans domicile fixe, l'Indien ne sait aujourd'hui où établir son champ de maïs, et il ignore s'il aura le temps d'en récolter les produits. Il se concentre donc de plus en plus dans les habitudes de chasse, et, à mesure que le gibier devient plus rare, il le considère de plus en plus comme son unique ressource. C'est ainsi que l'approche d'un peuple cultivateur a rendu les indigènes de l'Amérique du Nord moins cultivateurs qu'ils ne l'étaient avant. Tous les hommes qui mènent une existence agitée et précaire sont portés à l'imprévoyance, le hasard joue forcément un si grand rôle dans leur vie, qu'ils sont tentés de lui abandonner volontairement la conduite de tout ; mais jamais cette imprévoyance des Indiens, fruit naturel de leur état social, ne se montra sous un caractère plus sauvage que de notre temps ; chez eux on aperçoit chaque jour un effet extraordinaire qui se produit de loin en loin parmi les hommes civilisés auxquels la direction de leur propre sort vient à échapper tout-à-coup. On a vu dans toutes les marines d'Europe des équipages, prêts à couler au fond de l'abîme, employer en orgie et en folle gaîté les derniers moments qui leur restaient ; ainsi arrive-t-il aux Indiens : l'excès de leurs maux les y rend insensibles ; sans avenir, sans sécurité même du lendemain, ils s'abandonnent avec un emportement sauvage aux jouissances du présent, laissant à la fortune le soin de les sauver d'eux-mêmes, si elle veut faire un effort de plus. Le goût pour les liqueurs fortes va toujours croissant parmi les sauvages, dit M. Schoolcraft, p. 387.

On a remarqué avec quelle difficulté les Indiens parvenaient à soutenir leur vie pendant l'hiver. Quand l'été commence, ils se rendent dans les endroits où se tiennent les commerçants européens, et, au lieu d'échanger leurs pelleteries contre des objets utiles, ils les emploient presque toujours à acheter de l'eau-de-vie, se consolant des privations et des maux soufferts par d'affreuses orgies. « Ici, dit Tanner, p. 57, les Indiens dépensèrent en très-peu de temps toutes les pelleteries qu'ils s'étaient procurées dans une chasse longue et heureuse. Nous vendîmes en un jour cent peaux de castor pour avoir de l'eau-de-vie. » il dit dans un autre endroit, p. 70 : « Dans un seul jour nous vendîmes cent vingt peaux de castor et une grande quantité de peaux de buffle pour du rhum. » Les maladies, les vols, les meurtres, ne manquent point de suivre ces excès. Un jour, deux sauvages se déchirent la figure avec leurs ongles, et se coupent le nez avec les dents [1] ; une autre fois, un Indien [2] égorge sans le savoir un de ses hôtes.

Les misères, qui sont la suite de semblables désordres, au lieu de retenir les indiens, les poussent avec plus de force vers l'abîme. Jusque-là, dit Tanner, ma mère adoptive s'était abstenue de boire des liqueurs fortes ; mais accablée par ses chagrins et ses malheurs, elle finit par contracter cette funeste habitude.

J'ai montré, en parlant du gouvernement chez les Indiens des temps antérieurs, que, parmi toutes les nations du continent, il existait des pouvoirs politiques et réguliers. On voyait des monarchies au Sud, des républiques au Nord ; partout se montrait une puissance publique plus ou moins bien organisée ; et c'était avec justice que John Smith disait : « Ces Indiens sont barbares ; cependant, ils témoignent souvent à leurs magistrats plus d'obéissance que les peuples civilisés. »

Aujourd'hui les choses ont bien changé ; la plupart des nations du Sud sont encore soumises à un chef unique [3], mais son autorité est souvent méconnue.

La chaîne des traditions sur lesquelles elle se fondait étant interrompue, les coutumes qui lui servaient d'appui ayant été modifiées, les hommes sur lesquels elle s'exerçait étant plus épars et plus nomades que jadis, à une servile obéissance a succédé un esprit d'indépendance sauvage qui ne saurait rien fonder que le désordre. Au Nord, le mal est plus grand encore ; les monarchies absolues ont une force qui leur est propre ; l'autorité s'y soutient elle-même longtemps encore après que son prestige a disparu. Mais quand le désordre commence à s'introduire au sein d'une république démocratique, la société semble disparaître toute entière ; son lien est comme brisé ; l'individualité reparaît de toutes parts ; ainsi arrive-t-il aux peuples nomades du Nord. Lorsqu'on se reporte aux récits que William Smith, Lahontan et Charlevoix nous ont faits des Iroquois, des Hurons et de tous les hommes parlant la langue algonquine, on découvre qu'à l'époque où ces auteurs écrivaient, dans chaque tribu sauvage, un certain nombre d'hommes choisis et le corps

1 V. Tanner, p. 164.

2 V. ibid., 242.

3 V. Voyages du major Long, to the rocky Mountains, première expédition, t. I, p. 223 et 228. L'organisation des tribus du Sud et du Nord diffère entièrement, disent MM. Lewis et Clarke. Chez les premières, l'autorité est dans les mains du petit nombre ; chez les secondes, de la majorité.

des vieillards exerçaient un puissant contrôle sur toutes les actions des indigènes, et fournissaient à la faiblesse individuelle l'appui tutélaire de la société. Les traces de cette espèce de gouvernement sont à peine reconnaissables de nos jours.

Cette influence, qui atteste un reste de mœurs chez les peuples barbares, s'est presque entièrement évanouie. Dans les conseils nationaux, c'est la force et non la raison qui fait la loi : les conseils de l'expérience y sont méprisés, et la jeunesse y domine. « De nos jours, disent MM. Clark et Cass, on peut affirmer qu'il n'existe point de gouvernement parmi les tribus du Nord et de l'Ouest. La coutume et l'opinion y maintiennent seules une sorte d'état de société barbare. Autrefois les vieillards ou chefs civils possédaient une autorité réelle ; mais il y a longtemps qu'il n'en est plus ainsi : à peine trouve-t-on des traces de ce même ordre de choses. Lorsque les Indiens s'assemblent pour délibérer sur les affaires communes, ils forment des démocraties pures, dans lesquelles chacun réclame un droit égal à opiner et à voter ; en général cependant ces délibérations sont conduites par les anciens ; mais les jeunes gens et les guerriers exercent le véritable contrôle. On ne peut avec sûreté adopter aucune mesure sans leur concours. Dans un pareil état de société où les passions gouvernent, le tomahawk mettrait bientôt un terme à toute tentative qui aurait pour objet de diriger ou de contraindre l'opinion publique. L'expérience, ajoutent les mêmes auteurs, nous a donc fait connaître l'utilité de faire signer les traités à tous les jeunes guerriers présents. Il faut, avant tout, s'assurer le consentement de la majorité des Indiens. » (Voy. Rapports au congrès.)

Il n'est pas rare cependant que, parmi les tribus sauvages dont je viens de parler, certains individus parviennent à exercer plus d'influence que les autres sur leurs semblables. Mais cette influence n'a aucun fondement durable ; elle s'acquiert, pour ainsi dire, par hasard, s'exerce par occasion, et ne s'étend jamais qu'à un petit nombre d'objets.

– « L'Indien, dit Tanner, page 125, qui commande une troupe de guerre, n'a aucun contrôle sur ceux qui l'accompagnent ; il n'exerce sur eux qu'une influence personnelle : dans cette circonstance, dit-il ailleurs, (page 172) on me choisit pour chef ; comme nous n'avions en vue que de trouver à vivre, et qu'on me connaissait bon chasseur, on avait raison d'agir ainsi. »

Les hommes qui composent ces nations sauvages sont trop dispersés pour pouvoir contracter l'habitude d'une obéissance commune. Ils échappent à tout contrôle par le fait même de leur misère. On n'a rien à attendre d'eux, et ils n'ont rien à perdre : il est donc difficile de découvrir parmi ces nations indiennes du Nord quelque chose qui ressemble à une société. L'individu n'y trouve de protection qu'en lui-même, comme dans l'état de nature. Le livre tout entier de Tanner est aussi rempli de récits d'actes de violence et de brigandage que de maux et de misère. Nulle part on n'aperçoit d'autorité prête à servir de médiatrice entre le fort et le faible, entre l'offenseur et l'offensé. Les Indiens ont perdu jusqu'à l'idée de ce pouvoir tutélaire. Quand un Indien du Nord est victime d'un crime, il se venge s'il est le plus fort, et fuit s'il est le plus faible : dans aucun des deux cas la pensée d'un pouvoir social ne se présente à son esprit. En ceci, comme en tout le reste, les opinions mettent sur la trace des coutumes et des lois.

« Un Indien, dit Tanner, page 208, s'attend toujours à ce que l'outrage qu'il fait sera vengé par celui qui en a souffert ; et un homme qui omettrait de tirer vengeance d'une injure n'inspirerait aucune estime. »

Les deux parties du tableau sont sous les yeux du lecteur qui maintenant peut juger.

Il y a deux cents ans, les indigènes de l'Amérique du Nord formaient des tribus de chasseurs ; un domicile fixe, des coutumes anciennes, des traditions respectées, des moyens de subsistance assurés, la tranquillité de corps et d'esprit qui était la suite de l'aisance, leur avait permis de tirer de l'état social des chasseurs toutes les conditions de bonheur et de grandeur que cet état social peut offrir.

Aujourd'hui rien n'est changé en apparence. Ces mêmes tribus vivent encore de la chasse et ont conservé toutes les habitudes inhérentes à ce genre de vie. Cependant les Indiens de nos jours ne ressemblent point à leurs pères.

Les Européens, en dispersant les Indiens dans des déserts nouveaux pour eux, en interrompant leurs traditions, en troublant leurs souvenirs, en brisant leurs coutumes, en altérant leurs mœurs, les ont poussés aux conséquences les plus funestes de la vie de chasseurs. C'est ainsi que le contact d'hommes civilisés, éclairés et cultivateurs a rendu les Indiens plus errants et plus sauvages qu'ils n'étaient autrefois.

Notes non insérées dans le texte principal à cause de leur longueur

1. Proposer un duel. Celui qui a donné le soufflet aura un procès.

Dans l'état sauvage, l'homme ne connaît d'autre justice que celle qu'il se fait lui-même. De son côté, la société civilisée n'admet pour l'injure d'autre satisfaction que le recours aux tribunaux institués par elle. Le duel est une sorte de compromis entre la réparation légale et la vengeance individuelle, entre le bourreau et l'assassin.

Dans les États du Nord de l'Amérique, le duel a perdu tout empire ; la loi y règne souverainement. On peut également dire qu'il n'existe pas dans les États de l'Ouest et dans quelques nouveaux États du Sud ; mais c'est par une autre raison. La loi y est impuissante, et les mœurs y sont presque barbares. On ne le rencontre plus que dans les États du Sud qui ont une vieille civilisation, et où cependant les habitudes et les mœurs sont encore plus puissantes que les lois.

Dans toute la Nouvelle-Angleterre, à New York, en Pennsylvanie, la loi punit le duel comme le meurtre [1] toutes les fois qu'il est suivi de mort.

Elle porte en outre des peines sévères contre l'envoi ou la réception d'un cartel non suivi de combat, et contre les témoins et tous ceux qui, par leur aide ou assistance dans le duel, peuvent être considérés comme complices. Cette complicité est punie, dans l'État de New York, d'un emprisonnement dont le maximum est de sept années. Un châtiment sévère est également appliqué à celui qui reproche publiquement à une autre personne de n'avoir pas accepté un duel. « Quiconque, dit la loi de Pennsylvanie, publiera dans les journaux ou par lettres missives écrites ou imprimées qu'un tel est un poltron, un misérable, un homme sans foi, ou autres imputations injurieuses de ce genre, pour avoir refusé un duel, sera puni d'une amende de 500 dollars et d'un an de travaux forcés (hard labour) ; l'éditeur ou imprimeur des pamphlets sera, dans tous les procès de ce genre, cité comme témoin, et admis comme tel par les cours de justice contre l'auteur de l'écrit ; et si les dits imprimeur ou éditeur, appelés devant la, justice, refusent de déclarer le nom de l'auteur, la cour devra les considérer comme auteurs du libelle, et les condamner en conséquence [2]. »

Dans ce pays, la loi sur le duel n'est pas une vaine menace, bravée par l'opinion publique : elle est entièrement d'accord avec les mœurs ; là on ne se bat plus en duel.

1 V. general Laws of Massachusetts, t. II, p. 121, chap. 123, sect. 5 et 6, etc.; chap. 124, sect. 1, 2 et 3, p. 501. - Statuts révisés de New York, 4e partie, titre 5, art. 1 § 1 et 2; t. II, p. 686. - Purdon's digest, v° Duelling.]

2 V. Purdon's digest, v° Duelling.

Il est certain que, dans la Nouvelle-Angleterre, aucune injure, pas même un soufflet reçu ou donné, n'entraîne pour conséquence un combat singulier, et, ce qu'il y a de plus remarquable, ce n'est pas le fait, mais bien l'opinion qui s'y rattache ; là, le sentiment public approuve hautement celui qui refuse un duel, comme elle le blâmerait chez nous. Je pourrais à ce sujet citer les exemples de plusieurs personnes fort honorables de Boston, dont la considération s'est accrue par des refus de duel qui, en Europe, les eussent déshonorées. Cette rigueur des lois, sanctionnée par l'opinion générale dans la Nouvelle-Angleterre, me paraît tenir à plusieurs causes que je ne ferai qu'indiquer : la teinte religieuse imprimée aux mœurs par le puritanisme des premiers colons ; des habitudes sérieuses ; une vie régulière, toute consacrée aux affaires ; l'absence de divertissements, de jeux, de plaisirs bruyants, de galanteries ; et enfin l'esprit d'obéissance aux lois qui domine dans une république bien réglée, esprit d'obéissance dont le duel est une violation.

Si l'on se bornait à consulter les lois sur la question du duel, on pourrait penser que le Sud des États-Unis est à cet égard, en tous points, semblable au Nord. En effet, nous trouvons, dans le code de la Caroline du Sud et celui de la Louisiane, les mêmes dispositions contre le duel que dans les lois de la Nouvelle-Angleterre [1].

Mais le duel, dont la coutume tient aux préjugés de l'honneur, est peut-être de toutes les actions de l'homme celle sur laquelle la loi a le moins de puissance. On a toujours vu les lois les plus sévères inefficaces contre le duel, lorsque ce genre de combat était protégé par les mœurs ; et il est exact de dire qu'en cette matière la loi n'est respectée que le jour où elle n'est plus nécessaire.

Dans les États du Sud, tels que la Virginie, le Maryland et les deux Carolines, des peines sévères sont portées contre le duel ; cependant l'on s'y bat sans cesse en duel et avec impunité. La justice n'interviendrait que s'il y avait dans le fait du duel des circonstances qui le rendissent

1 V. Digeste des lois de la Louisiane, t. 1er, p. 476. Le duel suivi de mort est puni de la peine capitale. L'envoi ou l'acceptation d'un cartel, le duel non suivi de mort, l'assistance donnée au duel comme témoin, sont punis d'un emprisonnement dont le maximum est de deux années et d'une amende de 200 piastres.

V. aussi Brevards digest of south Carolina, vº Duelling, tome 1er, page 272. Celui qui tue un autre en duel et ses témoins sont punis comme meurtriers (murderers). Le duel non suivi de mort, l'envoi ou l'acceptation d'un cartel, l'assistance des témoins, sont punis d'un an d'emprisonnement et de 2,000 dollars d'amende. (10,600 francs.)

semblable à un assassinat ; mais toutes les fois que le combat s'est passé loyalement, c'est-à-dire qu'il y a eu *fair duel,* comme on dit en Amérique, les auteurs du duel ne sont jamais inquiétés. L'éditeur des lois de la Caroline du Sud ne peut s'empêcher à cette occasion de mettre en note l'observation suivante : « La sévérité de la loi, dont l'objet était de prévenir les fatales conséquences de ce triste préjugé, semble avoir entièrement manqué son but ; car on sait qu'il n'y a pas d'exemple (dans ce pays du moins) d'un duelliste condamné comme coupable de meurtre [1]. »

D'où vient cette différence de mœurs entre le Sud et le Nord ? Les causes principales, dont je ne présente ici qu'un aperçu, sont

1° La civilisation moins avancée des États du Sud ;

2° Le climat, qui rend les habitants du Sud plus prompts aux mouvements violents, et excite leurs passions ;

3° L'indolence des hommes du Sud, qui, ayant des esclaves, ne travaillent pas. Les jeux, les amusements, les débauches, tous les plaisirs des sens, y sont beaucoup plus fréquents que dans le Nord ; il n'est pas une de ces choses qui ne soit une source de querelles, et conséquemment de duel. L'oisiveté, le désordre qu'elle engendre, le trouble qu'elle jette dans les idées et dans les actions, favorisent le duel, comme le travail et les habitudes régulières qui en découlent le combattent.

4° L'existence dans le Sud de la population esclave, c'est-à-dire d'une classe inférieure. Les rangs établis dans une société favorisent le duel. Il se forme, parmi les membres d'une classe privilégiée, des traditions d'honneur et de bienséance, des préjugés de caste, des besoins de distinction, qui doivent rendre le duel plus fréquent que dans une société d'égalité parfaite.

Du reste, même dans les États du Sud, le duel repose plutôt sur des idées de justice que d'honneur.

Chez nous l'outrage qui rend un duel nécessaire est bien moins dans le fait que dans l'intention. Aussi voyons-nous les causes les plus frivoles servir d'occasion à de graves querelles.

L'injure étant tout idéale et de convention, elle n'a point d'équivalent possible : le duel seul peut la réparer.

Dans le Sud des États-Unis, au contraire, c'est le fait matériel qu'on venge par le duel, bien plus que l'intention ; et ce fait est appréciable

1 Brevards digest, v° Duelling. t. 1er, p.272.

comme tout dommage ordinaire.

Un exemple va rendre sensible cette différence.

En Amérique, dans plusieurs États du Sud, si celui qui a reçu un soufflet en rend un autre, on estime que les parties sont quittes, et la querelle en reste là. Pourquoi ? C'est qu'en partant du point rationnel, un fait est l'équivalent de l'autre ; il y a deux injures parfaitement pareilles qui se compensent ; chaque bassin de la balance est chargé d'un poids égal ; il y a réparation logique. Celui qui fait ce raisonnement pèche, il est vrai, contre la société, qui défend à ses membres de se faire justice eux-mêmes ; mais c'est là son seul tort ; car du reste il est dans les principes du droit.

Chez nous, au contraire, comme on procède d'un autre principe, qui est le préjugé de l'honneur blessé, on arrive à une tout autre conclusion. Nous disons : « Celui qui a reçu l'offense d'un soufflet est couvert d'infamie s'il ne lave son injure dans le sang de l'offenseur. En a-t-il rendu un autre ; l'agresseur qui l'a reçu se trouve dans une position identique, et sera frappé du même déshonneur s'il n'obtient pas la même réparation que son adversaire est forcé de lui demander ; de sorte qu'au lieu d'une personne qui a besoin du duel pour se réhabiliter, il y en a deux. »

J'ai dit en commençant que, dans les nouveaux États de l'Ouest et dans quelques États nouveaux du Sud, le duel n'existe pas ; là, comme dans le reste de l'Union, le duel est sévèrement puni par la loi (V. Statute laws of Tennessee) ; mais ce n'est pas la loi qui, dans ces États, l'empêche ; c'est la barbarie des mœurs. Là on se bat et l'on se tue plus qu'ailleurs ; mais le duel s'y montre avec des formes tellement sauvages, qu'il perd son nom pour prendre celui d'assassinat. Il n'est pas sans doute sans exemple que, dans le Kentucky, le Tennessee, le Mississipi, la Georgie, Alabama et dans une partie de la Louisiane, des duels véritables n'aient eu lieu et se soient passés loyalement ; mais le plus souvent les combats que se livrent deux individus sont des attaques imprévues, instantanées ou des guet-apens. Dès qu'une discussion s'élève entre deux hommes, pour peu qu'elle devienne vive et qu'un mot injurieux soit prononcé, vous les voyez aussitôt se placer dans l'attitude de deux combattants ; armés d'un poignard et d'un couteau dont tout habitant de ces contrées est nanti, ils se frappent l'un l'autre avec une extrême rapidité ; et celui qui tarderait à se préparer à la lutte serait victime de son hésitation. Il arrive souvent que de vieilles querelles qu'on croit éteintes depuis longtemps se raniment au bout de deux ou trois ans, et leur réveil s'annonce par le meurtre de l'offenseur ou de l'offensé.

Les causes de cet état de choses sont nombreuses ; j'indiquerai les principales. Dans les pays dont il s'agit ici, la société est en quelque sorte naissante. L'individu est réduit à ses propres forces pour soutenir son existence, pour se protéger dans sa demeure isolée de toute habitation. Il n'entre que fort rarement en contact avec la société civile, et s'accoutume à devoir tout à lui-même ; de là le principe de se faire justice, au lieu de la demander à la loi. Une des conséquences nécessaires de la vie sauvage est de placer le plus grand mérite de l'homme dans sa force physique, et d'attribuer une plus grande part à l'individu qu'à la société. Ce même fait doit se trouver chez tous les peuples, selon que leurs mœurs se rapprochent plus ou moins de l'état sauvage.

Les habitants de l'Ouest et du Sud, dispersés çà et là au milieu d'immenses contrées, n'entretiennent entre eux que de rares communications ; le plus grand nombre ont des esclaves, et par conséquent ils ne travaillent pas ; tout leur temps se passe entre la chasse et l'oisiveté. C'est la vie féodale sans la chevalerie, sans la galanterie, sans l'honneur. Enfin les rapports avec leurs esclaves leur donnent des habitudes de domination et de violence qui sont en opposition directe avec les principes de l'état social. Il faut ajouter à ces faits que l'instruction est beaucoup moins répandue dans ces États que dans le Nord, et que la religion n'y est point aussi éclairée.

Le plus souvent, lorsque des meurtres sont commis avec les circonstances qui ont été rapportées plus haut, aucune poursuite judiciaire n'est dirigée contre les coupables ; quelquefois une plainte est portée devant les magistrats ; ceux-ci conduisent les inculpés devant le jury, qui ne manque jamais de les acquitter. Le jury ne condamne point de pareils faits, parce qu'il est composé d'hommes dont les mœurs sont à demi sauvages ; et chacun se trouve encouragé à ces sortes de violences, parce que le jury les acquitte.

Pour ces peuples encore barbares, le duel avec ses formes polies, ses témoins et ses garanties de loyauté, serait un bienfait.

Ce n'est donc point parce que la loi est, dans l'Ouest, plus puissante que les mœurs, que le duel ne s'y trouve pas, mais bien parce qu'un reste de barbarie y entretient des habitudes sauvages que la loi ne corrige pas et qui ne sont point adoucies par les mœurs.

Du reste, on peut dire en général que le duel a plus ou moins de force dans un pays, selon que l'esprit d'obéissance à la loi y est plus ou moins puissant sur les mœurs.

Il faut ajouter que, partout où le sentiment de l'honneur est fortement établi, le duel se maintient en dépit et des lois et du progrès des mœurs. C'est ainsi qu'il se perpétue dans l'armée et dans la marine américaine, parce que là il trouve un appui permanent dans l'honneur, principal mobile de tous les corps armés.

2. La grossièreté des Américains.

Il ne faut point accepter les exagérations que les Anglais débitent à ce sujet ; mistress Trolloppe dit, t. 1, p. 27 : « Je déclare avec sincérité que j'aimerais mieux partager le toit d'une troupe de cochons bien soignés, que d'être renfermée dans une de ces cabines. » (Elle parle des bateaux à vapeur sur le Mississipi.) Ce sont là de *grossières* injures. Il est certain qu'avec leur habitude de mâcher du tabac, qui entraîne le besoin de cracher, les Américains choquent quiconque est accoutumé à des mœurs polies ; il n'est pas moins certain que leur défaut complet de galanterie déplaît aux femmes ; enfin il y a désappointement complet pour qui cherche chez eux l'élégance des manières et l'urbanité des formes... Mais ici doit s'arrêter la critique.

Les Américains ne font point la cour aux femmes, mais ils les respectent, et ce sentiment de respect, qui ne se montre point au dehors, est bien plus profond chez eux qu'il ne l'est dans nos pays de civilisation et de galanterie.

Dans les bateaux à vapeur dont parle mistress Trolloppe on trouve une société peu polie, à la vérité : ce sont des marchands qui vont de l'Ohio ou du Kentucky dans la Louisiane ou dans les contrées de la rive droite du Mississipi ; mais ils ne présentent point le spectacle dégoûtant que suppose l'auteur anglais. En général, ces bateaux à vapeur sont vastes, propres, élégants ; on en compte plus de deux cents qui remontent et descendent sans cesse le grand fleuve. La nourriture y est abondante et saine et le prix du passage est incroyablement bon marché : on va de Louisville à la Nouvelle-Orléans pour 120 francs, y compris la nourriture ; le trajet est de 500 à 600 lieues. Ayant fait ainsi le voyage, j'en puis parler sciemment ; on est si commodément dans la cabine des voyageurs, qu'en y peut travailler, écrire et lire comme on le ferait chez soi.

Du reste, la rudesse américaine a aussi son bon côté ; nos manières polies, nos délicatesses de langage, ne sont, le plus souvent, que les dehors agréables sous lesquels se cache l'égoïsme. L'intérêt personnel existe sans doute tout autant chez les Américains que chez nous ; mais, aux États-Unis, il y a de moins l'hypocrisie des formes.

3. L'égalité universelle…

Un grand nombre d'écrivains, notamment des auteurs anglais, ont dit que les lois des États-Unis consacrent une grande égalité qui ne se trouve pas dans les mœurs ; que là, comme dans plusieurs pays d'Europe, il existe une aristocratie pleine de morgue et de mépris pour les classes placées au-dessous d'elle ; et que les Américains, qui ont perfectionné la théorie de l'égalité, ne la pratiquent point. J'avoue qu'en parcourant les États-Unis j'ai reçu une tout autre impression. Non-seulement j'ai trouvé l'égalité politique mise en action par le concours de tous les citoyens aux affaires du pays, mais l'égalité sociale s'est aussi offerte à moi de toutes parts, dans les fortunes, dans les professions, dans toutes les habitudes.

Il existe peu de grandes fortunes ; les chances du commerce, qui les élèvent, les renversent quelquefois ; et, dans tous les cas, elles ne survivent point à l'égalité des partages établis par la loi des successions.

Les professions, dont la diversité est si grande, ne font naître, entre ceux qui les exercent, aucune dissemblance de position. Je ne parle pas seulement ici de la Pennsylvanie, où l'influence des quakers a fait considérer l'égalité des professions comme un dogme religieux, mais de tous les États de l'Union américaine. Partout les professions, les emplois, les métiers, sont considérés comme des industries ; le commerce, la littérature, le barreau, les fonctions publiques, le ministère religieux, sont des carrières industrielles ; ceux qui les suivent sont plus ou moins heureux, plus ou moins riches, mais ils sont égaux entre eux ; ils ne font pas des choses pareilles, mais de même nature. Depuis le domestique, qui sert son maître, jusqu'au président des États-Unis, qui sert l'État ; depuis l'ouvrier-machine, dont la force brutale fait tourner une roue, jusqu'à l'homme de génie, qui crée de sublimes idées ; tous remplissent une tâche et un devoir analogues (they make their duty). Ceci explique pourquoi les domestiques blancs, en Amérique, *assistent* leurs maîtres et ne les *servent pas*, dans l'acception de la domesticité ordinaire. C'est aussi une des raisons de la manière dont on fait le commerce aux États-Unis : le marchand américain gagne certainement le plus qu'il peut ;

je crois même qu'il trompe souvent l'acheteur ; mais, en aucun cas, il ne voudrait recevoir un denier de plus qu'il ne demande, fût-il le plus misérable de tous les aubergistes. Ainsi font l'ouvrier qu'on occupe, le commissionnaire qu'on emploie, le domestique par lequel on est servi dans un hôtel ; tous demandent leur salaire *légitime*, le prix de leur travail, et rien au-delà. Accepter plus qu'il n'est dû, c'est recevoir l'aumône, et conséquemment faire acte d'inférieur. On comprend maintenant pourquoi le président des États-Unis reçoit à Washington sur le pied de l'égalité la plus parfaite ; le premier venu qui se présente pour lui parler commence par lui donner une poignée de main, il agit de même avec tous ses concitoyens lorsqu'il parcourt les différents États de l'Union. J'ai souvent entendu des hommes placés dans des postes éminents, tels que ceux de chancelier, gouverneur, secrétaire d'État, parler, comme d'une chose toute naturelle, de leur frère *épicier*, de leur cousin le *marchand*, etc.

Pour achever de prouver à quel point l'égalité pratique existe aux États-Unis, je ne citerai que deux faits.

Un jour comme j'allais visiter la prison d'un comté de l'État de New York, accompagné du *district attorney* (c'est le magistrat qui remplit les fonctions du ministère public), celui-ci, chemin faisant, me raconta les circonstances fort graves d'un crime dont, me dit-il, j'allais voir l'auteur ; il me peignit l'attentat sous les couleurs les plus sombres, ajoutant que c'était lui-même qui avait fait condamner le coupable. J'arrivai à la prison plein des plus sinistres impressions, et, à l'aspect du criminel, j'éprouvais une sorte d'horreur, quand je vis le *district attorney* s'approcher du condamné, et lui donner une poignée de main.

Une autre fois, dans un salon brillant où se trouvait réunie la meilleure compagnie de l'une des plus grandes villes de l'Union, je fus présenté à un monsieur fort bien mis, avec lequel je m'entretins quelques instants ; bientôt après je demandai quel était ce personnage : C'est, me dit-on un fort galant homme, le shérif du comté. Je voulus savoir ce que c'était que le shérif, et j'appris que c'était le bourreau [1].

D'où vient qu'en présence de faits semblables qui chaque jour se

1 À la vérité, les fonctions d'exécuteur des hautes œuvres n'entraînent, point, aux États-Unis, la même infamie que chez nous : comme on y respecte plus les lois, on y est plus indulgent pour celui qui les met en action ; on s'efforce d'ailleurs de relever son ministère, en lui attribuant d'autres fonctions importantes et qui n'ont rien d'ignoble : le shérif est le premier agent de la force publique.

renouvellent et se reproduisent sans cesse sous mille formes différentes, il se rencontre encore des personnes qui contestent aux Américains la pratique de l'égalité ?

La raison en est dans quelques faits mal appréciés et dans quelques apparences qu'une observation superficielle prend pour des réalités.

Chez ce même peuple, où les fortunes et les conditions sont uniformes, vous voyez sans cesse les hommes mesurer leur estime sur la richesse et attacher un très grand prix à la naissance. On ne dit pas : Cet homme est digne de respect parce qu'il est honnête et juste ; cet autre est distingué par son esprit et par son éloquence. On dit : Un tel vaut 10,000 dollars (is worth) ; tel autre n'en vaut que la moitié.

Au sein de cette démocratie, maîtresse de la société, on voit quelquefois se révéler des instincts tout aristocratiques de leur nature. D'après la loi, les enfants partagent également la succession de leurs auteurs ; mais ceux-ci peuvent disposer de leurs biens selon leur bon plaisir ; donner tout à un seul et déshériter les autres. Il arrive très fréquemment qu'usant de son droit, l'Américain accorde une dot très considérable à son enfant premier-né, non pour le récompenser d'une conduite meilleure que celle de ses frères, mais pour faire un aîné et lui donner une position qui flatte l'orgueil du père de famille.

Ces mêmes Américains que vous voyez se mêler aux hommes de tous les états attachent souvent une valeur puérile à l'antiquité de leur origine et à la noblesse de leur extraction. Il y en a qui vous racontent longuement leur généalogie ; quelquefois ils fausseront la vérité pour vous prouver une descendance illustre. Il n'est pas sans exemple que celui qui véritablement appartient à une famille aristocratique affecte une sorte de mépris pour ceux qui montrent des prétentions du même genre sans les justifier. « Voyez, nie disait une fois un habitant de **, ce gentleman si fier de sa grande fortune, ce n'est qu'un parvenu : son père était cordonnier. »

Les Américains, dont les mœurs, d'accord avec leur loi fondamentale [1], ne reconnaissent aucune noblesse, accordent cependant une grande considération aux titres nobiliaires.

Un étranger est sûr d'être accueilli avec enthousiasme, très bien, seulement bien, ou froidement, selon qu'il est duc, marquis, comte, ou qu'il n'est rien. Un titre excite tout d'abord l'attention des Américains,

1 V. art. 7 de la section 9 de la constitution des États-Unis.

attire leurs hommages ; la question de savoir si celui qui le porte vaut la moindre chose n'est que secondaire. Leurs institutions politiques et leur état social ne leur permettant pas de prendre des titres nobiliaires, on les voit se rattacher par tous les moyens possibles à de petites distinctions aristocratiques. Je ne parle pas ici de la qualité de *gentleman* que prend le moindre conducteur de diligence et le dernier aubergiste : mais quiconque arrive soit par le commerce, soit par le barreau ou par toute autre profession à une position de fortune un peu supérieure à celle du plus grand nombre, ne manque pas d'ajouter à son nom le titre d'esquire (écuyer). Beaucoup prennent des armes qu'ils portent sur leurs cachets et sur leurs voitures ; dans le Maryland, qui est un des États les plus démocratiques, on voit d'ardents démocrates ajouter un *de* à leur nom, et y joindre un nom de terre.

Que conclure de tous ces faits ? Qu'il n'existe pas d'égalité réelle aux États-Unis, et qu'il y a dans les mœurs une tendance aristocratique ? Non assurément. Ce qui se passe à cet égard n'est point un progrès du présent vers l'avenir, c'est une réminiscence du passé.

Lorsqu'on étudie, soit les institutions, soit les mœurs des Américains, il ne faut jamais oublier que leurs aïeux étaient Anglais. Ce point de départ exerce sur leurs lois et sur toutes leurs habitudes une influence qui sans doute tend continuellement à s'affaiblir, mais qui ne disparaît jamais entièrement. Or, il y a deux choses qui en Angleterre occupent le premier rang dans l'opinion des hommes : la naissance et la fortune. Voilà la vraie source du respect qu'ont les Américains pour la fortune et la naissance. C'est une tradition transmise d'âge en âge, un vieux souvenir, un préjugé antique, et qui lutte seul contre toute la puissance des lois et des mœurs. Du reste, cette lutte n'est pas sérieuse ; cet amour des titres, ce goût des armoiries, ces prétentions de familles, sont des jeux et des essais de la vanité ; partout où il y a des hommes, leur orgueil cherche des distinctions ; mais la meilleure preuve que ces distinctions chez les Américains n'ont rien de réel, c'est qu'elles ne blessent même pas la susceptibilité populaire. Toute puissance, aux États-Unis, vient du peuple, et tout y doit retourner ; là, il faut être démocrate, sous peine d'être traité comme un paria. Les mœurs de la démocratie ne plaisent pas à tous, mais tous sont forcés de les accepter ; plusieurs seraient tentés de se faire des habitudes plus nobles ; de prendre des mœurs moins triviales, et de créer une classe supérieure à la classe unique qui existe ; il en est qui souffrent de serrer la main de leur cordonnier ; pour d'autres il est pénible de ne pouvoir trouver un laquais qui consente à monter derrière leur voiture, n'importe à quel prix [1] ; ceux-ci voient avec douleur les affaires publiques conduites par des masses peu éclairées ; ceux-là s'indignent de ce que les emplois politiques sont le plus souvent confiés aux hommes médiocres ; mais il leur faut étouffer ces chagrins et ces passions ; ceux qui manifestent de pareils sentiments encourent aussitôt la réprobation populaire, et il leur faut à tout jamais renoncer au moindre avenir politique dans leur pays.

Quand vient le jour des élections, seul chemin pour arriver au pouvoir, la voix des masses se fait entendre et brise tous ces petits instincts de résistance et d'hostilité contre la puissance populaire.

J'ai été surpris de voir un auteur anglais qui a écrit avec talent sur les mœurs des États-Unis (Hamilton), tomber dans les erreurs que je viens de combattre, et prétendre qu'il n'y a pas plus d'égalité pratique aux États-Unis qu'en Angleterre. Entre autres arguments à l'appui de son opinion, il rapporte une soirée passée par lui dans un salon de New York, où se trouvaient réunies des personnes de professions diverses. « Or, dit-il, une dame près de laquelle j'étais placé était tout aussi choquée que moi de voir dans un salon brillant des femmes d'une condition vulgaire. Cette jeune personne, me faisait-elle observer, est certainement jolie, mais c'est la fille d'un marchand de tabac ; cette autre danse bien, mais elle n'a reçu aucune éducation, etc. » M. Hamilton conclut de là que les conditions, aux États-Unis, ne sont point égales ; cependant il aurait pu répondre à la dame qui lui faisait de telles observations : « Ces femmes communes et vulgaires sont nos égales ; car vous êtes ensemble dans le même salon [2]. »

L'égalité sociale et politique aux États-Unis ne reçoit d'atteinte véritable qu'en ce qui concerne la race noire ; mais alors l'Américain ne croit pas violer le principe de l'égalité, parce qu'il considère le nègre comme appartenant à une race inférieure à la sienne ; et il faut à ce sujet remarquer que, dans les pays à esclaves, où l'inégalité entre les noirs et les blancs est plus marquée, l'égalité entre les blancs est peut-être encore plus parfaite. Ainsi que je l'ai dit plus haut, la couleur blanche est pour eux une noblesse, et ils se traitent les uns les autres avec les égards et la distinction qu'apportent entre eux les membres d'une *classe privilégiée.*]

4. De grands troubles se préparaient à New York

1 Il n'est pas un domestique blanc qui voulût se soumettre à un pareil service.

2 V. Hamilton, p. 65 et 66.

Les événements arrivés à New York au mois de juillet 1834 ont fourni le texte du chapitre XIII de cet ouvrage, intitulé l'Émeute. À côté de la fable dont le fond est entièrement vrai, je crois devoir placer le récit exact de tout ce qui s'est passé.

Le principe de l'esclavage a été aboli dans l'État de New York en 1799 ; mais les nègres qui ont cessé d'être esclaves ne sont pas devenus les égaux des blancs. La couleur des affranchis rappelle sans cesse leur origine. Cependant la population noire, qui est en possession de la liberté, aspire aussi à l'égalité. C'est là le grand sujet de querelle entre les deux races dans le nord des États-Unis.

Tant que les nègres affranchis se montrent soumis et respectueux envers les blancs, aussi longtemps qu'ils se tiennent vis-à-vis de ceux-ci dans une position d'infériorité, ils sont sûrs de trouver appui et protection. L'Américain ne voit alors en eux que des infortunés que la religion et l'humanité lui commandent de secourir. Mais dès qu'ils annoncent des prétentions d'égalité, l'orgueil des blancs se révolte, et la pitié qu'inspirait le malheur fait place à la haine et au mépris.

Les nègres, étant en très petit nombre dans les États du Nord, se soumettent en général sans aucune résistance à toutes les exigences de l'orgueil américain. Il ne s'engage point de lutte, parce que les opprimés acceptent l'injure et la tyrannie. La collision grave dont New York a été le théâtre au mois de juillet dernier ne s'explique que par le concours de circonstances tout à fait extraordinaires. Il n'existe dans l'État de New York que 44,870 personnes de couleur sur 1,913,000 blancs, et dans la ville même 13,000 personnes de couleur sur 200,000 blancs ; ni les nègres ni les Américains de New York ne peuvent donc avoir la pensée de lutter ensemble ; les premiers, parce qu'ils sont trop faibles ; les seconds, parce qu'ils sont trop forts. À la vérité il existe au sein même de la population blanche un parti qui travaille à établir l'entière égalité des noirs. Ce parti, composé de philanthropes sincères, d'hommes religieux, de méthodistes et de presbytériens ardents, attaque avec un zèle infatigable le préjugé qui sépare les nègres des blancs. On les appelle les abolitionnistes, parce qu'ils essaient d'abolir l'esclavage partout où il existe, et amalgamistes, parce qu'au moyen de mariages mutuels, ils voudraient parvenir au mélange des deux races. Ils ont organisé une société sous le titre de anti-Slavery Society (Société contre l'esclavage), et fondé un journal qui soutient les doctrines de la société. Ce parti a la force que donnent une conviction profonde, un but honnête et des passions généreuses, mais il est peu nombreux.

Pendant longtemps les réclamations qu'il éleva en faveur des malheureux dont il s'était établi le patron, excitèrent peu d'irritation parmi les Américains du parti contraire ; mais vers le commencement de l'année 1834, elles cessèrent d'être entendues avec indifférence.

D'abord on ne peut nier que le contrecoup de l'affranchissement des noirs dans les colonies anglaises ne se soit fait sentir en Amérique, même au sein des États où les nègres sont libres. On conçoit que les gens de couleur, qui n'ont encore conquis que la moitié des droits auxquels ils aspirent, aient été fortement émus d'une révolution sociale, arrivée près d'eux, et faite au profit d'êtres qui leur sont semblables en tous points. Cette impression a été ressentie non-seulement par les nègres, mais encore par leurs partisans de couleur blanche. Ceux-ci, au lieu de contenir l'élan de la population noire, l'ont encouragé, et n'ont pas compris que leurs efforts en faveur de la race noire, supportés par les Américains quand ils se réduisaient à de vaines paroles, exciteraient les passions les plus violentes, dès qu'ils prendraient un caractère de réalisation possible. Témoins de ce mouvement, qui n'était encore que moral et intellectuel, les Américains ont senti la nécessité de l'étouffer à sa naissance ; et un grand nombre, qui jusqu'alors avaient entendu patiemment les théories des abolitionnistes sur l'égalité des noirs, ont passé tout à coup de la tolérance à l'hostilité.

Quelques succès des nègres et de leurs partisans sont venus envenimer encore cette disposition ennemie.

Les mariages communs sont à coup sûr le meilleur, sinon l'unique moyen de fusion entre la race blanche et la race noire. Ils sont aussi l'indice le plus manifeste d'égalité ; par cette double raison, les unions de cette sorte irritent plus que toute autre chose la susceptibilité des Américains.

Vers le commencement de l'année 1834, un ministre du culte, le révérend docteur Beriah-Green, ayant célébré à Utica le mariage d'un nègre avec une jeune fille de couleur blanche, il y eut dans la ville une sorte de soulèvement populaire, à la suite duquel le révérend fut pendu par effigie sur la voie publique [1].

Peu de temps après, des ministres presbytériens et méthodistes marièrent, à New York même, des blancs avec des gens de couleur.

1 V. National Intelligencer, du 4 février 1834.

Cette victoire remportée sur les préjugés encourage les nègres, et irrite vivement leurs ennemis.

Le mois de juillet 1834 arrive : les Américains célèbrent l'anniversaire de la déclaration de leur indépendance. C'est toujours pour eux l'occasion de longs discours sur la liberté et sur les droits imprescriptibles de l'homme. Les nègres entendent quelque chose de ces déclamations, et leurs partisans ne manquent pas, dans cette circonstance, de leur rappeler que les gens de la race noire ont une liberté aussi sacrée, et des droits aussi inviolables que les hommes blancs.

Le 7 juillet, un Américain, ami des nègres, publie dans un journal une lettre où il annonce, qu'en dépit d'un préjugé qu'il méprise, il se propose d'épouser une jeune fille de couleur [1].

Le même jour une réunion de gens de couleur se tient dans Chatam Chapel, et l'on y prononce des discours dont l'égalité des blancs et des nègres, et l'abolition de l'esclavage dans toute l'Union, forment le texte. Par un hasard malheureux, les membres de la société de musique sacrée, qui avaient coutume de se réunir dans le même local, veulent l'occuper à l'instant où l'assemblée africaine était en séance. De là naît un conflit fâcheux qui se termine promptement, mais ajoute encore à l'irritation des deux partis. En même temps, on fait circuler dans le public un pamphlet contre l'esclavage ; et en tête de ce pamphlet se voit une petite gravure représentant un marchand de nègres qui arrache un esclave à sa femme et à ses enfants, et le fait marcher devant lui à coups de fouet : rien n'est négligé pour exciter l'indignation des nègres et le zèle de leurs amis. Une nouvelle réunion dans Chatam-Chapel est annoncée pour le surlendemain, 9 juillet ; ou doit y plaider la cause de la race noire ; les blancs partisans des nègres sont engagés à s'y rendre.

Alors commence à se manifester un sentiment très-vif d'irritation dans l'opinion publique. La presse se montre unanimement hostile envers les gens de couleur, et raille amèrement les blancs qui méconnaissent leur dignité au point de se commettre dans la société de misérables nègres. Les journaux appellent les nègres the coloured gentlemen, et les négresses the ladies of colour ; ils accablent de leurs sarcasmes le blanc philanthrope qui a publié son projet de mariage avec une femme de couleur. Tandis que la réunion de Chatam-Chapel se prépare, une opposition puissante s'organise, et tout annonce qu'à l'occasion de cette assemblée, une collision fâcheuse s'engagera. Il est à remarquer qu'au

1 New-York, Commercial advertiser, 7 juillet 1834.

moment où ces faits se passaient, la chaleur était excessive à New York. Les 9,10 et 11 juillet ont été, en Amérique, les jours les plus chauds de l'année 1834. Les degrés de la température ne sont pas étrangers aux mouvements populaires [1].

Au jour marqué (le 9 juillet) une grande foule environne la chapelle de Chatam ; mais la police, prévoyant une lutte, avait défendu la réunion, qui n'a pas lieu. Cependant il se trouvait dans cette roule un certain nombre d'individus que l'espoir d'un désordre avait seul attirés, et qui ne pouvaient se retirer sans avoir rien fait de mal. C'était l'heure du spectacle : on apprend en ce moment qu'il y a au théâtre de Bowery un acteur anglais, nommé Farren, accusé d'avoir mal parlé du peuple américain. À Bowery ! À Bowery ! crient plusieurs voix ; aussitôt la foule se porte en masse vers le théâtre qui, un instant après, ne présente qu'une scène de trouble et de confusion. Quand cette oeuvre est terminée, les perturbateurs se ravisent, et reviennent à la première pensée qui les avait mis en mouvement.

Au nombre des plus ardents amis des nègres se trouvait un Américain, nommé Arthur Tappan [2].

On savait qu'il admettait dans sa maison des gens de couleur, et il avait même osé quelquefois se montrer publiquement dans leur compagnie. Une voix fait entendre ces mots : « À la maison d'Arthur Tappan ! » Et la multitude s'y porte aussitôt ; arrivés là, les factieux brisent les fenêtres, enfoncent les portes ; ne trouvant personne dans la maison, ils prennent les meubles, les jettent dans la rue et y mettent le feu ; la police arrive sur ces entrefaites, une lutte s'engage dans laquelle le peuple est tour à tour vainqueur et vaincu ; à deux heures du matin le combat avait cessé, telle fut la journée du 9. Le lendemain la sédition prend un caractère encore plus grave. On apprend que le peuple a formé le projet de détruire les magasins d'Arthur Tappan, dans Pear-Street, et d'attaquer la demeure du révérend docteur Cox, ministre presbytérien, attaché aux nègres et à leur cause. En effet, le 10 au soir, la foule se porte vers l'église du docteur Cox, lance contre les fenêtres et les portes des projectiles, et se retire ; de là elle se rend à la maison du ministre presbytérien ; mais le docteur

1 Un journal américain rapporte les noms d'une multitude de personnes mortes de chaleur durant la journée du 10 juillet.

2 Je ne sais si M. Arthur Tappan de New York est de la même famille que M. John Tappan et *** Tappan de Boston. J'ai connu ces derniers pendant mon séjour dans la Nouvelle-Angleterre, et je déclare que je n'ai jamais rencontré personne dont les vertus m'aient inspiré un respect plus profond.

Cox et sa famille avaient quitté New York, sur l'avis des dangers qui les menaçaient ; alors les factieux entreprennent de démolir la maison, et ils étaient déjà à l'œuvre lorsqu'un détachement de miliciens, envoyé par l'autorité, arrive : les séditieux, retranchés derrière des barricades, faites à l'aide des charrettes et tombereaux renversés, essaient de résister ; mais, après un combat un peu opiniâtre, ils cèdent la place. Le même jour, une autre église, appartenant à des gens de couleur et située dans le voisinage de Laight-Sireet, avait été l'objet des mêmes attaques et des mêmes violences. Les insurgés avaient entrepris sa démolition ; une grande foule s'était également réunie aux environs de la chapelle de Chatam ; mais elle s'était dispersée tranquillement sur l'assurance donnée par les propriétaires de cet édifice, que jamais on n'y admettrait de réunions ayant pour objet l'abolition de l'esclavage. À minuit tout était rentré dans l'ordre : mais des troubles plus graves étaient annoncés pour le lendemain, 11 juillet.

Il paraît bien constant que si, pendant la journée du 10 et le 11 au matin, l'autorité, eût pris des mesures énergiques, le mouvement séditieux qui se manifestait n'aurait point eu de suite. Il suffisait d'ordonner à la milice de repousser la force et de faire usage contre les insurgés de toutes ses armes, sans aucune exception.

Un journal, qui paraissait être en ce moment l'organe du parti de l'ordre, écrivait le 10 au soir :

« Il est nécessaire qu'un tel état de choses cesse. On ne saurait tolérer qu'une société policée comme la nôtre soit chaque nuit troublée par des rassemblements illégaux et séditieux, quelle que soit d'ailleurs la cause qui les provoque. Si l'autorité civile, est impuissante pour réprimer de pareils excès, il faut recourir à la force militaire ; et si la force armée est mise en réquisition, il faut qu'elle agisse. Le vain simulacre de soldats en parade, qui se montrent sans rien faire, ne sert qu'à aggraver le mal. Nous le déclarons donc sans hésiter si la nécessité exige qu'on requière la force militaire, et que, sur les sommations de l'autorité civile, la populace ne se disperse pas à l'instant même, il faut tirer sur elle (they should be fired upon) [1]. »

Cependant le parti de ceux qui réclamaient l'emploi de ces moyens énergiques de répression n'était pas le plus fort ni le plus nombreux. S'il s'était agi d'un mouvement purement politique, on aurait vu aussitôt la majorité s'armer de toute sa puissance pour écraser les attaques ou les

1 New York American, 11 juillet 1834.

résistances de la minorité. Mais, dans cette circonstance, les habitants de New York étaient partagés entre deux impressions contraires. Des habitudes régulières, des idées de légalité et des besoins de paix leur faisaient sentir la nécessité d'arrêter la sédition. Et cependant le sort des victimes n'excitait pas leur intérêt. À vrai dire, la majorité s'associait du fond de l'âme aux violences du petit nombre ; et cependant par respect pour les principes, par amour de l'ordre et aussi par pudeur, elle était forcée de les combattre. Cette situation étrange explique la mollesse des mesures prises par l'autorité civile contre l'insurrection.

Dès la matinée du 11 de nombreux corps de miliciens furent mis en mouvement ; mais on savait qu'ils n'avaient point reçu l'ordre de faire feu sur le peuple, en cas de nouvelle émeute. Ce n'est pas, comme on l'a dit, l'absence du gouverneur qui rendait impossible l'emploi des armes à feu contre les rebelles. Le maire de New York avait le droit de prescrire cette mesure : c'est un point incontestable ; mais il ne crut pas devoir le faire.

Les premières violences des insurgés se portèrent sur les magasins d'Arthur Tappan. Ils lancèrent des volées de pierres dans les vitres de la maison, et se disposaient à des voies de fait plus graves, lorsque l'arrivée des miliciens leur fit prendre la fuite. Le soir, vers neuf heures, l'église du docteur Cox, qui la veille avait été attaquée, est assaillie de nouveau par une multitude furieuse ; mille projectiles sont lancés contre ses murs ; les hommes de la police arrivent, mais ils sont repoussés par le peuple. Dans le même moment, un autre rassemblement d'insurgés se livre ailleurs à des violences plus criminelles et plus impies ; dans Spring-Street, l'église du révérend docteur Ludlow, que son dévouement à la cause des nègres recommandait à la haine des factieux, est envahie ; les fenêtres sont brisées, les portes enfoncées, les murs démolis ; les ruines et les décombres de l'édifice religieux servent à faire des barricades derrière lesquelles les rebelles se retranchent ; un combat grave s'engage entre le peuple et la milice ; on sonne le tocsin, l'alarme est dans toute la cité : après plusieurs alternatives de succès et de revers, la victoire reste aux miliciens. Les insurgés se retirent, mais c'est pour aller tenter ailleurs d'autres oeuvres de destruction : ils se rendent au domicile du révérend docteur Ludlow, brisent les portes et les fenêtres de sa maison, entrent et se livrent à toutes sortes de violences. Au même instant l'église appartenant aux noirs, et située dans Centre-Street, était livrée à la fureur populaire. On avait répandu le bruit que, peu de jours auparavant, le ministre de cette église, le révérend Peter Williams, aussi recommandable par ses vertus que par son caractère religieux, avait marié un homme de couleur à une femme blanche [1] ; dès lors l'exaspération de la multitude était arrivée à son comble. Les portes et les fenêtres sont arrachées, brisées, démolies, aux applaudissements des spectateurs ; tout ce qui se trouve dans l'intérieur de l'église est saisi et jeté dans la rue. Bientôt les maisons adjacentes et occupées par des gens de couleur sont attaquées ; on en brise les fenêtres, on en force les portes, on en démolit les murs ; les meubles sont saccagés, pillés, brûlés ; dans plusieurs quartiers de la ville, les mêmes actes de violences se reproduisent.

D'autres églises sont profanées ; tout ce qui appartient aux gens de couleur est frappé d'anathème. Leurs personnes ne sont pas plus respectées que leurs propriétés : partout où un homme de couleur paraît, il est aussitôt assailli. Cependant comme tous étaient frappés de terreur, tous se cachaient. Alors la populace, ingénieuse dans sa stupide fureur, exige de tous les habitants qu'ils illuminent leurs maisons. Ceux-ci sont donc forcés de se montrer. Obéissant à l'injonction du peuple, une négresse paraît à sa fenêtre, afin d'éclairer sa demeure. Alors une grêle de pierres tombe sur elle. Plusieurs familles de couleur, craignant le même sort, n'illuminent pas ; mais le peuple en conclut qu'il y a là des nègres : il attaque les maisons et les démolit [2].

Il est juste de le dire, en présence de ce vandalisme impie, l'immense majorité des Américains, et ceux même qui la veille sympathisaient avec les destructeurs, furent saisis de dégoût et d'horreur. Tous ceux qui dans la cité ont des intérêts à conserver éprouvèrent un sentiment d'effroi. Il se fit dans l'esprit public une réaction générale, non en faveur des nègres, mais contre leurs oppresseurs. Chacun comprit le danger de laisser plus longtemps maîtresse de la ville une populace factieuse et sacrilège. On savait que les insurgés se proposaient de continuer le jour suivant leurs actes de violence et de détruire de fond en comble les églises et les écoles publiques des noirs. Le maire de la ville donna les ordres les plus rigoureux à la milice. La presse fit entendre aux rebelles un langage impitoyable : « Que ceux qui montreront le moindre penchant à la sédition soient tués comme des chiens. » disait un journal le 11 juillet (the Evening-Post). La milice marcha pleine d'ardeur

1 Mercantile Advertiser and New York Advocate, 12 juillet 1834.

2 New York American, 12 juillet 1834.

contre les insurgés. Aussitôt la sédition fut vaincue pour ne plus relever sa tête. Le jour suivant, le maire de la ville rendit compte de ses actes au conseil de la cité. Il avoua que, jusqu'au dernier jour de l'émeute, il avait jugé suffisants pour la réprimer des moyens que l'événement avait fait reconnaître inefficaces ; cet aveu naïf d'une erreur dont les conséquences avaient été si déplorables, parut tout à fait satisfaisant. Le maire n'avait fait que suivre les mouvements de l'opinion publique. Quand la sédition éclata, on se plaisait à penser que des mesures rigoureuses ne seraient point indispensables pour la combattre ; elle n'atteignait que des gens de couleur. On conserva cette espérance le plus longtemps possible. Tous ont su gré aux magistrats d'avoir partagé l'illusion commune.

La lutte étant terminée, chacun des partis s'efforça d'en éluder la responsabilité. La majorité de la population s'était levée pour comprimer les factieux : à l'instant où la sédition prit un caractère alarmant pour la cité, le plus grand nombre s'efforça de mettre l'insurrection et ses conséquences morales à la charge des victimes. Les insurgés étaient sans doute coupables de s'être placés au-dessus des lois ; mais les nègres et leurs partisans ne les avaient-ils pas provoqués ? Un journal poussa l'égarement de la passion jusqu'à demander qu'on mît en accusation, comme coupables d'attentat à la paix publique, MM. Tappan et le docteur Cox, dont l'insurrection avait causé la ruine.

Ceux qui n'étaient pas aussi sévères envers les partisans de la race noire, étaient au moins très indulgents pour ses ennemis. La presse vint seconder admirablement ces dispositions et fournir des arguments à ceux qui n'avaient que des passions.

La véritable cause de l'hostilité contre les nègres est, comme je l'ai dit plus haut, l'orgueil des blancs blessés par les prétentions d'égalité que montrent les gens de couleur. Or, un sentiment d'orgueil ne justifie pas la haine et la vengeance. Les Américains n'étaient point fondés à dire : Nous avons laissé frapper les nègres dans nos cités, nous avons souffert qu'on renversât leurs demeures privées, qu'on profanât et qu'on abattît leurs temples sacrés, parce qu'ils avaient eu l'audace de vouloir s'égaler à nous. Ce langage, qui eût été celui de la vérité, eût annoncé trop de cynisme.

– Voici comment la presse a tiré d'embarras les Américains :

« Les partisans des nègres, a-t-elle dit, qui veulent que les gens de couleur soient les égaux des blancs, demandent l'abolition de l'esclavage dans toute l'Union ; or, c'est demander une chose contraire à la constitution des États-Unis ; en effet, cette constitution garantit aux États à esclaves la conservation de l'esclavage tant qu'il leur plaira de le garder : le Nord et le Sud ont des intérêts distincts. Ceux du Sud reposent sur l'esclavage. Si le Nord travaille à détruire l'esclavage dans le Sud, il fait une chose hostile et contraire à l'Union des États entre eux. Il faut donc être un ennemi de l'Union pour être partisan de l'affranchissement des nègres. »

La conséquence naturelle de ce raisonnement est que tout bon citoyen doit, aux États-Unis, protéger la servitude des noirs, et que les véritables ennemis du pays sont ceux qui la combattent. Les factieux, qui se livrèrent pendant trois jours aux violences les plus iniques et les plus impies, étaient au fond animés d'un bon sentiment, tandis que ceux qui, par leur philanthropie pour une race malheureuse, avaient excité la juste indignation des blancs, étaient traîtres à la patrie. Telles sont les conséquences d'un sophisme.

Sans doute les États du Sud peuvent seuls abolir chez eux l'esclavage ; mais depuis quand les Américains du Nord ont-ils perdu le droit de signaler le vice d'une loi mauvaise ? Ils ont détruit l'esclavage dans leur sein ; et il leur serait interdit de désirer sa destruction dans une contrée voisine ! Ce n'est pas une loi qu'ils font, c'est un vœu qu'ils expriment ; si ce vœu est criminel, que devient le droit de discussion, la liberté de penser et d'écrire ? Ce droit cessera-t-il parce qu'on s'en servira pour attaquer la plus monstrueuse des institutions ? Les Américains permettent au plus vil pamphlétaire d'écrire publiquement que leur président est un misérable, un escroc, un assassin ; et un homme honorable, plein d'une profonde conviction, ne pourra dire à ses concitoyens qu'il est triste de voir toute une race d'hommes vouée à la servitude ; que la nature se révolte en voyant l'enfant arraché au sein de sa mère, l'époux séparé de l'épouse, l'homme frappé et déchiré par l'homme, et tout cela au nom des lois ! ! Enfin, parce qu'il y a encore des esclaves dans le Sud, faut-il écraser sans pitié ce nègre affranchi, qui, dans le Nord, aspire aux droits de l'homme libre ?

– Le 12 juillet, le lendemain de l'insurrection, la société anti-slavery publia la déclaration suivante :

1° Nous désavouons toute intention d'encourager ou d'exciter les mariages entre les blancs et les personnes de couleur ;

2° Nous désavouons et désapprouvons entièrement le langage d'un pamphlet qu'on a fait récemment circuler dans la ville, et dont la tendance serait d'exciter à la désobéissance aux lois ;

3° Notre principe est qu'il faut obéir aux lois les plus dures tant qu'on n'est pas parvenu à en obtenir la réformation par des moyens paisibles ;

4° Nous désavouons, comme nous l'avons déjà fait, toute intention de dissoudre l'Union, de violer la constitution et les lois du pays, ou de solliciter du congrès aucun acte excédant ses pouvoirs constitutionnels, tel que serait celui par lequel il abolirait l'esclavage dans tous les États de l'Union [1].

Tout cela prouve qu'aux États-Unis il y a, sous l'empire de la souveraineté populaire, une majorité dont les mouvements sont irrésistibles, et qui écrase, broie, anéantit tout ce qui contrarie sa puissance et gêne ses passions.

Les événements qui viennent d'être racontés trouvèrent, quelques jours après, un triste écho dans la ville de Philadelphie. Le 11 août 1834, sans aucune cause ni prétexte, les blancs attaquèrent les nègres ; une lutte très vive s'engagea et dura une demi-journée ; l'autorité et ses agents déployèrent une grande énergie contre la sédition qui fut vaincue ; mais elle jeta le découragement dans la population noire. Le surlendemain on lisait dans un journal : « Durant les deux derniers jours qui viennent de s'écouler, les bateaux à vapeur qui vont de Philadelphie au New Jersey n'ont cessé de porter une grande quantité de gens de couleur qui, craignant pour leur existence dans cette ville, se déterminent à chercher ailleurs un refuge. On voit sur les côtes du New Jersey des tentes où les nègres trouvent un abri temporaire, en attendant qu'ils puissent louer leurs services dans un lieu où leur vie et leur liberté soient assurées [2]. »

Ainsi, les nègres que le Nord affranchit sont refoulés par la tyrannie dans les États du Sud, et ne trouvent d'asile qu'au sein de l'esclavage.]

(Footnotes)

1 Dans ce chiffre sont compris les gens de couleur nés libres ou affranchis.

2 De 1790 à 1800, la population libre a augmenté de 1,181,455, c'est-à-dire de 36 pour cent en dix ans, ou 3 1/2 pour cent par an.

3 De 1790 à 1800, la population esclave a augmenté de 193,162 , c'est-

1 V. New York American, 14 juillet 1831.

2 Philadelphia Gazette, 14 août 1834.

à-dire de 28 pour cent en dix ans, un peu moins de 3 pour cent par an.

4 Dans ce chiffre sont compris les gens de couleur nés libres ou affranchis.

5 De 1800 à 1810, la population libre a augmenté de 2,035,566, c'est-à-dire de 45 pour 100 en 10 ans, ou 4 1/2 pour 100 par an.

6 De 1800 à 1810, la population esclave a augmenté de 298,323, c'est-à-dire de 33 pour 100 en 10 ans, un peu plus de 3 pour 100 par an.

7 Dans ce chiffre sont compris les gens de couleur nés libres ou affranchis.

8 De 1810 à 1820, la population libre a augmenté de 2,051,617, c'est-à-dire de 33 pour 100 en 10 ans, ou un peu plus de 3 pour 100 par an.

9 De 1810 à 1820, la population esclave a augmenté de 346,700, c'est-à-dire de 29 pour 100 en 10 ans, un peu moins de 3 pour 100 par an.

10 Dans ce chiffre sont compris les gens de couleur nés libres ou affranchis.

11 De 1820 à 1830 la population libre augmenté de 2,756,922, c'est-à-dire de 34 pour cent en dix ans, ou un en plus de 3 pour cent par an.

12 De 1820 à 1830, le nombre des esclaves a augmenté de 470,967, c'est-à-dire de 29 pour cent en dix ans, un peu moins de 3 pour cent par an.

13 Il y a dans Illinois 747 noirs en état de domesticité légale, c'est-à-dire loués à vie, mais ils ne sont pas esclaves.

14 NOTA. Sont compris dans le chiffre de 10,856,989 (a) de la population libre 319,599 personnes de couleur affranchies, ou nées de parents affranchis.

(a)Note du copiste : La différence d'une unité entre le total de la population libre dans la première colonne ci-dessus et le total repris dans la présente note, est présente dans le texte imprimé original. De même, l'addition des chiffres des différents États dans la même colonne ne correspond pas au total indiqué.

ISBN : 978-1512099072

www.ingramcontent.com/pod-product-compliance
Lightning Source LLC
Chambersburg PA
CBHW071029290526
45795CB00004B/1154
9781512099072